# तोमिओ मिज़ोकामि

## व्यक्तित्व और रचना-समग्र

# तोमिओ मिज़ोकामि

## व्यक्तित्व और रचना-समग्र

सम्पादक

**वेदप्रकाश सिंह**

वाणी प्रकाशन

प्रकाशन के उत्कृष्टतम 61 वर्ष

सजिल्द पहला संस्करण : 2024

vaniprakashan.com

*इस पुस्तक का प्रकाशन जापान में भारत के प्रधान-कोंसलावास के आर्थिक सहयोग से हुआ है।*

**वाणी प्रकाशन**

*4695, 21-ए, दरियागंज, नयी दिल्ली-110 002*

*फ़ोन :* +91 11 23273167, 23275710

**शाखाएँ**

*अशोक राजपथ, पटना-800 004, बिहार*

*कॉफ़ी हाउस कैम्पस, महात्मा गांधी मार्ग, इलाहाबाद-211 001, उत्तर प्रदेश*

*महात्मा गांधी अन्तरराष्ट्रीय हिन्दी विश्वविद्यालय, वर्धा-442 001, महाराष्ट्र*

*36/ए, शेक्सपियर सरणी, रानी बिरला गर्ल्स कॉलेज के पास, कोलकाता-700 017, प. बंगाल*

sales@vaniprakashan.in
vaniprakashan@gmail.com

Tomio Mizokami :
Vyaktitva Aur Rachna-Samagra

*Edited by* Ved Prakash Singh

ISBN :978-93-5775-742-3

Rachna-Samagra



मूल्य : ₹ 850

Photo : Kyodo News



*आर. टेक ऑफ़सेट प्रिंटर्स, दिल्ली-110 032 में मुद्रित*

*वाणी प्रकाशन का लोगो मक़बूल फ़िदा हुसेन की कूची से*

# अनुक्रम

## समीक्षाएँ



## आत्मीयजनों की नजर में मिज़ोकामि जी

## साक्षात्कार

# शुभकामना संदेश

जापान में भारत के प्रधान कोंसल (ओसाका-कोबे)
श्री निखिलेश गिरि जी

भारत-जापान का संबंध लगभग डेढ़ हज़ार साल पुराना माना जाता है। दोनों देशों के बीच धर्म, व्यापार, राजनीति का संबंध बहुत व्यापक है। भारतीय भाषाओं ने भी भारत-जापान को जोड़ने का महत्त्वपूर्ण काम किया है। जापान में हिंदी भाषा का अध्ययन-अध्यापन सौ साल पहले से हो रहा है। इसे गतिशील और प्रभावी बनाने के लिए अनेक भारतीय और जापानी विद्वानों ने अपना योगदान दिया है। ऐसा ही अतुलनीय योगदान ओसाका विश्वविद्यालय के प्रोफेसर एमेरिटस श्री तोमिओ मिज़ोकामि जी का भी है।

मैं जब से जापान के ओसाका-कोबे में भारत का प्रधान-कोंसल बनकर आया तब से प्रोफेसर मिज़ोकामि जी से मिलता रहा हूँ। उनके हिंदी-ज्ञान और हिंदी-प्रेम को जापान में हिंदी से जुड़े लगभग सभी लोग जानते हैं। वे जापान में हिंदी के प्रसार के लिए पिछले छह दशक से अध्यापन और लेखन द्वारा काम कर रहे हैं। उन्होंने भाषण और नाटक के द्वारा भी हिंदी का प्रसार किया है। उन्होंने कहानियाँ भी लिखी हैं।

पद्मश्री सम्मान से सम्मानित विद्वान प्रोफेसर एमेरिटस श्री तोमिओ मिज़ोकामि जी के रचना-समग्र के प्रकाशन से भारत-जापान संबंध को और बेहतर बनाने का रास्ता खुलेगा। ***'तोमिओ मिज़ोकामि : व्यक्तित्व और रचना-समग्र'*** किताब में जापानी मूल के विद्वान का हिंदी-प्रेम तो दिखाई देता ही है साथ ही जापान में हिंदी भाषा शिक्षण के इतिहास को भी आप पढ़ सकते हैं। उनके हिंदी लेखन पर आधारित इस किताब को पढ़कर जापान में हिंदी का और प्रसार जरूर होगा। भारत के लोगों में इस किताब को पढ़कर जापान के प्रति दिलचस्पी बढ़ेगी।

मैं अपनी ओर से प्रोफेसर एमेरिटस श्री तोमिओ मिज़ोकामि जी के सक्रिय और स्वस्थ जीवन की भी कामना करता हूँ और आशा करता हूँ कि वे हिंदी में और भी लेख आदि लिखकर भारत-जापान के हिंदी समाज को और समृद्ध करेंगे।

इस किताब के संपादन के लिए ओसाका विश्वविद्यालय में विशेष रूप से नियुक्त असिस्टेंट प्रोफेसर डॉ. वेदप्रकाश सिंह और प्रकाशन के लिए वाणी प्रकाशन को धन्यवाद देना चाहता हूँ।

# दो शब्द

तोमिओ मिज़ोकामि

अपने अध्यापन काल में या विश्वविद्यालय से अवकाश प्राप्त करने के उपरांत यत्र-तत्र मैं हिंदी में आलेख लिखता रहा हूँ। उनको एकत्र करके किसी दिन पुस्तक के रूप में प्रकाशित करूँगा— यह विचार मन में अवश्य था, लेकिन कभी ठोस रूप में प्रकाशित करने का कदम नहीं उठाया था। संकोच था कि इसका क्या लाभ होगा? दु:साहस की हद भी होती है।

लेकिन मेरे अनजाने में इस योजना के क्रियान्वयन का काम ओसाका-कोबे स्थित प्रधान भारतीय कोंसल श्री निखिलेश गिरि जी और ओसाका विश्वविद्यालय के हिंदी के असिस्टेंट प्रोफेसर डॉ. वेदप्रकाश सिंह जी मिलकर काफी समय से कर रहे थे। अब यह कार्य पूरा हो गया है। इसके पूर्व भी सन् 2021 में फणीश्वरनाथ रेणु के प्रसिद्ध आंचलिक उपन्यास मैला आँचल के जापानी अनुवाद (अनुवादक : श्री यूइचिरो मिकि) को भारत में छपवाने और जापान में वितरित करने का पुनीत कार्य भी प्रधान भारतीय कोंसलावास, ओसाका-कोबे ने किया। इसके पूर्व ऐसा कभी नहीं हुआ था। और 7 फरवरी सन् 2023 को भी ज्वालामुखी पत्रिका का पुस्तक संस्करण प्रकाशित होकर लोकार्पित हुआ। सन् 1980 से 1986 तक श्री योशिआकि सुज़ुकि द्वारा प्रकाशित हिंदी की वार्षिक पत्रिका ज्वालामुखी जिसमें लिखने वाले सभी जापानी थे लेकिन यह पत्रिका काफी पुरानी होने के कारण दुष्प्राप्य थी, श्री निखिलेश गिरि और डॉ. वेदप्रकाश सिंह (प्रस्तुतिकर्ता) की कृपा से आज इस पत्रिका को पुस्तक रूप में पुनर्मुद्रित कर हिंदी प्रेमियों के लिए उपलब्ध करवाया जा चुका है ।

प्रकाशित होने जा रही ***'तोमिओ मिज़ोकामि : व्यक्तित्व और रचना-समग्र'*** को श्री निखिलेश गिरि जी और डॉ. वेदप्रकाश सिंह जी की प्रेरणा तथा कृपा की

तीसरी पुस्तक कह सकते हैं। इसलिए मैं सर्वप्रथम श्री निखिलेश गिरि जी और डॉ. वेदप्रकाश सिंह जी का आभार प्रकट करना चाहता हूँ।

इंटरनेट के युग में भी यत्र-तत्र बिखरे लेखों को एकत्र करके मुद्रण करना इतना आसान काम नहीं है। संपादन जापान में बैठे हुए कर सकते हैं, पर मुद्रण भारत में करवाना पड़ता है। वेदप्रकाश जी ने यह सब काम धैर्य से संभाला है।

संपादन के दौरान मेरे पास या वेदप्रकाश जी के पास मेरे कई पुराने या नए भारतीय और जापानी मित्रों ने इस पुस्तक के लिए मुझ से जुड़े अपने संस्मरण और शुभकामना संदेश लिखकर भेजे हैं। ये सब मेरे सहृदय, घनिष्ठ और दयालु मित्र हैं जिनसे मुझे हिंदी के अध्ययन में किसी न किसी रूप में प्रेरणा व सहायता मिली है। इन मित्रों के लेखों को पढ़-पढ़कर मैं गद्‌गद हो जाता हूँ और अपने को बहुत धन्य मानता हूँ।

हिंदी भाषी हमेशा उदार होते हैं, इसलिए आशा करता हूँ कि पाठकगण मेरी अशुद्ध और अपरिपक्व हिंदी के लिए क्षमा करेंगे।

# भूमिका

वेदप्रकाश सिंह

जापान के कोबे शहर में 12 मई 1941 को जन्मे श्री तोमिओ मिज़ोकामि जी वर्तमान में हिंदी के शलाका पुरुष हैं। वे अस्सी साल से अधिक के होने के बावजूद लगातार सक्रिय और सृजनरत हैं। भारत और हिंदी को लेकर उनकी दिलचस्पी अद्‌भुत है। भारत सरकार द्वारा उनकी हिंदी-सेवा और अनुराग के कारण 2018 में पद्‌मश्री सम्मान उन्हें दिया गया। अप्रैल 2017 से जापान में मैंने हिंदी अध्यापन शुरू किया तब से मिज़ोकामि सेन्सेई से आत्मीय-ज्ञानवर्धक संबंध बना हुआ है। उनके कार्यों को देखकर हमेशा लगता रहा है कि काश उनके सम्पूर्ण लेखन की कोई किताब होती! इससे भारत और जापान में हिंदी के प्रति प्रेम और उत्साह को और बढ़ाया जा सकता है।

वे अभी तक एकमात्र जापानी विद्वान हैं जिन्हें हिंदी की सेवा के लिए पद्‌मश्री सम्मान मिला है। यही नहीं मेरी जानकारी में ऐसे एकमात्र जापानी भी हैं जिन्होंने हिंदी में कहानी लिखी। एक नहीं तीन कहानियाँ लिखी हैं। इन कहानियों को भी आप इस किताब में पढ़ेंगे। वे अच्छे संस्मरणकार भी हैं। उन्होंने अपने युवा दिनों से लेकर अध्यापक जीवन तक के बड़े रोचक संस्मरण लिखे हैं। साथ ही एक आत्मीय संस्मरण उन्होंने सुप्रसिद्ध गायिका शुभा मुद्‌गल जी के बारे में लिखा है। जब वे इलाहाबाद हिंदी पढ़ने गए थे तब उनका परिचय शुभा मुद्‌गल जी के परिवार से हुआ था। वे उसी परिवार के साथ पेइंग गेस्ट बनकर रहे भी। अपने नाट्य अनुभवों में एक अनमोल अनुभव उन्होंने अपने एक विद्यार्थी केन ओज़ाकी जी के बारे में लिखा है। ओज़ाकी जी इंग्लैंड में नाटक करने जाने के उत्साह में देर रात तक ठीक से सो न सके और जब उन्हें नींद आई तो सुबह देर तक सोते रह जाने के कारण उनकी फ्लाइट छूट गई। बाद में कैसे वे इंग्लैंड पहुँचे! इसे जानने के लिए मिज़ोकामि जी का संस्मरण पढ़ें।

चार साल पहले कोरोना की शुरुआत होने से ठीक एक साल पहले भारत जाने के लिए हमेशा लालायित रहने वाले मिज़ोकामि जी ने भारत भर में अनेक स्थानों पर अनेक भाषाओं में भाषण दिए। उन भाषणों को भी यहाँ पुस्तक में शामिल किया गया है। जापान और भारत के संबंध के बारे में शोधपूर्ण जानकारियों से भरे इन भाषणों-लेखों को पढ़कर आप जरूर बहुत समृद्ध होंगे।

हिंदी के प्रति मिज़ोकामि जी के विचार निश्चित और तर्कसंगत हैं। वे हिंदी जानने वाले समाज में अंग्रेज़ी के इस्तेमाल को बहुत बुरा मानते हैं। इसे वे अंग्रेजियत कहते हैं। वे भारत में अंग्रेज़ी नहीं अंग्रेजियत को हिंदी के लिए एक बड़ा खतरा मानते हैं।

मिज़ोकामि जी को जानने वाले मित्रों की संख्या बहुत विस्तृत है। उनकी मित्र-मंडली ने उनके जीवन पर कुछ रोचक संस्मरण लिखकर भेजे हैं। उनका आभार व्यक्त करने के साथ यह भी कहूँगा कि इन लेखों को पढ़कर पाठक मिज़ोकामि जी के जीवन में और गहरे प्रवेश कर सकेंगे। उनकी शिष्या शुभा मुद्गल जी ने कैसे मिज़ोकामि जी से जापानी गीत सीखे, इसका रोचक किस्सा भी इस किताब में आप पढ़ सकेंगे।

इस पुस्तक के आकार लेने में अनेक लोगों ने अनेक रूपों में सहायता की है। सबसे पहले जापान में भारत के प्रधान-कोंसल श्री निखिलेश गिरि जी का आभार। उन्होंने मिज़ोकामि जी की कोई किताब हिंदी में प्रकाशित हो इसका विचार व्यक्त किया था। फिर मिज़ोकामि जी से निरंतर सहयोग मिला और पिछले पैंतालीस सालों में लिखित सामग्री को खोजकर एकत्र किया गया। भारत में अनेक मित्रों ने छपे हुए लेखों को टाइप किया। डॉ. जयंत सिंह तोमर जी, डॉ. शिवा श्रीवास्तव जी और अनुशांत तोमर जी ने प्रूफ में मदद की। उनका भी आभार व्यक्त करता हूँ। और अंत में इस किताब को प्रकाशित करने के लिए वाणी प्रकाशन के प्रबंधक श्री अरुण महेश्वरी जी को धन्यवाद देता हूँ, जिनके प्रयास से यह किताब आपके हाथों में है।

**कहानी**

# एक रिक्शे वाले की कहानी

कीर्ति रिक्शा वाला पंद्रह साल से रिक्शा खींचता चला आया है। वह गरीब तो था ही और रिक्शा चलाने में जी-तोड़ परिश्रम की जरूरत होती थी, पर उसे अपने इस धंधे पर गर्व था : गाढ़े पसीने की कमाई और वह अपनी मर्जी का खुद मालिक था।

वह अभी अधेड़ तो नहीं, पर चौंतीस साल के पुरुष को युवक भी नहीं कह सकते, यद्यपि उसका हृष्ट-पुष्ट शरीर एक नौजवान के समान था। हाँ, इससे अधिक, वह अपने दिल के भोलेपन, जो पर्वतीय जाति का सामान्य गुण था, के कारण अपनी उम्र से कम मालूम देता था। वह गढ़वाल के गाँव में खानदानी कृषक घराने में पैदा हुआ था। कहते हैं कि उसके पूर्वज वीर राजपूत थे, अतः कीर्ति सिंह को वंश का अभिमान भी था। उसके पिता को अपने एक घनिष्ठ मित्र के हाथों धोखा खाकर लाखों रुपए की हानि उठानी पड़ी। ज़मीन-जायदाद तक बेचनी पड़ी। उसका पूरा कुनबा गरीबी के नरक कुंड में गिर-सा गया। इसके फलस्वरूप कीर्ति को अपनी शिक्षा केवल तीसरी कक्षा में ही छोड़ देनी पड़ी। उसके बड़े भाई बूढ़े माता-पिता और थोड़ी-सी बची ज़मीन की देखभाल के लिए अपने तीन छोटे भाई और बहनों के साथ गाँव में रह गए, परंतु कीर्ति को शहर में मजदूरी के लिए गाँव छोड़ना पड़ा।

अपनी बिरादरी का आश्रय लेकर वह पहले दिल्ली आया था। वहाँ पहले एक रेस्तराँ में बर्तन मांजने का काम किया था, परंतु यह काम दस साल के लड़के के लिए बहुत सख्त था, दिन भर की थकावट के बाद रात को सोने के अलावा कुछ नहीं कर सकता था। अभी उसे पढ़ने की बहुत इच्छा थी। इसलिए वह यह काम छोड़कर एक अमीर आदमी के घर में नौकर बन गया ताकि पैसा कमाकर कुछ पढ़ सके। यहाँ तीन साल तक काम किया।

मालिक अच्छे थे और उनके छोटे मुन्ने का अच्छा दोस्त भी बना था। छोटी-मोटी किताबें भी पढ़ने को मिल जाती थी। किंतु तनख्वाह इतनी नहीं मिलती थी कि पेट भर खा सके और घर भेजकर माँ-बाप की मदद कर सके। फिर चढ़ती हुई जवानी ने

उसे नई दुनिया देखने को प्रेरित किया। वह दिल्ली छोड़कर बम्बई आ गया। बम्बई में एक फिल्म अभिनेत्री के घर में नौकर बना। यह उसके लिए बिल्कुल अलग दुनिया थी। यद्यपि यहाँ कीर्ति के साथ बहुत अच्छा व्यवहार नहीं किया गया, बल्कि कभी-कभी कटु-व्यवहार भी किया जाता था, पर कम से कम खाना तो उसे पेट भर मिलता था, इसलिए दो-तीन साल में वह बहुत हृष्ट-पुष्ट शरीर का नौजवान बन गया।

यहाँ उसने तरह-तरह के आदमियों को देखा : फिल्मी सितारे, फिल्म निर्माता आदि फिल्म उद्योग से संबंधित लोगों का रोज तांता-सा लगा रहता था, हर समय शराब और जुआ के दौर चलते थे। उसे बचपन से यह कड़ी शिक्षा मिली थी कि मदिरापान बहुत बुरी चीज़ है, आत्मा को भ्रष्ट करता है। परंतु वातावरण कुछ ऐसा था कि उसे भी शराब का चस्का लगा, उसकी पूरी कोशिश थी कि इस दुरभ्यास से कोसों दूर रहे। जब तक किसी मेहमान के हाथों ज़बरदस्ती न पिलाया जाता था तब तक उसने शराब न छूने की ठानी थी।

इस घर में उसे प्राय: ऐश करने वाले आदमी ही मिलते थे, कोई सज्जन पुरुष तो इसकी नज़र में नहीं आया। उसकी मालकिन सज-धज कर बाहर जाती थी और प्रतिदिन किसी न किसी नये आदमी को घर ले आती थी। तितली की तरह चंचल थी। यहाँ का भोग-विलास भरा वातावरण उसे अच्छा नहीं लगा, अत: उसने फिल्म अभिनेत्री के यहाँ की नौकरी भी छोड़ी। यहाँ उसने यह शिक्षा पाई कि आदमी धनी होने मात्र से सुखी नहीं होता, भले ही मालकिन अपने को सुखी समझती हो, पर कीर्ति को वह सुखी नज़र नहीं आई।

कई बार उसने किसी कंपनी या कारखाने में पक्की नौकरी पाने की कोशिश की। परंतु उसने विशेष कुछ तकनीकी शिक्षा प्राप्त नहीं की थी। यह योग्य नहीं था--ऐसी बात नहीं थी, सिर्फ अवसर से वंचित था। उसकी निरीहता, कर्मठता, सहनशीलता और उसका भोलापन इनमें से कोई गुण पक्की नौकरी दिलाने में काम नहीं आया। फिर भी उसने कभी किसी से असंतोष प्रकट नहीं किया। संयोग से उसे दादर स्टेशन पर कुली का काम मिला। यह मजदूरी भी सख्त थी, पर उसका स्वस्थ बदन भारी सामान उठाने के काबिल था। यहाँ भी उसने नाना प्रकार के यात्रियों को देखा, विरह-मिलन सब देखा। उसे लगा कि स्टेशन जीवन का एक रंगमंच है उसने कुली का काम करते-करते मराठी, गुज़राती और थोड़ी अंग्रेज़ी भी सीखी।

वह अब साल में दो बार छुट्टियाँ लेकर गढ़वाल चला जाता था, परंतु दिन-रात कड़ी मेहनत करके कुछ बचत भी कर लेता था। उसने बैंक में अकाउंट खोला।

बूढ़े माँ-बाप की इच्छा थी कि कीर्ति की शादी जल्दी कर दी जाए। अब वह उन्नीस साल का पूरा नौजवान था, हर तरह से शादी के लायक था। बड़े भाई ने अपने गाँव की सत्रह साल की एक लड़की को कीर्ति की वधू के रूप में सुझाया जो उस जैसी बिल्कुल भोली-भाली लड़की थी। माँ-बाप और बड़े भाई के आग्रह को टालने का विशेष कोई कारण नहीं था। अत: उसने उन लोगों के कहने के अनुसार उस लड़की से शादी कर ली। अब उसकी नई ज़िंदगी शुरू हो गई, पर उसके साथ विडंबना तो यह थी कि अपने इस गाँव में ज़मीन की तंगी की वजह से गुजारा नहीं हो सकता था। अत: उसे फिर नौकरी की तलाश में शहर जाना पड़ा।

## 2

कीर्ति जीवन में हर प्रकार का दु:ख झेलता आया है, परंतु कभी अपने भाग्य पर रोया नहीं। किसी भी कष्ट को चुपचाप हँसते-हँसते सहन करता आया है। भगवान ने एक ओर उसे धन से वंचित किया था तो दूसरी ओर उसे अद्‍भुत सहन-शक्ति और लगन प्रदान की थी। वह जीवन में उन्नति करना चाहता था। कई बार पेशा बदलने के पीछे यह भाव काम करता था। असंतोष का कारण इसकी तुलना में कम था। अब वह किसी के यहाँ नौकरी करना नहीं चाहता, बल्कि 'सेल्फ़-एम्प्लोई' बनना चाहता था। लेकिन कीर्ति जैसे अल्प-शिक्षित तथा अल्प पूँजी वाले व्यक्ति के लिए, जिसने कभी 'स्किल्ड लेबर' नहीं सीखा, 'सेल्फ़-एम्प्लोई' बनना इस प्रकार कठिन था, मानो एक ग़रीब का महलों के ख्वाब देखना। कीर्ति सीधा-सादा आदमी था, पर उसमें बुद्धि का अभाव नहीं था। उसने मेरठ शहर में अपना रिक्शा चलाने का सोचा। अब तक की अपनी कुल बचत पाँच सौ रुपए, एक नया रिक्शा खरीदने के लिए पर्याप्त नहीं थी, पर आधा तो नकद में दे सकता था। बाक़ी खर्चे के लिए उसने रिक्शा संघ के नाम बैंक से उधार ले लिया। इस प्रकार उसे नया चमचमाता रिक्शा मिला। जब उसने पहली बार इस नये रिक्शे को देखा तो वह गद्‍गद् हो गया। ऐसी अद्‍भुत तृप्ति मिली जैसी उसे जीवन में पहली बार 'अपनी चीज़' प्राप्त हुई हो।

मेरठ के अधिकांश रिक्शा चालकों के पास अपना रिक्शा नहीं था, उन लोगों के मालिक उनकी कमाई का अधिकांश भाग हड़प लेते थे। इस दृष्टि से कीर्ति अन्य रिक्शे वालों से कहीं अधिक सौभाग्यवान था, लेकिन उसे पूरा विश्वास था कि अगर पूरी मेहनत और ईमानदारी से काम करें तो इस शहर के सभी रिक्शा चालक अपना रिक्शा खरीद सकेंगे और मालिकों के शोषण से मुक्ति पा सकेंगे। उसने रिक्शे पर

बैठकर पैडल चलाया, हल्का और द्रुतगामी था। वह चलता क्या था मानो हवा से बातें कर रहा हो। उसे लगा मानो वह महाराणा प्रताप बनकर चेतक पर बैठा हो। लेकिन कुछ दूर जाने के बाद जब बाईं ओर मोड़ना चाहा तो नहीं मोड़ सका। जल्दी से हैंडल घुमाया, लेकिन जिस दिशा में वह जाना चाहता था उस दिशा में न जाकर एक बिजली के खम्भे से टकरा गया। उसको साइकिल चलाना तो आता था, किंतु साइकिल और रिक्शा चलाने में बड़ा अंतर मालूम हुआ। रिक्शे का हैंडल बहुत भारी था, इसलिए हैंडल घुमाना बहुत मुश्किल लगा। उसे मालूम हो गया कि देखने में आसान लगता है, लेकिन रिक्शा चलाने में बड़ी कुशलता की आवश्यकता है, हर कोई तो नहीं चला सकता। विशेषतः जहाँ गाड़ी और आदमियों की भीड़ लगी रहती हो वहाँ से निकलने के लिए एकाग्रचित्त होकर हैंडल पकड़ना पड़ता है, नहीं तो दुर्घटनाग्रस्त होने की बहुत संभावना थी। कीर्ति को इस दक्षता को प्राप्त करने के लिए पूरा हफ्ता लगा था। अब उसे पूरा विश्वास हो गया कि रिक्शा चलाना भी 'स्किल्ड लेबर' की कोटि में आ जाना चाहिए। एक तो बह 'सेल्फ़-एम्प्लोई' था, और अब 'स्किल्ड-लेबर' बना। सोने में सुहागा-सा लगा। अब वह शहर के एक कोने से दूसरे कोने तक सवारियों को बिठाकर ले जाता था। इतवार को भी काम करता था, किंतु जिस दिन आराम करने की इच्छा हुई तो आराम करता था वह खुद मालिक था, किसी से अनुमति लेने की ज़रूरत नहीं थी। शहर में एक छोटी-सी कोठरी भी ले लीं। नाश्ता और रात को खाना खाता था। दिन को खाना नहीं खाता था- हाँ, चाय तो बहुत पीता था : मेहनत का काम था, पसीना जल प्रपात की तरह बह निकलता था। एक दिन की उसकी औसत कमाई लगभग दस रुपए थी। उसका दृढ़ संकल्प था कि रोज़ पाँच रुपए बचाकर प्रति मास डेढ़ सौ रुपए घर भेजेगा। उस जमाने में गाँव में डेढ़ सौ रुपए बहुत नहीं, तो भी एक परिवार के गुज़ारे के लिए काफी थे।

यहाँ भी उसने तरह-तरह के मनुष्यों को देखा। बूढ़ा, बच्चा, स्त्री, अमीर, ग़रीब, बड़ा, छोटा आदि। सवारियों की आपस में वार्तालाप वह ध्यान से सुन लेता था। उसकी जिज्ञासा थी कि लोग किस प्रकार का जीवन बिताते हैं। कीर्ति ईमानदार आदमी था। कभी किसी सवारी से ज़्यादा पैसा नहीं माँगा। कुछ रिक्शा वालों के ज़्यादा पैसे माँगने से रिक्शे वाले बदनाम थे। कीर्ति को अफसोस था कि थोड़े से आदमियों की वजह से यह पेशा खामखां बदनाम है। लेकिन उसे पूरा विश्वास था कि बेईमानी से पैसे कमाने वाले रिक्शे वाले बहुत ही कम हैं। कीर्ति को इस बात का भी दुःख था कि कुछ सवारी रूखे शब्दों में बात करती थी, थोड़ा दिशा भ्रम होने से या धीरे चलाने से उन लोगों के मुख से इस प्रकार के अपशब्द निकलते थे– "अबे, साले!

क्या करता है!" स्वाभिमानी व्यक्ति के लिए यह अपमान असहनीय था, पर कीर्ति यह भी हँसकर सुन लेता था। उसकी अद्भुत सहिष्णुता को देखकर किसी ने कीर्ति को 'वैशाख नंदन' कहा था। कीर्ति यों समझता था कि गाली देने से गाली खाने वाला अपमानित नहीं होता, अपितु गाली देने वाला स्वयं अपमानित हो जाता है। कीर्ति ने देखा कि समाज में सम्मानित कुछ आदमी भी रिक्शे वालों से रूखे ढंग से बोलते हैं। कीर्ति को ऐसा लगता है कि ऐसे आदमी पाखंडी हैं। वह अपनी पीठ के पीछे मनुष्य के चरित्र का सही रूप देख सकता है। यही उसको सबसे बड़ी उपलब्धि थी। उसे यह समझ में नहीं आता था कि आदमी क्यों अक्खड़ हो जाता है। उसके विचार में यह उनके दिल की कमज़ोरी के अलावा कुछ भी नहीं है। कीर्ति यह मानता था कि समाज में बड़े आदमी और छोटे आदमी का फर्क अनिवार्य है, किंतु उसका विचार था कि यह भेद कर्म से जनित होना चाहिए, जन्म से नहीं। कीर्ति साम्यवाद, समाजवाद सरीखे शब्द से परिचित नहीं था, किंतु उसने जीवन के प्रति अपनी यह धारणा बना रखी थी कि आदमी को समान अवसर प्राप्त होना चाहिए, किंतु आदमी की क्षमता में मात्रा भेद होने के कारण अंततः आदमी बराबर नहीं हो सकता इस दृष्टि से वह समाज में वर्ग-भेद को स्वीकार करता था, परंतु उच्च वर्ग के लोगों का घमंड होने का कारण उसकी समझ में नहीं आता था। आदमी को वहन करने का काम क्यों निम्न हो सकता है? आखिर विमान का पायलट भी चालक तो है न? फिर पायलट के प्रति इतना आदर क्यों? शायद इसलिए कि वह मशीन चलाता है और ज़्यादा सवारियों का बहन करता है? जितनी बड़ी संख्या में सवारियों का वहन करेगा उतनी ही इज्ज़त मिलेगी? तब रेलगाड़ी के चालक का स्थान पायलट से ऊँचा होना चाहिए।

यदि यह बात है तो सवारी के स्थान के अनुसार चालक का स्थान निर्धारित होना चाहिए क्या? इसका मतलब यह हुआ कि अगर शहर के प्रतिष्ठित न्यायाधीश संयोग से कीर्ति की सवारी बनें तो वह महान् है? और उसके साथी के रिक्शे में कोई मेहतर बैठा हो तो वह नीच है? नहीं, आदमी 'संयोग' से छोटा बड़ा नहीं हो सकता।

यों सोचते-सोचते दस साल हो गए, लेकिन न तो जीवन के प्रति उसके दृष्टिकोण में कोई परिवर्तन आया न उसके भोलेपन में, हालाँकि उसके पारिवारिक जीवन में बड़ा परिवर्तन आया था। अब वह दो बच्चों का बाप था। साल में दो-तीन बार गाँव वापस जाकर बच्चों के साथ समय बिताने का आनंद पाकर उसका जीवन और सार्थक हो गया था। वह 'परिवार नियोजन' को मानता था, इसलिए अब और बच्चे पैदा नहीं करेगा।

सवारियों के प्रति उसका कौतूहल ज्यों का त्यों बना हुआ था। अब उसने आगरा जाकर रिक्शा चलाने का फैसला किया, क्योंकि आगरा में बहुत विदेशी पर्यटक आते हैं। उसने बम्बई में थोड़ी अंग्रेज़ी सीखी हुई थी, अत: विदेशी सवारियों के साथ अंग्रेज़ी में बोलना कितना आनंदपूर्ण अनुभव होगा! दस साल में वह तीन-चार बार नया रिक्शा खरीद चुका था। इस बार भी उसने यह सोचकर पुराना रिक्शा बेच दिया कि आगरा में फिर नया रिक्शा खरीद लेगा। अब नये रिक्शे का दाम नौ सौ हो गया था।

## 3

कीर्ति को आगरा शहर में रिक्शा चलाते चार-पाँच साल हो गए। इस शहर में रिक्शे वालों की बदनामी के बारे में मेरठ से कुछ ज़्यादा सुनने को मिला था। कहते हैं कि वे विदेशियों को ठगते हैं, एक विदेशी पर्यटक को आगरा छावनी स्टेशन से ताजमहल तक के किराए के लिए बीस रुपए देने पड़े। कीर्ति को फिर भी विश्वास था कि बेईमान आदमी तो हर जगह हर क्षेत्र में हैं, ज़्यादातर रिक्शे वाले ईमानदार होते हैं।

कीर्ति ने यहाँ बहुत से स्वार्थहीन और निष्काम सेवा करने वाले रिक्शे वालों को देखा है। एक समय बस्ती का एक छोटा-सा बच्चा अचानक रोगग्रस्त हो गया था, जान खतरे में थी और चिकित्सालय बहुत दूर था। तब कीर्ति का एक साथी अपने रिक्शे पर बच्चे और उसकी घबराई हुई माँ को बिठाकर कड़ी धूप और गर्मी की परवाह न करते हुए तेज़ी से रिक्शे को चलाते हुए दोनों को डॉ. के पास ले गया जिसके कारण उस बच्चे की जान बच गई। माँ के बहुत आग्रह करने पर भी उसने एक भी पैसा नहीं लिया था, उसकी आत्मा को यह संतोष मिला था कि उसने एक इंसान की जान बचाई। कीर्ति ने सोचा कि ऐसे आदमी को ही समाज में सम्मान मिलना चाहिए।

कीर्ति ने भी खुद दो नौजवान लड़कियों को गुंडों के आक्रमण से बचाया था। एक दिन साँझ ढल चुकी थी। दो नौजवान लड़कियाँ, जो कॉलिज की छात्राएँ मालूम होती थीं, कीर्ति के रिक्शे पर बैठीं। उसने दिल में यह सोचा था कि रात को लड़कियों को बाहर नहीं निकलना चाहिए। हज़ार में से एक रिक्शे वाले तो बदमाश हो सकता है। फिर शहर में गुंडे आवारा भी तो बहुत हैं। कीर्ति सावधानी से दाईं-बाईं ओर देखता हुआ तेजी से रिक्शा चला रहा था कि रास्ते में दो गुंडे अचानक रिक्शे के सामने आ गए और लड़कियों को ज़बरदस्ती ले जाने की कोशिश की। कीर्ति पहले एक गुंडे का सामना तो कर चुका था, पर कभी दो गुंडों का सामना नहीं किया था। वह बिना आगा-पीछा सोचे दोनों पर टूट पड़ा और इतनी ज़ोर से घूसों और लातों की बारिश

की और शीघ्र ही दोनों को खदेड़ दिया कि दोनों गुंडे भाग खड़े हुए। लड़कियों को उनके घर तक सकुशल पहुँचाया। लड़कियों के घर वालों ने कीति को बहुत-बहुत धन्यवाद दिया। एक लड़की ने कहा, "आप हमारे यहाँ चाय पीकर जाइए।"

कीर्ति पहले तो कुछ हिचकिचाया, परंतु उस लड़की के बार-बार आग्रह करने पर उसने स्वीकार कर लिया। उस लड़की के घर वालों ने कुछ इनाम भी देना चाहा, परंतु उसने इनाम तो यह कहकर अस्वीकार कर दिया कि यह तो उसका फर्ज़ था। हाँ, चाय उसने बड़े शौक से पी। वह यह देखकर फूला नहीं समाता था। कि उसे घर के बाक़ी लोगों के साथ खाने की मेज-कुर्सी पर बिठाया गया और चाय भी मिट्टी के प्याले में नहीं बल्कि कप में दी गई थी जिससे घर के और लोग चाय पी रहे थे। और उसे अपने जीवन में पहली बार 'आप' कहकर संबोधित किया गया, सुकर्म का फल था! तो, उसके दिल का यह संशय अभी नहीं सुलझा था कि मध्यम पुरुष सर्वनाम 'आप', 'तुम', 'तू' की सापेक्षता का निर्णय करने वाला कौन है?

कीर्ति की सवारियों में बहुत-से विदेशी पर्यटक भी थे- अंग्रेज़, अमरीकी, जर्मन, फ्रांसीसी, रूसी, इटालियन, जापानी आदि प्राय: हर देश के लोग कीर्ति की सवारी बन चुके थे। कीर्ति को टूटी-फूटी अंग्रेज़ी बोलने में मज़ा आता था। विदेशी सवारियों से बातचीत करने से एक तो उसे दुनिया भर की नई-नई बातें जानने का मौका मिलता था, दूसरी ओर उसे थकावट का ज़रा भी आभास नहीं होता था। जिस तरीके से भारतीय सवारियों द्वारा कीर्ति की कभी-कभी उपेक्षा की जाती थी वह उपेक्षा विदेशी सवारियों द्वारा कभी नहीं की गई। जिस उल्लास से कीर्ति बात करता था, उसी उल्लास से विदेशियों से जवाब मिलता था और प्रत्युत्तर में विदेशी भी कीर्ति से नाना प्रकार के प्रश्न करते थे। हाँ, विदेशियों में भी सब एक जैसे नहीं थे। कीर्ति को लगा कि सबसे ज़्यादा खुलकर बोलने वाले अमरीकी हैं, उससे थोड़ा कम बोलने वाले रूसी हैं और सबसे कम बोलने वाले जापानी हैं।

कुछ विदेशियों के मुख से कुछेक रिक्शे वालों की बेईमानी की शिकायत सुनकर तो कीर्ति का मुँह शर्म से नीचा हो जाता था, लेकिन आज उसे विदेशियों द्वारा भोले-भाले रिक्शा वालों के साथ विश्वासघात किए जाने की एक अत्यधिक चौंकाने वाली खबर मिली।

बात यों थी कि तीन जर्मन लड़कियों ने तीन रिक्शे वालों से वायदा किया था कि वे उनसे शादी करेंगी। शादी करने के बाद वे उनको जर्मनी ले जायेंगी और वहाँ उन्हें मजदूरी करने की कोई ज़रूरत नहीं होगी अपितु एक ऐश्वर्य की ज़िंदगी होगी। चूँकि रिक्शे वालों से विदेशी लड़कियों की शादी इस शहर में ही नहीं, बल्कि पूरे भारत में

एक नई घटना थी, यह खबर समाचार-पत्रों में छपी और शहर में क्या, पूरे देश में फैल गई। इस घटना के प्रति लोगों की विविध प्रतिक्रियाएँ थी; कुछ लोगों ने कहा कि पागल लड़कियाँ हैं, जिन्होंने ऐसी नीच जाति के लोगों से शादी कर ली, किसी ने कहा कि बेचारियों ने रिक्शे वालों से धोखा खाया होगा। किसी ने रिक्शे वालों के 'कौशल' की व्यंग्यपूर्ण प्रशंसा की और कहा कि कमबख्तों ने गोरी मेमों को अच्छा फँसाया है। और किसी ने खुलकर अपना ईर्ष्या-भाव प्रकट किया कि काश! गोरी मेम से एकात्म होने का सौभाग्य मुझे भी मिलता!

लेकिन यह समाचार छपने के पाँच दिन बाद ये 'पत्नियाँ' अपने 'पतिदेवों' को छोड़कर कहीं भाग गईं। ये लड़कियाँ 'हिप्पी' थीं और उनके वीज़ा की अवधि खत्म होने वाली थी और उसे बढ़ाने का एकमात्र साधन उन्हें भोले-भाले रिक्शे वाले नज़र आए थे। कीर्ति ने सोचा कि बेचारे रिक्शे वाले अवश्य सहानुभूति के पात्र हैं, लेकिन आदमी को इतना सीधा-सादा भी नहीं होना चाहिए। कीर्ति को यह विश्वास हो गया कि कुछ विदेशी लोग बदमाश होते हैं। अब वह कुछ सतर्कता से विदेशी पर्यटकों को देखने लगा।

इधर एकाध साल से विदेशी सवारियों में से कोई-कोई हिंदी बोलने वाले भी मिलने लगे—कीर्ति के लिए यह नया अनुभव था। कीर्ति ने अपने पिता से यह सुना था कि अंग्रेज लोग भारतीयों के साथ कभी 'आप' का इस्तेमाल नहीं करते थे; अंग्रेज शासक थे, इसलिए उनको दबदबा बनाये रखना था। शुरू में कीर्ति की यह कल्पना थी कि सभी विदेशी यही 'साहबी हिंदी' बोलेंगे। लेकिन प्राय: सभी विदेशियों ने कीर्ति को 'आप' कहकर संबोधित किया। कीर्ति को अजीब सा लगा कि ऐसा क्यों है? उसने यह भी सोचा कि उन लोगों की भाषा में सम्बोधन के लिए सिर्फ 'आप' ही मौजूद होगा, बाहर के लोग एक-दूसरे का हमेशा आदर से संबोधन करते होंगे। लेकिन उन विदेशी पर्यटकों से बात-चीत के दौरान उसे इसका कारण पता चला कि वे लोग किताब से हिंदी सीखकर आते हैं और किताब में सिर्फ 'आप' ही लिखा होता है। किसी अमरीकी ने कीर्ति को यह समझाया है कि यूनिवर्सिटी में शिष्ट भाषा ही सिखाई जाती है और अमरीका की दर्जनों यूनिवर्सिटियों में हिंदी पढ़ाई जाती है। कीर्ति को यह सुनकर खुशी हुई कि बाहर के लोग भी हमारी हिंदी शौक से सीख रहे हैं। अब तक कीर्ति की यह धारणा थी कि विदेशी लोग हिंदी बहुत नहीं जानते होंगे।

जापानियों की मितभाषिता की ओर कीर्ति का ध्यान पहले से था। परंतु हिंदी बोलने वाले जापानी दूसरे देशों के लोगों से कुछ ज़्यादा थे और जो जापानी हिंदी बोलते थे काफी उत्साह से बोलते थे, हालाँकि धीरे-धीरे बोलते थे। कीर्ति को 'आप'

से सम्बोधित किया जाना बुरा तो नहीं लगा, लेकिन अस्वाभाविक लगा, क्योंकि उसमें अति शिष्टता और परायापन था। कीर्ति को 'तुम' से संबोधित किया जाने में कोई आपत्ति नहीं थी : 'तुम' में हमेशा निरादर का भाव नहीं है, बल्कि उसमें आत्मीयता का भाव भी है।

कीर्ति का ध्यान विदेशियों में सबसे अधिक जापानियों की ओर आकृष्ट होने लगा, क्योंकि एक तो उन लोगों की शक्ल भी गढ़वाल के लोगों से कुछ मिलती थी, दूसरे उनका व्यवहार बहुत नम्र था।

एक दिन एक जापानी पर्यटक उसे मिला था जो सज्जन पुरुष था और धाराप्रवाह हिंदी बोलता था। उम्र लगभग कीर्ति जितनी ही मालूम होती थी। उसकी धारणा थी कि जापानी लोग भी उम्र से कम दिखते हैं वह ऐसे कम विदेशियों में से एक था जिन्होंने शुरू से ही कीर्ति को 'तुम' कहकर संबोधित किया था। कीर्ति को बहुत अच्छा लगा, क्योंकि उसमें अत्यधिक स्वाभाविकता थी और बिल्कुल भी उपेक्षा का भाव नहीं था, बल्कि आत्मीयता से परिपूर्ण था। इतना ही नहीं, वह बिल्कुल स्वाभाविक हिंदी बोलता था। उच्चारण भी मोटे तौर पर शुद्ध था। उस जापानी के साथ भी आगरा शहर के बारे में, ताजमहल के बारे में, और कीर्ति के जीवन के बारे में इत्यादि तमाम बातें होने लगी।

"तुम कितने साल से रिक्शा चलाते हो?" उस जापानी ने पूछा।

"पंद्रह साल से, साहब।" "कितने बच्चे हैं तुम्हारे?"

"दो हैं—लड़का और लड़की।"

"तुम कभी-कभी रिक्शे पर अपने बच्चों को बिठाते हो?"

"नहीं, वे तो गाँव में हैं।"

"गाँव किधर है?"

"गढ़वाल में है!"

"अच्छा, यह रिक्शा कितने में मिलता है? और कहाँ मिलेगा?" "यह नौ सौ रुपए का है और मेरठ से बनकर आता है। क्यों? आप रिक्शा खरीदेंगे क्या?"

"हाँ यही सोच रहा हूँ।"

यह सुनकर उसे बहुत हैरानी हुई। आज तक किसी विदेशी ने रिक्शे के प्रति रुचि प्रकट नहीं की थी। रिक्शे की उपयोगिता पर कीर्ति के संशय को दूर करते हुए उस जापानी ने समझाया कि वह रिक्शा यहाँ बनवाकर जापान ले जाना चाहता है, और अपने बच्चों को रिक्शे में बिठाकर शहर की सैर कराना चाहता है।

कीर्ति यह सुनकर और हैरान हुआ—"क्यों, आपके यहाँ रिक्शा नहीं चलता?" इस पर जापानी ने आधुनिक जापान का संक्षिप्त इतिहास और रिक्शे का इतिहास बताते हुए कहा कि रिक्शा जापानी शब्द है और अंग्रेज़ी के माध्यम से हिंदी में अपनाया गया है, मौलिक रिक्शा तो उसी को कहते थे जो दो पहिए वाला है जिसे आदमी ही खींचता है और जो आजकल कलकत्ते में ही उपलब्ध है। तीन पहिए वाला साइकिल-रिक्शा तीन दशक पहले जापान के कुछ खास शहरों की खास जगहों पर खास उद्देश्य के लिए चलता था जिसका नाम भिन्न था। जो भी हो, आजकल जापान में रिक्शा कहीं नहीं चलता। रिक्शे का स्थान बहुत पहले टैक्सी ने ले लिया था।

"हमारे देश में औसतन हर दो घरों में से एक के पास गाड़ी है। और कई अमीरों के पास हवाई जहाज भी है, लेकिन रिक्शा किसी के पास नहीं है। इसीलिए मैं इसे जापान ले जाना चाहता हूँ। मेरे बच्चे भी बहुत खुश होंगे। और मेरे व्यायाम के लिए भी अच्छा होगा। एक पंथ दो काज नहीं, तीन काज हैं न?" कीर्ति हार गया उसकी बुद्धि तथा उसके निरालेपन से।

"साहब! तब तो मुझे जापान ले चलिए, आपको खुद रिक्शा चलाने की ज़रूरत नहीं होगी।"

इस पर भी जापानी ने लंबी-लंबी व्याख्याएँ दी और कहा कि चाहते हुए भी कानूनी पाबंदी होने की वजह से यह संभव नहीं है। कानूनी पाबंदी की बात कीर्ति की समझ में नहीं आई, क्योंकि उसे मालूम था कि बहुत से भारतीय विलायत और मध्य एशिया में जाकर मजदूरी करते हैं। इस पर उस जापानी ने समझाया कि जापान का कानून विदेशियों के लिए अत्यंत कड़ा है।

कीर्ति ने अपनी बात पर बल देना ठीक नहीं समझा और विषयान्तर किया "साहब, आप अपने रिक्शे का नाम चेतक रखिएगा। बहुत सुंदर नाम है न? यह आपके बच्चों की रक्षा करेगा।"

कीर्ति को उस दिन की याद आ गई जिस दिन पहली बार उसने अपना रिक्शा चलाया था। अब कीर्ति के लिए जापान जाकर 'चेतक' को चलाना एक अतृप्त स्वप्न-सा बन गया।

***ज्वालामुखी पत्रिका, 1981, अंक 2 से साभार***

# चौराहे के बीच

"वीरेंद्र, क्या तुम सचमुच नहीं जानते कि सम्राट अशोक कौन थे? तुम कैसे भारतीय हो जिसने भारत के ऐसे प्रसिद्ध राजा का नाम भी नहीं सुना! क्या तुम्हारे माँ-बाप ने तुम्हें कभी यह नाम नहीं बताया?"

वह हमारी इतिहास की कक्षा थी। एक अमरीकी अध्यापक मिस्टर स्मिथ के मुँह से जब मैंने भर्त्सना भरा यह प्रश्न सुना था तो मुझे जीवन में पहली बार बड़ा धक्का लगा था। वास्तव में सम्राट अशोक का नाम मुझे नहीं मालूम था। इस बात को लेकर अध्यापक ने मुझे मेरे माँ-बाप के सामने बहुत लज्जित किया था। 'अशोक' का नाम ही क्या, मैं तो 'राम' और 'कृष्ण' के नाम तक से भी परिचित नहीं था। "तुम कैसे भारतीय हो!"–अध्यापक के ये शब्द मेरे कानों में बार-बार तीर की तरह चुभते रहे।

यद्यपि मैं सदा से ही भारतीय हूँ पर न सिर्फ मैंने कभी अपने को विशेष रूप से 'भारतीय' महसूस किया था, बल्कि इसकी कभी ज़रूरत ही न हुई थी। इस स्थिति का कारण यह नहीं कि मेरी माँ जापानी हैं, बल्कि इसलिए कि हमारे उस अंतरराष्ट्रीय स्कूल में-जहाँ मैं पढ़ता था, कोई भी छात्र अपनी राष्ट्रीयता की ओर सजग न था। स्कूल के आदर्श ने ही राष्ट्रीयता के आधार पर हम छात्रों में आपसी भेद-भाव करने को कभी प्रोत्साहित नहीं किया था।

बात पाँच साल पहले की है। तब मैं जापान के कोबे शहर में स्थित अंतरराष्ट्रीय स्कूल की आठवीं कक्षा में पढ़ता था। इस स्कूल में शहर और उसके आसपास में रहने वाले विभिन्न प्रवासी विदेशियों के बच्चे पढ़ने आते हैं। परंतु इनमें जापानी बच्चों की संख्या बहुत कम है, क्योंकि उनके लिए जापानी स्कूलों में अधिक सुविधाएँ हैं। कोबे का यह अंतरराष्ट्रीय स्कूल अमरीकी शिक्षा-पद्धति के अनुसार अंग्रेज़ी माध्यम में चलाया जाता है, लेकिन जापानी भाषा एक ऐच्छिक विषय के रूप में अवश्य रखी जाती है। कक्षा में और कक्षा के बाहर हम सब अंग्रेज़ी में ही बोलते थे। अमरीकी हो, चीनी हो या भारतीय, यहाँ कोई भेदभाव नहीं था। सबके साथ 'भाईचारा' ही

हमारे इस स्कूल की विशेषता थी जिसका हम सबको हमेशा से गर्व था। लेकिन नव-नियुक्त इतिहास के उन्हीं अमरीकी अध्यापक ने पहली बार राष्ट्रीयता का नाम लेकर मेरा घोर अपमान किया था।

मिस्टर स्मिथ शिकागो विश्वविद्यालय से भारतीय इतिहास में एम.ए. करके आए थे और उन्होंने मद्रास विश्वविद्यालय में शोध कार्य भी किया था। वे तमिल भाषा में निपुण थे और उनको हिंदी भी आती थी। वे भारत-प्रेमी थे। भारतीय इतिहास, विशेष रूप से प्राचीन भारतीय इतिहास में उनका गहरा ज्ञान था। स्कूल के पाठ्यक्रम में भारतीय इतिहास, अमरीकी इतिहास, चीनी इतिहास आदि ये सब अलग-अलग विषय न हो करके एक ही विषय-'विश्व का इतिहास' में सम्मिलित हैं। मिस्टर स्मिथ हमें यही 'विश्व का इतिहास' पढ़ाते थे। परंतु पाठ्य पुस्तक में जहाँ कहीं भी भारत से संबंधित प्रसंग आ जाता तो वे उसी पर ज़ोर दे-देकर बोलते थे और आवश्यकता से अधिक विस्तार से उसका व्याख्यान करते थे। हमें यह सब बहुत बोर लगता था। इसीलिए वे हम छात्रों में लोकप्रिय नहीं थे, भले ही वे बहुत मेहनत तथा जोश के साथ पढ़ाते थे। हमें उनसे यह शिकायत थी कि उनका पढ़ाने का ढंग संतुलित नहीं है। कई छात्रों ने यहाँ तक कहा था कि वे केवल अपना ज्ञान हमें दर्शा रहे हैं बस। उनको यूनिवर्सिटी में पढ़ाना चाहिए था। शुरू-शुरू में मेरी समझ में नहीं आया था कि उन्होंने किस इरादे से मुझे डांटा है। बाद में पता चला कि उनके विचार में हरेक भारतीय को विशेष रूप से भारतीय इतिहास और संस्कृति से परिचित होना चाहिए और उनकी दृष्टि में मैं पूर्णरूप से एक भारतीय था।

मेरे बारे में उनकी धारणा बहुत कुछ सही भी थी। मैं 19 वर्षीय वर्णसंकर भारतीय हूँ। मेरे पिताजी पंजाबी हैं। उनका नाम राजेन्द्र खन्ना है और मेरी माँ का नाम मारीको खन्ना है। पिताजी द्वितीय महायुद्ध में फौजी थे। उन्होंने सिंगापुर में जापानी सेना के अत्याचार देखे थे इसलिए प्रारंभ में उनके मन में जापान के प्रति घृणा की भावना का उत्पन्न होना स्वाभाविक था। जब द्वितीय महायुद्ध समाप्त हुआ तब वे 'ऑक्यूपेशन् आर्मी' में भरती होकर जापान आए। तबसे धीरे-धीरे उनके मन से जापान के प्रति घृणा की भावना दूर होती गई। अब वे जापानियों के गुणों को भी पहचानने लगे थे और जब कोबे में मेरी माँ के साथ उनकी प्रथम भेंट हुई और वे दोनों प्रेम बंधन में हमेशा के लिए बंधे, तब से जापान के प्रति उनकी द्वेष-भावना पूर्ण रूप से प्रशंसा में बदल गई। उन्होंने न केवल मेरी माँ से प्रेम किया अपितु जापान की हरेक चीज़ से प्रेम किया। शादी के बाद पिताजी सेना छोड़ के मशीन और कपड़े के आयात-निर्यात

के काम में जुट गए। तब तक जापान भी स्वतंत्र हो चुका था। उन्होंने दिन-रात बहुत परिश्रम किया। जापान की तरक्की के साथ-साथ उनके व्यापार ने भी तरक्की की और अब वे कोबे शहर के सबसे सफल एवं संपन्न प्रवासी भारतीयों में से एक हैं। उन्होंने कभी जापान में रहकर जापानी नागरिक बनने का फैसला किया था, परंतु राष्ट्रीयता के संबंध में जापान का कठोर कानून हमेशा उनके आड़े आया। चालीस साल से वे जापान में ही रह रहे हैं। उन्हें जापानी भाषा बोलने का अच्छा अभ्यास हो गया है और सबसे बड़ी बात यह है कि उनको जापान से गहरा प्रेम है, फिर भी न तो जापानी सरकार ने उनको अपने देश की राष्ट्रीयता प्रदान की, न वह करेगी ही। यह कानून सभी विदेशी 'पुरुषों' के लिए लागू है। मेरी माँ भारत की राष्ट्रीयता ले सकती थी पर जापान में रहने के लिए इसका कोई फायदा नहीं, इसलिए माँ की राष्ट्रीयता जापानी ही बनी रही। बच्चों की राष्ट्रीयता पिता की राष्ट्रीयता के अनुकूल होती हैं, इसलिए मैं जापान में पैदा होकर भी हमेशा के लिए भारतीय हूँ। हाँ, मेरी छोटी बहन अगर जापानी लड़के के साथ शादी करेगी तब उसे जापान की राष्ट्रीयता मिल सकती है।

खैर, माँ-बाप की शादी के बहुत वर्ष के बाद मेरा जन्म हुआ था, इसलिए मैंने उनका विशेष प्रेम पाया। इस संपन्न परिवार में मेरा पालन-पोषण सुख-शांति से हुआ। उन्होंने मुझे किसी प्रकार का कष्ट नहीं होने दिया। छोटी बहन से भी मेरा बहुत स्नेह था। स्कूल में सभी सहपाठियों से मेरी अच्छी बनती थी। पड़ोस के जापानी बच्चों के साथ भी मेरी दोस्ती थी। पिता से पुरुषार्थ, माँ से कोमलता; पिता से सुंदर आकृति, माँ से गोरा रंग, पिता से बर्ताव का खुलापन, माँ से शांत स्वभाव तथा पिता से विनोद-प्रियता, माँ से गंभीरता--यह सब मुझे संस्कारगत रूप में मिला है। व्यक्तित्व के इन्हीं गुणों के कारण मुझे सब ने हमेशा पसंद किया। ट्राम या बस में प्राय: मैंने लड़कियों को अपनी ओर ताकते हुए महसूस किया था। मुझे देखकर कुछ लड़कियाँ तो खुले आम कहती थीं—"वाह! कितना सुंदर लड़का है!" मेरे माँ-बाप अपने इस योग्य पुत्र का परिचय दूसरों से बड़े गर्व के साथ कराते थे।

घर में हम लोग जापानी तथा अंग्रेज़ी दोनों भाषाएँ बोलते हैं- माँ के साथ ज़्यादातर जापानी में और पिता के साथ अंग्रेज़ी में। माँ को टूटी-फूटी अंग्रेज़ी आती है लेकिन पिता धारा-प्रवाह जापानी बोल सकते हैं। हाँ, उनको जापानी भाषा का अक्षर ज्ञान नहीं है, क्योंकि उन्होंने कभी इसकी विधिवत शिक्षा नहीं पाई थी। मेरी हालत भी यही थी। मैंने कक्षा में थोड़ी बहुत जापानी लिपि सीखी अवश्य थी परंतु उसे अच्छी

तरह से पढ़ना-लिखना कभी नहीं सीखा। इसलिए पिता के साथ स्कूल संबंधी किसी भी प्रसंग को छेड़ने के लिए मुझे हमेशा अंग्रेज़ी का ही सहारा लेना पड़ता रहा है। पिताजी अपने भारतीय मित्र-मंडल में हिंदी अथवा पंजाबी में बात करते थे, पर घर में न जाने क्यों हमारे साथ कभी इन भाषाओं में नहीं बोले। परिणामत: मैं हिंदी या पंजाबी सीख ही न पाया। माँ-बाप ने मुझ पर कभी किसी तरह का दबाव नहीं डाला। उनकी यह 'उदारता' केवल भाषा तक ही सीमित नहीं थी बल्कि सांस्कृतिक क्षेत्र में भी थी। हम लोगों ने घर में कभी कोई जापानी उत्सव मनाया हो—मेरी स्मृति में तो नहीं आता। आसपास के जापानी बच्चे 'नव वर्ष,' 'बाल दिवस,' 'गुड़िया उत्सव' आदि धूमधाम से मनाते थे पर हमारे घर में यह सब कभी नहीं हुआ। माँ ने न कभी इन त्योहारों के बारे में मुझे बताया न जापानी बच्चों की कहानियाँ सुनाई। जापानी संस्कृति से वंचित होने पर भी मेरे जापानी समाज में अस्वीकृत न होने का एकमात्र कारण मेरा सभ्य व्यवहार था जो माँ की देखा देखी मैंने सीखा था। पिताजी ने भी कभी घर में 'होली,' 'दशहरा', 'दीवाली', 'राखी' इत्यादि त्योहार नहीं मनाये जिसके कारण मैं भारतीय संस्कृति से भी पूरी तरह वंचित रहा। माँ-बाप सदा से बहुत व्यस्त रहे सुबह से रात तक दफ्तर में काम करते। पिताजी का व्यापार बढ़ते रहने के साथ-साथ माँ को भी उनकी मदद करनी पड़ी थी। त्योहार और मेरी शिक्षा के बारे में मां-बाप दोनों अन्योन्याश्रित थे--माँ के मन में यह विश्वास था कि पिताजी मुझे संभाल लेंगे और पिताजी के मन में यह कि माँ सब कुछ करेंगी। ऐसी हालत में 'अशोक', 'राम', 'कृष्ण', 'राजकुमार शोतोकु', 'तोकुगावा इएयासु' आदि नामों से अनभिज्ञ होना स्वाभाविक था।

मिस्टर स्मिथ से पहली बार अपने व्यक्तित्व के इस अधूरेपन की भर्त्सना सहकर मैंने अपनी तरफ से भारतीय इतिहास तथा संस्कृति के बारे में जानकारी प्राप्त करने की बहुत कोशिश की। कई किताबें पढ़ीं, पर पृष्ठभूमि के अभाव के कारण यह सब बहुत कठिन लगा। एक पुस्तक में लिखा है- "अशोक मौर्य राजाओं में सबसे अधिक प्रसिद्ध था। उसका भारतवर्ष में हुए महानतम शासकों में प्रमुख स्थान है।" पर 'मौर्य' क्या चीज़ है? महानतम शासकों में अशोक का प्रमुख स्थान क्यों है? एक के बाद एक प्रश्न मेरे दिमाग को कचोटने लगे। स्कूल के अन्य विषयों की तैयारी करने में यह सब बाधक बना। गणित, विज्ञान आदि की कक्षाओं का अनुसरण करना कोई आसान काम नहीं था। दूसरी ओर मिस्टर स्मिथ के पास जाने की मेरी हिम्मत भी नहीं थी।

एक दिन पिताजी कोबे के 'इंडिया-क्लब' में 'गणतंत्र दिवस' के उपलक्ष्य में हुई पार्टी में शामिल होने के लिए मुझे ले गए। वहाँ सैकड़ों व्यक्ति उपस्थित थे। प्रवासी भारतीयों के साथ जापानी अतिथि भी काफी संख्या में आमंत्रित थे। पिताजी लोगों से हँस-हँसकर बातें करते रहे और भाग्ययोग से वहाँ मेरा परिचय ओसाका विदेशी भाषा विश्वविद्यालय के एक अध्यापक और कुछ छात्रों से कराया गया जो भारतीय भाषाओं का अध्ययन-अध्यापन कर रहे थे। वे सब हिंदी में ही बोलने लगे। मेरे यह कहने पर कि मुझे हिंदी नहीं आती, अध्यापक ने अंग्रेज़ी में बोलना शुरू किया परंतु उनमें से एक विद्यार्थी अजीब-सा मुँह बनाकर हिंदी में ही कहने लगा-"आप कैसे भारतीय हैं जो हिंदी भी नहीं जानते!" इसके बाद उसने क्या-क्या कहा, मेरी समझ में नहीं आया। लेकिन उसके मुख से निकले शब्दों—"आप कैसे भारतीय हैं!" ने एक बार फिर तीन साल पहले मिस्टर स्मिथ से खाई चोट को ताजा कर दिया। पर मेरी इस पीड़ा को कौन समझेगा? तब से मैं अपने आत्मविश्वास को खो बैठा हूँ। कई बार सोचा कि हिंदी सीखूँ पर सोचते-सोचते रह गया। मेरी ही 'हीन ग्रंथि' ने मेरे दिल को जकड़े रखा।

इस घटना को बीते दो साल हो चुके हैं। मैंने उस अंतरराष्ट्रीय स्कूल को किसी तरह से पास कर लिया है। लगभग मेरे सभी सहपाठी अब किसी न किसी विश्वविद्यालय में प्रवेश ले चुके हैं, परंतु मैं कुछ नहीं कर पा रहा हूँ। मैं दिशाहीन हूँ। मुझे न तो जापान के किसी विश्वविद्यालय में प्रवेश मिलेगा न भारत के किसी विश्वविद्यालय में कई बार सोचा कि पिताजी के व्यापार में हाथ बटाऊँ पर इसका साहस नहीं, भले ही पिताजी भविष्य में मुझसे ऐसा ही चाहेंगे। परंतु मेरे जीवन की सबसे बड़ी विडंबना यह है कि मैं तन से भारतीय हूँ, पर मन से कहीं का नहीं। इसलिए आज मैं चौराहे के बीच खड़ा हूँ। खड़ा रहूँगा–जाने कब तक...।

***ज्वालामुखी पत्रिका, 1982, अंक 3 से साभार***

# वापसी

नाविक कमलनाथ आज घर वापस लौट रहा था। बंदरगाह पर रुके जहाज में चढ़ने और अपनी-अपनी निर्धारित सीट पर बैठने में अभी कुछ समय की देर थी। कुछ औपचारिकताओं का निर्वाह अभी बाक़ी था। यात्रियों और जहाज-कर्मचारियों की चहल-पहल के बीच गुमसुम खड़ा कमलनाथ अपने आपको बिल्कुल अकेला अनुभव कर रहा था। भीड़ में भी बिल्कुल अकेला। वह घर जा रहा था, परंतु इस जाने और पहले के जाने में बहुत अंतर था। आज उसके मन में थोड़ा-सा भी उत्साह, थोड़ी-सी भी उमंग नहीं थी। वह पूरी तरह निष्प्राण पुतला सा लग रहा था। बार-बार उसका मन जापान में हुई दुर्घटना का स्मरण कर काँप उठता था जिसने उसके संपूर्ण जीवन को अप्रत्याशित रूप से बदल दिया। उस दुर्घटना का स्मरण आते ही उसके चेहरे का रंग फीका पड़ गया, उसके रोंगटे खड़े हो गए। उसे लगा जैसे उसके पैरों के निकट ही एक भयंकर कर्णभेदी विस्फोट हुआ है। वह पसीने से लथपथ हो गया। अपने जहाज पर काम करते-करते ऐसे ही विनाशकारी, कर्णभेदी विस्फोट की आवाज़ सुनकर वह सुन्न-सा हो गया था। उसी आवाज़ के साथ जहाज के पूरे इंजिन रूम में धू-धू करती हुई आग लग गई थी। उसने आग को बुझाने के भरसक प्रयास किए थे, परंतु निष्फल चेष्टाओं के बाद लपलपाती हुई आग की लपटों से अपने आप को बचाने के लिए जब तक वह बड़ी कठिनाई से एक सीढ़ी पर चढ़ के बाहर निकला तब तक उसने अपने आप को प्राय: संज्ञाहीन पाया था। दूर से क्रमश: निकट आती हुई दमकल गाड़ियों के सायरन की आवाजें वह अन्यमनस्क भाव से सुन पा रहा था। 'फ़ायर होज' से बरसते पानी का धुंधला-सा अहसास भी उसे हो रहा था, परंतु खुद अपने विषय में वह कुछ भी सोच नहीं सकता था। अग्निकांड पर काबू पाते पाते लगभग एक घंटा बीत गया, किंतु उसे ध्यान ही नहीं रहा कि वह समय कैसे बीता। वह कुछ भी सोचने या करने की मन:स्थिति में नहीं था, परंतु अचानक अपने हाथों में हथकड़ी पड़ते देखकर वह एकदम चौंक उठा था। संयोगपूर्ण मानव हत्या के

अभियोग में उसे गिरफ्तार किया गया था। इस अग्निकाण्ड में दस जापानी कारीगर, जो इंजिन रूम में उस समय काम कर रहे थे, मृत्यु के शिकार हो गए हैं। इस बात को सुनकर ही उसके पैरों तले की ज़मीन खिसक गई, वह बेसुध हो गया था। भला उसे कैसे विश्वास हो सकता था कि इस अप्रत्याशित अग्निकांड की वजह से दस मनुष्यों के प्राण गए होंगे? वह अपने दुर्भाग्य पर रोता रहा। जापानी पुलिस की तीखी जाँच-पड़ताल के समय भी वह केवल अपने भाग्य को ही कोसता रहा था। उसकी अंतरात्मा भी उसे प्रताड़ित कर रही थी।

यह सब कुछ छह महीने पहले हुआ था।

जापान के सासेबो बंदरगाह पर भारतीय जहाज 'बलजक' में हुए इस भयंकर अग्निकांड का पहला मुकदमा सासेबो की अदालत में ही हुआ था। कमलनाथ अपने अधीनस्थ कर्मचारी सुरेश के साथ अभियुक्त के रूप में पेश हुआ था। घर से इतनी दूर विदेश की एक अदालत में उसके भाग्य का फैसला होने वाला था! इससे पूर्व उसने अदालत का दृश्य केवल हिंदी फिल्मों में ही देखा था। उसने स्वप्न में भी नहीं सोचा था कि वह जीवन में कभी असली अदालत देखेगा—और वह भी खुद अभियुक्त की कुर्सी पर बैठकर। अदालत में तीन न्यायाधीशों के, जिनमें से मध्य में बैठने वाले बुजुर्ग मुख्य न्यायाधीश थे, बायीं ओर दो वकील, दाईं ओर दो सरकारी वकील बैठे थे और ठीक न्यायाधीशों के सामने उसके और सुरेश के बैठने का प्रबंध था। दोनों अभियुक्तों के पीछे दर्शकों तथा संवाददाताओं की कुर्सियाँ थीं। न्यायाधीशों का काला गाउन बिल्कुल वैसा ही था जैसा उसने प्राय: फिल्मों में देखा था, परंतु वैसी ज़ोर-शोर वाली बहसें नहीं थीं। फिल्मों में तो प्रभावशाली भाषण कला तथा नाटकीय शैली की आवश्यकता होती है, पर यहाँ अदालत की संपूर्ण कार्यवाही अत्यंत शांति से चलती रही— यह फिल्मी दुनिया जो नहीं थी। उल्लेखनीय बात केवल यह थी कि चूंकि कमलनाथ और सुरेश दोनों को जापानी भाषा नहीं आती थी, इसलिए दोनों अभियुक्तों के लिए एक दुभाषिए को रखा गया था जो उनके पास बैठकर जापानी से हिंदी में तथा हिंदी से जापानी में अनुवाद करता जाता था।

जापान के क्यूशू द्वीप के पश्चिमी तट पर स्थित सासेबो नगर जलपोत उद्योग का एक मुख्य केंद्र है। अत: यहाँ बहुत सारे विदेशी जहाज भी आते रहते हैं, इसलिए सासेबो की अदालत के मुकदमों में विदेशी अभियोगी-अभियुक्तों का होना कोई असाधारण-सी बात नहीं। वस्तुत: अंग्रेज़ी के दुभाषिए तो यहाँ कई बार नियुक्त हो चुके थे परंतु इस अदालत के इतिहास में किन्हीं भारतीयों को लेकर मुकदमा होना

पहली घटना थी, विशेषकर हिंदी के लिए दुभाषिए की नियुक्ति अपने आप में एक उल्लेखनीय घटना सिद्ध हो रही थी। इस भाषा-समस्या के कारण अदालत की कार्यवाही में दुगुना समय लग रहा था और कमलनाथ जानता था कि अदालत गया था। बैठे अधिकांश दर्शकों को इससे बोरियत भी हो रही थी। पर उस समय उसका ध्यान इस ओर नहीं गया था।

अदालत में कमलनाथ और सुरेश पर आरोप लगाते हुए पूरी दुर्घटना का विवरण प्रस्तुत करके सरकारी वकील ने कहा था कि भारतीय समुद्री जहाज 'बलज़क' (45,000 टन) ने विशाखापट्टनम बंदरगाह से रवाना होने के बाद सिंगापुर, हांगकांग होते हुए जापान की विशालतम बंदरगाह योकोहामा को अपना गंतव्य बनाया था, परंतु यात्रा के दौरान ही यह योजना बनाई गई कि योकोहामा पहुँचने से पूर्व सासेबो बंदरगाह पर जहाज की मशीनों की मरम्मत और रंग-रोगन का लेप आदि करा लिया जाए, इससे जहाज-कर्मचारियों को विश्राम भी मिल जायेगा। जहाज संबंधी सारा काम सासेबो की ही एक जानी-मानी जापानी कंपनी को सौंप दिया गया, लेकिन जहाज की पुरानी मशीनों, जो खराब हो चुकी थीं, को हटाने का काम खुद 'बलज़क' के कर्मचारियों को करना था। अत: जहाज के चीफ़ इंजीनियर वसंत मेहता ने इंजिन रूम में लगे पुराने जनरल सर्विस पंप को निकालने का आदेश थर्ड इंजीनियर कमलनाथ और असिस्टेंट पंप मैन सुरेश को दिया था। इस मशीन को फर्म के साथ जोड़ने वाले छह बोल्ट-नट थे जिन्हें सामान्यत: स्पैनर से ढीला करके मशीन को हटाया जा सकता था परंतु 'बलज़क' की यह मशीन बहुत पुरानी होने के कारण उन बोल्ट-नटों में जंग लगा हुआ था।

पहला और दूसरा बोल्ट-नट तो मुश्किल से खुल गए किंतु तीसरा बोल्ट-नट इतना सख्त हो चुका था कि अनेक कोशिशों पर भी नहीं खुल पा रहा था। शेष तीनों बोल्ट-नटों का भी यही हाल था। मशीन को उसी दिन हटाने का कड़ा आदेश चीफ़ इंजीनियर ने दिया हुआ था परंतु स्पैनर से बोल्ट-नटों के न खुलने से समस्या उत्पन्न हो रही थी। तब कमलनाथ ने सुरेश से कोई समाधान ढूँढने को कहा। सुरेश का सुझाव था कि गैसकटर से पिघलाकर बोल्ट-नटों को खोला जाये, परंतु न तो कमलनाथ और न ही सुरेश के पास गैसकटर था। सुरेश ने बताया कि उसने जहाज पर जापानी कर्मचारियों को गैसकटर का प्रयोग करते देखा था इसलिए वह उनसे उसे उधार ले सकेगा। हालाँकि कमलनाथ को मालूम नहीं था कि सुरेश को गैसकटर का प्रयोग करना आता है या नहीं, उसे सुरेश का सुझाव तर्क सम्मत लगा। अत: उसने अपनी

सहमति दे दी। सुरेश जापानी कंपनी के कर्मचारियों से संकेतात्मक भाषा का सहारा लेकर दो गैसकटर ले आया और बोल्ट-नटों को पिघलाकर खोलने का काम वे दोनों ही करने लगे। तीसरा बोल्ट-नट जल्दी ही खुल गया लेकिन चौथे वाला इतना सख्त था कि गैसकटर के प्रयोग के बावजूद पिघलता ही नहीं था। दोनों ही गैसकटर की लौ को बहुत तेज़ करने लगे जिसके फलस्वरूप बिल्कुल लाल-लाल ज्वलंत लोहे के टुकड़े जनरल सर्विस पंप के नीचे वाले फ़र्श पर एक के बाद करके गिरने लगे।

उस फ़र्श पर कई दिन से इंजिन रूम में हो रही मरम्मत की वजह से बहुत अधिक मात्रा में बिल्ज (गंदा तेल) फैला हुआ था और वह ज्वलनशील था। अभियुक्तों द्वारा गैसकटर के प्रयोग के लगभग पंद्रह मिनट बाद वही ज्वलनशील बिल्ज धीरे-धीरे गर्म होकर प्रज्वलन ताप तक पहुँच गया। तब एक भयंकर विस्फोट के साथ पूरे इंजिन रूम में आग लग गई। उस समय इंजिन रूम के दूसरी ओर बारह जापानी कर्मचारी काम कर रहे थे। उनमें से दो तो मुश्किल से भागकर बाहर निकलकर बच गए। शेष दस आदमी बाहर निकलने का रास्ता न पाकर विषाक्त कार्बन मोनोक्साइड के कारण मर गए। इसलिए दोनों अभियुक्तों का कर्तव्य था कि गैसकटर का प्रयोग करने के पहले जनरल सर्विस पंप के नीचे के बिल्ज को जाँच कर लेते। ऐसा नहीं किया गया अतः इस पूरी दुर्घटना के लिए अभियुक्त ही जिम्मेदार है। मृत्यु के शिकार बने सभी जापानी कर्मचारी तीस-चालीस वर्ष की आयु के थे और वे सब अपने अपने परिवार की रोजी-रोटी के मुख्य आधार थे। उन परिवारों के अपार दुःख तथा जीवन की भावी चिंताओं को देखते हुए अभियुक्तों का अपराध छोटा नहीं है— यद्यपि यह अपराध जानबूझकर नहीं किया गया था। अतः दोनों को कड़ी सजा मिलनी चाहिए। सरकारी वकील के इस बयान को सुनकर कमलनाथ पर वज्रपात सा हो गया था। उसकी गलती से ही दस व्यक्तियों की मृत्यु! उसे मालूम न था इंजिन रूम में आग लगने से पूर्व बारह जापानी कर्मचारी काम कर रहे थे। उसने अपने दुर्भाग्य को बार-बार कोसा था।

वैसे, उसके भाग्य में दुःख ही अधिक लिखा हुआ था। कलकत्ते के एक मध्यवर्गीय बंगाली परिवार की वह इकलौती संतान था परंतु पाँच वर्ष की आयु तक पहुँचते पहुँचते अचानक उसके पिता का देहांत हो गया था। विधवा माँ को पुत्र के भरण-पोषण में अनेक कष्ट झेलने पड़े। कलकत्ते जैसे महानगर में भी एक मध्यवर्गीय असहाय स्त्री के लिए नौकरी मिलना बहुत कठिन था। अल्प वेतन वाली छोटी-सी नौकरी मुश्किल से पाने के बाद माँ ने जी-तोड़ मेहनत की थी। वैसे भी माँ शरीर से

स्वस्थ नहीं थी, इसलिए इस अतिरिक्त कठोर परिश्रम के कारण वह प्राय: बीमार हो जाती थी। फिर भी उसकी प्रबल इच्छा थी कि कमलनाथ यूनिवर्सिटी पास करे। किंतु माँ की दिन-प्रतिदिन बढ़ती कठिनाइयों को कमलनाथ देख न सकता था। वह जल्दी ही खुद कमाकर माँ की परेशानियाँ दूर करना चाहता था। बचपन से ही उसे मशीनों में रुचि थी, इस लिए वह इंजीनियर बनना चाहता था। परंतु जीवन की इन कठोर वास्तविकताओं ने उसकी इच्छा को पूरा न होने दिया। उसने मैरिन इंजीनियरिंग कॉलेज में प्रवेश ले लिया नाविक बनने के इरादे से।

पर माँ के विरोध को देख वह दुविधा में पड़ गया था। माँ को छोड़कर दूर विदेशों में जाने का विचार अगर एक ओर उसे कष्ट पहुँचा रहा था तो दूसरी ओर उसके कौतुहल को बढ़ावा भी देता था। दुनिया देखने की इच्छा किसे नहीं होती? परंतु उसके लिए नाविक बनने के लिए सबसे बड़ा प्रेरक कारण तनख्वाह के अतिरिक्त अच्छा भत्ता मिलने की बात भी थी। माँ के सुख-आराम के लिए चिंतित कमलनाथ के लिए यह बड़ा आकर्षण था। मशीनों के प्रति आकर्षण और इंजीनियर न बन पाने की अधूरी साध ने भी उसे नाविक बनने के लिए प्रेरित किया था। अत: तीन साल मैरिन इंजीनियरिंग कॉलेज में पढ़ने के बाद जब नाविक बनकर पहली बार सागर-यात्रा पर निकला था तो माँ फूट-फूटकर रोई थी। बड़ी मुश्किल से उसने माँ को समझाया था कि वह हर साल दो बार छुट्टी लेकर कलकत्ता वापस आया करेगा और हर महीने तनख्वाह भेजा करेगा। फ़िफ़्थ (पंचम) इंजीनियर के पद से शुरू करके उसने थर्ड (तृतीय) इंजीनियर के पद पर उन्नति कर ली थी। काम अच्छी तरह सीख लिया था। जहाज की दुनिया बिल्कुल भारत का लघु रूप था - भिन्न-भिन्न प्रांतों की भाषा प्राय: सुनने का अवसर मिलता था लेकिन वह हिंदी या बंगला में बात करता था, पर अपने उच्च अधिकारियों के साथ अंग्रेज़ी में ही बोलता क्योंकि मशीन संबंधी पारिभाषिक शब्द अंग्रेज़ी में ही थे। उसे अपने उज्ज्वल भविष्य का विश्वास हो चला था। चीफ़ इंजीनियर बनने की उम्मीद होने लगी थी। माँ को हर सप्ताह पत्र लिखता था। माँ अपने एकाकीपन को सहन करते करते उसके कल्याण की कामना करती थी, पर उस दुर्घटना के बाद उसने माँ को कोई पत्र नहीं लिखा। किस तरह लिखता? क्या लिख सकता था?

उसी वक़्त बचाव पक्ष के वकील की आवाज़ ने उसके ध्यान को पुन: अदालत में खींच लिया था। जापानी वकील ने कहा था कि बोल्ट-नट खोलने के लिए गैसकटर का प्रयोग करने से पहले दोनों अभियुक्तों ने नीचे फ़र्श पर टार्च से देखा था कि

बिल्ज नहीं था। यह बात कमलनाथ बार-बार कहता आया है, इसलिए उसकी बात पर विश्वास करना चाहिए। अगर फ़र्श पर कुछ बिल्ज फैला हुआ भी हो तो उस पर चिंगारी या ज्वलंत लोहे के टुकड़े गिरने पर हर समय आग लग जाय--यह कोई आवश्यक नहीं है यानि उसमें कारण और कार्य का कोई अवश्यंभावी संबंध प्रमाणित नहीं होता। जब आग लग गई थी तो कमलनाथ ने फ़ायर होज़ से उसे बुझाने की कोशिश की थी परंतु फ़ायर प्लग में पानी बिल्कुल नहीं आ रहा था। घबराहट के मारे उसने फ़ायर एक्सटिंग्युशर भी गिरा दिया था पर यह तो आग लगने की आरंभिक स्थिति में ही काम आ सकता है।

दुर्भाग्य यहीं तक सीमित नहीं था। आग लगते ही बिजली बंद हो गई। इस अँधेरे ने इंजिन रूम में काम कर रहे लोगों में हड़बड़ी मचा दी। इससे भी बड़ी त्रासदी यह थी कि पोर्ट-साईड (जहाज की बायीं ओर) की सीढ़ी किसी कारणवश उतरवा दी गई थी, जिसकी वजह से उन दस जापानी कर्मचारियों के बाहर निकलने का रास्ता ही बंद हो गया। ये सारे दुष्परिणाम अभियुक्तों के लिए कल्पनातीत थे। निश्चय ही इन सबके लिए जापानी कंपनी ही पूरी तरह से दोषी है। अगर बिजली बंद न होती तो कर्मचारी बच सकते थे। फ़ायर प्लग में पानी होता तो अभियुक्त खुद उसे बुझा सकते थे। और तो और, यों भी जहाज पर इतने लोग काम कर रहे थे, जापानी कंपनी का कर्तव्य था कि वहाँ एक पहरेदार को नियुक्त किया जाता, ताकि किसी भी प्रकार की सम्भावित दुर्घटना की उचित चेतावनी दी जा सकती। जलपोत उद्योग के क्षेत्र में ऐसी जानी-मानी कंपनी ने ऐसी कोई व्यवस्था नहीं की थी यह बहुत आश्चर्य की बात है। अदालत में बैठे दोनों अभियुक्तों की जापानी कंपनी की कार्य कुशलता का पूरा विश्वास था परंतु आग लगने की वह दुर्घटना बिल्कुल अप्रत्याशित थी, इसलिए दोनों अभियुक्तों को इसके लिए दोषी नहीं ठहराया जा सकता।

बचाव पक्ष के वकील की इन तर्कपूर्ण एवं प्रभावशाली दलीलों को सुनकर कमलनाथ का मन उनके लिए कृतज्ञता से भर गया था। उसे अपने आप को निरपराधी सिद्ध किए जाने का भरोसा हो चला था, परंतु सरकारी वकील ने इस बार अपनी दलीलों में तर्क के साथ भावना को भी मिला दिया था। उनका कहना था कि दुर्घटना के छह महीने बाद भी वे दोनों उन परिवारों के यहाँ क्षमा माँगने नहीं गए जिनके प्रियजन अग्निकांड में मरे थे। इससे यह पता चलता है कि अभियुक्तों को अपने अपराध का लेशमात्र भी खेद नहीं है। अतः सजा और भी सख्त मिलनी चाहिए।

कमलनाथ को सरकारी वकील का यह तर्क समझ नहीं आ रहा था। उसकी राय में क्षमा माँगने का मतलब था अपना अपराध स्वीकार करना और अपराध को स्वीकार करने का मतलब उसके लिए कड़ी सजा भोगने के लिए तैयार होना था। मनुष्यता के नाते उसे शोक संतप्त परिवारों से अपार सहानुभूति थी, परंतु उनके घर जाकर क्षमा माँगने की बात वह नहीं समझ पाया था। साक्षी के तौर पर अदालत में उपस्थित हुए 'बलज़क' के कैप्टन तथा चीफ़ इंजीनियर ने भी अपना दोष स्वीकार नहीं किया। कैप्टन ने कहा था कि इंजिन रूम में जितने भी काम हो रहे थे उनका इंचार्ज तो चीफ़ इंजीनियर ही था। मुख्य न्यायाधीश ने इस पर असंतोष प्रकट किया था और बार-बार कैप्टन से पूछा था कि फिर भी जहाज के कैप्टन की हैसियत से आप पूरी तरह से दुर्घटना की जिम्मेदारी से मुक्त नहीं हो सकते न? कम से कम नैतिक उत्तरदायित्व तो आपका है न? परंतु कैप्टन ने अंत तक अपनी जिम्मेदारी नहीं मानी, संभवतः वह 'नैतिक जिम्मेदारी' का मतलब ही न समझा हो। चीफ़ इंजीनियर ने भी कहा था कि जब काम थर्ड इंजीनियर को सौंप दिया गया था तो उसे पूरा करना उसकी ही जिम्मेदारी थी।

इस तरह दोनों ही उच्च अधिकारी अपने आप को निर्दोष ही सिद्ध करते रहे। बचाव पक्ष के वकील ने बाद में कमलनाथ को समझाया था कि न्यायाधीश चाहते थे कि यदि कैप्टन और चीफ़ इंजीनियर अपने-अपने 'नैतिक उत्तरदायित्य' को स्वीकार कर लेते तो कमलनाथ और सुरेश के दंड की मात्रा में कटौती हो सकती थी। परंतु ऐसा कुछ नहीं हुआ था। जापानी न्याय व्यवस्था में अपना दोष मान लेने से कुछ दया भी मिल सकती थी पर कमलनाथ के लिए दोष मानने का मतलब कड़ी सजा को भी मानना था। इसलिए कमलनाथ ने अपने बयान में कहा था कि उसने जो कुछ भी किया वह चीफ़ इंजीनियर के आदेश का पालन मात्र था। सुरेश ने भी यही कहा था कि उसने थर्ड इंजीनियर की आज्ञा से ही वैसा किया था।

मुकदमे के अंत में सरकारी वकील ने अदालत से कमलनाथ के लिए तीन साल और सुरेश के लिए दो साल की क़ैद की सजा माँगी थी। सरकारी वकील की माँग को सुनकर कमलनाथ को चक्कर-सा आ गया था। उसे अपने पैरों तले की ज़मीन खिसकती-सी जान पड़ी थी। उसे तुरंत अपनी बूढ़ी माँ की याद आयी थी। इस खबर को सुनकर तो शायद वह जी नहीं सकेगी, आत्महत्या ही कर लेगी। मुख्य न्यायाधीश ने निर्णय देते हुए कमलनाथ को दो साल (पर दो साल के लिए निलंबित), और सुरेश को डेढ़ साल (पर डेढ़ साल के लिए निलंबित) की श्रम-रहित क़ैद की सजा

दी थी। इससे पूर्व कमलनाथ और सुरेश, वकील के सुझाव पर, उन शोक संतप्त परिवारों के सम्मुख सिर झुकाकर क्षमा माँगने भी गए थे। शायद न्यायाधीश महोदय के निर्णय पर इसका कुछ अच्छा प्रभाव ही पड़ा था। अदालत ने उन्हें निर्दोष नहीं कहा था, पर जापानी कंपनी की गलती को भी मानकर उनकी सजा माफ़ कर दी थी।

'बलज़क' के मालिकों ने अपनी ओर से केवल इतना ही किया था कि उन दोनों के लिए वकीलों को नियुक्त किया और अपने बीमे की राशि में से अग्निकांड के शिकार बने प्रत्येक परिवार के लिए एक करोड़ येन क्षतिपूर्ति के रूप में दान दिये थे। बस इतना करके 'बलज़क' अपने गंतव्य की ओर बढ़ गया था। कमलनाथ और सुरेश को सासेबो में ही छोड़ दिया गया था। वकील साहब तथा दयालु दुभाषिए की ओर से मिलने वाला ढाँढ़स तथा आश्वासन ही दोनों के लिए मन का एकमात्र सहारा था।

कमलनाथ आज घर वापस लौट रहा था, पर अब वह नाविक नहीं था। बंदरगाह पर रुके जहाज में चढ़ने और अपनी-अपनी निर्धारित सीट पर बैठने में अभी कुछ समय की देर थी। कुछ औपचारिकताओं का निर्वाह अभी शेष था। यात्रियों और जहाज कर्मचारियों की चहल-पहल के बीच गुम-सुम खड़ा कमलनाथ अपने आप को बिल्कुल अकेला अनुभव कर रहा था। भीड़ में भी अकेला। वह घर जा रहा था, पर क्या यह जाना पहले सा ही था?

***ज्वालामुखी पत्रिका, 1985, अंक 5 से साभार***

संस्मरण

# हिंदी सीखने के वे दिन

मेरा लगभग 40 साल के विश्वविद्यालय के प्राध्यापक जीवन का स्वरूप कई मायने में आम भारतीय प्राध्यापक के जीवन के स्वरूप से भिन्न था, क्योंकि मेरा विषय हिंदी जैसी तथाकथित 'माइनर लैंग्वेज' रहा है। इस विशेषण का औचित्य नहीं है क्योंकि यह अमुक भाषा के पढ़ने वालों की संख्या के कम या ज्यादा होने के आधार पर दिया गया है, न कि वक्ताओं की संख्या के आधार पर। हिंदी तो वक्ताओं की दृष्टि से संसार की दूसरी बड़ी 'मेजर लैंग्वेज' है, यहाँ अध्यापक जीवन के अनुभव का वर्णन करने के पहले मैं अपने छात्र जीवन का संक्षिप्त वर्णन करूँगा।

अक्सर लोग (विशेषतया भारतीय लोग) मुझसे पूछते हैं कि हिंदी चुनने का क्या कारण था? इसका समुचित उत्तर देने में कहानी लंबी हो जाएगी, फिर भी संक्षेप में लिखता हूँ। मेरा जन्म और पालनपोषण पश्चिमी जापान के अंतरराष्ट्रीय शहर कोबे में हुआ, जिसमें बड़ी तादाद में (लगभग एक हज़ार) प्रवासी भारतीय रहते थे और अब भी रहते हैं। यह आंकड़ा बैंकॉक या सिंगापुर की तुलना में नगण्य है, लेकिन जापान के हिसाब से यह बड़ी संख्या थी। स्वामी विवेकानंद और गुरुदेव रवींद्रनाथ ठाकुर भी इस शहर में आकर कुछ दिन ठहरे थे। भारत का प्रधान कोंसलावास (वाणिज्य दूतावास) भी पहले कोबे में था, लेकिन भारत के आर्थिक उदारीकरण के बाद ओसाका में स्थानांतरित हो गया (यद्यपि उसका औपचारिक नाम 'प्रधान भारतीय कोंसलावास, ओसाका-कोबे' है) और साथ ही आईटी के अभियंताओं की आवश्यकता के चलते तोक्यो में अधिक भारतीय रहने लगे। आजकल वहाँ उन लोगों की संख्या 20,000 से ज्यादा है। छोटा-सा 'इंडियन टाउन' भी है और तोक्यो और योकोहामा के क्षेत्र में तीन भारतीय अंतरराष्ट्रीय स्कूल भी स्थापित हुए हैं।

कोबे में रहने वाले भारतीयों, विशेषकर महिलाओं ने मुझे आकर्षित किया था। मैं हाइस्कूल का एक मासूम छात्र था। एक दिन शहर में चल रहा था तो एक साड़ी

परिहिता बहुत सुंदर भारतीय महिला दिखी। मैं उसपर बहुत मोहित हो गया था। मैंने अनायास उसका पीछा किया। (आजकल के कानून के अनुसार तो यह 'दंडनीय अपराध' है।) अन्य दिन एक ट्रेन में किन्हीं दो सुंदर भारतीय महिलाओं को आपस में अजीबोगरीब भाषा में बातचीत करते सुना था और उनके हाथों में अजीबोगरीब लिपि में लिखी किताब देखी। बाद में पता चला कि वह 'अजीबोगरीब' भाषा हिंदी थी। इस अपरिचित भाषा के प्रति मेरे मन में बड़ी जिज्ञासा और उसे सीखने की इच्छा पैदा हो गई।

इसके अलावा मुझे कोबे में पुरानी पुस्तकों की एक दुकान में बहुत दिलचस्प ऐतिहासिक किताब देखने को मिली थी- वह द्वितीय विश्वयुद्ध के समय हवाई हमले में बिखेरे गए कार्टूनयुक्त प्रचार-पत्रों का संग्रह था। भारत में बिखेरे गए प्रचार-पत्र तीन भाषाओं-हिंदी, उर्दू और बांग्ला में थे। उन भाषाओं को पढ़ने की बहुत इच्छा हुई। लेकिन सबसे बड़ी प्रेरणास्रोत भारत के तत्कालीन प्रधानमंत्री पंडित जवाहरलाल नेहरू की दुनिया के नेताओं में अच्छी छवि थी। नेहरू गुटनिरपेक्ष देशों के प्रमुख नेता थे जिनके कथनों पर दुनिया भर का मीडिया बहुत ध्यान देता था। तत्कालीन जापान की अधिकांश युवा पीढ़ी चाहती थी कि हमारा देश न अमेरिका के साथ और न रूस के गुट में हो। हम लोग द्वितीय विश्वयुद्ध की विभीषिका को देख और त्रासदी को सह चुके थे। अब प्रत्येक जापानी के मन में विश्वशांति की प्रवल लालसा थी। उन दिनों पंडित नेहरू हमें 'शांति के दूत' जैसे लगते थे। सो मन में यह बात आई कि जिस देश के नेता नेहरू जी हैं उस देश की भाषा और संस्कृति क्यों न सीखूं! इन कारणों से मैंने निश्चय किया कि ओसाका विश्वविद्यालय (तब वह ओसाका यूनिवर्सिटी ऑफ फॉरेन स्टडीज' नाम के एक संकाय वाला छोटा विश्वविद्यालय था) में प्रवेश लेकर हिंदी भाषा सीखूंगा।

लेकिन विश्वविद्यालय का पाठ्यक्रम मेरे लिए बिल्कुल संतोषजनक नहीं था। उन दिनों कोई अच्छी पाठ्यपुस्तक उपलब्ध नहीं थी, न ही अच्छा शब्दकोश और न ही अच्छे भारतीय अध्यापक। वे अध्यापक इतने बूढ़े और कमजोर थे कि दस मिनट भी उनके लिए पढ़ा पाना भी मुश्किल था, शब्दकोश के नाम पर भार्गव का वाराणसी से प्रकाशित हिंदी-अंग्रेज़ी शब्दकोश ही था जिसे कपड़ा उढ़ा कर रोज विश्वविद्यालय लाया जाता था। वह बहुत भारी था और उसमें काफी मौलिक भूलें थी। माता शब्द को पुल्लिंग और काकी को फीमेल क्रो (female crow) लिखा हुआ था। इस प्रकार की मौलिक भूल शब्दकोश के स्तर की प्रमाणित करती है लेकिन उन

दिनों की दशा ऐसी थी, काकी को काक का स्त्रीलिंग समझकर 'मादा कौवा' बना देना भी बचकाना है। यह सियारामशरण गुप्त की मर्मस्पर्शी कहानी का शीर्षक था जिसे मासूम छात्र ने बिना पूरा वाक्य पढ़े जापानी में फीमेल क्रो कह दिया, लेकिन इसमें उस मासूम विदेशी छात्र का क्या कसूर? 'काकी' और 'काका की पत्नी' का फर्क उसे कैसे पता होता होगा? इसका पूरा कसूर तो शब्दकोश के निर्माता का है!

हिंदी के वार्तालाप की कक्षा संतराम वर्मा नाम के भारतीय अध्यापक लेते थे। वे लगभग तीस साल से हिंदुस्तानी पढ़ा रहे थे। अपने गुरु जी से सुना था कि उनको फारसी का भी अच्छा ज्ञान था। लेकिन जब मैं उनका छात्र था तब वे इतने वृद्ध थे कि नब्बे मिनट की कक्षा लेने की ताकत शरीर में नहीं थी। दूसरी मंजिल तक चलने की ताकत भी नहीं थी, इसलिए उनकी कक्षा हमेशा प्रथम मंजिल (भारतीय हिसाब से ग्राउंड फ्लोर) पर होती थी। विश्वविद्यालय के सामने स्थित अपने फ्लैट तक हांफते हांफते सड़क पार करके जाते थे। इतने धीरे चलते थे कि गाड़ी से टकरा जाने का ख़तरा होता था। हिंदी का उच्चारण बिल्कुल साफ नहीं था। कई दांत निकल चुके थे, इसलिए कक्षा के नब्बे मिनट 'आपके हाथों में कितनी उंगलियाँ हैं?' 'आप अपने हाथों से क्या करते हैं?" सरीखे कुछ वाक्यों को काले तख्ते पर लिखकर कक्षा खत्म करते थे। अधिकांश विद्यार्थी कक्षा में या तो सोते थे या दूसरी किताब पढ़ते थे, ऐसी कक्षाओं में तो चार साल बैठकर भी हिंदी बोलना नहीं सीख सकते। वर्मा जी को दोषी ठहराना ठीक नहीं है। छात्र भी निष्क्रिय थे, किसी ने इसके लिए कहीं कोई शिकायत नहीं की।

एक साल बाद उनका देहांत हो गया। उनकी जगह नई नियुक्ति जल्दी करनी थी, इसलिए क्योतो के कला विद्यालय में पढ़ रहे एक भारतीय छात्र को नियुक्त किया गया जिनका नाम श्री राधेश्याम खेतान था। वे अभी नौजवान थे, इसलिए कक्षा में हिंदी के माध्यम से हिंदी पढ़ाते थे। इसलिए हमारी हिंदी द्रुत गति से सुधरने लगी। उन्होंने सुभद्रा कुमारी चौहान की कविता 'झांसी की रानी' भी पढ़ाई। अभी भी उस कविता के कुछ अंश मैं कंठस्थ कर सकता हूँ। झांसी की रानी के अलावा 'एक परिंदे की फरियाद' (इकबाल मुहम्मद), एक कहानी (मैथिलीशरण गुप्त), 'पुष्प की अभिलाषा' (माखनलाल चतुर्वेदी), 'दीप की अभिलाषा' (जगन्नाथ प्रसाद 'मिलिंद'), 'दो महल' (भरत व्यास), 'शैल-शिखर' (ज्वालाप्रसाद ज्योतिषी) आदि भी पढ़ाई। वे सिर्फ एक साल पढ़ाकर कोलकाता वापस चले गए। उसके बाद कोबे में रहने वाले भारतीय व्यापारी श्री जगत दवे ने दो साल तक पढ़ाया। फिर भी मैं विश्वविद्यालय

के पाठ्यक्रम से संतुष्ट नहीं था। बोलने का अभ्यास बिल्कुल नहीं कराया जाता था और मेरे अधिकांश सहपाठी मेहनत से नहीं पढ़ते थे।

सो मैं अपने दो और परिश्रमी सहपाठियों के साथ कोबे शहर में रहने वाली एक भारतीय महिला के पास व्यक्तिगत रूप से हिंदी सीखने के लिए हफ्ते में एक दिन जाता था। वहाँ हिंदी बोलने का अभ्यास कराया जाता था। इसका बड़ा फायदा हुआ। भारतीयों के साथ निडर होकर हिंदी बोलने का साहस उत्पन्न हुआ। इन महिला का नाम श्रीमती वीणा सचदेव है। 55 साल बाद भी मेरा उनसे संपर्क है। जब भी मैं दिल्ली आता हूँ तो उनके ग्रेटर कैलाश वाले शानदार मकान में बसेरा लेता हूँ और 55 साल पुरानी बातों को याद करते हुए नाना प्रकार के विषयों पर वार्तासुख का आनंद लेता हूँ। मैं हमेशा उनके प्रति धन्यवाद देता हूँ तो वे कहती हैं कि "यह आपका घर है!" यह हिंदी की विशेष अभिव्यक्ति है जो मुझे बहुत अच्छी लगती है। जापानी में इस प्रकार की अभिव्यक्ति कोई नहीं करेगा, अगर करेगा तो वह झूठ है। मन से तो नहीं कह रहा है ज्यादा से ज्यादा 'आप बिना संकोच के मेरे घर ठहरिएगा' कह सकता है। पर इसे भी केवल जबानी जमा खर्च समझ कर मना कर दिया जाता है। लेकिन जब भारतीय ऐसा कहते हैं तो यह सचमुच 'अतिथि देवो भव' की परंपरा में होता है। सचदेव जी के मकान को अपना घर मैंने केवल जापान और भारत में ही नहीं, बल्कि बैंकॉक और सिंगापुर में भी समझा है और अपने स्वार्थ को अंजाम दिया है।

## भारत में अध्ययन

इस प्रकार चार साल का बीए का कोर्स खत्म करके अप्रैल 1965 में एक व्यापारू कंपनी में मुझे नौकरी मिली। निश्शो नामक बड़ी ट्रेडिंग कंपनी थी जिसकी शाखाएँ मुंबई, दिल्ली, कोलकाता, जमशेदपुर और मद्रास (चेन्नई) में थी। जमशेदपुर में शाखा होने का मतलब है कि उसका टाटा के साथ सौदे का परंपरागत साझा था। मैं इन्हीं शाखाओं में काम करना चाहता था। लेकिन भारत भेजने के पहले कंपनी दो-तीन साल तक प्रशिक्षण देती थी। मेरी भारत जाने की इच्छा इतनी प्रबल थी कि मैंने यह नौकरी मिलने के पहले ही भारत सरकार के शिक्षा मंत्रालय की जनरल स्कॉलरशिप स्कीम के तहत छात्रवृत्ति के लिए आवेदन कर दिया था, जिसकी लिखित और मौखिक परीक्षा तोक्यो स्थित भारतीय दूतावास में थी। नौकरी मिलने के बाद भारत सरकार से खुशखबरी मिली कि मुझे छात्रवृत्ति के लिए चयनित किया गया है। सपनों का भारत! विश्वविद्यालय में हिंदी का अध्ययन! मारे खुशी के फूला न समाया तब तो कोई आम व्यक्ति इतनी आसानी से विदेश नहीं जा सकता था। बहुत ही सौभाग्य

से यह सुनहरा अवसर प्राप्त हुआ। जीवन में प्रथम विदेश यात्रा एक जिज्ञासु और महत्वाकांक्षी युवा के लिए इससे बढ़कर उत्साहवर्द्धक बात क्या हो सकती है। मैंने कंपनी को अभी इस्तीफा नहीं दिया, क्योंकि भारत में अध्ययन करने के बाद की नौकरी की भी चिंता थी। अच्छी कंपनी थी, सो मैंने दो साल की छुट्टी माँगी तो कंपनी के अधिकारी ने मान ली।

अगस्त सन् 1965 के एक रोज तोक्यो के हानेदा अंतरराष्ट्रीय हवाई अड्डे (तब नारिता हवाई अड्डा नहीं बना था) से एअर इंडिया से हाँगकांग और बैंकॉक होते हुए कोलकाता के दमदम हवाई अड्डे पर रात को पहुँचा। तब यह आजकल की तरह शानदार हवाई अड्डा नहीं था, बल्कि बहुत अंधेरा, सूना और किसी गाँव के रेलवे स्टेशन की तरह छोटा लगा था। कस्टम वाले ने मेरा सूटकेस खोलकर एक-एक चीज की जाँच की और एक कलम हड़पकर अपनी जेब में रख लिया। उन दिनों कोलकाता का कस्टम रिश्वत के लिए बदनाम था। खेतान जी कार लेकर मुझे लेने आए थे, बहुत खुश हुआ। वहाँ से वे मुझे सोधे गड़ियाहाट के अपने अपार्टमेंट में ले गए।

रास्ते में गरीब लोगों को सोते हुए देखकर धक्का लगा था। उसके ऊपर उमस। मन उदास हो रहा था कि यही है मेरे सपने का भारत! खेतान जी ने घर में मेरा स्वागत किया, पर रात को नींद नहीं आई। सुबह-सुबह थोड़ी-सी झपकी ले रहा था तो खिड़की पर एक बहुत बड़े कौवे को अपनी ओर ताक कर 'कांव-कांव' चिल्लाते देखकर मुझे बहुत घिनौना लगा। उसके बाद नहीं सो सका, बहुत अनोखा और विरला अनुभव था। नाश्ते के बाद खेतान जी ने मुझे शहर के कुछ दर्शनीय स्थल घुमाए, लेकिन गर्मी और भीड़ की वजह से वानस्पतिक उद्यान को छोड़कर कुछ अच्छा नहीं लगा। आइसीसीआर (भारतीय सांस्कृतिक संबंध परिषद) के स्थानीय कर्मचारी श्री गुहा ने खेतान जी के घर आकर मुझे इलाहाबाद तक की प्रथम श्रेणी की रेलवे की टिकट दी। जिसकी राशि मेरी 250 रुपए की छात्रवृत्ति में से काटी गई थी। हावड़ा स्टेशन की भीड़ से भी घबरा गया था, लेकिन कालका मेल की प्रथम श्रेणी, जिसमें एक कमरे में चार आदमी सो सकते हैं, बड़ी आरामदेह थी। थकावट के मारे जल्दी सो गया था। भोर में उठा तो खिड़की के बाहर विशाल खेत दिखाई दिए जिनका फैलाव दूर-दूर तक था और कई मीलों तक कोई आदमी नहीं दिख रहा था। जापान जैसे छोटे द्वीप में रहनेवाले के लिए वास्तव में भारत की विशालता का एहसास हुआ था। दुनिया के बहुत दूर कोने में आ गया तो अचानक घर में अकेली रहने वाली मां की याद आ गई। दोपहर को जमुना नदी का पुल पार किया तो इलाहाबाद जंक्शन पहुँचा। एक से बढ़कर एक श्रेष्ठ साहित्यकारों की कर्मभूमि, नेहरू जी का जन्मस्थान और

एक पुराने विश्वविद्यालय का शहर। हिंदी का गढ़ कहलाने वाले इस शहर आने पर मैं बड़ा उत्तेजित और उत्साहित हो गया।

लेकिन स्टेशन पर किसी को न पाकर मैं बहुत चिंतित और परेशान हुआ। कहाँ जाऊँ, कैसे जाऊँ? शायद आइसीसीआर की ओर से इलाहाबाद विश्वविद्यालय के अधिकारी को मेरे आगमन की सूचना न मिली हो, यहाँ मेरी हिंदी प्रथम बार काम आई। स्टेशन मास्टर से मैंने पूछा कि मैं इलाहाबाद यूनिवर्सिटी जाना चाहता हूँ तो उन्होंने मुझे टांगे में जाने की सलाह दी। तब टैक्सी नहीं चलती थी। रिक्शा तो था। पर विश्वविद्यालय बहुत दूर था तथा सामान भी ज्यादा थे। मुझे ताँगे पर बैठकर ऐसा लगा कि मैं मध्य युग के किसी देश के किसी नगर में आ गया होऊँ। बहुत आनंद लिया! इलाहाबाद विश्वविद्यालय के सीनेट हॉल के प्रशासनिक विभाग में आकर पहुँचने की खबर दी। मुझे अनियमित छात्र के रूप में एमए हिंदी में दाखिला मिला था। यहाँ कक्षा में पंजीकरण और छात्रवृत्ति के लिए कार्रवाई और समय की जरूरत थी और छात्रावास में अभी कोई सिंगल कमरा खाली नहीं था (भारतीय छात्रों को एक कमरे में दो लोगों को शेयर करना होता था)।

तब तक मुझे हॉलैंड हॉल के एक बड़े कमरे में रह रहे एक जापानी छात्र के साथ रहना पड़ा जिसे दिल्ली स्थित जापानी दूतावास की ओर से हिंदी के प्रशिक्षण के लिए भेजा गया था। उनका नाम रियूजो किकूची था जो कालांतर में कोलकाता और चेन्नै के प्रधान जापानी कोंसल बने थे। अद्‌भुत संयोग से उनका और मेरा जन्मदिन (साल भी!) एक है। इलाहाबाद में सिर्फ चार जपानी रहते थे। किकूची का कमरा अन्य कमरों की तुलना में काफी बड़ा था। स्नान घऱ और टायलेट भी लगा हुआ था। छत भी बहुत ऊँची थी और बड़ा पंखा चलता था। इसलिए अगस्त की सख्त गर्मी भी किसी तरह बर्दाश्त हो जाती थी, लेकिन रात को कमरा इतना गरम होता था कि मैं बाहर पलंग लगाकर सोता था। आजकल की तरह हवा में प्रदूषण नहीं था। आकाश में कितना सुंदर चांद एकदम साफ-साफ दिखता था। मैं बहुत भावुक हुआ। सोचा, इस चांद को जापान में मां भी देख रही होगी।

इतने में हॉलैंड हॉल में कक्ष नंबर 47 का सिंगल कमरा मुझे दिया गया। और हिंदी की कक्षा में पढ़ने भी लगा था। इलाहाबाद का छात्र जीवन बहुत अच्छा लगने लगा, त्रिवेणी संगम भी देखा और आनंद भवन भी। नए-नए दोस्त भी बहुत मिले। मेरी हिंदी भी दिन-ब-दिन अच्छी होने लगी। इलाहाबाद इतना अच्छा लगा मानो स्वर्ग हो, लेकिन इस स्वर्ग में अचानक संकट आ गया। द्वितीय भारत-पाक युद्ध भड़क उठा। इलाहाबाद तो पाकिस्तान से दूर है, पंजाब की सीमा जैसा खतरा तो

नहीं था, फिर भी रात को ब्लैक-आउट की वजह से पूरा शहर एकदम अंधेरा था। ब्लैक-आउट तो बीस साल पहले जापान में भी होता था। वहाँ के लगभग सभी बड़े शहरों में अमेरिका के बी-29 बमवर्षकों की बारिश होती थी। सो बीस साल के बाद ब्लैक-आउट शब्द का स्मरण आया।

लेकिन रात को सिनेमाघर में सिनेमा तो दिखाया जाता था, क्योंकि सिनेमाघर से रोशनी बाहर निकलने का कोई खतरा नहीं था। हॉलैंड हॉल से सिविल लाइंस तक अंधेरे में साइकिल चलाकर सिनेमा देखने जाता था, दूसरे साइकिल चालकों के साथ टक्कर होने से बचने के लिए जोर से चिल्ला-चिल्ला कर जाते थे। बहुत अनोखा अनुभव था। एक दिन जापान से ट्रंक-कॉल आया। तब हॉलैंड हॉल में तीन जापानी लड़के रहते थे। इसलिए किसके पास किसका फोन आया, कुछ मालूम नहीं था। उन दिनों मोबाइल तो क्या, एसटीडी की सुविधा भी नहीं थी। ट्रंक कॉल के लिए भी दूरभाष ऑपरेटर को मौखिक रूप से नंबर बताकर कई घंटे इंतजार करना पड़ता था। मुझे शंका होने लगी कि कहीं मेरी माँ ने फिक्र में जापान से केवल इलाहाबाद के हॉलैंड हॉल का नाम बताकर मेरे साथ संपर्क करने की कोशिश न की हो। मुझे माँ के लिए चिंता होने लगी कि कहीं मां के साथ कोई घटना न हुई हो, लेकिन मां से संपर्क करने का कोई उपाय नहीं था। घबराकर मैंने शहर के केंद्रीय तारघर जाकर तार भेजा।

मेरा अनुमान ठीक था- उसके एक हफ्ते बाद हवाई मार्ग से मां की चिट्ठी मिली जिसमें मां ने लिखा था कि भारत-पाक युद्ध की खबर जापान के समाचार पत्रों की सुर्खियों में है, इसलिए तुम्हारी कुशलता के लिए चिंतित होकर पहली बार अंतरराष्ट्रीय फोन किया। अमरीका में रहकर आए पड़ोसी प्रोफेसर ने ऐसी सलाह दी कि अंतरराष्ट्रीय दूरभाष करना बहुत आसान है। इसे पढ़कर मैंने चैन की सांस ली, लेकिन मां की ममता ने दो और जापानी लड़कों को एक हफ्ते तक खामख्वाह परेशानियों में डाल दिया था, क्योंकि उन लड़कों को भी अपने परिवारों की फिक्र होने लगी थी। और अमरीका की सुविधा की तुलना भारत से नहीं की जा सकती थी और मासूम मां को तो भारत के बारे में मामूली ज्ञान (कॉमन सेंस) का अभाव था। यह नहीं मालूम था कि इलाहाबाद पाकिस्तान से कितनी दूर है। लेकिन भारत-पाकिस्तान की आर्थिक स्थिति लंबी अवधि के युद्ध को बर्दाश्त नहीं कर सकती तो युद्ध शीघ्र खत्म हुआ। मैं इलाहाबाद विश्वविद्यालय की एम.ए. हिंदी प्रथम वर्ष की कक्षा में उपस्थित होने लगा था। लड़कों और लड़कियों की सीटें अलग-अलग थीं

(जापान में ऐसा नहीं था)। लड़का और लड़की का अनुपात लगभग समान था, पर शिक्षकों में केवल एक प्राध्यापिका थीं। शुरू में हिंदी समझना मुश्किल था। नोटबुक में नोट करता था, पर यह काफी नहीं था। वर्तनी की बड़ी भूलें होती थीं। गद्य पर लेक्चर अपेक्षाकृत आसानी से समझ आता था, पर कविताओं का अर्थ और उनकी व्याख्याएँ समझने में मुश्किल आती थी, मध्यकालीन हिंदी साहित्य के पद तो बिल्कुल समझ में नहीं आते थे।

मैं धीरे-धीरे हिंदी विभाग के अध्यापकों के व्यक्तिगत संपर्क में आने लगा। यद्यपि उनके रोब के आगे मुझे बड़ा संकोच होता था। उन दिनों रामकुमार वर्मा, उमाशंकर शुक्ल, हरदेव बाहरी, लक्ष्मीसागर वार्ष्णेय, रामस्वरूप चतुर्वेदी, रघुवंश, जगदीश गुप्त, केशव चंद्र सिन्हा इत्यादि एक से बढ़कर एक विद्वान थे। जगदीश गुप्त जी और रामस्वरूप चतुर्वेदी जी ने मुझे अपने घर पर चाय के लिए आमंत्रित किया था, अनियमित विद्यार्थी (casual student) होने का लाभ उठाते हुए भारत के विभिन्न स्थानों का पर्यटन किया। सबसे पहले वाराणसी और सारनाथ गया। फिर दिल्ली, चंडीगढ़, अमृतसर, श्रीनगर और पहलगाम। उसके बाद इलाहाबाद में रहने वाले अपने जापानी अमरीकी और तुर्की मित्रों के साथ राजस्थान (जयपुर, उदयपुर, बीकानेर, चित्तौड़गढ़) और गुजरात (अहमदाबाद और वडोदरा) की यात्रा की। फिर उसके बाद दक्षिण भारत की लंबी यात्रा कुछ जापानी मित्रों के साथ की। भारत की विशालता का प्रत्यक्ष अनुभव करके अभिभूत हो गया था। भारत वास्तव में विभिन्नता का देश है, फिर भी सर्वत्र भारतीयता दृष्टिगोचर होती है।

नेहरू जी की 'भारत की खोज' किताब में 'अनेकता में एकता' उक्ति बहुत अच्छी लगी थी। भारतीयता क्या है? इसे शब्दों में परिभाषित करना बहुत कठिन है। इसे तो अनुभव किया जा सकता है। बहरहाल, अब पूरे भारत में कहीं भी अकेले घूमने जा सकता था। अकेले घूमने में अधिक स्वतंत्रता मिलती है। इसी तरह लखनऊ, नैनीताल, खजुराहो, अजंता-एलोरा, नागपुर, वर्धा, मुंबई और पुणे तक गया। प्राय: सभी जगहों के लिए तीसरी श्रेणी के ट्रेन-कम्पार्टमेंट में यात्रा की। रेलवे की बुकिंग करने के लिए कई घंटे लंबी कतार में खड़ा होना पड़ता था। पुणे में पूरा एक महीना और मुंबई में दो महीने रहा। उन दिनों मुंबई के एक अच्छे भोजनालय में एक रुपए में बहुत अच्छा खाना मिलता था। टैक्सी का न्यूनतम किराया केवल 60 नए पैसे था।

इलाहाबाद में छात्र जीवन के दूसरे साल यानी 1966 की जुलाई के बाद मैं छात्रावास छोड़कर एक भारतीय परिवार के साथ रहने लगा, इसका मुख्य कारण

छात्रावास के भोजन से संतुष्ट न होना था। छात्रावास के कुछ लड़कों का कभी-कभी मेरे निजी जीवन में दखल करना भी अच्छा नहीं लगता था। फिर मैं चाहता था कि भारतीय परिवार के साथ रहने से और भी गहराई से भारतीय संस्कृति और भाषाओं को अपना सकूं। लेकिन किस प्रकार के परिवार के साथ रहूँ? इसके लिए मेरी तीन शर्तें थीं-एक, आमिष भोजन मिले; दो, प्रगतिशील और उदार परिवार होना चाहिए जहाँ प्राइवेसी में दखल न दिया जाता हो; और तीन, घर में हिंदी बोलने वाला होना चाहिए। सौभाग्यवश मम्फोर्डगंज 404 में इलाहाबाद विश्वविद्यालय के अंग्रेज़ी विभाग के लेक्चरर श्री स्कंद गुप्त के घर प्रथम मंजिल पर बहुत अच्छा खाली कमरा किराए पर मिल गया। उसके बिल्कुल बगल के मकान में स्कंद जी के पिता जी प्रोफेसर प्रकाश चंद्र गुप्त का परिवार रहता था।

प्रकाश चंद्र जी भी इलाहाबाद विश्वविद्यालय में अंग्रेज़ी के अध्यापक थे, लेकिन जाने जाते थे हिंदी साहित्य के प्रगतिशील आलोचक के रूप में। श्रीमती जया गुप्त भी विश्वविद्यालय में अंग्रेज़ी पढ़ाती थीं। उनकी माता जी और दो प्यारी बेटियाँ साथ रहती थीं। वे सभी नीचे के कमरों में रहते थे। केवल मुझे ऊपर का शांत कमरा मिला था इसलिए पूरी प्राइवेसी मिलती थी। माता जी ऊपर की छत में नर्सरी स्कूल चलाती थीं। गुप्त दंपती काम पर जाते थे, इसलिए एक नौकरानी भोजन बनाने आती थी। अच्छा भोजन बनाती थी। गुप्त परिवार के सब लोग मददगार और मिलनसार थे। उन दिनों मुझे भारत सरकार से प्रति मास केवल ढाई सौ रुपए की छात्रवृत्ति मिलती थी, जो कॉलेज के जूनियर लेक्चरर की मासिक तनख्वाह के बराबर थी और उससे गुजारा हो जाता था।

साइकिल से विश्वविद्यालय जाता 15-20 मिनट का रास्ता। स्कंद जी ने मुझसे केवल सौ रुपए भाड़ा लिया था जिसमें साफ-सुथरा कमरा, बिजली-पानी का खर्चा, तीन बार का आमिष भोजन सब शामिल थे। यही गुप्त जी की उदारता की मिसाल है, गुप्त जी की दो प्यारी बेटियाँ थीं। 7-8 साल की शुभा और 4-5 साल की रागिनी, उनके पुकारने के नाम क्रमश: 'टप्पी' और 'गिन्नी' थे। दोनों कथक सीखती थीं। हम रोज आपस में खूब बातें करते। नाश्ता, शाम का भोजन इकट्ठे करते। भाई-बहन की तरह घुल-मिलकर रहते। मैं दोनों को जापानी बच्चों के गीत सिखाता। दोनों बहुत जल्दी सीखती थी। खासकर टप्पी कागज पर बिना कुछ लिखे, सुन-सुनकर सही जापानी उच्चारण की नकल करके और सही लय के साथ गाती थीं कि सुनने वाले को पता नहीं चलता था कि कोई भारतीय लड़की गा रही है। उसकी स्मरण शक्ति

तेज थी। ऐसे लंबे-लंबे गीतों को जवानी याद करके गाती कि जापानी बच्चे भी याद न कर पाएँ। उसकी आवाज कैसेट में अभी भी उपलब्ध है। पचास साल के बाद भी आवाज उतनी ही साफ है। सीडी में कॉपी करके उसे एक दिन रेडियो जापान के हिंदी कार्यक्रम में प्रसारित किया गया था।

मैं जुलाई 1967 में इलाहाबाद छोड़कर शांतिनिकेतन चला गया। उसके बाद जापान से आने पर इलाहाबाद में टप्पी और गिन्नी से मुलाकात होती थी। वे तब तक बालिका से बहुत सुंदर तरुणी बन चुकी थीं। इसके बाद टप्पी संगीत की शिक्षा ग्रहण करने के लिए दिल्ली चली गई, वहीं शादी हुई और वह शुभा गुप्त से शुभा मुदगल बन गई। उसके बाद लगभग 40 साल तक शुभा से भेंट नहीं हुई। मुझे क्या पता था कि अब वह पद्मश्री से सम्मानित प्रसिद्ध गायिका शुभा मुद्गल हैं। उनसे अगली मुलाकात सन् 2012 में दिल्ली में हुई। तब तक उनके माता पिता चल बसे थे। बाद में 2018 में जब मुझे पद्मश्री से सम्मानित किए जाने की घोषणा हुई तो सबसे पहले उन्होंने ही मुझे बधाई दी। पद्मश्री से सम्मानित होने में शुभा मुझसे 'अग्रज' हैं और 'अनुज' के रूप में मुझे उनका आशीर्वाद मिला।

इलाहाबाद में हिंदी साहित्य के अनेक प्रसिद्ध लेखक रहते थे। इन मनीषियों की संगोष्ठी में बैठने का सुअवसर कभी-कभी मिलता था (केवल बैठने के लिए। चर्चा में हिस्सा लेने का दुस्साहस कभी नहीं किया!)। परिमल नाम के हिंदी और उर्दू लेखकों के संयुक्त मंच में एक बार उपस्थित होने का अवसर मिला था और एक बहुत उल्लेखनीय गोष्ठी की याद आती है। 1967 के शीतकाल में लोकभारती प्रकाशन में आयोजित श्रीमती महादेवी वर्मा षष्ठी प्रवेश का अभिनंदन समारोह था। फर्श पर कालीन बिछाकर लोग बैठे हुए थे, और वक्ता भी बैठे-बैठे ही बोले थे, वक्ताओं में स्वयं महादेवी जी के अलावा अभिनंदन करने वालों में सुमित्रानंदन पंत, इलाचंद्र जोशी, लक्ष्मीसागर वार्ष्णेय आदि दिग्गज साहित्यकार थे। इनकी आवाज को मैंने अपने टेपरीकॉर्डर में रेकॉर्ड किया था, पर असावधानी के कारण वह मूल्यवान ऐतिहासिक सामग्री लापता है। बहुत पश्चाताप हो रहा है।

कुल मिलाकर इलाहाबाद में बिताए दो साल मेरे जीवन का सबसे आनंदमय, अविस्मरणीय, सार्थक और प्रेरणात्मक समय था। ये मेरे भविष्य के निर्णायक साल भी थे। लेकिन इसी रागात्मक इलाहाबाद का नाम क्यों बदल गया? इलाहाबाद के नाम में कौन-सी खराबी थी? जिस शहर का नाम अंतरराष्ट्रीय स्तर पर ख्याति अर्जित कर चुका है, उसे बदलने का कोई आवश्यक कारण मुझे समझ में नहीं आता। हाँ,

मैं प्रयागराज के पुराने नाम से अवश्य अवगत हूँ, लेकिन उसका औचित्य शहर के निवासियों के वोट से निर्धारित करना चाहिए। मैं किसी राजनैतिक अभिप्राय से नहीं कह रहा हूँ, लेकिन जिनका लगाव 'इलाहाबाद' नाम से है उन लोगों की भावना को ठेस नहीं लगी क्या?

भारत आगमन के दो साल पूरे होने वाले थे। मेरी नियोक्ता कंपनी से मिली छुट्टी भी समाप्त होने वाली थी। लेकिन मुझे भारत इतना अच्छा लगा था कि जापान वापस जाने की इच्छा नहीं थी। मां का ख्याल आया था लेकिन भाई साहिब से पूछा तो उन्होंने बताया वे ठीक हैं। इसलिए मैंने बांग्ला भाषा सीखने के बहाने कंपनी से एक साल की और छुट्टी माँगी। यह सही था। इलाहाबाद में हिंदी का अध्ययन करते समय मैं कक्षा में हाजिर होकर और एक बंगाली महिला से ट्यूशन लेकर बांग्ला भाषा भी सीखता था। ईश्वरचंद्र विद्यासागर का 'वर्ण परिचय' सीखा था और शरतचंद्र चट्टोपाध्याय का 'बिंदूर छेले' पढ़ा था, पर बांग्ला बोलना नहीं आता था। हिंदी से कुछ मिलती-जुलती पर भिन्न इस नई भाषा के प्रति इतनी अधिक जिज्ञासा जागृत हुई थी कि मन में यह संकल्प किया था कि इस भाषा को सीखकर ही छोड़ूँगा, वह भी गुरुदेव रवींद्रनाथ ठाकुर के शांतिनिकेतन आश्रम में।

शांतिनिकेतन के बारे में मैंने छात्र जीवन में श्री राधेश्याम खेतान से सुना था। वे स्वयं विश्वभारती में कला-भवन के छात्र थे और साथ-साथ हिंदी में डिप्लोमा कर चुके थे, लेकिन मुझे शांतिनिकेतन जाने में बड़ी बाधा थी। भारत सरकार की साधारण छात्रवृत्ति के नियम में अनियमित छात्र के लिए छात्रवृत्ति की अवधि बढ़ाना नहीं लिखा होता है, इसकी सुविधा तो केवल शोध छात्रों को ही मिलती है। शिक्षा मंत्रालय को आवेदन-पत्र लिखने से अस्वीकृत होना निश्चित था। अब इस नियम का उल्लंघन करवाने के लिए तो विशेष हथकंडा अपनाना पड़ेगा। कर्मचारी नहीं मानेगा तो शिखर पर विराजमान राजनीतिज्ञ से सीधे बात करनी पड़ेगी। लेकिन शिखर से कैसे मिलूँ? शिक्षा मंत्रालय जाने पर भी शिक्षा मंत्री से मिलना असंभव है।

तो मुझे एक तरकीब सूझी कि शिक्षा मंत्री महोदय के घर पर मिलूँ अचानक बिना अपॉइंटमेंट लिए। सौभाग्यवश तत्कालीन शिक्षा मंत्री डाक्टर त्रिभुवन सेन बंगाली थे। बंगालियों का अपनी मातृभाषा के प्रति प्रेम प्रसिद्ध है। मेरा हथकंडा यह था कि बंगाली व्यक्ति के बांग्ला भाषा-प्रेम को छुऊँ। किसी तरह उनके निवास-स्थान का पता लगाने के बाद इलाहाबाद से रात की ट्रेन से सुबह-सुबह दिल्ली पहुँचकर मंत्री जी के आवास का दरवाजा खटखटाया। चौकीदार ने दरवाजा खोला। वैसे तो वह

इस अजीबोगरीब विदेशी को देखकर एकदम भगा सकता था, लेकिन मेरे बार-बार गिड़गिड़ाने पर उसने मुझे अंदर आने दिया और साहब को बुलाया, डाक्टर त्रिभुवन सेन से टूटी-फूटी बांग्ला में मैंने शांतिनिकेतन जाकर बांग्ला भाषा और साहित्य सीखने की प्रबल इच्छा बताई और अपनी विवशता भी।

डॉ. साहब ने मान लिया। मैं प्रसन्नचित वापस इलाहाबाद लौट आया। जल्द ही शिक्षा मंत्रालय से अनुमति पत्र आ गया और मैंने दो साल इलाहाबाद में रहने के बाद पश्चिम बंगाल की ओर प्रस्थान किया, वह सन् 1967 अगस्त की बात थी। मेरे मन में प्यारा इलाहाबाद छूटने के दुख और गुरुदेव के आश्रम जाने की नई आत्माकांक्षा से मिलकर बनी एक विचित्र भावना थी। इस सौभाग्य को प्राप्त करने के लिए मैंने क्या दुस्साहस कर डाला था! याद करते ही रोंगटे खड़े हो जाते हैं। सच है कि ऐसा दुस्साहस जवानी में ही संभव होता है और आज जैसे सुरक्षा के कड़े इंतजामों के बीच तो शायद संभव ही नहीं है।

वर्द्धमान स्टेशन पर ट्रेन बदल कर बोलपुर स्टेशन पहुँचा और वहाँ से रिक्शा में बैठकर विश्व भारती की अतिथिशाला। बारिश हो रही थी। वृक्षों से भरा हुआ यह वास्तव में 'शांति का स्थान' (शांतिनिकेतन) था। उत्तर प्रदेश के सूखे इलाके से एकदम भिन्न वातावरण। बहुत अच्छा लगा, लेकिन भोजन अच्छा नहीं लगा एकदम सादा भोजन था। कुछ दिन अतिथिशाला में ठहरने के बाद शिक्षा भवन के छात्रावास में एक छोटा कमरा मिला। शिक्षा भवन उन दिनों बीए के पाठ्यक्रम को कहते थे। एमए के पाठ्यक्रम को विद्या भवन कहते थे। अध्यापक और कम संख्या के छात्र छातिम तला (वृक्ष के नीचे) बैठकर क्लास लेते थे- प्राचीन भारत की यह शिक्षण-परंपरा वहाँ अभी भी बरकरार थी। मुझे बहुत अच्छा लगा। अनियमित छात्र होने के नाते मुझे किसी भी कक्षा में बैठने की छूट थी। शुरू में पाठ भवन (इंस्टीट्यूट ऑफ सेकंडरी एंड हायर सेकेंडरी एजुकेशन) की कक्षा में बच्चों के साथ बैठता था। वहाँ की निर्धारित पाठ्यपुस्तक 'सहज पाठ' थी।

यद्यपि वह मेरे लिए बिल्कुल सहज नहीं थी। तब मुझे केवल अक्षर ज्ञान और साधु भाषा के व्याकरण का मोटा ज्ञान मात्र था। बांग्ला में साधु भाषा और चलित भाषा की दो अलग शैलियाँ हैं। व्याकरण भी अलग है; लेकिन ईश्वरचंद्र विद्यासागर के ***'वर्ण परिचय'*** के माध्यम से सीखने के कारण मेरे मुंह से साधु भाषा की शैली का वाक्य ही निकलता था, जैसे 'तुमि कोथाय जाइतेछो?' (तुम कहाँ जा रहे हो?) इसे सुनकर बच्चे बहुत हँसते थे और मेरी बांग्ला को ठीक करते थे कि 'तुमि कोथाय

जाइतेछो' लिखित भाषा है, बोलचाल के लिए 'तुमि कोथाय जाच्छो?' होता है। तब मैंने सोचा कि बच्चे भाषा सीखने के लिए सबसे अच्छे अध्यापक हैं, क्योंकि बच्चे संकोच नहीं करते और बहुत ईमानदार हैं, इसलिए अशुद्धियाँ साफ-साफ बता देते हैं। मैंने इसी प्रकार बोलचाल की बांग्ला सीखी। मैंने नियमित डिप्लोमा की कक्षा में भी हाजिर होकर चलित भाषा का सही व्याकरण और उच्चारण भी सीखा था।

'शांतिनिकेतन' एक आश्रम है, सभी छात्र अध्यापक और कर्मचारी वहीं रहते थे। साइकिल हो तो कहीं भी किसी से भी मिल सकते हैं। तब किसी के घर में टीवी नहीं थी इसलिए बिना कोई विघ्न डाले किसी भी समय अध्यापक से उनके घर जाकर मिलना आसान था। अतिथि का अर्थ अक्षरश: 'अतिथि' 'अ+तिथि' था, अर्थात् बिना किसी से समय तय किए आप कभी भी मिलने जा सकते हैं। शांतिनिकेतन का वातावरण बांग्लामय था। यहाँ प्राय: सभी लोग बांग्ला बोलते थे। यहाँ 24 घंटे बांग्ला बोलने और सुनने का मौका मिलता था। इसलिए बांग्ला दिन-ब-दिन सुधरती गई। हाँ, हिंदी की पढ़ाई भी जारी रखी। हिंदी भवन में हिंदी पुस्तकों का अच्छा संग्रह है।

प्रत्येक छात्र के प्रति अध्यापकों की संख्या बहुत ज्यादा है। शायद केंद्रीय विश्वविद्यालय होने का फायदा हो। स्मरणीय है कि यहाँ एक जमाने में आचार्य हजारी प्रसाद द्विवेदी अध्यापन करते थे। गुरुदेव जी के साथ उनका अच्छा सान्निध्य था। लेकिन ये भी सत्य है कि शांतिनिकेतन में रहने वाले सभी विदेशी और बंगाली बांग्ला अच्छी तरह नहीं बोलते। परिश्रम, उत्साह और सीखने की योग्यता के अलावा आयु भी पूर्ण भूमिका निभाती है। कहा जाता है कि बूढ़ा तोता नहीं सीखता। अपने अनुभव के आधार पर कह सकता हूँ कि मैंने सात महीने शांतिनिकेतन में रहकर जितनी अच्छी तरह बांग्ला सीखी थी उतनी अच्छी अंग्रेज़ी अमेरिका के शिकागो शहर में नौ महीने रहने के बाद भी नहीं सीख सका था। हाँ, ये जरूर था कि बांग्ला मेरे लिए नई भाषा थी, पर अंग्रेज़ी पहले से जानता था। कहने का मतलब है कि अमरीका में रहने के बावजूद अंग्रेज़ी सुधारने की गति संतोषजनक नहीं थी-कारण यह है कि भारत में मैं नौजवान था, पर अमरीका में मेरी आयु 48 साल की हो चुकी थी।

शांतिनिकेतन के जीवन की एक और विशेषता थी कि वहाँ उत्सव या मेले काफी होते थे। वसंत उत्सव, वर्षा मंगल, शरद उत्सव आनंद मेला, पौष मेला और माघ मेला और रवींद्र जयंती इत्यादि। विशेष करके वसंत उत्सव और पौष मेला बड़ी धूमधाम से मनाया जाता था। पौष मेले में संथाली लोगों को प्रोत्साहित करने के लिए उनके खेल इत्यादि प्रस्तुत होते थे। ऐसे मौके पर मुझे बंगाल की संस्कृति भी सीखने

को मिली। शांतिनिकेतन में लोग आपस में बहुत आत्मीयता से मिलते थे। मुझे लोग 'तोमिओ दा' कहकर पुकारते थे, बेशक अध्यापक तो केवल 'तोमिओ' बोलते थे। जापान में जब तक बहुत आत्मीयता न हो तब तक फर्स्ट नेम से पुकारे जाने की आदत नहीं है। लेकिन यहाँ के लोग इतनी आत्मीयता से मेरे साथ व्यवहार करते थे कि मुझे बहुत अच्छा लगता था। विशेष रूप से नाम के पीछे 'दा' लगाना यह हिंदी के 'जी' से ज्यादा आत्मीयता को प्रकट करता है। साथ ही आदर की भावना भी व्यंजित है। वहाँ के बच्चों की आवाज 'तोमिओ दा' अभी भी मेरे कानों में गूँजती है।

मैं चाहता तो सन् 1968 तक शांतिनिकेतन में रह सकता था- ऐसा होता तो बांग्ला भाषा और साहित्य का अध्ययन और भी गहराई से कर सकता था। लेकिन ओसाका विश्वविद्यालय के हिंदी विभाग में असिस्टेंट लेक्चरर का पद खाली होने का समाचार मिला और मेरे प्रोफेसर ने मुझे इस पद के लिए आवेदन भेजने को कहा। यह भी ख्याल था कि मेरी कंपनी भी अब इससे ज्यादा लंबी छुट्टी नहीं देगी। कुछ महीने तक मन दुविधा में रहा कि मैं अध्यापक बनूँ या बिजनेसमैन बनूँ? अध्यापक बनने का मतलब था आर्थिक दृष्टि से बहुत सीधा-सादा जीवन बिताना। बचपन गरीबी में बिताया था इसलिए मेरे मन में धनार्जन का लालच एकदम न हो, ऐसा नहीं था।

कौन नहीं चाहेगा कि सुख-शांति से आरामदेह जीवन बिताए, पर मैंने तीन साल भारत में रहकर भारतीय भाषाओं का इतना प्रेमी हो गया था कि लगने लगा कि अब मेरे जीवन का लक्ष्य निश्चित हो गया है। और ऐसा पद दुबारा मुश्किल से ही मिलेगा और तब अगर पद खाली हुआ भी तो पक्की नियुक्ति होगी, इसकी कोई गारंटी नहीं,क्योंकि अन्य प्रतिद्वंद्वी उम्मीदवार भी होंगे। लेकिन उस समय मेरे अलावा कोई प्रतिस्पर्धी नहीं था। यह सब सोचकर अबतक की अपनी उपलब्धियों की लिस्ट बायो-डेटा के साथ भेज दी। चयन में पूरा एक महीना लगता है, पर अब दो रास्तों पर चलने का ख़याल छोड़ देना चाहिए, यह सोचकर मैंने कंपनी को त्यागपत्र लिख दिया। ये मेरे जीवन का बहुत बड़ा मोड़ था।

***इंडिया टुडे वार्षिकी 2019-20 से साभार***

# मेरा अध्यापक जीवन

1 अप्रैल, 1968 को असिस्टेंट लेक्चरर के पद पर मेरी नियुक्ति हुई। लगभग तीन साल में जापान बहुत बदल गया था। शहर में बहुत-सी नई-नई ऊँची इमारतें बन चुकी थीं और बन रही थीं। कारों की तादाद बहुत ज्यादा बढ़ चुकी थी। आजकल के भारत जैसी द्रुत गति से आर्थिक विकास हो रहा था। अल्प वेतन पाने वाली माँ ने भी पुराना मकान तोड़कर छोटा-सा नया मकान बनवाया था। मेरे भारत प्रवास के दौरान जापान की जी.डी.पी. (सकल घरेलू उत्पाद) दुनिया में पाँचवें या छठे स्थान से दूसरे स्थान पर पहुँच चुकी थी। तब से सन् 2010 तक उसी स्थान पर बनी हुई थी। जापान बहुत सम्पन्न देश के रूप में उभर रहा था, लेकिन उस हिसाब से मेरी प्रथम तनख्वाह बहुत कम मिली।

असिस्टेंट लेक्चरर का वेतन प्राइमरी स्कूल के मास्टर के बराबर था। लेकिन मेरे वरिष्ठ अध्यापकों ने मेरे प्रति बहुत उदारता दिखाते हुए कक्षा लेने का बोझ कम करके अध्ययन का समय ज्यादा दे दिया। हफ्ते में 90-90 मिनट की केवल दो कक्षाएँ पढ़ानी थीं। एक तो प्रारम्भिक हिंदी और दूसरी प्रारंम्भिक बंगला थी। बंगला इंडो-पाकिस्तान विभाग (उन दिनों विभाग का नाम इस तरह रखा गया था, क्योंकि विश्वविद्यालय का उद्देश्य केवल भाषा शिक्षण न होकर स्थानीय अध्ययन (Area Studies) था। विभाग में दो उपविभाग (हिंदी व उर्दू) थे। बंगला तीसरी और चौथी कक्षा के छात्रों के लिए वैकल्पिक विषय थी। नई भाषा सीखने की जिज्ञासा के कारण लगभग दस-बारह छात्र बंगला सीखने आए थे। समानता के आधार पर निश्चित रूप से हिंदी के छात्रों को उर्दू वालों से बंगला ज्यादा सहज है, लेकिन मेहनत करके उर्दू के छात्र ने सबसे अच्छा अंक पाए थे।

उन दिनों हिंदी उपविभाग में मेरे वरिष्ठ अध्यापकों में प्रो. कोगा कात्सुरो (एसोशिएट प्रोफ़ेसर) और प्रो. कुवाजिमा शो (लेक्चरर) जो दक्षिण एशिया का आधुनिक इतिहास पढ़ाते थे, और भारतीय अध्यापक के रूप में डॉ. लक्ष्मीधर

मालवीय जी थे और भारतीय अर्थव्यवस्था एवं भारतीय दर्शन आदि पढ़ाने के लिए कुछ अंशकालिक अध्यापक बाहर से आते थे।

डॉ. लक्ष्मीधर मालवीय जी का वर्णन इलाहाबाद के संदर्भ में करना चाहिए था। उनको हिंदी के प्रथम विशेषज्ञ के रूप में पहली बार भारत से आमंत्रित किया गया था।

श्री जगत दवे के भारत चले जाने के बाद विश्वविद्यालय में भारतीय अध्यापक का पद एक साल तक रिक्त था। छात्रों को बड़ा नुकसान सहना पड़ा था। किन्तु सन् 1966 में उनकी नियुक्ति हो गई। तब तक वे राजस्थान विश्वविद्यालय में अध्यापक थे। सहकर्मी के रूप में डाक्टर नित्यानन्द तिवारी जी थे जो बाद में दिल्ली विश्वविद्यालय के प्रोफेसर बने।

उनसे मेरी भेंट सन् 1965 में इलाहाबाद में हुई थी। मेरे गुरु जी (प्रोफेसर कोगा) ने उनको मुझसे मिलने के लिए लिखा था। इलाहाबाद उनकी मातृभूमि थी। इसलिए एक दिन उन्होंने हॉलैंड हॉल तक मुझसे मिलने के लिए आने का कष्ट किया था। अगले वर्ष वे ओसाका जाने वाले थे। उन्होंने कभी विदेश यात्रा नहीं की थी इसलिए उन्होंने जापान के बारे में अनेक सवाल पूछे थे। बहुत सरल स्वभाव के गंभीर और जिज्ञासु विद्वान मुझे लगे।" हवाई जहाज में भोजन कितने में मिलता है?" ऐसा मासूम प्रश्न भी किया था। जिन्होंने पहले कभी हवाई यात्रा नहीं की थी उनको क्या पता था कि भोजन का खर्चा एयर टिकट में शामिल है। (लेकिन आजकल कुछ कुछ एयरलाइन्स में आपस की होड में सचमुच भोजन के लिए पैसा देना पड़ता है। पचास साल पहले की उनकी मासूम जिज्ञासा आजकल के जमाने में संदर्भयुक्त हो गई है।)

डॉ. मालवीय जैसे विद्वान अध्यापक की नियुक्ति ने विद्यार्थियों को पढ़ाई में बहुत लाभ पहुँचाया था। पूरे जापान में वे हिंदी के पहले विशेषज्ञ थे, इसलिए जापान के हिंदी अध्ययन-अध्यापन के स्तर को ऊँचा उठाने में उनका बड़ा योगदान था। मैं भी उनके साथ सहकर्मी के रूप में काम करने से बहुत लाभान्वित हुआ। समय पाकर मैं भी कभी-कभी उनकी कक्षा में छात्र बनकर बैठता था। लगभग 20 साल तक अधिकांशत: ओसाका में और एक-दो साल के लिए तोक्यो में अध्यापन करके सन् 1990 में अवकाश ग्रहण किया था। तब से वे विश्वविद्यालय से दूर क्योतो के ग्रामीण क्षेत्र में सपरिवार सन्यासी जैसा जीवन बिता रहे थे, किन्तु लेखन का काम करते रहे। वैसे देव ग्रंथावली उनकी प्रसिद्ध रचना थी। *शब्दों का रास* का प्रकाशन सन् 2014 में किया था। मई सन् 2019 में उनका देहांत हो गया। उनको हार्दिक श्रद्धांजलि अर्पित करता हूँ।

फिर से सन् 1970 के आसपास के दिनों पर मैं आता हूँ। मेरे छात्र जीवन की तुलना में छात्रों की हिंदी की पढ़ाई बहुत अनुकूल माहौल में होने लगी अर्थात अच्छे अध्यापकों से सीखने और अच्छी पुस्तकों व अच्छे शब्दकोशों की आसानी से प्राप्ति की सुविधा के कारण हिंदी के स्तर में बढ़ोतरी हुई। अब कोई विद्यार्थी "काकी" का "मादा कौवा" जैसा हास्यास्पद गलत अनुवाद नहीं करता। दूसरे वर्ष (1969) से मैं दूसरी कक्षा में भी हिंदी पढ़ाने लगा। सन् 1972 में लेक्चरर के रूप में पदोन्नति हुई। लेकिन मैं अपने को अध्यापक के रूप में पूरा योग्य नहीं समझता था। मेरी कोई डिग्री नहीं थी। अभी बहुत कुछ सीखना चाहता था। इसलिए मैंने सन् 1974 से 1976 तक अध्ययन अवकाश और जापानी सरकार से छात्रवृत्ति लेकर हिंदी का अध्ययन करने के लिए दिल्ली विश्वविद्यालय में प्रवेश लिया। तब विभाग के अध्यक्ष डॉ. वीरेंद्र स्नातक जी थे। उन्होंने मुझे हंसराज कॉलेज में दाखिल कराया। कॉलेज में हिंदी विभाग के अध्यक्ष डॉ. सत्येंद्र तनेजा जी थे जिनसे मैं अभी भी संपर्क में हूँ। मैंने एम. ए. हिंदी से थोड़ा भिन्न पाठ्यक्रम हिंदी एम.ए.संयुक्त हिंदी (कम्पोजिट हिंदी) को चुना। इस पाठ्यक्रम की विशेषता थी कि हिंदी के 16 प्रश्न पत्रों में 2 प्रश्न पत्र संस्कृत के थे और 2 प्रश्न पत्र आधुनिक भारतीय आर्य भाषाओं में से किसी भाषा को चुनना था तो मैंने बिना दुविधा के बंगला को चुना, क्योंकि मैं शांतिनिकेतन में बांग्ला का प्रारंभिक ज्ञान अर्जित कर चुका था और संस्कृत का मौलिक ज्ञान जापान में।

हाँ, एम. ए. करने के लिए मौलिक ज्ञान से काम नहीं चलता। इसलिए बहुत मेहनत करनी पड़ी। मेहनत तो हरेक प्रश्न पत्र में बहुत करनी पड़ी। एक तो इस उम्र में (तीस को पार चुका था) रटकर याद करने की क्षमता काफी कमजोर हो गई थी और लिखने की बात तो और भी मुश्किल थी। स्वाभाविक बात है कि भारतीय छात्रों की तरह हिंदी तेजी से लिखने की मेरी आदत नहीं थी। भारतीय छात्रों को व्याकरण की ओर ध्यान देने की ज़रूरत नहीं है, क्योंकि यह सब उनको विरासत में मिल चुका है, किन्तु हम जैसे विदेशियों को लिंग-भेद से लेकर काल, सकर्मक क्रिया या अकर्मक क्रिया के भेद पर हमेशा ध्यान देना पड़ता है।

फिर भी मैंने अपनी तरफ से बहुत मेहनत की। मैं कुछ अध्यापकों या सहपाठियों से व्यक्तिगत रूप से सवाल पूछा करता था। मेरा सौभाग्य था कि उन्होंने सहर्ष मेरी बहुत सहायता की थी। विश्वविद्यालय में डॉ. भोलानाथ तिवारी जी, डॉ. ओम प्रकाश जी, डॉ. तारकनाथ बाली जी आदि और कॉलेज में डॉ. इंद्रनाथ चौधरी जी और डॉ. गिरीश बख्शी जी का मार्गदर्शन मिला था। डॉ. गिरीश बख्शी जी के साथ विशेष घनिष्ठ संपर्क में रहा और कालांतर में उनको ओसाका विश्वविद्यालय में हिंदी के

प्राध्यापक के रूप में आमंत्रित करके हम लोगों ने सहकर्मी के रूप में बहुत सहकार्य किया था जिसका वर्णन बाद में किया जाएगा।

एक और उल्लेखनीय बात यह है कि मैंने पंजाबी भाषा के सर्टिफिकेट कोर्स (प्रथम वर्ष) और डिप्लोमा कोर्स (द्वितीय वर्ष) में भी दाखिला लिया। हफ्ते में तीन बार शाम को क्लास लगती थी। सो मैं अक्सर दोपहर में पुस्तकालय में पढ़ता था या विभिन्न कॉलेजों में आयोजित सेमिनार में हिस्सा लेता था। पंजाबी की ओर मेरी रुचि इसलिए पैदा हो गई कि जिस इलाके में मैं सपरिवार रहता था उसका नाम गुजरांवाला टाउन था। वहाँ के निवासी ज्यादातर पंजाबी थे। मेरे पड़ोसी भी पंजाबी थे। मैं पड़ोस के परिवार को उस भाषा में बोलते हुए सुनता था तो हिंदी से कुछ कुछ मिलती लगती थी, लेकिन अलग शब्दों और अलग उच्चारण के कारण समझ में नहीं आती थी, इसलिए इस नई भाषा को सीखने की इच्छा पैदा हो गई। सौभाग्यवश दिल्ली विश्वविद्यालय में उसे सीखने की सुविधा थी, इसलिए मैंने सर्टिफिकेट कोर्स में प्रवेश लिया। मेरे अलावा दो विद्यार्थी थे एक लड़का और एक लड़की, पर दोनों पंजाबी थे, पंजाबी बोलते थे, फिर इस कक्षा में बैठने की क्या आवश्यकता थी? कारण पूछा तो वे पढ़ना-लिखना सीखना चाहते थे, क्योंकि उनको गुरुमुखी नहीं आती थी। मुझे गुरुमुखी लिपि और पंजाबी व्याकरण बहुत मुश्किल नहीं लगी, इसलिए बहुत जल्दी (दोनों सहपाठियों से जल्दी और सही तरीके से) सीख लिया। लेकिन उच्चारण मुश्किल लगा,क्योंकि पंजाबी में कुछ विशेष सुरलहर या तान होता है। प्रारम्भिक पंजाबी की कक्षा शुरू से ही केवल पंजाबी के माध्यम से सिखायी गई, इसलिए शुरू में बिल्कुल समझ में नहीं आती थी, पर ध्यान देकर सुनता था तो धीरे धीरे समझ में आने लगी। आकाशवाणी की "पंजाबी खबराँ" भी सुनता था।

सुनने के अभ्यास के लिए यह बहुत अच्छा साधन था। पंजाबी सीखने के कारण मेरा संपर्क केवल हिंदी विभाग के साथ न होकर विश्वविद्यालय के आधुनिक भारतीय भाषा विभाग (MIL) के साथ भी होने लगा। हिंदी, उर्दू और संस्कृत के अलावा शेष प्रमुख भारतीय भाषाओं का अध्ययन-अध्यापन इसी विभाग में होता था, इनमें बंगला और पंजाबी उपविभाग प्रमुख थे, क्योंकि इन दो उपविभागों में दो से अधिक अध्यापक पढ़ाते थे जबकि शेष भाषाओं में हरेक भाषा के लिए केवल एक अध्यापक थे। असामी भाषा उपविभाग में श्रीमती इन्दिरा गोस्वामी जैसी बहुत नामी कवयित्री विदुषी पढ़ाती थीं। कभी-कभी टैगोर भवन में भारतीय भाषा विभाग के अध्यापकों का सेमिनार होता था। मैं प्राय: उसमें उपस्थित होता था। सेमिनार की

माध्यम भाषा अंग्रेज़ी थी। अध्यापक अपना पेपर अंग्रेज़ी में प्रस्तुत करते थे और बहस भी अंग्रेज़ी में होती थी। मैं भी कभी-कभी सवाल पूछा करता था। यह मेरे भाषा विज्ञान में ज्ञान-वर्धन के लिए बहुत लाभदायक हुआ। मुझे पंजाबी पढ़ाते थे डॉ. आतमजीत सिंह जी, डॉ. त्रिलोक कंवल जी और डॉ. सुतींदर सिंह "नूर" जी। कभी कभी विभागाध्यक्ष डॉ. हरभजन सिंह जी भी पढ़ाते थे।

उनकी कुछ कविताएँ मर्मस्पर्शी थीं। डॉ. आतमजीत सिंह जी से मेरा संबंध घनिष्ठ बना रहा। वे पीएच.डी. के मेरे सह शोध निर्देशक बने। कालांतर में मैंने उनको ग्रीष्मकालीन पंजाबी का सघन पाठयक्रम के अध्यापक के रूप में ओसाका बुलाया। फिर उन्होंने नब्बे के दशक में मुझे इसी उद्‌देश्य के लिए अमरीका के यूनिवर्सिटी ऑफ कैलिफोर्निया (बर्कली) आमंत्रित किया था। बहुत मुश्किल से मैं एम. ए. संयुक्त हिंदी की परीक्षा गुड सेकंड क्लास में उत्तीर्ण हो गया। पंजाबी डिप्लोमा की परीक्षा मैंने 75 अंक विद डिस्टिंक्शन उत्तीर्ण की थी।

सब से उल्लेखनीय राजनैतिक घटना तो आपातकालीन स्थिति की घोषणा (26 जून सन् 1975) थी। यह स्थिति मार्च सन् 1977 तक चली थी। कुछ विद्यार्थियों को गिरफ्तार किया गया था, लेकिन आम लोगों का आम जीवन अनुशासन के चलते अपेक्षाकृत शांतिपूर्ण था। अपने व्यक्तिगत जीवन के अनुभव की बात बताऊँ तो सन् 1975 की ग्रीष्मकालीन छुट्‌टी में मैंने पत्नी और दो छोटे बच्चों के साथ दिल्ली की गर्मी से बचकर अफगानिस्तान और कश्मीर की यात्रा की थी। अमृतसर से वाघा सीमा पार करके लाहौर, पेशावर से खैबर दर्रा बस में पार करके अफगानिस्तान में प्रवेश किया। पाकिस्तान में तो गर्मी थी। ऐसी प्रतिकूल जलवायु के बीच एक साल का छोटा लड़का और दो साल की छोटी लड़की को लेकर यात्रा करना बड़े दुस्साहस का काम था। रास्ते में बच्चे बीमार होते थे। फिर भी बामियान की दो बुद्ध की खड़ी मूर्तियों को देखकर मंत्रमुग्ध हो गया। रूस का आक्रमण और तालिबान के आने के बहुत पहले की बात थी, सो तब अफगानिस्तान बहुत शांत देश था। बंदे अमीर झील का स्वच्छ पानी का रंग भी भूल नहीं सकता। शांति तो कश्मीर में भी थी। अफगानिस्तान से वापसी के रास्ते में अमृतसर से श्रीनगर भी गया और वहाँ हाउस बोट में कुछ दिन बिताए।

अफगानिस्तान और कश्मीर ये दोनों जगहें अब विदेशी पर्यटकों के लिए सुरक्षित नहीं हैं। मेरा सौभाग्य था कि हम सुरक्षित अफगानिस्तान और कश्मीर दोनों जगहों पर जा सके थे।

हाँ, जनवरी 1975 में नागपुर में प्रथम विश्व हिंदी सम्मेलन का आयोजन था। दिल्ली से हिंदी के अनेक अध्यापक वहाँ गए, पर मैं परीक्षा के बोझ के कारण हिस्सा नहीं ले सका।

लगभग दो साल का दिल्ली प्रवास मेरे अध्यापक जीवन के लिए बहुत लाभदायक था। कई विषयों के कई अध्यापकों और विद्वानों से परिचय हुआ। जीवन के कई नए अनुभव मिले। भारतीय समाज के विभिन्न रूपों को नए सिरे से देखा और उनसे बहुत प्रेरणाएँ मिलीं। जापान वापस आकर फिर से ओसाका विश्वविद्यालय में अध्यापन का काम करने लगा। छात्र से अध्यापक, अध्यापक से छात्र, और फिर से छात्र से अध्यापक बन गया। वैसे मैं समझता हूँ कि सदैव पढ़ने वाले अध्यापक विद्या+अर्थी यानी विद्यार्थी होते हैं। सन् 1977 में मेरी पदोन्नति एसोशिएट प्रोफेसर के रूप में हुई। वैकल्पिक विषय के रूप में पंजाबी भी पढ़ाने लगा। यह जापान के विश्वविद्यालयों में बिल्कुल नया विषय थी। तब तक वहाँ भी स्नातकोत्तर पाठ्यक्रम खुल गया था। कुछ साल में केवल एक-दो छात्र सही, एम. ए. में प्रवेश लेने वाले ज्यादातर मेधावी विद्यार्थी होते थे। आजकल वे हिंदी साहित्य, भाषा विज्ञान, राजनीति शास्त्र और सांस्कृतिक नृविज्ञान आदि क्षेत्र में अग्रणी अध्यापक या विद्वान-विदुषी के रूप में बहुत महत्त्वपूर्ण भूमिका निभा रहे हैं।

अब मुझे पीएच.डी. भी करनी थी। इसकी सिफारिश भारत में एम.ए. करते समय भी कुछ भारतीय अध्यापक करते थे। विशेषकर आधुनिक भारतीय भाषा विभाग के डॉ. आत्मजीत सिंह ने बहुत प्रोत्साहन दिया था। मेरी रुचि भाषा विज्ञान, विशेषकर व्यतिरेकी भाषा विज्ञान, सामाजिक भाषा विज्ञान और भाषा संपर्क में थी। हिंदी साहित्य पर पीएच.डी. करने की मेरी इच्छा नहीं थी। सो मैंने दिल्ली विश्वविद्यालय के आधुनिक भारतीय भाषा विभाग में पीएच.डी. का पंजीकरण किया था और सामान्य शोध निर्देशक के रूप में दिल्ली विश्वविद्यालय के भाषा विज्ञान विभाग के अध्यक्ष डॉ. रवीन्द्र श्रीवास्तव जी और आधुनिक भारतीय भाषा विभाग के अध्यक्ष डॉ. हरिभजन सिंह को नियुक्त किया गया था। दोनों अपने अपने क्षेत्र में पूरे भारत में प्रख्यात विद्वान थे। लेकिन अब अपने विश्वविद्यालय से पीएच.डी. करने के लिए इतनी लंबी छुट्टी नहीं मिलेगी,इसलिए मुझे दिल्ली विश्वविद्यालय से विशेष छूट मिली थी कि हर साल कम से कम एक महीना भारत में ठहरकर शोध निर्देशकों को काम दिखाना होगा और उनकी सलाह लेनी होगी।

उन दिनों सन् 1974 में प्रकाशित Uriel Weinreich द्वारा रचित *Language in Contact (The Hague)* से मैं बहुत प्रभावित हुआ था। उसके पहले सन् 1971

में अमरीका में John J Gumperz की बहुत प्रसिद्ध पुस्तक *Language in Social Groups (California)* भी प्रकाशित हो चुकी थी, जिसमें भारत में किए गए क्षेत्रीय कार्य (field work) के आधार पर प्राप्त कई दिलचस्प भाषाई प्रवृत्तियों के उदाहरण प्रस्तुत किए गए हैं। मुझे इस प्रकार का क्षेत्रीय कार्य करने का अवसर तब मिला था जब अगस्त से अक्तूबर सन् 1978 में जापानी सरकार (शिक्षा मंत्रालय) की सहायता से "Rural-urban Migration and Pattern in India" शीर्षक के सामाजिक व आर्थिक सर्वेक्षण में भाग लेने का सौभाग्य प्राप्त हुआ था। लगभग दस विद्वानों को, जो अधिकतर अर्थशास्त्री थे, दो स्थानों—कानपुर और जलंधर—पर बाँटा गया। पंजाबी भाषा जानने के कारण मुझे जलंधर के सर्वेक्षण-दल में शामिल किया गया। शहर की पाँच प्रमुख बस्तियों को चुनकर लगभग 300 मजदूरों को प्रश्न पत्र की पुस्तिका बाँटी गईं जिसमें उम्र, पेशा, परिवारों के नाम, आमदनी, मातृभाषा, कहाँ से आए हैं, कितने साल से यहाँ रह रहे हैं और यहाँ क्यों आए हैं इत्यादि कई प्रश्न छपे थे। अवश्य घर-घर जाकर पूछताछ करने के लिए स्थानीय कॉलेज के छात्रों को रखा गया था। ऐसी बस्तियों को चुना गया जहाँ निम्न श्रेणी के मजदूर लोग ज्यादा रहते हों। प्राय: स्लम कहलाने वाले स्थान थे। ऐसी जगहों पर गाँवों से या अन्य प्रान्तों (विशेषकर उत्तरप्रदेश) से आकर बसने वाले मजदूर अधिक संख्या में मिलते हैं। अमीरों की बस्ती में इस प्रकार का सर्वेक्षण करने से कोई अकादमिक लाभ नहीं मिलेगा। मैंने इस प्रकार के सर्वेक्षण का अनुभव उसके पहले कभी नहीं किया था। प्रतिचयन (सैंपलिंग) का तरीका सांख्यिकी विज्ञान के सिद्धान्त पर किया गया ताकि पक्षपात (bias) कम से कम रहे।

सामाजिक आर्थिक सर्वेक्षण खत्म होने के बाद मैंने अपनी ओर से भाषा सर्वेक्षण के प्रश्नपत्र और श्रव्य सामग्री बनाकर उन 300 साक्षात्कारदाताओं (interviewees) में से 102 मजदूरों को चुनकर उनका साक्षात्कार लेना शुरू किया। लगभग एक तिहाई को इस उद्देश्य से चुना था ताकि सर्वेक्षण के कार्य में कोई पक्षपात न हो। उन मजदूरों में से लगभग 25 फीसदी लोग उत्तरप्रदेश से आए हिंदी भाषा-भाषी थे। कुछ हिंदी भाषी बिहार और हिमाचल प्रदेश से भी आए हुए थे। लगभग 55 प्रतिशत लोग पंजाब प्रांत से आसपास के गावों से आए पंजाबी भाषा-भाषी थे। लिंग के मामले में पक्षपात को मानना पड़ा, क्योंकि तीन महिलाओं को छोड़कर शेष सभी साक्षात्कारदाता पुरुष थे। पर परिस्थिति को देखकर इस तरह काम चलाना विवशता थी। पंजाबी में वहाँ की प्रसिद्ध लोक कथा "अम्बी की कहानी" को पहले से टेप किया था। और हिंदी आदि गैर-पंजाबी भाषियों से (जबरदस्ती) पंजाबी में और पंजाबी भाषियों से हिंदी में

अपने शब्दों में बुलवाया और उसे टेप करके बाद में उनके उच्चारण और व्याकरण आदि का विश्लेषण किया था। और मूलभूत पंजाबी या हिंदी शब्दों (शरीर के अंग, रंग और संख्या आदि) को चित्र दिखाकर पूछा था। उसे भी टेप किया था। लेकिन उन डेटा(Data) के विश्लेषण में बहुत समय लगा था, क्योंकि मुझे जापान में पढ़ाने का काम भी करना पड़ता था। और आखिर सन् 1982 में शोध प्रबंध प्रस्तुत किया था और अप्रैल 16, सन् 1983 के दीक्षांत समारोह में मुझे पीएच.डी. की उपाधि मिली थी। लेकिन व्यक्तिगत रूप से मैं इस शोध प्रबंध की उपलब्धि से बहुत संतुष्ट नहीं हूँ, क्योंकि और समय देकर गहराई से विश्लेषण करना चाहिए था।

अक्तूबर 28-31,सन् 1983 को नई दिल्ली में तत्कालीन प्रधानमंत्री श्रीमती इंदिरा गांधी की अध्यक्षता में तृतीय विश्व हिंदी सम्मेलन का आयोजन हुआ था जिसमें मैंने स्वर्गीय डॉ. रवीन्द्रनाथ श्रीवास्तव जी का निमंत्रण पाकर भाग लिया था और हिंदी शिक्षण पर अपना लेख पढ़ा था। तब पहली बार देवनागरी लिपि को डिजिटलीकरण करके परिचय दिया गया, लेकिन बहुत प्रारम्भिक स्तर की डिजिटल लिपि होने के कारण बिल्कुल सुंदर नहीं थी, त्रुटिपूर्ण थी। इसलिए इस्तेमाल के लायक नहीं थी, लेकिन कालांतर में अद्भुत विकास के लिए इसको बुनियादी कदम कह सकते हैं।

उसके दो मास बाद दिसंबर 23-25 को नई दिल्ली के पंजाब भवन में विश्व पंजाबी सम्मेलन हुआ था जिसकी अध्यक्षता प्रोफेसर विश्वनाथ तिवारी, पंजाब विश्वविद्यालय (चंडीगढ़) के पंजाबी अध्ययन विभाग के अध्यक्ष व राज्य भवन के सांसद ने की थी, जिसमें मैंने भी हिस्सा लिया था। विभिन्न देशों में रहने वाले पंजाबियों के प्रतिनिधि आए हुए थे। उनमें पाकिस्तान से प्रसिद्ध लेखक जनाब फ़ख़र ज़मान भी आमंत्रित थे। सम्मेलन का मुख्य विषय था "पंजाबीयत क्या है?"। इसी मौके पर मेरी भेंट तत्कालीन राष्ट्रपति ज्ञानी ज़ैल सिंह जी से हुई थी। सम्मेलन के बाद मैंने दूसरे भागीदारों के साथ पाटियाला, अमृतसर, होशियारपुर और चंडीगढ़ का स्टडी टूर किया था। बहुत आनंदपूर्ण दिन थे। उपहार में फुलकारी का बैग मिला था।

सम्मेलन के बाद मैंने चंडीगढ़ से दिल्ली होते हुए कोलकाता तक की हवाई यात्रा की थी। दिल्ली से कोलकाता की इंडियन एअर लाइंज की उड़ान में अमृता प्रीतम जी और इमरोज़ जी बैठे हुए थे। मैंने उनको सत श्री अकाल किया। वे शांतिनिकेतन में किसी पुरस्कार को लेने के लिए जा रही थीं। दुख की बात है कि उसके मात्र चार मास बाद, अप्रैल सन् 1984 में प्रोफेसर तिवारी जी की हत्या की गई थी। पंजाबी भाषा और साहित्य के प्रचार में अथक सेवा करने वाले विद्वान की हत्या क्यों की गई थी–समझ में नहीं आया।

उसके बाद पंजाब प्रांत की अशांति के चलते करीब बीस साल तक मैंने पंजाब की धरती पर कभी कदम नहीं रखा था। अस्सी के दशक में हिंदी के प्रचार के इतिहास में बहुत उल्लेखनीय घटना हुई। वह एक हिंदी प्रेमी के द्वारा 'ज्वालामुखी' नामक हिंदी की पत्रिका का प्रकाशन था जिसमें लिखने वाले सभी जापानी थे। प्रथम अंक सन् 1980 में प्रकाशित हुआ था। संपादक श्री योशिआकि सुज़ुकि केन्द्रीय हिंदी संस्थान, दिल्ली में हिंदी का अध्ययन कर चुके थे।

वे किसी विश्वविद्यालय में अध्यापक नहीं थे। जीवन निर्वाह के लिए किसी कंपनी में नौकरी करते थे जिसका भारत से कोई संबंध नहीं था। वे हर साल अपने खर्चे से भारत आकर 'ज्वालामुखी पत्रिका' छपवाते थे। तब कम्प्यूटर की सुविधा नहीं थी। भारत सरकार से कुछ आर्थिक सहायता मिलती थी। उन दिनों पूरे जापान में हिंदी में लेख लिख सकने वाले गिनती के रहे होंगे। बहुत दुख की बात है कि श्री सुजुकि की यह निष्काम सेवा अधिक दिन नहीं चली। सन् 1986 तक एक साल छोड़कर यह पत्रिका हर साल प्रकाशित की जाती थी। लेकिन अंक 6 के प्रकाशन के बाद बंद हो गई। कहा जाता है कि पत्रिका को शुरू करना जितना मुश्किल नहीं है उतना उसे जारी रखना है। किन्तु इस प्रकार की चुनौती की भारत के हिंदी प्रेमियों ने बड़ी प्रशंसा की थी। अभी भी डॉ. यासमीन सुलताना नक़वी द्वारा संपादित 'साकुरा की बयार' में यदा कदा जापानी लोगों द्वारा, विशेष कर ओसाका विश्वविद्यालय के अध्यापकों और छात्रों द्वारा लिखित लेख हिंदी में छपते हैं।

अब कुछ लोग सीधे भारत की प्रमुख पत्रिकाओं में लिखने लगे हैं, जैसे मैंने कादंबिनी, हिंदी जगत, गगनाञ्चल आदि में लिखा है। जापानी कविताओं का हिंदी में अनुवाद करनेवाले व्यक्ति भी हैं (देखें यूइचिरो मिकि व हरजेंद्र चौधरी, परमाणु बम की छाया में, 2016 साहित्य अकादेमी। इस कृति के लिए प्रोफेसर हरजेंद्र चौधरी, जो सन् 1994 से 1996 तक मेरे सहकर्मी थे, को संप्रति हिंदी अकादमी दिल्ली से अनुवाद के सब से बड़े पुरस्कार से नवाजा गया है)। और हिंदी में पीएच.डी. का शोध प्रबंध लिखने वाले कई विद्वान निकले हैं, जैसे डॉ. आकिरा ताकाहाशि-दिल्ली विश्वविद्यालय से, डॉ. हिरोको नागासाकी - डॉ. भीमराव अंबेडकर विश्वविद्यालय से तथा डॉ. तोमोको किकूची, डॉ. योशिओ ताकाकुरा व डॉ. हिसाए कोमात्सु-जवाहरलाल नेहरू विश्वविद्यालय से। डॉ. किकूची का शोध प्रबंध पुस्तकाकार रूप में प्रकाशित हो चुका है (महादेवी वर्मा की सामाजिक चेतना) और डॉ. कोमात्सु का शोध प्रबंध (स्त्री अस्मिता की खोज में) भी शीघ्र प्रकाश्य है।

फिर से अस्सी के दशक पर वापस आता हूँ। हिंदी शिक्षण की दृष्टि से वीडियो कैसेट का आविष्कार और उसके प्रचार ने बहुत महत्त्वपूर्ण भूमिका निभाई थी। सन् 1982 में मैंने विश्वविद्यालय की दूसरी कक्षा की प्रयोगशाला में विडियो का इस्तेमाल करना शुरू किया था। भारत प्रवास के दौरान मैं लगभग हर हफ्ते हिंदी फिल्में देखा करता था और मुझे इन फिल्मों से काफी नए शब्द और मुहावरे सीखने को मिले थे। अपने इस अनुभव के आधार पर मुझे पूरा विश्वास था कि कक्षा में विडियो दिखाया जाए तो विद्यार्थी अच्छी तरह हिंदी सीखेंगे –कम से कम हिंदी के प्रति रुचि पैदा होगी। अब समस्या थी कि कौनसी फिल्म दिखाई जाए। मेरे चुनाव का आधार भारतीय दर्शकों से भिन्न था। आम जापानी विद्यार्थी केवल संवाद सुनकर भाषा नहीं सीख सकते –वह भी प्रारंभिक स्तर पर। शिक्षार्थियों के सामने वाचन-पुस्तिका या संवादों की पाण्डुलिपियों का होना अति आवश्यक था। सो फिल्म का चयन उसकी वाचन-पुस्तिका (ज्यादातर बाजार में बिकाऊ सस्ती पॉकेट बुक्स थीं) की उपलब्धता के अनुसार किया था, ना कि फिल्म के गुण के अनुसार। केवल विडियो देखने से लाभ नहीं, बल्कि घर से तैयारी करके, यानी वाचन-पुस्तिका को पढ़कर आना ज़रूरी था।

सीमित समय (केवल हफ्ते में नब्बे मिनट की एक कक्षा) के लिए सही, छात्रों ने इस कक्षा का बड़ा स्वागत किया था। कक्षा में झपकी लेने वाला कोई नहीं था और अंगड़ाइयाँ लेने वाला भी कोई नहीं था। किसी छात्र ने तो यहाँ तक कहा था कि यह "हिंदी मरुभूमि में मरुद्यान(Oasis)" है। एक साल में लगभग एक फिल्म दिखाते थे। गुलशन नन्दा की दाग़ और महबूबा, बासु भट्टाचार्य की अनुभव और आविष्कार, आशापूर्ण देवी की कथा पर आधारित तपस्या, कृशन चंदर की हमराही, शैलजा नंदा मुखोपाध्याय की आनंद आश्रम, शक्तिपद राजगुरु की अमानुष, मन्नू भण्डारी की रजनी गंधा, ख्वाजा अहमद अब्बास की बॉबी, जैनेन्द्र जैन की सत्यम् शिवम् सुंदरम् तथा सलीम जावेद की फिल्म शोले का बहुत मज़ा लिया था।

"कितने आदमी थे?" "अरे ओ सांभा!" "अब गोली भी खा" आदि संवाद अभी भी उनको याद होंगे। यह परंपरा एक दशक तक चली थी, लेकिन सन् 1992 से सन् 2007 तक मेरे अवकाश ग्रहण करने तक रामानन्द सागर कृत दूरदर्शन धारावाहिक रामायण दिखाया था। (इस संदर्भ में यह भी उल्लेख करना चाहता हूँ कि यही तरीका मैंने बंगला भाषा शिक्षण में भी अपनाया था। सत्यजीत राय निर्देशित 'घरे बाइरे' (1988) और महा नगर (1991) की फिल्म स्क्रिप्ट (वाचन-पुस्तिका? बंगाल में चित्रनाट्य कहते हैं) को जापानी अनुवाद के साथ पुस्तकाकार रूप में प्रकाशित किया था, हालांकि बंगला वैकल्पिक विषय था।) रामायण की चर्चा विस्तार

से करने के पहले अमरीका के शिकागो प्रवास का वर्णन करना भी समयक्रम से ज़रूरी समझता हूँ।

सन् 1989 जुलाई से सन् 1990 मई तक मैं फिर से अध्ययन अवकाश और जापानी सरकार की छात्रवृत्ति लेकर शिकागो विश्वविद्यालय के अतिथि शोध-कर्त्ता (visiting scholar) के रूप में अमरीका में रहा। शिकागो विश्वविद्यालय का दक्षिण एशिया भाषा एवं सभ्यता विभाग अमरीका का अन्यतम श्रेष्ठ अध्ययन केंद्र माना जाता था। वहाँ दक्षिण एशिया की पाँच प्रमुख भाषाएँ सिखाई जाती थीं –संस्कृत, हिंदी, उर्दू, बंगला और तमिल।

इन पाँच भाषाओं में से किन्हीं दो को चुनकर छात्रों को चार साल (बी. ए.) तक सीखने का प्रावधान था। सुना है कि आजकल मराठी और तिब्बती भाषा का पाठ्यक्रम भी चालू है। एक ही विश्वविद्यालय में दक्षिण एशिया की इतनी सारी भाषाओं के अध्ययन-अध्यापन की व्यवस्था किसी भी भारतेतर देश में नहीं होगी। उस समय के वहाँ के विभाग में हिंदी के लिए प्रो.Colin P.Masica और Norman H.Zide (मुंडा भाषा के भी विद्वान थे), उर्दू के लिए प्रो. M.Naim, बंगला के लिए प्रो. Edward C. Dimock और प्रो. Clinton B. Seely, तमिल के लिए प्रो. Ramanujan तथा संस्कृत के लिए प्रो. Sheldon Pollock आदि एक से एक बड़े विद्वान थे। स्वभावत: मेरा संपर्क प्रोफेसर Masica के साथ ज्यादा रहा। वे अद्‌भुत बहुभाषा भाषी थे। केवल हिंदी ही नहीं, बल्कि तेलुगु आदि द्राविड परिवार की भाषाओं और कई भारतेतर भाषाओं (जापानी समेत) के भी अच्छे ज्ञाता थे। वे सन् 1971 में *DEFINING A LINGUISTIC AREA* नामक भाषा विज्ञान की बहुत महत्त्वपूर्व पुस्तक प्रकाशित कर चुके थे।

इस पुस्तक की विशेषता थी कि उन्होंने परंपरागत ऐतिहासिक भाषा विज्ञान के भाषा परिवार के अनुसार भाषाओं का वर्गीकरण नहीं किया, बल्कि समकालिक भाषा विज्ञान या व्यतिरेकी भाषा विज्ञान की पद्धति पर प्रारूप वैज्ञानिक तरीके से किया है। और उन्होंने भाषाई क्षेत्र (Linguistic Area) की संकल्पना को अपनाकर Indian Areal Features अर्थात् भारतीय क्षेत्र की (भाषाई) विशेषताओं को निश्चित करने का बहुत चुनौतीपूर्ण प्रयास किया है। स्वनप्रक्रिया संबंधी (phonological), रूपप्रक्रियात्मक (morphological) और वाक्यरचनात्मक (syntactic) विशेषताओं को व्यक्त करने वाले 30 आधार-विषयों की तुलना हिंदी और तेलुगु को केंद्र में रखकर भारोपीय और भारतेतर भाषा परिवार की 16 भाषाओं से की गई। हिंदी और तेलुगु दो अलग भाषा-परिवार की होते हुए भी दोनों भाषाओं को पूरे 30 अंक प्राप्त

हैं, क्योंकि 30 आधार-विषयों सूत्रों की विशेषताएँ दोनों भाषाओं में सामान्य रूप से पाई जाती हैं। इन्हीं सामान्य विशेषताओं को प्रोफेसर Masica ने Indian Norm (भारतीय मानदंड) की संज्ञा दी है। बंगला को 29 अंक (केवल द्वितीय प्रेरणात्मक क्रिया के अभाव के कारण एक नंबर घटाया गया है,सिंहली को 28 अंक (इसी विशेषता के अलावा सकर्मक क्रिया के आगे कर्म कारक संज्ञा न आने के कारण), जापानी को 27 अंक, बर्मी और अम्हारी को 25 अंक, तुर्की को 24 अंक, तिब्बती को 13 अंक, चीनी को 13 अंक, फारसी को 12 अंक, रूसी और जर्मन को 11 अंक, स्पेनी को 9 अंक, अंग्रेज़ी को 5 अंक, अरबी को 4 अंक और थाई भाषा को केवल 1 अंक (सहायक क्रिया के अस्तित्व के कारण) दिया गया है। उनके अनुसार हिंदी से सबसे निकट भाषा बंगला है और सब से दूर भाषा थाई है। जापानी भी हिंदी से बहुत मिलती-जुलती है। जापानी भाषा भाषी होने के कारण मुझे जापानी हिंदी से इतनी निकट नहीं लगती। हिंदी और चीनी का संबंध भी और दूर होगा। पर ये उनके मानदंड के अनुसार प्राप्त परिणाम हैं। इस दृष्टि से बहुत रोचक खोज है। उन्हीं दिनों प्रोफेसर Masica ने Cambridge University Press से *The Indo-Aryan Languages* विषयक बहुत मोटी (500 पन्ने से ज्यादा) पुस्तक प्रकाशित की थी। वे हफ्ते में एक घंटे का समय मेरे लिए देते थे और मैं इस पुस्तक से जो कुछ अंश समझ में नहीं आता था, पूछता था। यह बहुत उपयोगी किताब है जिससे बहुत उच्च कोटि का ज्ञान प्राप्त हो सकता है।

विभाग के नियमानुसार auditor (अस्थायी छात्र के रूप में कक्षा में उपस्थित होने वाला) की मनाही थी। लेकिन मुझे भाषा-शिक्षण में रुचि होने के कारण कक्षा में बैठने की विशेष अनुमति दी गई थी। प्राय: हिंदी और संस्कृत की कक्षा में बैठता था और देखता था कि अमरीकी विद्यार्थी भारतीय भाषा कैसे सीखते हैं। जापान और अमरीका के विद्यार्थियों में सबसे बड़ा अंतर यह है कि अमरीका में केवल गोरे अमरीकी नहीं, भारतीय मूल के भी अनेक छात्र आते हैं और दुनियाभर की विभिन्न जातीयताओं के बच्चे भी आते हैं, जबकि ओसाका विश्वविद्यालय के हिंदी विभाग में अभी तक भारत मूल के किसी छात्र ने प्रवेश नहीं लिया है- इसके दो कारण हैं –एक तो जापान में भारतीय मूल के लोगों की संख्या बहुत कम है, दूसरे, विश्वविद्यालय की प्रवेश परीक्षा जापानी में ली जाती है, प्रवासी भारतीय बच्चे जापानी स्कूल में नहीं जाते, बल्कि वे अंग्रेज़ी माध्यम के अमरीकी स्कूल में पढ़ते हैं, इसलिए विश्वविद्यालय की प्रवेश परीक्षा में उतीर्ण होना उन बच्चों के लिए बहुत मुश्किल है।

शिकागो में बिताए दस महीने मेरे अध्ययन-अध्यापन के लिए बहुत लाभदायक सिद्ध हुए। सन् 1990 में अमरीका से वापस आकर मेरी पदोन्नति प्रोफेसर के रूप में हुई। मेरी ज़िम्मेदारी और बढ़ गई। इसी साल खाड़ी युद्ध भड़क उठा। जर्मनी का एकीकरण हुआ और भारत अभूतपूर्व आर्थिक संकट में पड़ गया। अगले साल सोवियत संघ का विघटन हुआ। शीतयुद्ध का खात्मा लेकिन जापान में मंदी आ गई। राजनीतिक और आर्थिक उथलपुथल के युग का आगमन हुआ।

नब्बे का दशक आते आते हिंदी उपविभाग में ही नहीं, बल्कि प्रायः सभी एशियाई भाषा विभागों में छात्राओं की संख्या धीरे धीरे बढ़ते बढ़ते छात्रों से अधिक (लगभग 70-80 प्रतिशत) हो चुकी थी। और यह प्रवृत्ति केवल ओसाका विश्वविद्यालय की नहीं, सारे जापानके विश्वविद्यालयों की थी। मेरे छात्र जीवन (1960 के दशक) में छात्राओं का अनुपात 10 प्रतिशत से भी कम था।

सन् 1993 में मॉरिशस में आयोजित चतुर्थ विश्व हिंदी सम्मेलन में भाग लिया और भाषा शिक्षण पर अपना लेख पढ़ा था। भारत और यूरोप से आए अनेक पुराने मित्रों और शिक्षकों से मिला था। डॉ. विजयेन्द्र स्नातक जी से भी मिला था। सम्मेलन के बाद चार दिन तक मॉरिशस का पर्यटन कर वहाँ के प्राकृतिक सौन्दर्य का आनंद लिया था।

अब दूरदर्शन धारावाहिक रामायण की वीडियो की कक्षा की चर्चा पर वापस आता हूँ। इसकी वाचन-पुस्तिका की तैयारी में मुझे स्वर्गीय डॉ. गिरीश बख्शी जी का पूरा सहयोग मिला था। बख्शी जी सन् 1992 से सन् 1994 तक ओसाका विश्वविद्यालय में मेरे सहकर्मी थे। खंड 1 और खंड 2 मिलाकर 1,074 पृष्ठों की बहुत मोटी वाचन-पुस्तिका बनी। लिप्यंतरण का धैर्यपूर्ण काम बख्शी जी ने किया था और पद्यान्शों का जापानी अनुवाद मैंने किया था। इस वीडियो के संवाद की शैली अब तक दिखाई गई बंबइया फिल्मों से बिल्कुल भिन्न संस्कृतनिष्ठ भाषा है, जो शुद्ध हिंदी भी कहलाती है। इन संवादों को ज़बानी याद करके हमारे विद्यार्थी अगर दिल्ली के बाज़ार में आम लोगों के साथ संभाषण करेंगे तो लोग चौकेंगे ही नहीं, बल्कि हँसेंगे भी। पिताश्री तो निश्चित रूप से हँसी मज़ाक का विषय बन सकता है। असल में सम्पूर्ण संवादों में अरबी–फारसी का अनुपात केवल 2 प्रतिशत है।

लेकिन सीता जैसी शुद्धतावादी पात्रा के मुख से जुदा जैसे शब्द को सुनना कम चौंकानेवाली बात नहीं थी (सीता रावण से कहती है कि मुझे "मुझे मेरे पति से जुदा करने के पाप का भीषण दंड तुझे अवश्य मिलेगा।")। संभवतः यह रामानन्द सागर

जी की भूल हो या इस बात की द्योतक हो कि हिंदी से पूरे के पूरे अरबी-फारसी शब्दों को नहीं निकाला जा सकता। हरेक कलाकार का उच्चारण और लहजा अनुकरणीय है। इस वीडियो के माध्यम से केवल अच्छी हिंदी नहीं, बल्कि भारतीय संस्कृति के विभिन्न पहलुओं से छात्र परिचित हो सकते हैं। वास्तव में मैं इसे इतिहास, नृतत्त्व शास्त्र और भारतीय दर्शन की भी अच्छी शैक्षिक सामग्री मानता हूँ। चौदह साल में (सन् 1992 से सन् 2007 तक) मुश्किल से युद्धकाण्ड तक पहुँच पाए हैं। अभी सीता जी का उद्धार नहीं हुआ था कि उससे पहले मैं रिटायर हो गया। राम जाने, छात्रों का उद्धार कैसे होगा?

मेरी भाषा-शिक्षण के प्रति रुचि और आग्रह बढ़ता गया, क्योंकि कई छात्रों के सामने हिंदी सीखना बहुत कष्ट और परेशानी का विषय था। मेरा दृढ़ विश्वास था कि भाषा सीखना परेशानी की चीज़ नहीं, बल्कि आनंद की चीज़ होनी चाहिए।

इसके लिए हिंदी भाषा शिक्षण को रुचिकर और दिलचस्प बनाने के लिए रुचिकर पाठ्य सामग्री बनाना बहुत आवश्यक समझा था। सो, वीडियो के बाद मैंने गीतों को लिया वह भी जापानी गीतों के माध्यम से–यह बहुत अनोखा तरीका था। मुझे यह विश्वास था कि आम जापानी विद्यार्थी मूल लोकप्रिय जापानी गीतों और उनकी संगीतबद्ध लय-ताल से पहले से ही परिचित हैं, इसलिए अपने ही गीत को अपने ही संगीत में जब वे हिंदी में सुनेंगे और गाएँगे तो हिंदी भाषा से शीघ्र परिचित होकर वे उसे सीख लेंगे। अनुवाद में गिरीश बख्शी जी का पूरा सहयोग मिला था। विशेषकर उन्होंने हिंदी अनुवाद को मौलिक जापानी लय-ताल को परिवर्तित किए बिना गेय बनाने का अपना अद्भुत कौशल दिखाया था। और हम दोनों ने 101 गीतों को चुनकर उनके मूल जापानी रूप के साथ, हिंदी अनुवाद, अंतरराष्ट्रीय स्वर-लिपि एवं भारतीय स्वर-लिपि के साथ लोकप्रिय जापानी गीत (हिंदी में) शीर्षक पुस्तकाकार रूप में छपवाया (बिकाऊ नहीं) और इनमें से 20 गीतों की सीडी तैयार करवाई (बिकाऊ)। सौभाग्यवश कोबे विश्वविद्यालय में एक संगीत शिक्षा में एम ए कर चुकी एक सुकंठवाली महिला से परिचय हुआ जो अच्छी हिंदी जानती थीं। उनकी आवाज़ को रिकार्ड किया था। बाद में शेष 19 गीतों को पेशेवर गायक चड्ढा से गवाया और उसे भी बिकाऊ बनाया। पहले संस्करण की 2,000 कॉपियाँ और दूसरे संस्करण की 1,000 कॉपियाँ बिक चुकी हैं।

कुछ छात्रों ने शुरू में इनका स्वागत किया था। लेकिन मेरे चुनिंदा जापानी गीत तो ज़्यादातर बहुत पुराने गीत हैं। इसलिए नई पीढ़ी के बच्चे अब इन गीतों को नहीं

जानते और न ही उनके प्रति दिलचस्पी रखते हैं। सो लगता है कि इसकी उपयोगिता अब खत्म हो गई।

इसके उलट, हिंदी फिल्मी गीतों के प्रति आकर्षण और उत्साह बढ़ रहा है। दुनिया के विभिन्न विश्वविद्यालयों में इन्हें हिंदी शिक्षण की शैक्षिक सामग्री के तौर पर इस्तेमाल किया जा रहा है। मैंने सन् 2006 में हिंदी फिल्मों के लोकप्रिय गीत (1951-1980) अंग्रेज़ी में A Collection of 301 Popular Hindi Film Songs (1951-1980) (Hindi & Urdu texts with Japanese translation) नामक पुस्तक को संकलित करके प्रकाशित किया था जिसमें सन् 1951 से लेकर सन् 1980 तक के हिंदी फिल्मों के हिट सॉन्ग को देवनागरी और फारसी लिपियों में जापानी अनुवाद और टीका सहित संगृहीत किया है। इस पुस्तक की भूमिका भूतपूर्व प्रधानमंत्री स्वर्गीय श्री अटल विहारी बाजपेयी ने लिखी है। गीतों के सूक्ष्म अर्थों को समझने के लिए उन दिनों की मेरी सहकर्मिणी डॉ. गीता शर्मा जी और डॉ. यासमीन सुलताना नक़वी जी का सहयोग मिला था। उर्दू में लिप्यंतरण का काम एम. ए. उर्दू की भूतपूर्व छात्रा सुश्री मारी वातानाबे ने दो पाकिस्तानी प्रोफेसरों की देखरेख में किया था। इन सारे गीतों की सीडी ओसाका विश्वविद्यालय की भाषा प्रयोगशाला में उपलब्ध हैं, पर आजकल सीडी का ज़माना भी खत्म हो रहा है। बदले में यूट्यूब में आराम मिलता है। कराओके संगीत भी मिलता है–अंग्रेज़ी में उपशीर्षक भी मिलता है, इसलिए सन् 1981 से आज तक के गीतों के संकलन की नई पुस्तक छापने की जरूरत नहीं लगती।

अब नाटक की प्रस्तुति की बात रह गई, लेकिन यह मेरे लिए अध्यापक जीवन के अंतिम दस साल में की गई सब से बड़ी उपलब्धि थी। इसलिए इसकी चर्चा अलग से की जाएगी। इस अध्याय के अंत में जापान में हिंदी के शब्दकोश के विकास के बारे में उल्लेख करना उचित समझता हूँ, यद्यपि इस क्षेत्र में मेरी कोई भूमिका नहीं है।

सन् 1993 में Oxford University Press से प्रकाशित R S McGREGOR द्वारा संपादित THE OXFORD HINDI-ENGLISH DICTIONARY को द्विभाषी शब्दकोशों में कम से कम माध्यमिक स्तर के शिक्षार्थियों के लिए सर्वश्रेष्ठ समझा जाता था, लेकिन जापानी विद्यार्थियों के लिए सन् 2015 में प्रकाशित *हिंदी जापानी शब्दकोश* इससे भी कहीं अधिक श्रेष्ठ एवं उपयोगी है जिसे प्रोफेसर कात्सुरो कोगा और प्रोफेसर आकिरा ताकाहाशि ने संपादित किया था, क्योंकि पहले में 1,083 पृष्ठों में 70,000 शब्द हैं, किन्तु दूसरे में 1,439 पृष्ठों में एक लाख से

अधिक शब्द शामिल हैं। इस हिंदी-जापानी शब्दकोश की सब से बड़ी विशेषता और गुण है उचित वाक्यों के उदाहरण की बहुतायत और शब्दार्थ व मुहावरों की विस्तृत व सहज व्याख्या। एक उदाहरण दूँ 'मुर्गा बना देना' यह मुहावरा मैंने नाटक की पुस्तक से सीखा था भारतीय अध्यापक से अर्थ पूछकर। किन्तु प्रोफेसर कोगा के इस शब्दकोश में इस प्रकार की व्याख्या (जापानी में) दी गई है–"दंड देने के लिए ज़बरदस्ती उकड़ूँ बिठलाकर दोनों पैरों के बाहर से हाथों को डालकर कानों को पकड़ाकर मुर्गे की नकल करवाना"। इतना विस्तृत वर्णन मानक हिंदी कोश में भी नहीं मिलता। यह शब्दकोश जापानी विद्यार्थियों के लिए सही माने में वरदान है, क्योंकि इसने ऐसे विद्यार्थियों की पढ़ाई को कितना सहज बनाया है जो अंग्रेज़ी पूरा न समझने के कारण अब तक अजीबो-गरीब अनुवाद कर डालते थे। प्रोफेसर कोगा जी का योगदान इतना ही नहीं है, इस से बहुत पहले सन् 1996 में वे जापानी-हिंदी शब्दकोश को भी प्रकाशित कर चुके थे वह भी अपने खर्चे से था। 803 पृष्ठों में उतने ही बहुसंख्यक शब्दों का अर्थ सविस्तार दिया गया है जितने हिंदी- जापानी शब्दकोश के। यह जापानी सीखने वाले भारतीय विद्यार्थियों के लिए बहुत उपयोगी है। भारतीय छात्रों के लिए अंग्रेज़ी माध्यम से हिंदी माध्यम से सीखना ज्यादा आसान होगा। सात जन्मों में भी असंभव से लगनेवाले इस काम को उन्होंने दिन रात को एक करके पूरा किया –इस महान कार्य के लिए भारत सरकार ने उनको साहित्य अकादेमी के ऑनरेबल फैलो बनाया था। कोगा जी मेरे गुरु जी रहे। सो ये दोनों बड़े शब्दकोश ओसाका विश्वविद्यालय की उपज हैं। प्रोफेसर कोगा जी के इस महान कार्य को ओसाका विश्वविक्द्यलया का गौरव समझना चाहिए।

केवल ओसाका विश्वविद्यालय की बात करना निष्पक्षता नहीं है। एक और उल्लेखनीय हिंदी-जापानी शब्दकोश है सन् 2016 में प्रकाशित काज़ुहिको माचिदा द्वारा संपादित *हिंदीगो निप्पोंगो जितेन*। यह भी 1,003 पृष्ठों की मोटी किताब है। इस शब्दकोश की विशेषता यह है कि इसमें प्रत्येक शब्द के उच्चारण को रोमन लिपि तथा काताकाना में दिया गया है। देवनागरी लिपि को सब से वैज्ञानिक लिपि समझे जाने के भ्रम के कारण अबतक इसकी आवश्यकता महसूस नहीं की जाती थी। यही शब्दकोश इस कमी को दूर करता है।

प्रोफेसर माचिदा तोक्यो यूनिवर्सिटी ऑफ़ फोरेन स्टडीज के भूतपूर्व प्रोफेसर और कंप्यूटर के माहिर हैं। वे अपना सारा कार्य कंप्यूटर के माध्यम से करते हैं।

हिंदी उपन्यासों, कहानियों और कविताओं का अनुवाद भी काफी संख्या में किया गया है उनमें से अब तक पुस्तकाकार रूप में प्रकाशित उपन्यासों और कहानियों के नाम इस प्रकार हैं- कोष्ठक में अनुवादकों के नाम लिखित हैं। पत्रिकाओं में छपे अनुवादों को छोड़ दिया गया है। कबीर बीजक (प्रो. ताइगेन हाशिमोतो), काशीनाथ सिंह - अपना मोर्चा (श्री योशिआकि सुज़ुकि), प्रेमचंद—गोदान (प्रो. क्यूया दोई), पूस की रात और अन्य कहानियाँ (प्रो. तेइज़ी साकाता), स्वातंत्र्योत्तर हिंदी कहानियाँ (प्रो. कोकि नागा), उपेन्द्रनाथ अश्क—गिरती दीवारें (श्री यूइचिरो मिकि), फणीश्वरनाथ रेणु—मैला आँचल (श्री यूइचिरो मिकि), भीष्म साहनी—तमस (प्रो. तोशिओ तानाका), उदय प्रकाश—पीली छतरी वाली लड़की (प्रो. हिदेआकि इशिदा), उदय प्रकाश—चुनी हुई कहानियाँ (प्रो. हिदेआकि इशिदा), कृष्ण बलदेव वैद—उसका बचपन (प्रो. हिरोको नागासाकी), मन्नू भंडारी—आपका बंटी (प्रो. ताइगेन हाशिमोतो), मृदुला गर्ग—कठगुलाब (सुश्री मिवाको कोएज़ुका), हजारीप्रसाद द्विवेदी—हिंदी साहित्य की भूमिका (प्रो. तेइज़ी साकाता, प्रो. केइइचि मियामोतो, प्रो. ताइगेन हाशिमोतो)।

मैं इसे अपना सौभाग्य ही समझता हूँ कि मुझे अपने अध्यापकीय जीवन में ऐसे अनेक मेधावी छात्र मिले जिनके माध्यम से मैं अपने विचारों को कार्यरूप में परिणत कर सका और ऐसे सहकर्मी भी मिले जिनसे सदा सहयोग एवं मार्गदर्शन मिलता रहा। इन सबके सहयोग से उत्पन्न अनुकूल परिस्थितियों में ही मैं अपने मनोनुकूल शोधकार्य कर सका और अपने अध्यापकीय जीवन में सम्पूर्ण उत्तरदायित्वों का निर्वहन भी कर सका। आज भी मुझे अपने जीवन के इस कालखंड से प्रेरणा मिलती रहती है और मैं भारतीय भाषाओं तथा साहित्य का कुछ कार्य कर पा रहा हूँ।

***जापान में हिंदी के पहरुए, संपादक डॉ. श्यामसुंदर पाण्डेय और प्रो. हिदेआकि इशिदा, आर. के. पब्लिकेशन, मुंबई, संस्करण 2023 से साभार***

# शुभा मुद्गल जी का बचपन

सन् 1966 की बात है। तब मैं भारत सरकार की छात्रवृत्ति योजना के अंतर्गत इलाहाबाद विश्वविद्यालय में हिंदी पढ़ता था। सन् 1965 के अगस्त से सन् 1966 के मार्च तक विश्वविद्यालय के छात्रावास में रहा, लेकिन वहाँ का खाना अच्छा नहीं लगता था और प्राइवेसी का पूरा पालन नहीं होता था, यद्यपि छात्रावास का अनुभव भी अनोखा और शिक्षाप्रद था। स्थानीय विद्यार्थियों के साथ बात करते-करते बोलचाल की हिंदी सीखने को मिलती थी। कई प्रकार के स्वभाव के विद्यार्थी थे – शांत, शरारती, उदास, गम्भीर, मिलनसार और मददगार आदि आदि। पर भारतीय परिवार के साथ रहने का अनुभव भी भोगना चाहता था। एक तुर्की छात्रा इस शहर के अच्छे पारसी परिवार के साथ रह रही थी, पर वे लोग घर में भी अंग्रेज़ी बोलते थे। चूँकि मैं हिंदी का विद्यार्थी था, इसलिए विश्वविद्यालय में भी और घर में भी मुझे अधिक-से-अधिक हिंदी बोलने का अभ्यास करने के लिए हिंदी भाषी परिवार में रहना बहुत ज़रूरी था। दूसरे, भोजन के मामले में मुझे शाकाहारी भोजन से मांसाहारी भोजन ज्यादा अच्छा लगता था। तीसरी शर्त यह थी कि रूढ़िवादी यानि conservative परिवार के साथ नहीं, प्रगतिशील विचार व रहन-सहन वाले परिवार के साथ रहना चाहिए।

एक अमरीकी मित्र के माध्यम से यह सुनने में आया था कि मम्फोर्डगंज 404 वाले इलाहाबाद विश्वविद्यालय के अंग्रेज़ी के अध्यापक के मकान में एक कमरा खाली है। उन अध्यापक का नाम श्री स्कंद गुप्त जी था। श्रीमती का नाम जया गुप्त था,वे भी उसी विश्वविद्यालय के अंग्रेज़ी विभाग में अंग्रेज़ी पढ़ाती थीं। मैं इन दोनों को पहले से जानता था क्योंकि विश्वविद्यालय के विदेशी छात्रों की मैत्री सभा में वे कभी-कभी आते थे। सौभाग्यवश ये दोनों मेरी उक्त तीन शर्तों को पूरा करनेवाले कम परिवारों में से एक थे। दोनों प्रगतिशील और उदार प्रकृति के थे। मकान भी बहुत अच्छा और साफ-सुथरा था। आसपास का परिवेश भी शांतिपूर्ण था। मेरी इच्छा को उन्होंने तत्क्षण स्वीकार किया था। तुरन्त मैंने अपना सामान और किताबें छात्रावास

से उठाकर उस कमरे में रखी थीं जो मेरे रहने के लिए था। लेकिन गर्मी की वजह से अप्रैल से जून तक तीन महीने मैंने मुंबई और पुणे (उन दिनों क्रमशः बम्बई और पूना कहते थे) में बिताए थे। जुलाई में विश्वविद्यालय खुलने पर इलाहाबाद लौट आया था। उस समय मुझे भारत सरकार से प्रत्येक मास केवल 250 रुपए की छात्रवृत्ति मिलती थी। उन दिनों इतनी रकम से गुज़ारा हो सकता था। प्रोफेसर स्कंद गुप्त की उदारता थी कि तीन बार का खाना और कमरे के भाड़े के लिए मुझे महीने में केवल सौ रुपए देने पड़ते थे। शेष 150 रुपए में किताबें, यात्रा का खर्चा और रोज़मर्रा की ज़रूरत की चीज़ें खरीदता था। उस ज़माने में एक रुपए का अपने आप में मूल्य था, पैसे या आना भी चलता था। विश्वविद्यालय से इलाहाबाद जंक्शन तक रिक्शा का किराया केवल आठ या बारह आना यानि पचास पैसे या पचत्तर पैसे था। फिर भी बढ़िया कमरा और तीन बार के खाने के लिए एक सौ रुपए तो उन दिनों में भी बहुत ही सस्ता माना जाता था। अब प्रोफेसर स्कंद गुप्त जी और श्रीमती जया गुप्त जी दोनों इस संसार में नहीं हैं। उनकी उदारता और स्नेह के लिए मैं उनका चिर-आभारी हूँ।

मैं गुप्त परिवार के सदस्य के रूप में रहा। खाना भी दोपहर का खाना छोड़कर परिवार के लोगों के साथ खाता था। परिवार में स्कंद जी और जया जी के अलावा जया जी की माँ और दो प्यारी बेटियाँ थीं–बड़ी बेटी का नाम शुभा था और छोटी का नाम रागिनी था। परिवार के लोग उन्हें क्रमशः टप्पी और गिन्नी कहकर पुकारते थे, सो मैं भी टप्पी और गिन्नी कहकर पुकारता था। टप्पी की आयु उस समय केवल 7-8 साल की थी और गिन्नी की तो 4-5 की। दोनों बहुत सुंदर और प्यारी थीं। गिन्नी तो बिल्कुल गुड़िया जैसी थी।

मम्फोर्डगंज 404 के बगलवाले मकान में स्कंद गुप्त जी के पिता जी प्रोफेसर प्रकाश चंद्र गुप्त और उनके परिवार के सदस्य रहते थे। प्रोफेसर प्रकाश चंद्र गुप्त भी अंग्रेज़ी विभाग के प्रोफेसर थे, साथ-साथ हिंदी साहित्य के प्रगतिशील आलोचक के रूप में भी विख्यात थे। उनसे केवल साहित्य का ज्ञान ही नहीं, बल्कि अपार स्नेह भी मुझे मिला था। उनकी बेटी विभा गुप्त जी अर्थात स्कंद जी की बहिन दिल्ली के कमला नेहरू कॉलिज में हिंदी की प्राध्यापिका बनीं।

गुप्त परिवार के साथ रहने के कारण मुझे हिंदी में बातचीत करने का मौक़ा 24 घंटों मिलता था। स्कंद जी और जया जी दोनों मिलनसार व्यक्ति थे, इसलिए घर में प्रायः उनके रिश्तेदारों, विद्यार्थियों और दोस्तों आदि अतिथियों का आगमन होता था। विदेशी विद्वान और छात्र भी आमंत्रित होते थे। उन लोगों के साथ भी मेरा संभाषण होता था। टप्पी की नानी जी घर में नर्सरी स्कूल चलाती थीं। कभी-कभी ऊपर छत पर

बच्चों को स्वतंत्रता दिवस या गणतंत्र दिवस पर राष्ट्रीय झंडा फहराने के लिए ले आती थीं जहाँ मेरा कमरा था, इसलिए मुझे टप्पी और गिन्नी के अलावा भी छोटे बच्चों के साथ हिंदी में बात करने का मौक़ा मिल जाता था जो भाषा शिक्षण की दृष्टि से बहुत लाभप्रद था। टप्पी और गिन्नी के साथ बातें करते समय मेरा मन हमेशा बहल जाता था, तबीयत खुश हो जाती थी।

टप्पी के कौतूहल और जिज्ञासा से मैं बहुत प्रभावित था। उन दिनों मैं प्रारम्भिक बंगला सीख रहा था। मेरे 'आमि एक्टु एक्टु बंगला बोलते पारि' रटते सुनकर वह भी मुस्कराकर 'आमि एक्टु एक्टु बंगला बोलते पारि' कहती थी। वह कथक नृत्य सीखती थी। घर में कोई कथक के मास्टर जी सिखाने आते थे। मैंने टप्पी को गाना गाते हुए कभी नहीं सुना था, लेकिन मैं उसे जापानी बच्चों के गीत सिखाता था। वह केवल सुन-सुनकर (लिप्यांतर किए बिना) उन गीतों को बहुत जल्दी याद करती थी और अच्छी तरह गाती थी। मैंने कम से कम चार गीत सिखाए थे। उनमें से एक गीत जापान की पौराणिक कथा पर आधारित शिशु-गीत था जिसका नाम है दाइकोकु सामा। यह बहुत लम्बा गीत है। आजकल के जापानी बच्चे भी नहीं जानते। उसकी आवाज़ को मैंने छोटे टेपरिकॉर्डर पर रिकॉर्ड किया था और उसे जापानी मित्रों को सुनाया करता था। जो भी सुनता था वह हैरान हो जाता था। क्योंकि उसका उच्चारण इतना पक्का था कि कोई यह विश्वास नहीं कर सकता था कि इन गीतों को गानेवाली भारतीय लड़की ही है। उसकी सुमधुर आवाज़ से भी सब श्रोता मुग्ध थे। प्रखर स्मरणशक्ति और संगीत में उसकी प्रतिभा तब मुझे परिलक्षित हुई थी। उस टेप की आवाज़ अभी (47 साल बाद) ताज़ा है। एन एच के (रेडियो जापान) के हिंदी प्रसारण में भी प्रसारित हो चुका है। मेरे जन्मदिन पर उसने मुझे एक कार्टून बनाकर दिया था-वह उन्हीं दिनों के मेरे दैनिक जीवन का चित्रण था–मैं हिंदी की पुस्तकें पढ़ता था, रिकॉर्डर(बांसरी) बजाता था। कभी-कभी शराब पीकर सो जाता था और युवक होने की वजह से सुन्दर लड़की का सपना देखता था। था भी मेरी बंगला की मास्टर जी का नाम स्वप्ना! उसकी विनोदप्रियता और परख की प्रखरता का प्रमाण है।

गुप्त परिवार के सदस्य के रूप में एक साल तक मम्फोर्डगंज 404 के मकान में रहने के बाद जुलाई सन् 1967 में जब शांतिनिकेतन में बंगला का अध्ययन करने के लिए इलाहाबाद छोड़ने का समय आया था तो मेरा मन बहुत उदास हो गया। यौवन का दो साल बहुत मूल्यवान समय होता है और बहुत लम्बा भी। इलाहाबाद शहर मेरे लिए दूसरी मातृभूमि सा बन गया था, लेकिन यह मायूसी की भावना केवल यही कारण नहीं थी। इन दो प्यारी लड़कियों से बिछड़ने का दुख ही सब से बड़ा कारण रहा

हो। मेरी कोई अपनी छोटी बहिन नहीं थी, इसलिए एक साल इतनी घनिष्ठता से और इतनी आत्मीयता से इकट्ठे रहने के कारण मन में अपनी छोटी बहिन जैसी अंतरंगी भावना का उमड़ना स्वाभाविक था। इलाहाबाद के सुखद अनुभव और यादें लेकर मैं शांतिनिकेतन चला गया और वहाँ लगभग आठ महीने रहकर मार्च सन् 1968 में जापान वापस आया था। तब तक 'आमि एक्टु एकटु बंगला बोलते पारि' की 'आमि भालो कोरे बोलते पारि' में परिणति हो गई थी। अप्रैल 1968 में मुझे ओसाका विदेशी भाषा विश्वविद्यालय के दक्षिण एशिया अध्ययन विभाग में रिसर्च-असिस्टंट के पद पर नियुक्त किया गया। बीच बीच में स्कंद जी के साथ पत्र-व्यवहार होता रहा। एक-दो साल के लिए वे दोनों सपरिवार इथियोपिया पढ़ाने के लिए चले गए थे, लेकिन वहाँ का जीवन सुरक्षित नहीं था, इसलिए उन्होंने पहले अपनी बच्चियों को इलाहाबाद वापस भेज दिया था। दिसम्बर सन् 1970 में मेरी शादी हुई थी। तब अपनी मधुमास मनाने के लिए हम दोनों ने भारत–यात्रा (काठमांडू होते हुए वाराणसी– खाजुराहो- आगरा- जयपुर- दिल्ली- इलाहाबाद शांतिनिकेतन- कोलकाता फिर वहाँ से बर्मा होते हुए) की थी। लगभग तीन साल के बाद टप्पी और गिन्नी को देखकर मारे खुशी के फूला न समाया। मेरी पत्नी को भी ये दोनों लड़कियाँ बहुत अच्छी लगी थीं।अब टप्पी मुझे मासूम लड़की के रूप में नहीं, एक परिपक्व सुंदर तरुणी के रूप में दिखाई देने लगी थी, हालांकि उसकी उमर अभी केवल 11-12 साल की थी। अपनी प्रखर बुद्धि और सौम्यता के कारण वह समवयस्क लड़कियों की तुलना में उम्र में मुझे कुछ अधिक बड़ी दीखती थी।

समय बीतता गया। यद्यपि मैं समय समय पर अपने शोध-कार्य के लिए भारत आता था और इलाहाबाद में तो यथासंभव स्कंद जी और जया जी से मिलने की कोशिश करता था, लेकिन भारत इतना विशाल देश है कि हर समय इलाहाबाद आना भी असम्भव था। सुनने में आया कि शुभा गुप्त जी दिल्ली विश्वविद्यालय में संगीत सीखने के लिए इलाहाबाद छोड़ चुकी थीं। स्कंद जी और जया जी भी दिल्ली चले गए। स्कंद जी क्रिकेट के कॉमेंटेटर के रूप में मशहूर हो गए थे। जया जी दिल्ली के जानकी देवी महाविद्यालय की प्रिंसिपल थीं। नब्बे के दशक तक इन दोनों से कभी-कभी पत्र-व्यवहार होता था। लेकिन पहले स्कंद जी और फिर उसके बाद जया जी भी सिधार गए। इधर मैं कहीं से सुन चुका था कि वही शुभा गुप्त जी शादी के बाद शुभा मुद्गल बनीं और पद्मश्री से सम्मानित बहुत प्रसिद्ध गायिका बन चुकी हैं! मुझे आश्चर्य-युक्त प्रसन्नता हुई। कौन कल्पना कर सकता था कि वही छोटी टप्पी जो बचपन में एक साल एक ही परिवार के रूप में मेरे साथ रही और मुझसे जापानी

बच्चों के गीत सीखकर अच्छी तरह गाती थी, कालांतर में इतनी बड़ी कलाकार बने! कोई सांख्यिकीविद यह आंकड़े में बताएँ कि पद्मश्री से सम्मानित संगीत-कलाकारों की कुल संख्या, सन् 1966-67 की भारत व इलाहाबाद की जनसंख्या और मेरे संसर्ग में आए भारतीय बच्चों की संख्या के आधार पर इसकी (मेरे संपर्क में आए भारतीय बच्चों के संगीत-कलाकार बनकर पद्मश्री से सम्मानित किए जाने की) संभावना (probability) कितनी थी? शायद लाटरी से प्रथम इनाम पाने जितनी संभावना रही हो। वैसे, मैं अपने मित्र गण से भारतीय सांख्यिकी की उज्ज्वल परंपरा के बारे में न जाने कितनी बार सुन चुका था, पर मैं अभी भी अपनी इस अभिज्ञता पर शर्मिंदा हूँ!

मुझे कई मित्रों से शुभा मुद्गल जी का पता मालूम हुआ था, उनसे मिलना चाहता था,लेकिन समय का अभाव और एक प्रकार के संकोच के कारण उनसे कभी नहीं मिल पाया था। संकोच यह था कि इतनी यशस्वी कलाकार भला मुझे याद करेंगी और मुझसे मिलेंगी? सन् 2010 के सितम्बर महीने में ओसाका विश्वविद्यालय की अपनी पुरानी सहकर्मिणी डाक्टर यासमीन सुलताना नक़वी जी से मिलने के लिए इलाहाबाद गया था। स्मरण रहे कि वह उस दिन की बात है जिस दिन (26 सितम्बर) इलाहाबाद उच्च न्यायालय में बाबरी मस्जिद कांड का फैसला सुनाया जाने वाला था। आसन्न दंगे की आशंका बाज़ार में देखकर यासमीन जी ने मुझे इलाहाबाद आने से मना कर दिया। मैंने तुरंत हवाई जहाज़ की टिकट निरस्त करा दी। लेकिन निरस्त करते ही खबर मिली कि उच्च न्यायालय का फैसला टल गया है। अब इलाहाबाद जाने में कोई खतरा नहीं था,लेकिन अब हवाई जहाज़ की टिकट मिलने से रही। कैसे जाऊँ? संयोग से भारतीय कांग्रेस के महासचिव श्री जनार्दन द्विवेदी जी इलाहाबाद के छात्र-जीवन के समय से मेरे मित्र थे। उन्होंने मुझे कांग्रेस के प्रधान कार्यालय के अपने बड़े कमरे में आश्रय देकर टेलिफोन, कॉफी या चाय आदि हर प्रकार की सुविधा देने के बाद प्रयागराज एक्सप्रेस के लिए बुकिंग करवाकर तत्क्षण अपनी जेब से पैसे निकालकर टिकट का बंदोबस्त कराया। मैं फिर से उदार इलाहाबादी का ऋणी बना था।

इलाहाबाद विश्वविद्यालय के उर्दू विभागाध्यक्ष से भेंट होने के बाद मैं यासमीन जी की गाड़ी से मम्फोर्डगंज 404 का मकान ढूँढ़ने गया था जो एक साल पहले (सन् 2009) बहुत कोशिश करने पर भी नहीं मिला था, क्योंकि मम्फोर्डगंज तब तक शांतिपूर्ण Residential Area से Commercial Area में बदल चुका था जिसमें शोर-शराबा सुनाई पड़ता है। नज़ारा ही बदल गया था। गलियाँ तो दूर, पार्क भी नहीं पहचान सका था। लेकिन इस बार दृढ़ संकल्प और समय दोनों लेकर आया कि हर हालत में वही मकान ढूँढ़कर ही छोड़ूँगा। गली गली छान मारी। मम्फोर्डगंज की पहचान पार्क थी,

मुश्किल से पार्क पहुँचने पर भी दिशाभ्रम के कारण वही मकान नहीं मिला था। 43 साल में तो बहुत सम्भव है कि मकान ही तोड़ दिया गया हो।

लेकिन पार्क के चारों ओर ध्यानपूर्वक देखने से एक परिचित-सा मकान नज़र में आया था, पास आकर देखा तो निस्संदेह ही वही 404 नम्बर वाला मकान था जिसमें शुभा मुद्गल जी के परिवार के साथ मैं सन् 1966 से सन् 1967 तक रहा था! बिलकुल वही दीवार, बगीचा, और खिड़की में लगी ख़स की कूलर! अच्छी तरह से पुताई होने के कारण बहुत पुराना मकान होने पर भी चमक थी। आवेश में मेरा दिल धक-धक करने लगा। बोर्ड पर लिखा था Community Research Centre। पता चला कि यह किसी निजी संस्था का मकान बन गया था। अपना परिचय देकर प्रवेश की अनुमति माँगी तो तुरंत अनुमति मिल गई। मेरा स्वागत हुआ। चाय भी दी गई। वहाँ के लोगों ने भी 44 साल पहले की मेरी कहानी पर जिज्ञासा दिखाई, अपने यौवन की तस्वीर और शुभा मुद्गल जी के बचपन की तस्वीर सभी लोगों ने कौतूहल से देखीं। मैंने ऊपर का कमरा भी देखा था जिसमें मैं रहता था। सिर्फ देखा ही नहीं, पलंग पर बैठा और लेटा, दीवारों को छुआ भी। क्षण भर में ऐसा लगा कि मेरा यौवन वापस आया है! निश्चित रूप से शुभा मुद्गल जी और उनके परिवार की याद आई। किंतु इलाहाबाद की इतनी महत्त्वपूर्ण खोज के बावजूद मैं शुभा मुद्गल जी से सम्पर्क नहीं किया था। उसके लिए अभी एक साल की अवधि की ज़रूरत थी जिसमें एक और आकस्मिक घटना हुई थी।

इसी वर्ष अप्रैल में कोबे के इंडिया क्लब में आयोजित एक सांस्कृतिक कार्यक्रम में एक भारतीय गायिका से मेरी मुलाक़ात हो चुकी थी। उनका नाम सुश्री प्रीति सेठ है। आई टी टेक्नीशियन पतिदेव की तबदीली से वे सन् 2008 में कोबे आई थीं और कोबे के पड़ोसी नगर अशिया में सन् 2012 तक रहीं। मैं उनके सुमधुर कंठ से बहुत प्रभावित हुआ था और एक दिन मैंने कोबे के इंडियन् सोशियल सोसाएटी में उनके गायन-कार्यक्रेम का आयोजन किया था। वे पहले से कोबे के भारतीय समुदाय में लोकप्रिय थीं, लेकिन धीरे-धीरे जापानियों में भी लोकप्रिय होने लगी थीं। मैं उनसे व्यक्तिगत रूप से कुछ हिंदी फिल्मी गीत गाना सीखता था। सन् 2010 की गर्मी में अनूप जलोटा जी और उनके संगीत दल ने कोबे की इंडियन् सोशियल सोसाएटी में संगीत-गोष्ठी का आयोजन किया था। तब प्रीति सेठ जी की मुलाक़ात अनूप जलोटा जी से हुई। प्रीति जी का सुकंठ जलोटा जी को इतना अच्छा लगा कि प्रीति जी उनके दल में आ मिलीं, तब से भारत के विभिन्न शहरों में आयोजित संगीत-गोष्ठी में हिस्सा लेती थीं। सन् 2011 के किसी महीने में ऐसे ही मौक़े पर मुंबई में प्रीति जी की आकस्मिक

रूप से मुलाक़ात शुभा मुद्गल जी से हुई थी। निश्चित रूप से प्रीति जी ने मेरे बारे में बताया था, क्योंकि शुभा मुद्गल जी के बारे में मैं कई बार प्रीति जी को बता चुका था, शुभा जी की तस्वीरें भी दिखा चुका था और उनकी बचपन की आवाज़ भी सुना चुका था। प्रीति जी ने शुभा मुद्गल जी का ई-मेल का पता पूछकर मुझे सूचित किया था। मैं अभिभूत हुआ था। कैसा संयोग! मैं भारत में केवल दो गायिकाओं को जानता हूँ, लेकिन इन दो महिलाओं का आपस में कोई परिचय नहीं था। असंख्य संगीत-गोष्ठियाँ होती रहती हैं इस विशाल भारत भर में। फिर मेरी परिचित दो गायिकाएँ कैसे संयोग से आपस को मिल गईं? यह अवश्य है कि शुभा मुद्गल जी हर गोष्ठी में तो नहीं जातीं, न ही प्रीति सेठ जी। फिर भी, इसकी प्रायिता कितनी प्रतिशत थी?-फिर से मैं सांख्यिकीविद से जानना चाहता हूँ!

खैर, अब मैं खुश होकर बिना किसी संकोच के शुभा मुद्गल जी से ई-मेल के माध्यम से संपर्क करने लगा। सन् 1966 से 1967 के इलाहाबाद के जीवन के बारे में, उनके माता-पिता जी के बारे में और जापान के बारे में बहुत बातें लिखीं। उनके बचपन की तस्वीरें, मेरे जन्म-दिन पर उनकी बनाई कार्टून की कॉपी और पिता जी से मिले पत्र की कॉपी भी भेजीं। उनका स्नेहभरा तथा विनम्रतापूर्ण उत्तर इस प्रकार मिला था, उसे उनकी अनुमति लेकर यहाँ उद्धरण देता हूँ—

"सादर प्रणाम मिज़ोकामि जी,

समझ नहीं आ रहा है कि किन शब्दों में आपके प्रति आभार प्रकट करूँ। आपने तो इलाहाबाद में बिताए सुखद समय की तस्वीरें व पिता जी के पत्र भेज कर, मुझे ऐसा अनमोल उपहार दे दिया है कि एक क्षण हँसी छूट जाती है, तो दूसरे क्षण आँखें भर आती हैं। प्रीति सेठ जी को भी धन्यवाद भेजती हूँ कि उन्होंने आपसे पुन: सम्पर्क बनाने में योगदान दिया। मिज़ोकामि जी, आपसे बहुत सी बातें करनी हैं, इस लिए एक ही ई-मेल में सब कुछ न कह सकूँगी। सबसे पहले तो आपको परिवार सम्बन्धी सूचना देना चाहूँगी। आपके Hotmail वाले ईमेल पर अनेकों बार समाचार भेजने के सभी प्रयास असफल रहे, इस लिए आपको यह दुखद समाचार भेज नहीं पाई कि मेरी पूज्य माता जी मई 11, 2010 को कालवश हो चलीं। जनवरी 2010 में हमें पता चला कि वे फेफड़ों के कैंसर की मरीज़ हैं और बीमारी इतनी बुरी तरह फैल चुकी है कि इलाज करना असम्भव होगा। इससे पहले उनका स्वास्थ्य कभी भी चिंताजनक नहीं रहा था इस लिए हम सोच ही नहीं सकते थे कि अचानक हालात इस क़दर गंभीर हो जाएँगे। तीन महीनों के अन्दर ही वे हम सब को छोड़ स्वर्ग सिधार गईं।

पिता जी के देहान्त के बाद हम सब को उन्होंने ही सँभाला था, और उनके चले जाने से हम अनाथ हो गए।

माँ के निधन के बाद से ही यह विचार मन में निरंतर चल रहा था कि पिताजी और माँ को श्रद्धांजलि देने की कोई योजना बनानी चाहिए। पूजा पाठ आदिं में पिता जी का कभी भी विश्वास न था, सो रीति रिवाज का सहारा लेना उचित नहीं लगा। बहुत विचार के बाद गिन्नी और मेरे पति अनीश प्रधान के साथ यह निर्णय किया कि दोनों की याद में हर वर्ष दिल्ली के इंडिया हैबिटैट सेंटर में एक संगीत कार्यक्रम का आयोजन किया जायेगा जिसमें एक नवोदित कलाकार का कार्यक्रम रखा जायेगा। कार्यक्रम "जया व स्कन्द गुप्त मेमोरियल कान्सर्ट" कहलाएगा। पहला कार्यक्रम आगामी 30 सितम्बर को होना निश्चित हुआ है। उसकी तस्वीरें आदि अवश्य भेजूँगी।

आपका भारत आने का कार्यक्रम बने तो अवश्य सूचना दीजिएगा। आपके परिवार में सभी सुखी व स्वस्थ हों, ऐसी आशा करती हूँ।

शेष फिर,

आपकी टप्पी"

यह पत्र पढ़कर मैं आत्मविभोर हो गया। शुभा मुद्गल न लिखकर अपना लाड़ का नाम टप्पी लिखा है! लेकिन पहली बार माँ जी के देहान्त का समाचार सुनकर मुझे बहुत दुख हुआ। जया जी मेरे लिए दीदी जैसी थीं (तार्किक दृष्टि से यदि शुभा जी मेरी छोटी बहन हैं तो उनकी माँ जी मेरी माँ जी भी होनी चाहिए। पर, यहाँ तर्क कोई काम नहीं करता। स्कंद जी मेरे लिए बड़े भाई और जया जी मेरे लिए दीदी जैसी लगती थीं)। फिर इसी का प्रत्युत्तर मैंने भेजा था तो उसका उत्तर भी शुभा मुद्गल जी से मिला—उसी तरह हमारे बीच पैंतालीस साल पहले का रिश्ता वापस आया था। लेकिन अभी उनसे पुनर्मिलन का अवसर नहीं मिला था। पहली बात यह थी कि अब मैं भारत कम जा पाता हूँ। दूसरी बात यह कि जाऊँ भी तो इतनी प्रसिद्ध गायिका के पास क्या इतना समय होगा?

लेकिन यह मौका अनपेक्षित रूप से आया था मई 28 तारीख सन् 2012 को जब मैं नई दिल्ली में आयोजित "वैज्ञानिक दृष्टिकोण तथा चेतना जगाने में संचार माध्यमों की भूमिका पर अंतरराष्ट्रीय सम्मेलन" में भाग लेने के लिए भारत गया था। सम्मेलन 29-30 मई को था। मैं दो दिन पहले 27 मई को दिल्ली पहुँच गया था। 28 मई को ही खाली समय था। बहुत गर्मी का दिन था। शुभा मुद्गल जी को फोन करके पूछा था कि मैं आपसे मिल सकता हूँ? तो उत्तर मिला–"हाँ, आइए!"। उत्साहित और गद्गद्

होकर शाम को पहाड़गंज स्थित उनके निवास-स्थान गया था। शुभा मुद्गल जी ने बहुत विनम्रतापूर्वक मुस्कराते हुए मेरा स्वागत किया, छोटी बहिन गिन्नी यानी रागिनी जी भी थीं। आखिर, बयालीस साल के बाद उनसे पुनर्मिलन साकार हो गया! हम लोग दत्तचित्त होकर वार्तासुख का आनंद लेते रहे। मुझे नहीं लग रहा था कि इतनी बड़ी कलाकार के साथ मैं बातें कर रहा हूँ। इतने साल बीतने के बाद भी शुभा मुद्गल जी की मधुर मुस्कराहट और विनम्रता में कोई बदलाव नहीं आया था। उन्होंने मेरे लिए एक गीत गाया था। उपहार में Saregama से प्रकशित Romancing TAGORE की सी.डी., जिसमें नजम शिराज़ के गाए गीत भी हैं।

और अन्य बहुत सारी सी. डी. मुझे दी थीं। स्वर्गीया माता जी की तस्वीर भी दी। और इंडिया हैबिटैट सेंटर में आयोजित "जया व स्कन्द गुप्त मेमोरियल कान्सर्ट" `का आमंत्रण भी मिला था। मुझे इस बात का बड़ा खेद है कि अभी तक मैं इस गोष्ठी में शामिल नहीं हो सका।

हरेक व्यक्ति के जीवन में ऐसी कई घटनाएँ होती रहती हैं जिनका अंदाज़ा नहीं किया जा सकता। अनहोनी बातें भी घटित होती हैं। कहा जाता है कि होनी को कौन टाल सकता है? जीवन एक रंगमंच हैं, हम मनुष्य उसके अभिनेता मात्र हैं जिसके निर्देशक विधाता हैं। इस भारतीय दर्शन से सहमत हों या न हों, मेरे बहत्तर साल के जीवन में शुभा मुद्गल जी के बचपन में साथ रहना और बयालीस साल के बाद उनसे पुनर्मिलन की बात असंभावित घटना जैसी लगती है। एक कहानी कहलाने लायक, लेकिन बहुत सुखद अनुभव है। इसीलिए आदरणीय डॉ. सुरेश ऋतुपर्ण जी इसे अपनी पत्रिका में उल्लेख करने योग्य समझे होंगे। अभी भी मैं प्राय: अपने भारतीय मित्रों को यह कहानी गर्व के साथ सुनाया करता हूँ तो लगभग सभी लोग कान खोलकर दिलचस्पी से सुनते हैं। मैं शुभा मुद्गल जी का बहुत ही आभारी हूँ जिन्होंने मेरे भारतीय जीवन को इतना सार्थक और मधुर बनाया है। मैं उनके उज्ज्वल भविष्य और सफलता के लिए हार्दिक शुभ कामनाएँ देता हूँ।

***हिंदी जगत जुलाई-सितंबर 2013, वर्ष 14, अंक 3 से साभार***

# एक जापानी विद्यार्थी और मेरे नाट्य जीवन के कुछ अनुभव

श्रीलंका के एक विशेष कार्यक्रम ने मुझे अपने पुराने नाटक-प्रिय छात्र की सुखद याद दिलाई जो आजकल जापानी विदेश मंत्रालय के दक्षिण एशिया विभाग में कार्यरत राजनयिक हैं। उनका नाम है श्री केन ओज़ाकी। श्री ओज़ाकी ने विदेश मंत्रालय की प्रवेश परीक्षा में विदेशी भाषाओं में हिंदी को चुना था जबकि 90 प्रतिशत से ज्यादा अभ्यार्थियों ने अंग्रेज़ी को चुना था। लेकिन उस साल हिंदी के लिए कोई पोस्ट नहीं थी, उसके बदले में विकल्प की भाषा के रूप में उन्होंने सिंहल को चुना था।

इसके बाद श्रीलंका में 3 साल का प्रशिक्षण लिया। कहने की ज़रूरत नहीं कि इसी मुश्किल भाषा को हिंदी की तरह एक दम शुरू से सीखा। बहुत मेहनत की जितनी हिंदी सीखने के लिए की थी। और अब योग्य राजनयिक बनकर कभी टोकियो में कभी श्रीलंका में दोनों देशों के बीच सेतु की सेवा में जुटे हैं। श्रीलंका के राष्ट्रपति और जापान के राजनेताओं के बीच अनेक बार दुभाषिए का काम किया था।

लेकिन उनके छात्र जीवन की कहानी बहुत दिलचस्प और उल्लेखनीय है। वे हिंदी नाट्य दल के बहुत उत्साही सदस्य थे, भारत और यू के के प्रमुख शहरों में अनेक बार हिंदी नाटकों का मंचन कर चुके हैं प्राय: प्रमुख पात्र (नायक) के रूप में। सब से उल्लेखनीय मंचन मार्च 29, सन् 2003 को दिल्ली में आयोजित भारत रंग महोत्सव में भाग लेकर राष्ट्रीय नाट्य विद्यालय के अभिमंच में प्रस्तुत दो हिंदी नाटकों का मंचन था। तत्कालीन निदेशक देवेन्द्र राज अंकुर जी ने जापान के प्रतिनिधि के रूप में अपवाद के रूप में हमारे छात्रों के नाट्य दल को आमंत्रित किया था जो सभी अव्यवसाय (amateur) थे। दूसरा अपवाद था कि इस महोत्सव में लगभाग 80 दलों को भारत और बाहर के देशों से आमंत्रण मिला था, लेकिन विदेशी भाषा (हिंदी) में प्रस्तुत करनेवाला दल तो केवल हमारा था और तीसरा अपवाद था कि प्रत्येक दल को एक एक नाटक प्रस्तुत करने की अनुमति थी,किन्तु हमें दो नाटकों

को प्रस्तुत करने की अनुमति मिली थी—अर्थात बालकराम नागर कृत हास्य नाटक 'बुरे फंसे मुहब्बत में' और जापानी दुखांत नाटक का हिंदी रूपांतरण 'सारस प्रेम' श्री ओज़ाकी ने 'बुरे फंसे मुहब्बत में' के नायक की भूमिका बखूबी निभाई थी तथा 430 दर्शकों से खचाखच भरे अभिमंच के हॉल में ठहाका गूँज उठा था।

सारस प्रेम की नायिका के करुण रस भरे अभिनय ने दर्शकों की आँखें गीली कर दी थीं। इन दोनों नाटकों की बहुत प्रशंसा हुई थी और नई दिल्ली से प्रकाशित पाक्षिक पत्रिका 'प्रथम प्रवक्ता' (मई प्रथम, 2003, वर्ष 2: अंक 12 पृष्ठ 64-65) में इनका उल्लेख किया गया।

उनके जीवन को बड़ा प्रभावित करने वाली एक और घटना हुई थी जब वे केन्द्रीय हिंदी संस्थान, आगरा में हिंदी पढ़ रहे थे। वहाँ कई विदेशी छात्र भी पढ़ते थे। उनमें से यूरोप के रूमानिया से आई हुई एक लड़की से उनका प्रेम हो गया और उनसे शादी हो गई। और इस नववधू को जापान ले आए। मीयाँ -बीवी आपस में हिंदी में बातचीत करते थे! लेकिन वे अभी भी छात्र थे। नौकरी भी नहीं मिली थी। लेकिन पता नहीं कैसे पत्नी की परिवरिश करते हुए छात्र -जीवन को बिताते थे। सुखी वैवाहिक जीवन बिताने के लिए सब से महत्त्वपूर्ण बात थी अच्छी नौकरी का मिलना। उन्होंने राजनयिक बनकर भारत में काम करने के उद्देश्य से राजनयिक की कठिन परीक्षा देने का दृढ संकल्प किया था। पूरे ओसाका विश्वविद्यालय के छात्रों में से हर साल केवल दो-तीन छात्र ही इस परीक्षा में उत्तीर्ण हो पाते हैं। उन्होंने दिन रात एक करके कड़ी मेहनत की थी – ऐसी मेहनत कि विरले व्यक्ति कर सकते हों। मेहनत का सुफल मिला और अब सिंहल भाषा में माहिर राजनायिक। पता नहीं कि अब मियाँ बीवी आपस में कौनसी भाषा बोलते होंगे-शायद सिंहल बोलते होंगे।

उनके छात्र जीवन की दो और नाटकीय घटनाएँ जोड़ना चाहता हूँ। दोनों का संबंध नाटक मंचन से ही है। सन् 1999 में इंग्लैंड में छठा विश्व हिंदी सम्मेलन का आयोजन हुआ। उसका औपचारिक न्योता हमारे विश्वविद्यालय के कुलपति जी के पास आया। यह हमारे लिए गौरव की बात थी। मेरे लिए यह न्योता ओलम्पिक में शामिल होने जैसे लगा। अब हमारी नाटक मंडली को भारत से बाहर इंग्लैंड में विदेशी लोगों के सामने नाटक करने का मौका मिल रहा था। यह मेरे लिए और मेरी नाटक मंडली के लिए बहुत खुशी की बात थी। इस बार लंदन की ही नहीं ग्लासगो, मेनचेस्टर, स्टॉक्टन ऑन टीज़ (Stockton on Teez) आदि की यात्राएँ भी शामिल थीं। और उन यात्राओं का खर्चा भारत सरकार ने दिया।

इस यात्रा की शुरुआत में एक घटना घटी। ओसाका के कन्साई हवाई अड्डे पर सभी विद्यार्थी जा चुके थे। लेकिन ओज़ाकी जी नहीं पहुँचे। हम लोगों का हाल खराब हो गया। क्योंकि ओज़ाकी की भूमिका कोई और नहीं कर सकता था। हमारा जहाज बिना ओज़ाकी को लिए भी चल पड़ा। मैंने ओसाका के बाद कोरिया के सियोल पहुँचकर अपने घर पर पत्नी को फोन किया और इस समस्या के बारे में बताया। उन्होंने ट्रैवल एजेंट को फोन करके ओज़ाकी के बारे में पता किया। ट्रैवल एजेंट ने बताया कि ओज़ाकी जी देर से हवाई अड्डे पहुँचे। वे पूरी रात इंग्लैंड जाने के उत्साह के कारण सो नहीं पाए थे और फिर बाद में सुबह घोड़े बेचकर सो गए और उन्हें किसी ने या अलार्म घड़ी ने भी नहीं जगाया। उन्होंने इंग्लैंड जाने वाली दूसरी फ्लाइट का टिकट खरीदा और उसका पैसा किसी से उधार लिया और बाद में पार्ट टाइम काम करके दो लाख रुपए चुकाए।

वे हमारे पहुँचने के दो दिन बाद इंग्लैंड पहुँच गए। हमारी खुशी का ठिकाना न रहा। उनकी जगह कोई और विद्यार्थी होता तो शायद इस स्थिति में इंग्लैंड नहीं पहुँच सकता था। इस तरह ओज़ाकी जी ने एक चूक के बाद भी हमारी जान बचाई। और हमारा मंचन आराम से हो सका।

दूसरी घटना दिल्ली के राष्ट्रीय नाट्य विद्यालय के मंचन से संबंधित है। अभिमंच सभागार में उपेन्द्रनाथ अश्क के नाटक 'तौलिए' और एक जापानी नाटक 'आईना' का मंचन किया। सभी विद्यार्थी नौसिखिया एक्टर और एक्ट्रिस अभिनय कर रहे थे। ऐसे में संवाद भूलने की घटनाएँ भी असामान्य बात नहीं होती थी। ऐसे ही एक संकट में ओज़ाकी ने अपने एक सह अभिनेता की सहायता की। उस हॉल में जापान के राजदूत भी नाटक देख रहे थे। मेरी हालत भी खराब हो रही थी। हॉल में सन्नाटा छा गया था। एक दूसरे पात्र द्वारा अपना संवाद भूलने के बाद उसकी मदद करने की घटना है। उन्होंने तुरंत एक वाक्य कहा कि ' 'मैं हल्का होकर आता हूँ''। यह सुनकर हॉल में हँसी का जोरदार ठहाका लगा। और उन्होंने उस स्थिति से सबको उबार लिया। कमाल है उनकी हाज़िर जवाबी!

इन दोनों घटनाओं से पता चलता है कि श्री ओज़ाकी कितने जिम्मेदारी निभाने वाले व्यक्ति हैं। तभी तो राजनयिक जैसे पद पर पहुँचे हैं।

उन्होंने एक जापानी पत्रिका में साक्षात करते हुए स्पष्ट शब्दों में बताया था कि मैं एक शर्मीला, मितभाषी और अंतर्मुखी लड़का था, किन्तु हिंदी नाटक में हिस्सा लेने के बाद, विशेष कर भारत जाकर भारतीय दर्शकों के सामने नाटक का संवाद

रटते-रटते मैं निर्भीक होकर बड़ी आवाज में लोगों के सामने बोलने का आदी हो गया। स्वभाव भी अंतर्मुखी से बहिर्मुखी हो गया। आत्मविश्वास भी होने लगा।

मेरे ख्याल में विदेशी लड़की से शादी करने की हिम्मत भी नाटक की कृपा से पैदा हो गई होगी। नाटक के अभिनय से केवल भाषा ही नहीं सीखते, बल्कि समाज में अच्छी तरह जीने की कला और कौशल भी सीख सकते हैं। अर्थात नाटक का मंचन चरित्र के निर्माण में भी बहुत सहायक होगा—श्री ओज़ाकी का कथन इस तथ्य को चरितार्थ करता है। मेरी प्रबल इच्छा है कि हिंदी नाटक के ये मेधावी विद्यार्थी किसी दिन श्रीलंका में जापानी राजदूत बनें, तब तो मैं उनकी मेरे लिए गुरुदक्षिणा मानूँगा।

***अंतरदेश, प्रवेशांक, जुलाई 2022 से साभार***

# 'इंडिया मेला' में देखा सपना

समय-नवम्बर 13 सन् 2010, इंडिया मेले के प्रथम दिन। स्थान-कोबे में समुद्र के तट पर स्थित मेरिकेन पार्क का मैदान। साँझ ढल चुकी थी। आज के मुख्य अतिथि ह्योगो ज़िले के राज्यपाल तथा भारतीय राजदूत चले गए थे। मेले के मंच पर लावणी और बाउल की प्रस्तुति बड़ी धूमधाम से हो रही थी। मेले के सभी दर्शक लावणी और बाउल की धुन में नाचने और झूमने लगे थे। यहाँ तक कि पार्क पर सैर करने वाले आम लोग भी उसमें शामिल होने लगे। नतीजा यह हुआ कि समुद्र के किनारे कोई आदमी नहीं रह गया, लेकिन ओसाका विश्वविद्यालय के स्वैच्छिक कार्यकर्ता (volunteer) विद्यार्थियों में से एक लड़का वहाँ पहरा दे रहा था, तो एक अजीबो-गरीब आदमी को अंधेरे में इधर उधर देखते हुए घूमते हुए नज़र आया। उसने धीरे-धीरे उस आदमी के पास आकर गौर से देखा और उससे पूछा- "अरे, आप शक्ल से पाकिस्तानी मालूम पड़ते हैं। इधर क्या कर रहे हैं?" तो उस आदमी ने चौंककर पूछा-"आपको इतनी अच्छी उर्दू कैसे आती है?" छात्र ने कहा- "हम ओसाका युनिवर्सिटी के तालिबिल्म हैं। हम ओसाका युनिवर्सिटी में उर्दू और हिंदी पढ़ते हैं। लेकिन, आप यहाँ क्या कर रहे हैं? (उस आदमी के हाथ में एक बन्दूक देखकर) अरे! यह बन्दूक क्यों? कहीं तुम लश्कर-ए-तौबा तो नहीं हो?"

सच सच बोलो तुम यहाँ क्या करने आए हो? यक़ीन करो कि तुम अगर सच सच बताओगे तो मैं तुम्हें पुलिस के हवाले नहीं करूँगा।" तब वह आदमी बताने लगा-"पहले मैं APEC में हमला करने के लिए योकोहामा गया था, लेकिन वहाँ इतनी सख़्त हिफाज़त थी कि एक इंच भी घुसना नामुमकिन था। तब सुना था कि कोबे में *इंडिया मेला* हो रहा है। सोचा, वहाँ हमला करूँ। *इंडिया मेले* में तो काफी हिन्दुस्तानी लोग आएँगे ही। और योकोहामा से समन्दर के रास्ते से नौका से यहाँ पहुँचा। लेकिन यहाँ भी काफी भीड़ थी। नौका से कब उतरूँ? छिपकर मौक़ा देख रहा था। तो एकदम लावणी और बाउल का शोरशराबा सुनकर सब लोग उधर भागे

तो इधर खाली हो गया, उसी वक़्त यहाँ उतरा हूँ।" यह सुनकर छात्र ने कहा—"अरे छोड़ो यार! यह सब बेकार काम। टेररिस्ट बनके तुम्हें क्या मिलेगा? आओ मेरे साथ, यह खुशी का मौक़ा है। तुम भी इस खुशी में शामिल हो जाओ" छात्र उस पाकिस्तानी को साथ लेकर मंच की ओर बढ़ा और दोनों दूसरे लोगों के साथ खुशी से नाचने लगे। पार्क भर जय हो! गीत के साथ *ओसाका युनिवर्सिटी ज़िन्दाबाद* ! का नारा गूँज रहा था।

(सन् 2010, नवंबर 29 को भारतीय सांस्कृतिक परिषद की ओर से ओसाका विश्वविद्यालय में आयोजित अंतरराष्ट्रीय हिंदी सम्मेलन के दौरान, तत्कालीन प्रधान भारतीय कोंसल श्री विकास स्वरूप जी के कोबे स्थित आवास पर रात्रिभोज के लिए आमंत्रित अतिथि विद्वानों के सामने मैंने कुछ दिन पहले देखे सपने के बारे में मौखिक रूप से यह कहानी सुनाई थी। उपस्थित अतिथियों में सुश्री ममता कालिया जी, सुश्री डॉ. यास्मीन सुलतानी नकवी जी, डॉ. सुरेश ऋतुपर्ण जी और डॉ. हरजेन्द्र चौधरी जी और डॉ. आकिरा ताकाहाशि जी आदि थे।)

# जापान-भारत संबंध—इतिहास तथा परिप्रेक्ष्य

## भूमिका

यह सर्वविदित है कि जापान और भारत का सांस्कृतिक संबंध छठी शताब्दी में बौद्ध धर्म के आगमन के साथ शुरू हुआ था। सब से पहले जो भारतीय जापान में आए थे वे बोधिसेना (703-760) नामक सम्मानित भिक्खु थे। वे सन् 752 में नारा शहर में स्थित तोदाईजि मंदिर में स्थापित बुद्ध की विशाल मूर्ति के 'आँख खोलने के संस्कार' (open-eye ceremony) अर्थात् प्राण-प्रतिष्ठा में उपस्थित होने के लिए चीन की तत्कालीन राजधानी चांगआन से पधारे थे। उन दिनों उन्हें चीन से समुद्र पारकर छोटी नाव से जापान आने के लिए कितनी ख़तरों भरी यात्रा करनी पड़ी थी। उस प्रकार यात्रा में तूफ़ान में डूबने का ख़तरा प्रतिपल रहता था। कहते हैं कि कई लोग समुद्र में डूबकर मर भी गए थे। यह इस बात का प्रमाण है कि जापान में बौद्ध धर्म बहुत निष्ठा से अपनाया गया था और भारत के प्रति जापानी लोगों में बहुत उत्कंठा थी, लेकिन इतिहास के लंबे दौर में यह भावना हमेशा एक सी नहीं रही। उतार-चढ़ाव और परिवर्तन भी हुए थे। भारत के प्रति दृष्टिकोण में भी समय समय पर नाना कारणों से अंतर आता गया था। इस तथ्य को समझना आवश्यक है।

प्रस्तुत लेख में जापान व भारत के सम्बन्धों पर ऐसे तथ्यों का वर्णन मिलता है जिन्हें न सिर्फ जापानियों को, बल्कि भारतीयों को भी जानना आवश्यक है। ज़ाहिर है कि इस लेख में आधुनिक काल पर अधिक बल दिया गया है।

## (1) प्राचीन और मध्यकाल में जापान तथा भारत

भूमिका में बता चुका हूँ कि प्राचीन जापान में जापानियों को गौतम बुद्ध की जन्मभूमि के रूप में भारत का परिचय मिला था। तब जापान में भारत को टेञ्जिकू कहते थे। उस युग के आम जापानियों के लिए 'संसार' का मतलब केवल जापान, चीन और भारत थे। अभी तक दुल्हन की प्रशंसा करते हुए दुल्हन को जापानी में 'तीन देशों

में सब से अच्छी दुल्हन' कहा जाता है। यहाँ 'तीन देशों' का मतलब 'सारे जहान' से है। लेकिन तब तक भारत को किसी ने नहीं देखा था। पश्चिम की दिशा में स्थित भारत देश के बारे में' दर्शन का देश', 'धर्म का देश' और 'आध्यात्मिक देश' की छवि लोगों के मन में थी। यह पवित्र स्थान आदर्श देश था और पूज्य था।

लेकिन मंगोलिया जाति के शासक द्वारा स्थापित गेन साम्राज्य ने सन् 1274 में जापान पर आक्रमण किया था, इस घटना के बाद भारत के प्रति यह दृष्टिकोण बदल गया था। गेन ने अपनी 20 हज़ार और अपने आधीन देश कोरिया की 10 हज़ार सैनिकों की सेना जापान के क्यूशू द्वीप के उत्तरी समुद्र तट पर आक्रमण के लिए भेजी थी। जापान के समुराई शासक (उन दिनों पूर्वी जापान के कामाकुरा में स्थित होने के कारण उसकी सरकार को 'कामाकुरा बाकुफू' कहा जाता था) ने उसका मुक़ाबला बड़ी मुश्किल से किया था और किसी प्रकार हमलावरों को रोक लिया था, इस युद्ध को 'बुनएई नो एकि' कहते हैं। लेकिन दुबारा आक्रमण होने के डर से जापानी शासक ने सुरक्षा की व्यवस्था पहले से पक्की कर दी थी और पूर्व अनुमान के अनुसार सात साल के बाद यानी सन् 1281 में गेन ने 140,000 सैनिकों की सेना के साथ फिर से क्यूशू पर आक्रमण किया था जिसे 'कोआन नो एकि' कहते हैं। यह भीषण लड़ाई थी लेकिन बीच में ज़ोरदार तूफ़ान आने से मंगोलिया के ज़्यादातर जहाज़ समुद्र में डूब गए थे।

अभी भी उनका मलबा समुद्र के तल में पड़ा हुआ मिलता है। और आक्रमणकारी अपना उद्देश्य त्याग कर भाग गए थे। इस प्रकार तूफ़ान ने जापान को विदेशी आक्रमण से बचा लिया। इस तूफ़ान को जापानी लोग 'कामिकाज़े' यानी 'देव-वायु' (देवता की हवा) कहने लगे और ऐसा विश्वास जन साधारण में फैलने लगा कि हमारे देश का संकट मोचन यहीं' देव-वायु' करेगी। इसके बाद वर्तमान समय तक किसी विदेशी द्वारा जापान पर आक्रमण कभी नहीं हुआ है। यह अलग बात है कि दूसरे विश्वयुद्ध की पराजय के कारण जापान लगभग 6 साल तक अमरीका के शासन के अधीन था, इसलिए जापानी लोग भी भारतीयों की तरह' स्वतन्त्रता' के मूल्य को अच्छी तरह से समझ सके थे।

इधर इतिहास के कुछ विद्वानों ने गंभीर शोध-कार्य करने के बाद इससे भिन्न नया मत प्रकट किया है कि उस समय इतना ज़ोरदार तूफ़ान आने का कोई प्रमाण नहीं मिलता, क्योंकि जिस समय मंगोलिया ने पहला आक्रमण (बुनएई नो एकि) किया था, वह आजकल के पंचांग के अनुसार नवंबर महीने का समय था। इस महीने में प्राय: तूफ़ान नहीं आते हैं। और मंगोलिया शासकों का यही इरादा था कि आक्रमण

सफल न होने पर जाड़े के पहले सेनाओं को वापस बुला लिया जाए। सैनिकों की संख्या नाविकों को मिलाकर भी केवल 12,000 के लगभग थी।

दूसरे आक्रमण (कोआन नो एकि) में आक्रमणकारियों के सैनिक-जहाज़ों को आंशिक रूप से तूफ़ान के कारण नुक़सान हुआ अवश्य था, लेकिन केवल बहुत पुराने जीर्ण-शीर्ण जहाज़ ही डूबे थे। वे खाद्य के अभाव के कारण जापानी सेना के जवाबी हमले का मुक़ाबला न कर सके और भाग गए थे। और यह भी अनुमान लगाया जा सकता है कि वे तीसरा आक्रमण इसलिए नहीं कर सके कि वे विएतनाम हमले में बुरी तरह हार गए थे। एक विद्वान के अनुसार कामाकुरा का समुराई वर्ग जीत का कारण कामिकाज़े (देव-वायु) को नहीं मानता था। कामिकाज़े की कृपा का आग्रह उन पुरोहित वर्ग के लोगों ने किया था जिन्होंने शत्रु की पराजय के लिए प्रार्थना की थी। समुराई तो उल्टे, अपने युद्ध-कौशल एवं साहस पर गर्व करते थे। लेकिन तथ्य यह है कि कालांतर में कामिकाज़े की यादों ने ही प्रकारांतर से विदेशी हमलों के संकट के समय जापानियों की राष्ट्रीय चेतना के निर्माण में बड़ी भूमिका निभाई थी।

'देव-वायु' पर इस प्रकार की आस्था ने गौतम बुद्ध का स्थान ले लिया था। अर्थात् गौतम बुद्ध के प्रति श्रद्धा और भारत का आकर्षण धीरे-धीरे क्षीण होता रहा। इसके स्थान पर देव-वायु अर्थात् जापानी देवता में विश्वास बढ़ने लगा था।

लेकिन एक बहुत उल्लेखनीय घटना यह भी हुई थी कि सन् 1549 में जापान में पुर्तगालियों द्वारा ईसाई धर्म का प्रचार होने लगा और सन् 1582 में तीन ईसाई सामंतों ने चार जापानी तरुणों को रोम के पोप के पास दूत के रूप में भेजा था और रास्ते में सन् 1583 में गोवा पहुँचे थे। ये तरुण भारत में आने वाले प्रथम जापानी थे, पर रोम से वापस आने के बाद के उन लड़कों का जीवन सुखी नहीं रह पाया था।

एदो युग (सन् 1603 से सन् 1867 तक) में जापान का दूसरे देशों से संपर्क बंद किया गया था। बौद्ध धर्म को पूर्ण रूप से सामंती शासन तंत्र में सम्मिलित किया गया और इसके परिणाम स्वरूप बौद्ध धर्म अपनी ऊर्जा खो बैठा। कन्फ्यूशियनिज़्म में, जिसकी उत्पत्ति चीन में हुई थी, विश्वास करने वाले विद्वानों के समुदाय ने बौद्ध धर्म को बहिष्कृत भी किया था। युवराज शोतोकू (574-622) जिन्होंने होरियूजि मंदिर को बनवाया था, जैसे बौद्ध धर्मावलम्बी विद्वान की भी निंदा की थी। उसके बाद कोकुगाकू अर्थात् राष्ट्रवाद में आस्था रखनेवाले विद्वानों द्वारा स्थापित विद्या की धारा हावी हो गई और उस समुदाय ने बौद्ध धर्म और कन्फ्यूशियनिज़्म जैसी विदेशों से आई विचारधाराओं को पूरी तरह से बहिष्कृत कर दिया था।

कालांतर में पश्चिमी विद्या का भी आगमन हुआ था, लगभग उन्हीं दिनों में भारत अंग्रेज़ों का उपनिवेश बन गया था। तब जापान भले ही बाहर की दुनिया के लिए अपना दरवाज़ा बंद कर चुका था, पर अपवाद के रूप में केवल डच व्यापारियों को जापान आकर व्यापार करने की अनुमति दी गई थी। तब जापान के शिक्षितों तथा बुद्धिजीवियों का डच व्यापारियों के द्वारा लाई पुस्तकों व सामानों के माध्यम से पश्चिमी सभ्यता और दुनिया भर के समाचारों से परिचय होता था। कुछ लोगों ने बड़े चाव से डच भाषा सीखी और डच-जापानी शब्दकोश का भी निर्माण किया, लेकिन तब भी जन-साधारण इससे अनभिज्ञ था कि दुनिया में क्या घटित हो रहा है, अर्थात् जन साधारण 'कूप मंडूक' था, लेकिन विद्वान और शासक वर्ग के लोग बाहर की दुनिया की ख़बरें रखते थे, और यह भी अच्छी तरह जानते थे कि अंग्रेज़ों का दुनिया भर में बोलबाला था, इसलिए उस समय के शासक वर्ग ने अंग्रेज़ों के प्रति सावधानी बरतनी शुरू की थी।

## (2) आधुनिक काल में जापान तथा भारत

वैसे आधुनिक जापान का सूत्रपात नई मेईजि सरकार की स्थापना (सन् 1868) से माना जाता है, यह महात्मा गांधी (1869-1948) के जन्म के एक साल पहले की बात है। मेईजि सरकार का एजेंडा (नारा) था जापान का आधुनिकीकरण और इसे सैनिक दृष्टि से शक्तिशाली देश बनाना ताकि पश्चिमी साम्राज्यवादी देशों के आक्रमण को रोका जा सके या उसका सामना किया जा सके। वास्तव में जापान-रूस युद्ध (1904-1905) में एशिया के छोटे देश जापान की यूरोप के शक्तिशाली देश रूस पर विजय ने सारे विश्व को अचंभित किया था। पंडित जवाहरलाल नेहरू (1889-1964) ने स्वयं अपनी पुस्तक Glimpses of World History में लिखा है कि जापान की विजय ने बालक जवाहरलाल को एशियाई के रूप में कितना साहस और उत्साह दिया था।

उस समय आधुनिकीकरण का पर्यायवाची शब्द पश्चिमीकरण था। यह सिर्फ़ पश्चिमी सभ्यता के ज्ञानार्जन तक सीमित नहीं था, बल्कि दैनिक जीवन में खानपान और पहनावे पर भी उसका प्रभाव पड़ने लगा था। स्वभावत: इस प्रकार की नीति व विचारधारा के कारण पश्चिम के विकसित देशों के प्रति आकर्षण होने तथा तथाकथित 'पिछड़े हुए' एशियाई देशों व संस्कृतियों को हेय देष्टि से देखने की प्रवृत्ति बढ़ने लगी। फुकुज़ावा युकिची (1834-1901) ने, जो पश्चिमी सभ्यता का समर्थन करनेवाले विचारक थे और केइओ विश्वविद्यालय के संस्थापक थे, अपनी एक पुस्तक में यहाँ तक लिखा है कि भारत सभ्य देश कहलाने योग्य नहीं है।

लेकिन इधर एशिया की परंपरा, सभ्यता और मूल्यों को महत्त्व देने वाले चिंतक या कलाकार भी थे, उनमें सब से प्रख्यात व्यक्ति थे ओकाकुरा तेंशिन (1862-1913) उन्होंने सन् 1902 में इंगलैंड में प्रकाशित एशिया की विचारधारा नामक प्रसिद्ध पुस्तक में लिखा है कि "एशिया एक है"। उनकी गुरुदेव रवीन्द्रनाथ ठाकुर (1861-1941) से दोस्ती प्रसिद्ध है। यह भी उल्लेखनीय है कि उन्होंने बोधगया में धम्मपाल भिक्खु के साथ बौद्ध धर्म के पुनरुद्धार के लिए बड़ा योगदान दिया था। उन दिनों वहाँ ज़मीन की मिल्कियत को लेकर हिन्दू महंत और बौद्धों में द्वंद्व था। ओकाकुरा तेंशिन और धम्मपाल भिक्खु ने संयुक्त प्रयासों से भगवान बुद्ध की बड़ी मूर्ति जापान में बनवाकर बोधगया के प्रांगण में स्थापित करवाई थी। लेकिन महंत ने उसे हटवा दिया था। महंत के पीछे बहुत अधिक हिन्दू धर्मावलंबी थे, लेकिन उस समय धम्मपाल भिक्खु और जापान के बौद्ध समाज का समर्थन दुनिया भर के बौद्धों ने किया था। तो भारत की अंग्रेज़ सरकार ने बोधगया के दूसरा जेरुसलेम होने की आशंका और भय के कारण दोनों पक्षों को 'आश्वासन की भाषा' से संतुष्ट किया था, लेकिन आख़िर ओकाकुरा तेंशिन तथा धम्मपाल भिक्खु के अथक संघर्ष के बाद बौद्धों को वहाँ भगवान बुद्ध की मूर्ति को स्थापित करने में सफलता मिली थी।

इधर भारत में भी राष्ट्रीय आंदोलन शुरू होने लगा तो इसका समर्थन करनेवाले विचारकों में ओकावा शूमेई (1886-1957) प्रमुख थे। उन्होंने अपनी पुस्तक 'पुनर्जाग्रत हो रहे एशिया की समस्याएँ' में जापानी सरकार की निंदा की है, क्योंकि उसने सन् 1915 के सिंगापुर के विद्रोह से लेकर भारत के राष्ट्रीय आंदोलनों समेत अनेक आंदोलनों को इसलिए दबाया था कि उन दिनों जापान और इंगलैंड में आपसी गठबंधन था। भारत के एक क्रांतिकारी नेता रासबिहारी बोस (1886-1945) जब ब्रिटिश ख़ुफ़िया पुलिस से बचकर जापान में हथियार की आपूर्ति के लिए आए थे, तब ब्रिटिश सरकार जापान सरकार से उनके प्रत्यर्पण की माँग कर रही थी, इसलिए उनको जापान में लगभग एक साल तक अपनी पहचान और आवास बदलते रहना पड़ा था। ओकावा शूमेई भारतीय दर्शन व इस्लाम धर्म के विद्वान और दक्षिणपंथी राष्ट्रवादी एवं पैन-एशियावादी नेता भी थे। उन्होंने रासबिहारी बोस की मदद की थी। द्वितीय विश्वयुद्ध समाप्ति के बाद उन पर 'युद्ध अपराधी' के तौर पर अभियोग चलाया गया था, पर पागल होने के संदेह के कारण उन्हें छोड़ दिया गया था।

मेईजि सरकार की आर्थिक नीति के कारण भारत के कपास का आयात बड़ी मात्रा में होने लगा था। यही कारण था कि जापान वस्त्र-उद्योग के क्षेत्र में तेज़ी से

दुनिया में सब से विकसित देशों में एक बना था। मेईजि युग के उत्तरार्द्ध में जापान के कुल निर्यात में से 10 प्रतिशत और कुल आयात में से 15 प्रतिशत भारत के साथ था। आयात-निर्यात की कुल मात्रा की दृष्टि से भारत का स्थान इंगलैंड और अमरीका के बाद तीसरा था। आयात के मालों में 80 प्रतिशत कपास था, निर्यात के मालों में कपास या रेशम से बने वस्त्र 50 प्रतिशत थे। भारत के साथ सक्रिय व्यापार के सम्बन्धों के सफल होने का प्रमुख कारण तत्कालीन प्रभावशाली उद्योगपति शिबूसावा एइइची (1840-1931) द्वारा जमशेद जी टाटा (1839-1904) के सहयोग से मुंबई तक के समुद्री मार्ग को खोला जाना था। तब तक इंगलैंड के नियंत्रण के अधीन होने के कारण भारत से माल ख़रीदना बहुत महँगा होता था। अब जापानी जहाज़ों को सीधे मुंबई भेजने का ख़र्चा बहुत कम पड़ने लगा था।

लेकिन जापान अपने साम्राज्य-लाभ की खोज में धीरे धीरे एशिया के बाक़ी देशों से अलग बनने लगा और अंत में सन् 1941 में प्रशांत महासागर युद्ध भड़क उठा। अकेले जापान को इंगलैंड के अलावा अमरीका, चीन, फ्रांस आदि प्राय: सभी प्रमुख देशों के विरुद्ध युद्ध करना पड़ा। हालाँकि भारत के राष्ट्रवादी आंदोलनकर्त्ताओं का अंग्रेज़ों से विरोध था, लेकिन इसका मतलब यह नहीं था कि वे जापान के साथ थे। महात्मा गांधी और जवाहर लाल नेहरू आदि भारतीय राष्ट्रीय कांग्रेस के प्रमुख नेता अहिंसा में विश्वास करते थे। लेकिन नेता जी सुभाष चन्द्र बोस (1897-1945) अकेले ऐसे नेता थे जो जापान की सैनिक शक्ति की सहायता से यानी बल का प्रयोग करके अंग्रेज़ों को भारत से भगाने के पक्ष में थे।

रासबिहारी बोस का निधन भारत को ब्रिटिश शासन की गुलामी से मुक्ति दिलाने की उनकी जी-तोड़ मेहनत को सुफल होते देखे बिना 21 जनवरी 1945 को हुआ था। (सांस्कृतिक दृष्टि से भी रासबिहारी बोस का योगदान उल्लेखनीय है कि उन्होंने जापानी महिला के साथ शादी करने के कारण भारतीय कढ़ी का प्रचार जापान में किया था। आज भी इसे 'नाकामुराया नो करी' के नाम से जाना जाता है।) लेकिन तब तक वे तोक्यो और बैंकॉक में 'इंडियन इंडिपेंडेंस लीग' की स्थापना करके उस लीग की सैन्य शाखा के रूप में इंडियन नेशनल आर्मी (आज़ाद हिन्द फ़ौज) का गठन कर चुके थे। नेता जी सुभाष चन्द्र बोस ने सन् 1943 में आज़ाद हिन्द फ़ौज का सर्वोच्च कमांडर का पद संभाला था। इसके बाद आज़ाद हिन्द फ़ौज ने जापानी सेना के साथ मिलकर ब्रिटिश सेना के ख़िलाफ़ बर्मा, इंफाल और कोहिमा आदि में युद्ध किया था, लेकिन खाद्य सामग्री और अस्त्रों के अभाव तथा प्रतिकूल जलवायु के

कारण बुरी तरह हार हुई थी। यह ज़रूर था कि आज़ाद हिन्द फ़ौज ने बड़े साहस से शत्रुओं का मुक़ाबला किया था, लेकिन 'इम्फाल का युद्ध' जापान के युद्ध इतिहास में सब से दुस्साहसी व बचकानी युद्धनीति के उदाहरण के रूप में कुख्यात है। आधुनिक युद्ध केवल आध्यात्मिक बल से तो नहीं जीता जाता। हिरोशिमा तथा नागासाकी पर अमानवीय परमाणु बम गिराए जाने से एक क्षण में लाखों लोगों की मृत्यु हुई! पूरे देश का विध्वंस हुआ, अभूतपूर्व त्रासदी झेलने के बाद जापान ने 15 अगस्त 1945 को अमरीका आदि देशों की संयुक्त सेना के सामने आत्म-समर्पण किया था। इसी 15 अगस्त के दिन दो साल बाद भारत को स्वतन्त्रता मिली थी।

## (3) स्वातंत्र्योत्तर भारत तथा युद्धोत्तर जापान

जापान की पराजय के बाद नेता जी सुभाष चन्द्र बोस रूस से सहायता माँगने का निश्चय करके मंचूरिया की तरफ़ जा रहे थे, लेकिन 18 अगस्त 1945 को ताइहोकू हवाई अड्डे के आसपास उनका विमान दुर्घटनाग्रस्त हो गया। उन्हें ताइहोकू सैनिक अस्पताल ले जाया गया जहाँ उनका देहांत हो गया। सितंबर के मध्य में उनकी अस्थियाँ एकत्र करके तोक्यो के रेंकोजि मंदिर में रख दी गईं और इस मंदिर के प्रांगण में नेता जी की प्रतिमा भी स्थापित की गई। उस प्रतिमा को श्रद्धांजलि देने के लिए अनेक लोग आते हैं। लेकिन ख़ास तौर पर पश्चिमी बंगाल में कुछ ऐसे लोग हैं जो नेता जी की मृत्यु पर विश्वास नहीं करते। भारत सरकार ने तीन बार इस घटना की जाँच के लिए आयोग गठित किए थे जिन्होंने नेता जी की मृत्यु को प्रमाणित घटना माना है, लेकिन फिर भी अभी तक नेता जी की मृत्यु को लेकर भारत में यह एक रहस्य सा बना हुआ है। नवंबर 1945 में लाल क़िले में आज़ाद हिन्द फ़ौज पर देशद्रोह के इलज़ाम में मुक़दमा चलाया गया था। पंडित जवाहर लाल नेहरू ने आज़ाद हिन्द फ़ौज की वकालत की थी। लेकिन इस मुक़दमे ने भारतीयों के मन में देश-भक्ति की भावना को और भी तीव्र कर दिया और परिणामस्वरूप स्वतन्त्रता के लिए हो रहे संघर्ष की गति और भी तेज़ हो गई थी।

द्वितीय विश्वयुद्ध के तुरंत बाद जापान की स्थिति बहुत दयनीय थी। पूरे देश में विध्वंस का माहौल था, खाद्य-पदार्थों के अभाव के कारण भुखमरी फैल रही थी। चीन व रूस आदि देशों से जापानी सैनिकों व आम नागरिकों की देशवापसी के दौरान रास्ते में बहुत लोगों के प्राण निकल गए थे और जो बचे भी थे उन सब को असह्य पीड़ा सहनी पड़ी थी। अमरीकी फ़ौज के शासन का आरंभ हो गया था। ये सब जापान के इतिहास में अभूतपूर्व घटनाएँ थीं। अमरीकी शासक जेनेरल डगलस

मैकऑथर (1880-1964) जापान में सैन्यवाद और सामंतीतंत्र को ख़त्म करके सही प्रजातन्त्र लाने के लिए एक-एक करके बड़े परिवर्त्तन कर रहे थे-ज़मींदारी-उन्मूलन,उच्च-शिक्षा में सहशिक्षा का आरंभ आदि इनमें प्रमुख थे। जापान के सम्राट् हिरोहितो (1890-1989) ने खुले आम यह घोषणा की थी कि मैं मनुष्य हूँ। (तब तक जापानी जनता उन्हें ईश्वर-तुल्य मानती थी।)

जापान और भारत के संबंधों में उस समय की सब से बड़ी उल्लेखनीय घटना तोक्यो में 'युद्ध अपराधियों' के विरुद्ध चलाए गए मुक़दमे, जिसे 'द इंटरनेशनल मिलिटरी ट्रिब्यूनल फॉर द फ़ार ईस्ट' (The International Military Tribunal for the Far East) कहा जाता है,से जुड़ी है। यह मुक़दमा सन् 1946 से सन् 1948 तक चला था। इसके लिए भारत समेत 11 देशों से 11 न्यायाधीशों की नियुक्ति की गई थी। इसमें जापान के तत्कालीन राजनेताओं, जापानी सरकार व सेना के उच्च अधिकारियों, राजनयिकों तथा दक्षिणपंथी विचारकों समेत 28 लोगों को अभियुक्त बनाया गया था। अदालत ने निवर्तमान जापानी प्रधानमंत्री तोजो हिदेकि (1884-1948) सहित 7 नेताओं को फ़ांसी, 16 अन्य अभियुक्तों को उम्र क़ैद, 2 को श्रमरहित क़ैद की सज़ा सुनाई थी। दो अभियुक्तों का देहांत होने की वजह से और एक को 'पागल' होने के संदेह के कारण मुक़दमा वापस ले लिया गया था। लेकिन 11 न्यायाधीशों के अंतरराष्ट्रीय पैनल में केवल न्यायमूर्ति राधाविनोद पाल (1886-1967), जो कोलकाता उच्च न्यायालय के न्यायाधीश तथा अंतरराष्ट्रीय क़ानून के विशेषज्ञ थे, ने यह कहकर सभी अभियुक्तों को निर्दोष घोषित किया था कि क़ानून में जो कुछ लिखित नहीं होता या किसी घटना के बाद में बनाया गया है उसके आधार पर किसी को दंड देना उचित नहीं है। उनकी टिप्पणी थी कि जिस प्रकार'शांति के विरुद्ध' या 'मानवतावाद के विरुद्ध' होने का आरोप लगाकर यह अभियोग दायर किया गया है, वास्तव में इस प्रकार का कोई क़ानून ही नहीं है। यद्यपि उनकी यह व्याख्या शुद्ध रूप से क़ानून के विशेषज्ञ का दृष्टिकोण थी, और निश्चित ही युद्धकालीन जापानी सैन्यवाद का समर्थन करना उनका उद्देश्य नहीं था, संभवत: उनके मन में अंग्रेज़ों के प्रति विरोध और एशियाई जातियों से सहानुभूति की भावना भी रही होगी; पर यह सच है कि उस समय उनकी इस न्यायिक टिप्पणी ने घोर निराशा में डूबे जापानी समाज को ढाढ़स और हौसला दिया था। यही कारण है कि अभी तक प्राय: सभी जापानी उनको अपना उपकारक मानते हैं। खेद की बात है कि नई पीढ़ी अब उनका नाम भूलती जा रही है। (यह एक रोचक तथ्य है कि ऐतिहासिक दृष्टि से जिन दिग्गज

भारतीयों ने जापानियों को प्रभावित किया था या जो भारतीय महापुरुष जापान से प्रभावित हुए थे, उनमें से महात्मा गांधी और पंडित जवाहरलाल नेहरू को छोड़कर स्वामी विवेकानंद (1863-1902) से लेकर, रवीन्द्रनाथ ठाकुर, रासबिहारी बोस, सुभाषचन्द्र बोस और राधाविनोद पाल तक शेष सभी बंगाली थे- इनमें नंदलाल बोस (1882-1966), सत्यजीत राय (1921-1992) और अमर्त्य सेन (1933-) के नाम भी जोड़े जा सकते हैं।)

न्यायमूर्ति राधाविनोद पाल ने जहाँ अपनी एक न्यायिक टिप्पणी से जापानियों को हौसला दिया था तो वहीं भारत के प्रथम प्रधानमंत्री पंडित जवाहरलाल नेहरू ने जापानी बच्चों को हथिनी भेंट करके उनका दिल जीत लिया था। युद्धकालीन हवाई बमबारी के समय चिड़ियाघरों में जितने बड़े या हिंसक पशु होते थे उन सब को इस भय से जानबूझकर मार दिया गया था कि कहीं वे चिड़ियाघर से भागकर लोगों पर हमला न कर दें। इसलिए जब युद्ध समाप्त हुआ था तो पूरे जापान में कोई प्राय: शेर या हाथी नहीं बचा था। तोक्यो की एक प्रारंभिक पाठशाला के बच्चों ने भारत के तत्कालीन प्रधानमंत्री पंडित जवाहरलाल नेहरू को चिट्ठी लिखी कि"हम हाथी के बिना बहुत उदास हैं।" पंडित जी ने बच्चों की पुकार सुनी और सन् 1949 में भारत से तोक्यो स्थित उएनो चिड़ियाघर में एक हथिनी भेंटस्वरूप भेजी थी जिसको उन्होंने अपनी इकलौती बेटी के नाम पर इंदिरा नाम दिया था। भारत से मिले इस स्नेह भरे उपहार को अभी तक जापान और भारत की दोस्ती के प्रतीक के रूप में याद किया जाता है। इंदिरा के अपना जीवन पूरा कर चुकने के बाद भी भारत सरकार ने दो हाथी जापान को उपहारस्वरूप प्रदान किए हैं-पहले,सन् 1984 में तत्कालीन प्रधानमंत्री श्रीमती इंदिरा गांधी (1917-1984) की ओर से दया को तथा बाद में सन् 2001 में आशा को भारत के तत्कालीन सुरक्षा मंत्री जॉर्ज फरनांडिस (1930-2019) की ओर से भेंट किया गया था।

सन् 1951 में अमरीका के सनफ्रांसिस्को शहर में जापान के साथ शांति-संधि पर हस्ताक्षर करने के लिए अंतरराष्ट्रीय शांति-सम्मेलन बुलाया गया था। जापान के साथ 47 पुराने शत्रु देशों ने इस संधि पर हस्ताक्षर किए थे और जापान ने फिर से स्वतंत्रता को प्राप्त किया था, लेकिन भारत इस शांति-सम्मेलन में इस संधि के प्रति यह असंतोष व्यक्त करते हुए उपस्थित नहीं हुआ था कि पहला, इसमें चीन को आमंत्रित नहीं किया गया था और दूसरा, इसमें जापान में अमरीकी अधिग्रहण सेना का रह जाना तय हुआ था। लेकिन अगले साल (सन् 1952) जापान और भारत के

बीच अलग से पारस्परिक शांति-संधि हुई थी। भारत ने जापान से क्षतिपूर्ति माँगने का अधिकार त्याग दिया था, यह भारत की उदारता का उदाहरण है। यह दोनों देशों के राजनयिक संबंध की शुरुआत थी।

जापान के उद्योग के पुनरुद्धार के लिए लौह अयस्क की बहुत ज़रूरत होती थी, पर जापान में यह नहीं मिलता है। भारत में लौह अयस्क की बहुतायत है, पर निर्यात पर पाबंदी थी। नेहरू जी ने अनेक विरोधों के बावजूद जापान को प्राथमिकता देकर लौह अयस्क के निर्यात की अनुमति प्रदान की थी। इसी लौह अयस्क की आपूर्ति ने जापान के आर्थिक विकास के लिए बड़ी भूमिका निभाई थी। सन् 1956 में जापान-भारत विमानन समझौता जारी हुआ। सन् 1957 में पंडित जवाहर लाल नेहरू ने जापान का दौरा किया था और जापान-भारत सांस्कृतिक संधि हुई। यह जापान-भारत संबंधों के लिए चरम उत्कर्ष का समय माना जाता है। सन् 1958 से जापानी सरकार की ओ.डी.ए. (Official Development Assistance) देना और साथ साथ जापानी मुद्रा 'येन' का ऋण देना भी शुरू हुआ था तथा इस तरह सब से पहले जिस देश को उधार दिया गया वह भारत था। और सन् 1986 में भारत जापान से सब से अधिक मात्रा में येन का ऋण लेनेवाला देश बन गया था और यह स्थिति अभी भी बरक़रार है।

उसके बाद जापान का आर्थिक विकास तेज़ी से होने लगा था और सन् 1968 में अमरीका के बाद यह सकल घरेलू उत्पाद (जीडीपी) के मानकों पर दुनिया का दूसरा बड़ा देश बना था, यह स्थिति सन् 2010 तक बनी रही। 1970 व 1980 के दशक तक इस विकास को 'दुनिया का करिश्मा' कहा जाता था। एक समय चीन, भारत व कोरिया आदि एशिया के सारे देशों के कुल सकल घरेलू उत्पाद का आँकड़ा जापान के सकल घरेलू उत्पाद का केवल एक तिहाई मात्र था। पूरे विश्व का लगभग 25 प्रतिशत सकल घरेलू उत्पाद अमरीका का था और 14-15 प्रतिशत जापान का था (कहते हैं कि 17वीं-18वीं शताब्दी में मुगल साम्राज्य और चीन के शिन (Quin) साम्राज्य की जीडीपी का कुल योग उस ज़माने के संसार की जीडीपी का 40 प्रतिशत होता था।) लेकिन अब स्थिति बदल गई है- इन तीनों एशियाई देशों का आर्थिक विकास तेज़ी से हो रहा है। इसकी तुलना में जापान की अर्थव्यवस्था सिकुड़ रही है।

उधर उन दिनों भारत के आर्थिक विकास की गति बहुत ढीली थी। इसलिए 'शीत युद्ध' के समय दोनों देशों का राजनैतिक संबंध भी ढीला पड़ गया था। भारत तटस्थ देशों में प्रमुख था, बल्कि रूस से अधिक झुका हुआ था, पर जापान अमरीका और

पश्चिमी यूरोपीय देशों के साथ था। इसका एक उदाहरण यह है कि जापानी प्रधानमंत्री का भारत दौरा सन् 1964 (प्रधानमंत्री ईकेदा हायातो (1899-1965) से सन् 1984 (प्रधानमंत्री नाकासोने यासुहीरो (1918-2019) तक बीस साल में एक बार भी नहीं हुआ था। जापानी उद्योगपति भारत को निवेश के लिए कोई ख़ास आकर्षक स्थान नहीं मानते थे, अधिकतर जापानी सरकार के अधिकारियों और उद्योगपतियों के लिए भारत का महत्त्व दक्षिण-पूर्वी एशिया के अन्य देशों या अरब देशों से भी कम था। वे समाजवादी व्यवस्था और लाइसेन्स राज के पक्ष में नहीं थे। वे उदार अर्थव्यवस्था और आपसी प्रतिस्पर्धा को आर्थिक विकास के लिए आवश्यक मानते थे।

सन् 1989 में सम्राट् हिरोहितो का निधन हुआ था तो भारत सरकार ने तीन दिन का औपचारिक 'राष्ट्रीय शोक' घोषित किया था। दूसरे देश के सम्राट् की मृत्यु पर इस प्रकार राष्ट्र के स्तर पर शोक प्रकट करना अभूतपूर्व घटना थी। यह भारत की जापान के प्रति गहरी सद्भावना का द्योतक था।

जब सन् 1991 में सोविएत संघ का विघटन हो गया था और खाड़ी युद्ध छिड़ जाने के कारण भारत अभूतपूर्व आर्थिक संकट में पड़ गया था। वहाँ मुद्रा स्फीति की दर 20 प्रतिशत हो गई थी और केवल दो हफ़्ते का तेल ख़रीद सकने लायक विदेशी मुद्रा रह गई थी। अंतरराष्ट्रीय मुद्रा कोष (IMF) से धनराशि उधार लेने के लिए अर्थव्यवस्था के 'उदारीकरण' के सिवा और कोई उपाय नहीं बचा था। तब जापान ने दोस्ती का हाथ बढ़ाकर भारत को सब से अधिक धनराशि की आर्थिक सहायता दी थी। तब भारत के वित्तमंत्री डॉ. मनमोहन सिंह (1932) थे। वे प्रधानमंत्री बनने के बाद भी प्राय: जापानी सरकार के प्रति इसके लिए आभार प्रकट करते थे। उदारीकरण के बाद भारत का आर्थिक विकास तेज़ी से होने लगा था, विशेषतया सूचना प्रौद्योगी के क्षेत्र में अमरीका के बाद सब से अग्रणी देश के रूप में भारत दुनिया भर में माना जाने लगा है। अब आम जापानियों के लिए भारत की छवि (image) 'नकारात्मक' से 'सकारात्मक' में परिवर्तित हो चुकी है। अब निवेश के लिए कोई समस्या या बाधा नहीं है। देर आयद दुरस्त आयद। चीन और कोरिया की तुलना में काफ़ी देर के बाद जापान ने भारत में निवेश करना आरंभ किया। सिर्फ़ 'सुज़ुकी' कंपनी अपवाद थी जिसने सन् 1982 में भारत में मारुति के साथ संयुक्त उपक्रम (joint venture) प्रारंभ किया था और आज तक भारत में कारों की बिक्री की कुल मात्रा का लगभग 40 प्रतिशत हिस्सा 'मारुति सुज़ुकी' का है। इस सफलता का श्रेय सुज़ुकी के प्रेजिडेंट श्री सुज़ुकी ओसामु (1930) की दूरदर्शिता को दिया जाना

चाहिए। लेकिन टीवी, कूलर, रेफ्रिजरेटर, वॉशिंग मशीन आदि घरों में उपयोग किए जाने वाले विद्युतचालित उपकरणों के व्यापार के क्षेत्र में जापान कोरिया के पीछे रह गया। इसकी वजह यह थी कि जब भारत ने उदारीकरण किया था तब जापान की अर्थव्यवस्था में बुलबुला(बबल) फट गया था, यानी विकास में रुकावट आ गई थी। जापान की विदेशों में निवेश करने की अधिक ताक़त नहीं थी और तब जापानी उद्योगपतियों की निगाह केवल चीन के बाज़ार पर थी।

ख़ैर, 1990 के दशक में जापान और भारत के बीच आर्थिक व राजनैतिक संबंध घनिष्ठ हो रहे थे, यद्यपि भारत जापान दोनों देशों के प्रधान मंत्रियों का आपसी दौरा केवल एक एक बार (प्रधानमंत्री काइफू तोशिकी (1931-2022) का भारत दौरा-1990, और प्रधानमंत्री नरसिंह राव (1921-2004) का जापान दौरा-1992) हुआ था, किन्तु सन् 1998 में भारत द्वारा पोखरण में किए गए परमाणु-विस्फोट ने दोनों देशों के बीच तनावपूर्ण स्थिति पैदा कर दी। संयुक्त राष्ट्र की सुरक्षा परिषद ने परमाणु परीक्षण के कारण भारत के विरुद्ध निंदा प्रस्ताव पारित किया था। अमरीका, जर्मनी आदि विकसित देशों के साथ जापान ने इसका तीव्र विरोध करते हुए भारत पर आर्थिक प्रतिबंध (Economic sanctions) लगाकर ओ.डी.ए. (Official Development Assistance) को स्थगित किया था। भारत सरकार ने जापान सरकार को दूत भेजकर परमाणु परीक्षण की विवशता के बारे में समझाने का प्रस्ताव किया था, पर जापानी सरकार ने इसे स्वीकार नहीं किया था। जापान और भारत के मैत्रीपूर्ण सम्बन्धों के लंबे इतिहास में यह तनाव अपवाद के रूप में माना जाएगा। इस तनाव को शिथिल करने में कुछ साल लगे थे, यद्यपि इस दौरान दोनों देशों की जनता के बीच में कोई वैमनस्य नहीं था। सांस्कृतिक आदान-प्रदान की गतिविधियों में कोई रुकावट नहीं आई थी। द्वंद्व केवल राजनैतिक स्तर पर था।

असल में परमाणु परीक्षण का मामला बहुत संवेदनशील है। जापान संसार में परमाणु बम से पीड़ित एकमात्र देश है और हिरोशिमा व नागासाकी शहरों के निवासियों ने ही इस की नृशंसता का प्रत्यक्ष अनुभव किया था। इसलिए जापानियों को परमाणु अस्त्र के विरुद्ध आवाज़ उठाने का अधिकार है और यह उनका नैतिक कर्त्तव्य भी है। लेकिन जापान के इस अधिकार और कर्त्तव्य के बोध में एक दुर्बलता या अंतर्विरोध यह है कि जापान जिस परमाणु शक्ति का विरोध करता है उसी की छत्र-छाया (यानी अमरीका की परमाणु शक्ति) में रहता है। लेकिन भारत किसी दूसरे देश की परमाणु शक्ति की छत्र-छाया में नहीं है।

भारत सिद्धान्त पर खड़ा देश है। भारत का सिद्धान्त यह है कि परमाणु हथियारों पर प्रतिबंध लगाना है तो पाँच प्रमुख परमाणु शक्ति संपन्न बड़े देशों को भी परमाणु निरस्त्रीकरण करना चाहिए – यह बिल्कुल न्यायसंगत है, इस 'सिद्धान्त' को कोई नकार नहीं सकता। पर यह वास्तव में अभी संभव नहीं है, सो यथार्थ समाधान के लिए दुनिया के 190 से ज़्यादा देश परमाणु अप्रसार संधि (Treaty on the Non-Proliferation of Nuclear Weapons: NPT) पर हस्ताक्षर कर चुके हैं, फिर भारत इस विकल्प (यथार्थ समाधान) यानी 'सेकंड बेस्ट' (second best) का समर्थन क्यों नहीं करता? क्या भारत में सेकंड बेस्ट' के बारे में सोचने की गुंजाइश नहीं है? भारत के अपने इस सिद्धान्त पर अड़े रहने की वजह से पाकिस्तान को बहाना मिल गया और पाकिस्तान भी परमाणु बमधारी देश बन गया। इसी तरह उत्तर कोरिया, ईरान आदि देशों को परमाणु अस्त्र रखने से मना कैसे किया जा सकता है? हाँ, यह सच है कि भारत ने कभी परमाणु अस्त्र की तकनीकी की सूचना किसी दूसरे देश को नहीं दी है। भारत ने यह भी घोषणा की है कि वह परमाणु अस्त्र का इस्तेमाल अपनी ओर से पहले नहीं करेगा और ग़ैर परमाणु शस्त्रधारी देश के विरुद्ध कभी इसका इस्तेमाल नहीं करेगा। इस मामले में भारत विश्वसनीय देश है। यह उल्लेखनीय है कि जिस दिन हिरोशिमा पर परमाणु बम गिराया गया था उस 6 अगस्त को हर साल भारतीय संसद उस नृशंसता के पीड़ितों के लिए मूक श्रद्धांजलि अर्पित करती है। ऐसे दुनिया में केवल दो ही देश-भारत और भूटान हैं। लेकिन हरेक भारतीय से यह मासूम सवाल पूछा जाए तो किस प्रकार का जवाब मिलेगा कि यदि देश पिता और अहिंसा के जनक महात्मा गांधी जी जीवित होते तो क्या वे परमाणु परीक्षण करने देते?

भारत के साथ सामान्य संबंध फिर से स्थापित करने की पहल तत्कालीन अमरीका के राष्ट्रपति बिल क्लिंटन (1955) ने मार्च 2000 में की थी। इसके थोड़े समय बाद जापान के प्रधानमंत्री मोरि योशिरो (1938) ने भी अगस्त 2000 में भारत आकर प्रधानमंत्री अटल बिहारी वाजपेयी (1924-2018) के साथ वार्त्ता की थी और दोनों देशों के बीच 'ग्लोबल पार्टनरशिप' (Global Partnership) की घोषणा की थी। श्री मोरी ने पहली बार 'भारत का सिलिकोन वैली' (Silicon Valley) कहलाने वाले बेंगलूरु का दौरा किया था। अगले वर्ष सन् 2001 में श्री अटल बिहारी वाजपेयी का जापान दौरा तय था, लेकिन गुजरात में आए बड़े भूकंप के कारण उसे स्थगित करना पड़ा। भूकंप पीड़ितों के लिए जापान के सरकारी और ग़ैर सरकारी संगठनों ने बहुत राहत सामग्री भेजी थी।

जब तक दिसंबर में अटल बिहारी वाजपेयी जी जापान पधारे तब तक जापान का भारत के लिए ओ.डी.ए. फिर से शुरू किया जा चुका था। भारत सरकार ने 'लुक ईस्ट' (Look East) की नीति अपनाई थी, और संयुक्त राष्ट्र संघ की सुरक्षा परिषद की सदस्यता की सांझी चाह के लिए भी दोनों देश और भी नज़दीक आ गए। अब तो दोनों प्रधान मंत्रियों के आपसी दौरे अकसर होने लगे थे। वाजपेयी जी का स्वागत समारोह ओसाका के पाँच सितारे होटल में जब हुआ था तो ओसाका विश्वविद्यालय के हिंदी के इच्छुक विद्यार्थियों ने वाजपेयी जी के सामने लघु हिंदी नाटक प्रस्तुत करके उनका दिल जीत लिया था। यह दोनों देशों के सांस्कृतिक आदान-प्रदान के लिए बहुत महत्त्वपूर्ण योगदान था।

अप्रैल 2005 में प्रधानमंत्री श्री कोइजुमी जूंइचिरो (1942) भारत गए थे और दिसंबर 2006 में प्रधानमंत्री डॉ. मनमोहन सिंह जापान आए थे। वे प्रधानमंत्री श्री कोइज़ुमी के साथ वार्त्ता करके सहमत हो गए कि दोनों देशों के 'ग्लोबल पार्टनरशिप' (Global Partnership) के संबंध को 'स्ट्रेटेजिक और ग्लोबल पार्टनरशिप' (Strategic and Global Partnership) के स्तर तक ऊँचा उठाया जाएगा। अगस्त 2007 में प्रधानमंत्री श्री आबे शिंज़ो (1954-2022) ने भारत की संसद में 'दो सागरों का संगम' विषय पर भाषण दिया और संसद के सदस्यों को बहुत प्रभावित किया था। पर्यावरण और ऊर्जा की सुरक्षा पर रोडमैप बनाया गया। इसी साल भारत में 'जापानी संस्कृति वर्ष, और जापान में 'भारतीय संस्कृति वर्ष' बड़े पैमाने पर मनाए गए जिनमें विभिन्न शहरों में अनेक आयोजन हुए। इसी सिलसिले में ओसाका विश्वविद्यालय के हिंदी नाट्य-दल के छात्रों और तोक्यो विदेश-अध्ययन विश्वविद्यालय की उर्दू नाटक सभा के छात्रों ने दिल्ली, कोलकाता, मुंबई और पुणे में हिंदी व उर्दू में नाटक प्रस्तुत किए थे। इस दृष्टि से भी सन् 2007 स्मरणीय वर्ष था। सन् 2008 में प्रधानमंत्री डॉ. मनमोहन सिंह जापान आए और दिल्ली व मुंबई के बीच मालगाड़ी का रेलवे कॉरीडोर बनाने के प्रोजेक्ट पर जापान का सहयोग तय हुआ था। इसी साल से हर वर्ष बारी बारी से दोनों देशों के प्रधानमंत्रियों का आपसी दौरा निश्चित किया गया। जापान के लिए ऐसा समझौता भारत के अलावा किसी और देश के साथ नहीं है, और भारत के लिए जापान के अलावा केवल रूस के साथ है।

सन् 2009 में प्रधानमंत्री हातोयामा यूकिओ (1947) ने भारत का दौरा किया था। सन् 2010 में प्रधानमंत्री डाक्टर मनमोहन सिंह ने जापान का दौरा किया था। मार्च 2011 में पूर्वी जापान में महा विनाशकारी भूकंप आया था। अभूतपूर्व त्सुनामी

के आक्रमण तथा परमाणु विद्युत गृह से नाभिकीय किरणों के निकलने से लगभग 15 हज़ार व्यक्तियों की मृत्यु हुई और 2.5 हज़ार व्यक्ति लापता हो गए। भारत में भी लोगों ने टीवी में यही 'मौत का तांडव' देखा था। तब भारत सरकार ने 46 सदस्यीय ऐसे बचाव दल को पूर्वी जापान के आपदाग्रस्त इलाके में भेजा था जो जल, खाद्य, औषधि और ऑक्सीजन टैंक आदि जीवन-निर्वाह के लिए ज़रूरी हर चीज़ से लैस था। और वह दल एक शव को निकालने में सफल हुआ था। तत्कालीन प्रधानमंत्री मनमोहन सिंह ने संसद में यह घोषणा की थी कि "भारत जापान के ओ.डी.ए. का सब से बड़ा हिताधिकारी है। अब हमारा मित्र देश जापान महा भूकंप, भीषण त्सुनामी तथा फुकुशिमा परमाणु विद्युत गृह की दुर्घटना के कारण बड़े संकट में है।

अभी वह समय है जब भारत सरकार को जापान के प्रति हार्दिक सहानुभूति व्यक्त करते हुए उसकी सहायता करनी चाहिए।" प्रधानमंत्री श्री मनमोहन सिंह की इस घोषणा ने लगभग प्रत्येक जापानी के दिल को छू लिया था। कोबे के प्रवासी भारतीयों ने पीड़ितों के लिए बड़ा चन्दा इकट्ठा करके भेजा था। केवल एक हज़ार लोगों का छोटा समुदाय होने के बावजूद उन लोगों ने लगभग 2 करोड़ येन (यानी 1 करोड़ रुपया) की धनराशि इकट्ठा की थी। यह आँकड़ा बताता है कि दूध पीते बच्चे और काम नहीं करनेवाले वृद्ध लोगों को मिलाकर औसत प्रत्येक भारतीय ने 10 हज़ार रुपए दिए थे! यह बहुत बड़ी रकम है। यह शायद जापान द्वारा गुजरात के भूकंप पीड़ितों के लिए सहायता प्रदान कर प्रकट की गई दोस्ती का प्रतिदान था।

इतना ही नहीं, कोबे के भारतीय समुदाय ने गत वर्ष भीषण भूकंप से आक्रांत कुमामोतो ज़िले के पीड़ितों की भी चंदा इकट्ठा करके सहायता की थी। एक जापानी नागरिक होने के नाते मैं उन लोगों की संवेदनशीलता और सदाशयता के लिए नतमस्तक होकर आभार प्रकट करना चाहता हूँ।

इसी साल अगस्त 1 को दोनों देशों के बीच 'कम्प्रिहैंसिव एकोनोमिक पार्टनरशिप अग्रीमेंट' (Comprehensive Economic Partnership Agreement-CEPA) नामक समझौता हुआ जिसके अनुसार अगले दस साल में भारत जापान से आयातित मालों में से 90 प्रतिशत मालों को निशुल्क करेगा और जापान भारत से आयातित 97 प्रतिशत मालों पर कोई शुल्क नहीं लगाएगा। इसी साल दिसंबर में प्रधानमंत्री नोदा योशिहिको (1957) ने भारत का दौरा किया था।

सन् 2013 में 30 नवंबर से 5 दिसंबर तक जापान के सम्राट् आकिहितो व सम्राज्ञी मिचिको ने भारत सरकार के राष्ट्रीय अतिथि के रूप में भारत का सुंदर दौरा

किया था। यह उनकी 53 साल के बाद दूसरी भारत-यात्रा थी। इस छह दिवसीय यात्रा में उन्होंने दिल्ली के अलावा चेन्नई का भी दौरा किया था। सर्वत्र तथा सर्व श्रेणी की जनता में उनका भव्य स्वागत किया गया था। इतनी आत्मीयता के दृश्य ने सब को आकर्षित किया था। सम्राज्ञी मिचिको का नाम भारत के बाल साहित्य जगत् में सुप्रसिद्ध है। जापान के सम्राट् जनता की एकता के प्रतीक हैं, इसलिए इस ऐतिहासक यात्रा को हमेशा याद किया जाएगा।

## (4) उज्ज्वल भविष्य की ओर

अगस्त-सितंबर 2014 में भारत के नए प्रधानमंत्री श्री नरेंद्र मोदी (1950–) ने अपने विदेश दौरे में विकसित देशों में सब से पहले जापान को चुना। वे अपने राजनैतिक गुरु श्री अटल बिहारी वाजपेयी की तरह तोक्यो से पहले ओसाका पहुँचे, लेकिन ओसाका शहर में न आकर हज़ार वर्ष तक इस देश की राजधानी रहे क्योतो शहर सीधे पहुँचे और उन्होंने वहाँ के एक बौद्ध मंदिर का दौरा कर वहाँ पूजा भी की। जापानी प्रधानमंत्री श्री आबे तोक्यो से क्योतो उनके स्वागत के लिए आए थे- किसी भी राष्ट्रीय अतिथि के स्वागत के लिए जापानी प्रधानमंत्री का राजधानी से दूर दूसरे शहर में आना पहली बार हुआ था। दोनों नेताओं के सम्बन्धों की घनिष्ठता को स्वागतशीलता के इस प्रतिमान से समझा जा सकता है। इसी अवसर पर क्योतो और वाराणसी शहर के बीच आदान-प्रदान का समझौता हुआ। मोदी जी वाराणसी को क्योतो की तरह 'स्मार्ट सिटी' बनाना चाहते हैं। दोनों शहर अपने अपने देश की सांस्कृतिक राजधानी हैं,और दोनों स्थानों पर मंदिरों की बहुतायत है।

मोदी जी ने जापान में इन पंक्तियों के लेखक का मान रखते हुए सर्वत्र हिंदी में ही भाषण दिया। जापान में अंग्रेज़ी में भाषण देने पर भी दुभाषिए की आवश्यकता पड़ती है, फिर क्यों न सीधे हिंदी से जापानी में अनुवाद किया जाए? असल में विदेशों में हिंदी में ही बोलने का सिलसिला उनकी नेपाल यात्रा से शुरू हुआ था और अमरीका और संयुक्त राष्ट्र संघ तक उन्होंने इसे जारी रखा। यह भले ही आम लोगों के लिए कोई ख़ास बात न हो, लेकिन हिंदी के प्रचार के लिए यह बहुत प्रतीकात्मक महत्त्वपूर्ण घटना थी। अवश्य ऐसा उदाहरण वाजपेयी जी ने भी प्रस्तुत किया था, पर दुनिया की भारत पर उस ज़माने की नज़र और आजकल की नज़र में बहुत फ़र्क़ है!

श्री आबे और श्री मोदी के बीच की वार्त्ता के कई सुपरिणाम हुए हैं। उनमें दो महत्त्वपूर्ण बातें ये हैं (1) दोनों देशों के सम्बन्धों को 'स्ट्रेटेजिक और ग्लोबल पार्टनरशिप' से 'स्पेशल स्ट्रेटेजिक और ग्लोबर पार्टनरशिप' (Special Strategic and Global Partner-ship) तक ऊँचा उठाया गया है। (2) अब ओ.डी.ए. मिलाकर जापान भारत में लगभग पैंतीस खरब येन (यानी लगभग अठारह खरब रुपए) का निवेश करेगा।

दिसंबर 2015 में प्रधानमंत्री आबे के भारत दौरे ने दोनों देशों के संबंधों को और भी घनिष्ठता प्रदान की है। प्रसिद्ध पत्रकार डॉ. वेद प्रताप वैदिक (1944-2023) के अनुसार "जापान के प्रधानमंत्री शिंज़ो आबे की भारत-यात्रा अन्य विदेशी मेहमानों की यात्राओं के मुक़ाबले ज़्यादा सार्थक मालूम पड़ रही है। वैसे, एशिया में भारत और जापान की दोस्ती बिल्कुल स्वाभाविक मानी जानी चाहिए, क्योंकि आचार्य चाणक्य के अनुसार पड़ोसी का पड़ोसी बेहतर दोस्त होता है।" (लेख, घनिष्ठता बढ़े लेकिन ठगाइए मत, 14 दिसंबर 2015 से)। दो प्रधानमंत्रियों ने वार्त्तालाप के बाद 'जापान-भारत विजन 2025 स्पेशल स्ट्रेटेजिक और ग्लोबल पार्टनरशिप : इंडियन एंड पेसिफ़िक ज़ोन एंड ज्वाइंट वर्क फ़ार वर्ल्ड पीस एंड प्रोस्पेरिटी' (Special Strategic Global Partnership; Indian & Pacific Zone and Joint work for World Peace and Prosperity) नामक संयुक्त घोषणा-पत्र पर हस्ताक्षर किए। उसमें दो महत्त्वपूर्ण बातें हैं- एक तो बहुत समय से चर्चित सिविलियन (असैनिक) परमाणु ऊर्जा समझौते की बात को आगे बढ़ाना तय हुआ और दूसरा, मुंबई अहमदाबाद के बीच बुलेट ट्रेन का निर्माण जापानी तकनीकी से होना तय हुआ।

आम जापानी जनता परमाणु अस्त्र और असैनिक परमाणु ऊर्जा के बीच भेद नहीं करती। जापानी लोग जिस देश ने परमाणु अप्रसार संधि पर हस्ताक्षर नहीं किए हैं, उस देश को परमाणु ऊर्जा का सहयोग देने के सख़्त विरोधी हैं, विशेष कर हिरोशिमा और नागासाकी-वासियों में यह भावना प्रबल है चाहे वामपंथ के लोग हों या दक्षिणपंथी। किन्तु इस नियम के विरुद्ध अमरीका ने स्वयं भारत के साथ इस क्षेत्र में समझौता किया था। उसके बाद रूस, कोरिया, फ्रांस आदि अनेक देशों ने भारत के साथ परमाणु समझौता किया है। फुकुशिमा की दुर्घटना के कारण जापान के साथ समझौता करने में और विलंब हो गया था, लेकिन अब आबे सरकार के शासन में इस समस्या का समाधान हो गया है। जापान का उद्योग जगत् तथा बहुसंख्यक सांसदों ने समझौते का समर्थन किया। सिद्धांतत: विरोध करनेवालों में यथार्थ स्थिति (भारत में परमाणु विद्युत गृह परमावश्यक है। जापान सहयोग नहीं करेगा तो भी भारत दूसरे देशों के सहयोग से परमाणु विद्युतगृह बना ही लेगा। ऐसा होना ठीक नहीं है, क्योंकि अमरीका हो या फ्रांस हो, भारत में परमाणु विद्युतगृह बनाने के लिए जापान की तकनीकी चाहिए। फिर तो भारत में इसे जापानी तकनीकी से बनाना ज़्यादा बेहतर

होगा।) को समझकर समझौते को स्वीकार करनेवाले लोग भी हैं। कुछ लोग यह भी सोचते हैं कि चीन का मुक़ाबला करने के लिए भारत का शक्तिशाली परमाणुशस्त्र सम्पन्न देश बनना परोक्ष रूप से जापान के हित में होगा। इसके बारे में वैदिक जी को भय है कि "चीन से निपटने के नाम पर हम जापान से ठगाएँ नहीं, यह भी उतना ही ज़रूरी है।" (वही)

असल में द्वितीय विश्वयुद्ध के बाद जापान ने कभी किसी देश को ठगा नहीं, बल्कि किन्हीं किन्हीं देशों से ठगा गया ज़रूर था। फिर भी अपनी जनता का समर्थन प्राप्त करने के लिए आबे सरकार भारत सरकार की ओर से आश्वासन चाहती थी, वेद प्रताप वैदिक जी के शब्दों के अनुसार "जापान भारत की परमाणु-संप्रभुता को गिरवी रख लेगा- यह देश के लिए बहुत अहितकर होगा।" (वही) 'गिरवी' बहुत कड़ा शब्द है। सिद्धान्त पर खड़ा भारत संधि पत्र में 'गिरवी' कभी नहीं लिखेगा, लेकिन किसी भी प्रकार का 'आश्वासन' (यदि भारत परमाणु परीक्षण करेगा तो जापान सहयोग बंद करेगा) लिखित रूप से देता तो जापानी सरकार को जनता का समर्थन हासिल होता।

लेकिन अंतत: दोनों सरकारों ने छह साल से प्रतीक्षित 'जापान-भारत परमाणु ऊर्जा संधि' पर गत नवंबर 11 तारीख़, 2016 को हस्ताक्षर किए हैं। 'इंडिया टुडे' के अनुसार यह 'ऐतिहासिक समझौता' है। पर जैसा हमें अंदाज़ा था कि इस संधि पर भारत ने यह नहीं लिखा कि भारत अगर परमाणु परीक्षण करेगा तो जापान सहयोग देना बंद करेगा जिसे जापानी सरकार लिखवाना चाहती थी। ऐसी कठिन स्थिति से निपटने के लिए राजनीतिज्ञ व राजनयिक अक्सर इस तरह की शब्दावली का प्रयोग करते हैं जिसमें दोनों पक्ष अपनी अपनी सुविधा के अनुसार संधि के वाक्यों की व्याख्या कर सके। इसे iridescent रंग (तामामुशी इरो) कहते हैं अर्थात् धूप-छाँव जैसा है। जापान ने भारत की परमाणु बम परीक्षणों को स्थगित रखने की 2008 की स्वैच्छिक घोषणा का मूल्यांकन किया है और इसे संधि से अलग दस्तावेज़ पर लिखा गया है। इसी प्रकार दोनों देशों के बीच परमाणु शक्ति सहयोग-संधि हुई है। इस संधि का विरोध करनेवाले लोग अभी भी न सिर्फ़ जापान में बल्कि भारत में भी बहुत हैं। लेकिन मेरे ख़्याल में यह दोनों देशों के सम्बन्धों में एक निर्णायक पड़ाव है। व्यक्तिगत रूप से मैं इसका स्वागत करता हूँ।

अब रही अहमदाबाद-मुंबई बुलेट ट्रेन चलाने की बात। वैदिक जी इसके सख़्त विरोधी हैं। कहते हैं "इस पर 98,000 करोड़ रुपए ख़र्च करने का तुक क्या है?

इसका फ़ायदा किसे मिलेगा?" (वही)। लेकिन मैं उनसे सहमत नहीं हूँ। फ़ायदा बहुत होगा, मध्यवर्ग के सभी नागरिकों को होगा। अब वह ज़माना नहीं है जब लोग सोचते हों कि मुंबई से अहमदाबाद पहुँचना ही उद्देश्य है चाहे कितने ही घंटे लगें पर सस्ता होना चाहिए। अब ऐसे मध्यवर्ग के लोग बहुत होंगे जिनके लिए "समय ही धन है" और जो आरामदेह यात्रा करना चाहते हैं। सिर्फ़ ख़र्चे की बात सोचें तो फिर दिल्ली और मुंबई में इतने शानदार हवाई अड्डे बनाने की क्या ज़रूरत थी? ज़रूरत थी, इसलिए बनाया था, तो इसका फ़ायदा भी जग ज़ाहिर है। अब मुंबई से अहमदाबाद हवाई जहाज़ से जाने के लिए कितने घंटे लगते हैं? विमान के प्रस्थान से दो घंटे पहले हवाई अड्डे तक पहुँचने के लिए जाम में पूरा एक घंटा लगता है। एक घंटे में हवाई जहाज़ अहमदाबाद पहुँचेगा, फिर वहाँ से शहर जाने के लिए बहुत समय लगेगा, यानी गंतव्य तक पहुँचने के लिए 4-5 घंटे लगते हैं, वैसे इसके बाद उड़ान में भी देर हुआ करती है। लेकिन बुलेट ट्रेन से तो केवल 2 घंटे में पहुँच सकते हैं- द्रुत, सुरक्षित और आरामदेह! वायु के प्रदूषण से कोसों दूर। दस साल के बाद जनता की आमदनी दुगुनी हो जाएगी। मुझे पूरा विश्वास है कि बुलेट ट्रेन में भी भीड़ होने लगेगी।

12 नवंबर 2016 को जब प्रधानमंत्री नरेंद्र मोदी जी जापान आए थे तो उन्होंने तोक्यो से कोबे तक की 500 किलोमीटर की दूरी (लगभग मुंबई और अहमदाबाद के बीच की दूरी) का सफ़र इसी बुलेट ट्रेन में जापानी प्रधानमंत्री श्री आबे के साथ बैठकर ढाई घंटे में तय किया था। इसी अवसर पर कोबे शहर में दोनों प्रधानमंत्रियों की उपस्थिति में ह्योगो प्रिफ़ेक्चर (जिसका मुख्यालय कोबे में है) तथा गुजरात राज्य के बीच 'Memorandum of Understanding —The Hyogo Prefectural Government and The State Government of Gujarat' में ह्योगो प्रिफ़ेक्चर के राज्यपाल श्री इदो तोशिज़ो (1945) एवं जापान में भारतीय राजदूत महामहिम श्री सुजान आर चिनॉय (1958) द्वारा हस्ताक्षर किए गए। यह भी महत्त्वपूर्ण घटना थी। उसके बाद दोनों प्रधान मंत्रियों ने कावासाकी हैवी इंडस्ट्री का कारख़ाना भी देख लिया जहाँ बुलेट ट्रेन का निर्माण किया जाता है।

मोदी जी को बुलेट ट्रेन के आराम का अनुभव वास्तव में हुआ होगा। और असल में यह ख़ुशी की बात है कि भारत सरकार ने यह फ़ैसला किया है कि मुंबई और अहमदाबाद के बीच यह बुलेट ट्रेन शुरू की जाएगी। कोरोना से पहले कहते थे कि निर्माण सन् 2018 से शुरू होकर सन् 2023 में पूरा हो जाएगा। लेकिन अब यह

कार्य संभवत: सन् 2028 में पूरा होगा इसलिए मुझे पाँच साल और प्रतीक्षा करनी होगी। तब तक मैं सतासी साल का हो जाऊँगा। जीवन में मेरा सपना है कि जापान की बुलेट ट्रेन में बैठकर मुंबई से अहमदाबाद तक की यात्रा करूँ। भगवान से प्रार्थना है कि भगवान मुझे कम से कम पाँच साल की आयु और प्रदान करें।

यद्यपि आर्थिक और औद्योगिक क्षेत्र में दोनों देशों के बीच संबंध गहरा हो रहा है और यह भविष्य के लिए अच्छा संकेत है, फिर भी दोनों देशों के उत्पादन के पैमाने (जापान का 'सकल घरेलू उत्पाद 4,124 अरब डॉलर-विश्व में तीसरे स्थान पर व भारत का 'सकल घरेलू उत्पाद' 2,073 अरब डॉलर-विश्व में सातवें स्थान पर) के हिसाब से तो कम है, क्योंकि जापान का भारत के लिए निर्यात की मात्रा (810.7 करोड़ डॉलर) विश्व में (भारत के लिए) बारहवें स्थान पर है और भारत से जापान की आयात की मात्रा (487 करोड़ डॉलर) का विश्व में स्थान (भारत के लिए) सोलहवाँ है (सभी आँकड़े सन् 2015 के हैं-JETRO की रिपोर्ट आदि से), जबकि द्वितीय विश्वयुद्ध के पहले जापान के साथ आयात-निर्यात की कुल मात्रा की दृष्टि से जापान के लिए भारत का स्थान इंगलैंड और अमरीका के बाद तीसरा था। अब चीन का बाज़ार इतना विशाल हो गया कि दोनों देशों के लिए चीन के साथ आयात-निर्यात का बहुत महत्त्व हो गया। अब उक्त 'बारहवें' और 'सोलहवें' को 'दसवें' स्थान से कम की ओर जाना चाहिए।

अब सांस्कृतिक आदान-प्रदान और मानव संसाधन के विनिमय के क्षेत्र पर चर्चा की जाए। पहले की तुलना में लोगों के लिए अब भारत में जापानी संस्कृति से परिचय और जापान में भारतीय संस्कृति से परिचय होने के अवसर बढ़ रहे हैं। फिर भी आम जापानियों के लिए अभी भारत दूर देश है, यह दूरी केवल भौगोलिक ही नहीं, बल्कि मनोवैज्ञानिक भी है। दोनों देशों में सब से बड़ा अंतर यह है कि भारत बहुभाषिक एवं बहुसांस्कृतिक देश है जबकि जापान एकभाषी और एक संस्कृति का देश है। भारतीय संस्कृति की विविधता को जापान के आम नागरिकों से परिचय कराने की चेष्टा कई अवसरों पर की जाती है। उनमें से तोक्यो में लगभग बीस साल से हर साल आयोजित होने वाला 'नमस्ते इंडिया' और कोबे में सन् 2010 से हर साल आयोजित 'इंडिया मेला' प्रमुख हैं। 'इंडिया मेला' कनाडा में वर्तमान भारतीय उच्चायुक्त (विदेश मंत्रालय के भूतपूर्व प्रवक्ता) श्री विकास स्वरूप (1963–) के नेतृत्व में शुरू हुआ था, उस समय वे ओसाका-कोबे में भारत के प्रधान कोंसल थे। इन दोनों आयोजकों के लिए दोनों शहरों में खुले मैदानों पर दो-तीन दिन तक मंच

पर नृत्य, संगीत आदि की प्रस्तुति होती है और मैदान में भारतीय भोजन की दुकानें, कपड़े व हस्तशिल्प आदि के सामानों की दुकानें लगती हैं। वृक्ष के नीचे हिंदी की कक्षा भी चलती है। इन आयोजनों में दो लाख से ज़्यादा आम जापानी नागरिक आते हैं और भारतीय संस्कृति की विविधता का अनुभव करते हैं और आयोजन का आनन्द लेते हैं। भारतीय फ़िल्में भी जापान में लोकप्रिय होती जा रही हैं। केवल बॉलीवुड की फ़िल्में नहीं, बल्कि दक्षिण भारतीय भाषाओं की, मराठी और बंगला की नई फ़िल्में देखने का मौक़ा भी जापानी लोगों को मिलता है।

किन्तु जब मानव संसाधन (विशेषकर युवाओं) के विनिमय की बात आती है तो निम्नलिखित आँकड़े देख कर आश्चर्यचकित हुए बिना नहीं रहा जा सकता। सन् 2016 में पूरे जापान के विश्वविद्यालयों में पढ़नेवाले भारतीय विद्यार्थियों की कुल संख्या मात्र 880 (कुल विदेशी विद्यार्थियों का 0.5 प्रतिशत) थी जबकि चीनी विद्यार्थियों की संख्या 75,262 (कुल विदेशी विद्यार्थियों का 44 प्रतिशत) थी। भारतीय विद्यार्थियों की संख्या से 85.5 गुना ज़्यादा है! तुलना करें- नेपाली विद्यार्थी 13,456 (7.9 प्रतिशत), श्रीलंका के विद्यार्थी 1,905 (1.1 प्रतिशत) तथा बंगलादेशी विद्यार्थी 1,402 (0.8 प्रतिशत) थे (जापान स्टूडेंट सर्वेसिस ओर्गनाइज़ेशन की रिपोर्ट, मार्च 31, 2017 से)। भारत में पढ़ने वाले जापानी विद्यार्थियों की संख्या पाँच सौ से भी कम है। एक तो भाषा बाधा उत्पन्न करती है तो क्या चीनियों के लिए कोई बाधा नहीं है? लिपि की समानता के कारण चीनियों को जापानी सहज लगती है। लेकिन असल में वाक्य-रचना की दृष्टि से हिंदी एवं अधिकतर अन्य भारतीय भाषाएँ चीनी की अपेक्षा जापानी के क़रीब हैं। फिर भी एक विद्यार्थी के लिए दो तीन साल केवल भाषा सीखने में लगाना बहुत श्रमसाध्य बात है। यह 'प्रयत्न लाघव' के सिद्धान्त के विरुद्ध है। इस बात का विचार करके विभिन्न विश्वविद्यालयों के जापानी प्रोफ़ेसर भारतीय विद्यार्थियों को अंग्रेज़ी माध्यम से पढ़ाने लगे हैं। तोक्यो विश्वविद्यालय ने बेंगलूरु में अपना केंद्र खोला था। इस विश्वविद्यालय को आई.आई.टी. के प्रतिभाशाली विद्यार्थियों के मस्तिष्क और बुद्धि की आवश्यकता है।

अक्तूबर 2015 में पश्चिमी जापान के नारा ज़िले की एक अच्छी उच्च-माध्यमिक पाठशाला के 100 से अधिक इच्छुक विद्यार्थी अपना 'स्टडी टूर' भारत में करके आए हैं। यद्यपि आजकल उच्च-माध्यमिक पाठशाला के विद्यार्थियों का 'स्टडी टूर' के लिए विदेश जाना कोई नई बात नहीं है। अमेरिका, चीन, कोरिया आदि देशों में जापानी विद्यार्थियों का 'स्टडी टूर' के लिए जाना सामान्य बात है (इधर राजनैतिक

तनाव के कारण चीन और कोरिया जाना कम हो गया है), लेकिन इस टूर में स्वेच्छा से भारत जानेवाले विद्यार्थी 100 से अधिक थे- यह जापान की शिक्षा के इतिहास में ऐतिहासिक घटना है। विद्यार्थियों ने दिल्ली के 'डी.ए.वी. पब्लिक स्कूल श्रेष्ठ विहार' में ठहर कर वहाँ के छात्रों के साथ संवाद किया, साथ-साथ भोजन भी किया था। सीमित समय के लिए ही सही, इस प्रकार का कार्यक्रम आपसी समझ के लिए बहुत लाभदायक होता है। कई विद्यार्थियों के लिखे यात्रा संस्मरणों से इसका पता चलता है। सुनने में आया है कि इस साल भी यही कार्यक्रम जारी रहेगा।

यह भी उल्लेखनीय बात है कि कोबे स्थित समूचे जापान में प्रसिद्ध एवं उत्तम श्रेणी के 'नादा हाई स्कूल' के एक विद्यार्थी ने तोक्यो विश्वविद्यालय, जो जापान का सर्वोत्तम विश्वविद्यालय माना जाता है और जिसमें प्रवेश लेना उक्त हाई स्कूल के अधिकांश विद्यार्थियों का स्वाभाविक लक्ष्य है, में प्रवेश लेने के बजाय कृषि खाद्य इंजीनियरिंग विभाग, भारतीय प्रौद्योगिकी संस्थान, खड़गपुर में प्रवेश लिया है। वह खड़गपुर में रहकर छात्र-जीवन का बहुत आनंद ले रहा है। उसने लिखा है कि केवल कक्षाएँ ही नहीं, बल्कि छात्रावास में सामूहिक जीवन और स्वैच्छिक गतिविधियाँ इत्यादि मिलाकर वहाँ का छात्र-जीवन बड़ा आनंददायक है। उस विद्यार्थी ने आगे लिखा है कि प्रवेश परीक्षा में रसायन विज्ञान और भौतिक विज्ञान बहुत कठिन थे, क्योंकि उनमें से कुछ विषय जापान में बिल्कुल नहीं सिखाए गए थे, लेकिन गणित में उसने टॉप 15 फ़ीसदी में शामिल अच्छा अंक प्राप्त किया था। अंग्रेज़ी में समझना और लिखना शुरू में बहुत कठिन लगता था, किन्तु अब काफ़ी अभ्यस्त हो गया है। आशा है कि यह मेधावी तथा उत्साही युवा छात्र दोनों देशों के बीच एक सांस्कृतिक पुल बनकर भविष्य में भी बहुत महत्त्वपूर्ण भूमिका निभाएगा। और शायद भारतीय छात्रों के साथ सदैव घुलमिलकर रहने की वजह से वह हिंदी भी बहुत जल्दी और अच्छी तरह सीख लेगा।

किसी भी देश के भविष्य का भार युवा पीढ़ी के कंधों पर होता है। जापान और भारत, एशिया के इन दो महान लोकतांत्रिक देशों के भविष्य-निर्माता यही नई पीढ़ी है। दोनों देशों के उज्ज्वल भविष्य के लिए सब से महत्त्वपूर्व क़दम है युवाओं का आदान-प्रदान।

इस संदर्भ में हाल ही में अच्छी सूचना मिली है कि जापान सरकार ने जापान-भ्रमण के लिए आने वाले भारतीय विद्यार्थियों के लिए प्रवेश वीज़ा की पाबंदी को शिथिल कर दिया है। अब उन्हें भारत सरकार की मान्यता-प्राप्त शैक्षिक संस्थाओं के परिचय-पत्र दिखाने से जापान का वीज़ा मिल सकेगा।

सन् 2017 इस दृष्टि से भी स्मरणीय वर्ष होगा, क्योंकि यह वर्ष दस साल के बाद "जापान-भारत मैत्रीपूर्ण आदान-प्रदानों का वर्ष" (The Year of Japan-India Friendly Exchanges) के रूप में मनाया जा रहा है। इसमें नाना प्रकार के सांस्कृतिक कार्यक्रमआयोजित हो रहे हैं जिससे भारत-जापान का सांस्कृतिक संबंध अधिक गहन और सघन होकर विकसित होगा।

जापान-भारत मैत्री के लिए एक और उल्लेखनीय सूचना सामने आई है। एक अध्ययन (Centre for Media Studies, Jan-Mar 2016) के अंतर्गत हुए सर्वेक्षण से पता चला है कि भारतीय लोगों ने अपनी राय व्यक्त करते हुए 'सब से विश्वसनीय देश' के रूप में जापान को स्वीकार किया है (46 प्रतिशत)। इस क्रम में दूसरे स्थान पर रूस (23 प्रतिशत), तीसरे पर अमरीका (14 प्रतिशत) एवं चौथे पर फ्रांस का नाम है। और वर्तमान समय के 'सब से महत्त्वपूर्ण पार्टनर' के रूप में 87 प्रतिशत भारतीयों ने जापान को स्वीकार किया है, इस क्रम में 70 प्रतिशत लोगों ने अमरीका को, 67 प्रतिशत लोगों ने रूस को और 38 प्रतिशत लोगों ने फ्रांस को चुना है। 'भविष्य में सब से महत्त्वपूर्ण पार्टनर' का नाम भी पूछा गया तो लगभग ऐसा ही जवाब मिला है।

मैं एक जापानी नागरिक होने के नाते इस तथ्य को जानकर प्रसन्नता और गर्व का अनुभव करता हूँ, और स्वयं को सौभाग्यशाली मानता हूँ कि मैं ऐसे एक महत्त्वपूर्ण मित्र देश की भाषाओं और संस्कृति से जुड़ा हूँ।

धन्यवाद। जय हिन्द! जय जापान! जय हिंदी! जय जापान-भारत मैत्री!

पुनश्च: यह लेख सन् 2017 में लिखा गया है, लेकिन उसके बाद कोरोना महामारी का क़हर इत्यादि अनेक महत्त्वपूर्ण घटनाएँ घटी हैं। कुछ आँकड़े जो इस लेख में दिए थे वे अब बहुत बदल गए हैं। जापान-भारत संबंधों में सब से बड़ा उल्लेखनीय विकास यह है कि भूतपूर्व जापानी प्रधानमंत्री स्वर्गीय श्री आबे द्वारा प्रस्तावित QUAD यानी स्वतंत्रता, लोकतंत्र व क़ानून द्वारा शासन आदि मूल्य को साझा करनेवाले देशों (जापान, भारत, अमरीका व ऑस्ट्रेलिया ) के बीच प्रशांत महासागर व हिंद महासागर की सुरक्षा के लिए बंधन (Quadrilateral Security Dialogue) को और मजबूत किया जा रहा है।

इस साल जापान G7 का अध्यक्ष रहा और भारत ने G20 की अध्यक्षता की भूमिका बखूबी निभाई है जिस के कारण मोदी जी की ख्याति दुनिया भर में फैल गई।

इसमें कोई दो राय नहीं है कि भारत विश्व की तीसरी महाशक्ति के लिए उभर रहा है। हमें इस तथ्य को खुशी से स्वीकार करना चाहिए कि अर्थव्यवस्था में जापान-भारत के स्थान में विपर्यय का समय आएगा। वृद्धों के देश को युवाओं के देश पर निर्भर होना पड़ेगा।

G7 के अवसर पर इस पुस्तक के लेखक को हिरोशिमा में महामहिम नरेंद्र मोदी जी से अविस्मरणीय तरीके से मिलने का सौभाग्य प्राप्त हुआ है। एक सौ चालीस करोड़ जन के मुखिया से मिलकर बात करने को करिश्मा न कहूँ तो क्या कहा जाए? किंतु मुझे मोदी जी से जोड़नेवाली चीज़ तो कोई राजनीति नहीं, बल्कि केवल हिंदी प्रेम है। (दिसंबर 2023)

# उत्तरी भारत के नगरों में भाषा समस्या पर कुछ टिप्पणियाँ

[प्राय: भारत की भाषा समस्याएँ उसकी बहुभाषिकता और भारतीय भाषाओं में द्वन्द्व का स्मरण कराती हैं। दक्षिण भारत में गड़बड़ फैलाने वाले हिंदी विरोधी आंदोलनों के विषय में हम सब जानते हैं। परंतु हिंदी की भी अपनी निजी समस्याएँ हैं जो, यद्यपि भाषा वैज्ञानिक तथा सामाजिक दोनों दृष्टियों से महत्त्वपूर्ण हैं, भाषा वैज्ञानिकों का ध्यान उतना आकर्षित नहीं करतीं जितना भाषाओं की बहुलता। भाषागत विविधता हिंदी में भी है। हिंदी विरोधी आंदोलन तथा 'अंग्रेज़ी हटाओ' अभियान जैसे विषय प्राय: राजनीतिक हैं।

मेरा यह लेख उत्तर भारत के नगरों की द्विभाषिकता अथवा बहुभाषिकता से संबद्ध है। अनिवार्यत: हिंदी की समस्याएँ उससे जुड़ी हुई हैं और उसमें विभिन्न सांस्कृतिक स्तरों के अनुरूप कुछ सामाजिक विश्लेषणों पर पहुँचने का प्रयास भी किया गया है।]

जब हम उत्तरी भारत के बुद्धिजीवियों से हिंदी में बात करते हैं तो प्राय: हम इस प्रकार प्रशंसित होते हैं—"आपकी हिंदी मुझसे काफी अच्छी है।" अथवा "आप मुझसे अच्छी हिंदी जानते हैं।" मनुष्य का स्वभाव है कि यदि कोई विदेशी किसी व्यक्ति की मूल भाषा में दक्ष है तो वह व्यक्ति उस विदेशी की प्रशंसा करने में संकोच नहीं करेगा। परंतु उदाहरण के लिए, जर्मन बुद्धिजीवी किसी विदेशी की प्रशंसा करते हुए यह कभी नहीं कहेंगे- "Ihr Deutsch ist besser als mein Deutsch." या "Sie sprechen Deutsch besser als ich." इसी प्रकार फ्रांसीसी बुद्धिजीवी भी कभी किसी विदेशी को यह नहीं कहेंगे- "Vous parlez français mieux que moi." कोई जापानी बुद्धिजीवी भी किसी विदेशी को, चाहे वह विदेशी जापानी भाषा में कितना ही प्रवीण क्यों न हो, यह नहीं कहेगा– "Anata wa watashi yorimo nihongo ga ojozu desune."

भारत के अन्य भागों में भी, जैसे बंगाल में, बुद्धिजीवी किसी ग़ैर-बंगाली से कभी नहीं कहेंगे कि "आपनार बंगला आमार चेये भालो।" हालाँकि, यदि विदेशी बंगला भाषा बोलता है तो इससे बंगाली लोग बहुत प्रसन्न होंगे। यदि ग़ैर-तमिल भाषी तमिल ध्वनियों का शुद्ध उच्चारण नहीं करते तो तमिल भाषी लोग इससे प्रसन्न नहीं होते।[1] तब केवल हिंदी-भाषी "आप मुझसे अच्छी हिंदी जानते हैं।" सरीखा वाक्य क्यों बोलते हैं? इसका अभिप्राय क्या यह है कि वे केवल हमारी झूठी प्रशंसा कर रहे हैं? मैं मानता हूँ कि उत्तर भारतीय खुले दिल के हैं, फिर भी यह नहीं कहा जा सकता कि उत्तर भारत के हिंदी-भाषी संसार के श्रेष्ठतम झूठे प्रशंसक हैं। यह देखा जा सकता है कि हिंदी भाषा का एक विशेष स्तर या शैली (साहित्यिक भाषा) उन लोगों के लिए भी उतनी ही 'विदेशी' अथवा प्राय: उतनी ही अबूझ है जितनी कि किसी हिंदी सीखने वाले के लिए। अत: उनका विदेशियों की प्रशंसा करना अनिवार्यत: शत-प्रतिशत केवल प्रशंसा भाव ही नहीं होता अपितु इसमें कुछ सत्य भी होता है। संस्कृतनिष्ठ शब्दावली से कम लोग परिचित हैं।[2]

हिंदी के बोलचाल के रूप को प्राय: 'हिन्दुस्तानी' के नाम से पुकारा जाता है। इस नाम का प्रचलन अठारहवीं शताब्दी के आरंभ में हुआ था। इस भाषा-रूप की कई परिभाषाएँ दी जा सकती हैं, किंतु प्राय: इस बात पर सहमति है कि यह उत्तरी भारत में हिंदुओं और मुसलमानों के द्वारा समान रूप से बोली जाने वाली भाषा रही है। उच्च हिंदी तथा उर्दू हिन्दुस्तानी की साहित्यक अथवा सांस्कृतिक अभिव्यक्ति के दो भिन्न माध्यम मात्र हैं। साहित्यिक हिंदी (उच्च हिंदी) की अधिकांश शब्दावली संस्कृत से है तो उर्दू की अरबी-फ़ारसी से। बोलचाल के स्तर पर दोनों भाषाओं में बहुत कम अंतर है। सुनीति कुमार चटर्जी ने हिन्दुस्तानी (उनकी वर्तनी में 'हिन्दुस्थानी') की परिभाषा देते हुए उसे "हर रोज़ के प्रत्यक्ष जीवन के व्यवहार की हिंदी जो अत्यंत संस्कृतपूर्ण नहीं है" कहा है।[3]

चूँकि हिन्दुस्तानी के विकास एवं प्रचार में मुसलमानों की देन अधिक रही है, इसकी पूर्ण शब्दावली में अरबी-फ़ारसी की ओर झुकाव स्वाभाविक है। कह सकते हैं कि उच्च हिंदी इसके शुद्धिवादियों (स्वभावतया हिंदू ही) की कृत्रिम उपज है जिन्होंने संस्कृत के बहुसंख्यक शब्दों को अपना लिया है। यही कारण है कि उच्च हिंदी बोलचाल के हिंदी-रूप से काफी भिन्न है।

यद्यपि हिंदी-उर्दू की समस्या को केवल धार्मिक-सांप्रदायिक दृष्टिकोण से देखना उचित नहीं होगा (उदाहरण के लिए कई हिंदू विशेषतया कायस्थ उर्दू में सुशिक्षित हैं)।

किंतु प्राय: यह एक ऐसा तथ्य है जिसे नकारा नहीं जा सकता कि हिंदी हिंदुओं की तथा उर्दू मुसलमानों की सांस्कृतिक भाषा मानी जाती है। हिंदू-मुस्लिम सांप्रदायिक झगड़ों से बचने के लिए तथा उसके अखिल भारतीय स्तर पर प्रचलन के कारण महात्मा गांधी ने हिन्दुस्तानी का एक समान भाषा के रूप में समर्थन किया था। परंतु हिन्दुस्तानी उच्च स्तर की सांस्कृतिक अभिव्यक्ति का माध्यम न बन सकी, क्योंकि वह केवल आधारभूत संप्रेषण की एक भाषा थी। अत: सांस्कृतिक आवश्यकताओं को पूरा करने के लिए उच्च हिंदी और उर्दू द्वारा भिन्न-भिन्न मार्गों का अपनाया जाना एक अनिवार्य प्रक्रिया थी। इसके अतिरिक्त भारत विभाजन (1947) ने भी हिंदी-उर्दू के विवाद पर एक निर्णयात्मक प्रभाव डाला, क्योंकि उसके बाद अब भारत ने राजभाषा के रूप में हिंदी को तथा पाकिस्तान ने उर्दू को स्वीकार कर लिया। भारत में अब भी उर्दू एक प्रयोजनीय भाषा है, किंतु पाकिस्तान में हिंदी का प्रयोजन नहीं है। इस मोड़ ने ऐसी स्थिति उत्पन्न कर दी है कि भारत और पाकिस्तान दोनों देशों में 'हिन्दुस्तानी' शब्द अप्रचलित होने लगा है। "मैं घर जा रहा हूँ।" जैसा हिन्दुस्तानी का एक साधारण वाक्य भी हिंदुओं द्वारा हिंदी का तथा भारतीय मुसलमानों और पाकिस्तानियों द्वारा उर्दू का वाक्य कहा जाता है।

अब, जबकि हिंदी (देवनागरी में लिखित) को भारतीय संविधान द्वारा स्वीकार किया गया है, साहित्यिक हिंदी क्रमश: संस्कृतनिष्ठता की ओर बढ़ रही है। यह शिक्षा तथा जनसंप्रेषण का माध्यम है। किंतु जैसा कि ऊपर उल्लेख किया गया है, अधिकांश हिंदी भाषी अब भी उस साहित्यिक हिंदी में पूर्ण दक्ष नहीं हैं। इससे ज्ञात होता है कि भाषा शिक्षण कितना समय साध्य है। संस्कृतनिष्ठता वाला अतिवादी प्रचार भाषा की प्रकृति को हानि ही पहुँचाता है। भाषा के बोलचाल वाले तथा लिखित रूप के अंतर को मिटाने की दिशा में सदा ही सक्रिय कदम उठाने चाहिए।

शुद्ध हिंदी प्राय: बोलने में उपहासास्पद मानी जाती है तथा हिंदी को सरल बनाने के सुझाव अधिकतर उन वक्ताओं द्वारा दिए जाते हैं जो अपनी ओर से इस दिशा में कोई प्रयास नहीं करते।

प्रो. वारान्निकोव रूस के प्रख्यात हिंदी विद्वान ने हिंदी को सरल बनाने के इस विचार की आलोचना करते हुए निरंतर प्रयोग द्वारा उच्च हिंदी से परिचित होने का सुझाव दिया है।[4] हिंदी के विदेशी छात्रों को यह समझने में समय लगेगा कि 'परिचय' 'प्रश्न' 'सुविधा' आदि जैसे मूलभूत शब्द भी दैनिक बोलचाल में यदा-कदा ही प्रयुक्त होते हैं। अधिकांश विदेशी व्याकरण के माध्यम से हिंदी सीखते हैं। किसी भी विदेशी भाषा को सीखने का यह सुगम मार्ग है। अत: वे बोलचाल की अपेक्षा लिखित भाषा

से अधिक परिचित होते हैं। तब, यह अपरिहार्य है कि आरंभ में उनकी हिंदी पुस्तकीय हो। चैकोस्लोवाकियन भारतीय भाषा विद्वान प्रो. ओडोलेन स्मेयकल ने कहा है कि वे चैकोस्लोवाकिया में पढ़ाई गई शुद्ध संस्कृतनिष्ठ भाषा में अधिक पारंगत हैं।[5] मूल हिंदी भाषियों को हिंदी सीखने वाले उत्साही विदेशी छात्रों के साथ खिचड़ी भाषा की अपेक्षा उच्च स्तर की हिंदी में अधिक निष्ठा के साथ बातचीत करनी चाहिए।

भाषा संस्कृति के साथ गहराई से संबद्ध होती है। अत: भाषा की व्यक्तिगत शैली स्वयं व्यक्ति की ही संस्कृति की द्योतक होती है। इसलिए जहाँ सांस्कृतिक स्थिति का प्रश्न हो वहाँ शुद्ध हिंदी की, चाहे औपचारिक ही क्यों न हो, आवश्यकता होती है। मैं दिल्ली में एक भारतीय परिवार के यहाँ गया। बातचीत के बीच मुझे शौचालय जाने की आवश्यकता हुई। मैंने उच्चतर माध्यमिक पाठशाला में पढ़ने वाले उस परिवार के एक लड़के से कहा—"मैं लघुशंका करना चाहता हूँ।" मुझे शौचालय की ओर ले जाने के स्थान पर वह मेरे लिए पानी भरा एक गिलास ले आया, अर्थात् हिंदी माध्यम वाले स्कूल में पढ़ते हुए भी उसे 'लघुशंका' शब्द नहीं मालूम था। इससे ज्ञात होता है कि शिक्षण संस्थाओं में परिष्कृत भाषा पूरी तरह से पढ़ाने का अभाव है। एक और अनुभव को भी उद्धृत किया जाए। अपने एक पड़ोसी का टेलीफोन प्रयोग में लाने के पश्चात् मैंने फोन करने के दाम चुकाने चाहे, परंतु पड़ोसी ने इसे लेना अस्वीकार कर दिया। फिर भी मैंने देने चाहे। मैं ऐसी सरल हिंदी में अपना कथन सुविधा से दोहरा सकता था- "लीजिए न, अच्छा नहीं लगता, लीजिए न।" किंतु केवल एक परिवर्तन लाने के लिए और अपने सांस्कृतिक स्तर के उपयुक्त कुछ प्रभावशाली अभिव्यक्ति लाने के लिए मैंने कहा—"मुझे अपनी सभ्यता का पालन करने दीजिए।" श्रोता मेरी इस हिंदी पर आश्चर्यचकित हो गए।

उच्च स्तर की हिंदी के प्रयोग में केवल निम्न स्तर की हिंदी ही एक बाधा नहीं है। उच्च स्तर की हिंदी के प्रयोग में सामान्य हिंदी सहित प्राय: अंग्रेज़ी भी बाधक बनती है। मैं अंग्रेज़ी पर अगले खंड में विचार करूँगा।

यह एक गलत धारणा है कि सभी 'शिक्षित' भारतीय अंग्रेज़ी जानते हैं। हमें 'शिक्षित' शब्द को पश्चिमी अर्थों तक सीमित नहीं करना चाहिए। यद्यपि अंग्रेज़ी शिक्षा पश्चिमी सभ्यता के प्रभाव से भारत में आधुनिकीकरण लाई, फिर भी इस देश में पंडितों द्वारा उत्तराधिकार में प्राप्त और विकसित वेद तथा वेदांतों की एक पारंपरिक शिक्षा-पद्धति भी रही है। हम कह सकते हैं कि भारतीय संदर्भ में इस प्रकार के पंडित भी सुशिक्षित हैं। यह आवश्यक नहीं कि उन्हें आधुनिक पश्चिमी शिक्षा प्राप्त हो। उनकी ज्ञान निधि विदेशी भारतीय भाषा-विद्वानों के लिए अत्यंत सहायक है। साथ ही

हमें मौलवियों जैसे पारंपरिक इस्लामी शिक्षित व्यक्तियों के वर्ग को भी इसमें जोड़ना होगा। हमें विशिष्ट उद्देश्य की दृष्टि से शिक्षा के प्रकार को समझना होगा। इसके लिए सामान्य-सा उदाहरण दिया जाएगा--भारत में कई श्रेष्ठ संगीतकार हैं किंतु उनमें से कई व्यक्ति Beethoven (विख्यात जर्मन संगीतज्ञ) का नाम भी नहीं जानते होंगे। यद्यपि वे लोग पाश्चात्य संगीत से अनभिज्ञ हैं, फिर भी वे श्रेष्ठ संगीतकार तो हैं ही। 'शिक्षित' का अर्थ वे लोग नहीं जो अंग्रेज़ी पढ़े-लिखे हों। पंडितों की अभिव्यक्ति में संस्कृत तथा उच्च हिंदी की महत्त्वपूर्ण भूमिका है तो अरबी, फ़ारसी और उर्दू इस्लामी अभिव्यक्ति के माध्यम हैं। भारतीय लोग इस प्रकार की शिक्षा अंग्रेज़ी के ज्ञान के बिना प्राप्त कर सकते हैं, यद्यपि विदेशी विद्वानों के लिए असंभव है। अत: भारत में 'शिक्षित होने के लिए अंग्रेज़ी ही एकमात्र कसौटी नहीं है। उत्तरी भारत के नगरों के सांस्कृतिक और सामाजिक स्तरीकरण के संदर्भ में भाषाओं के विभाजन पर विचार करते समय यह तथ्य बहुत महत्त्वपूर्ण है। उदाहरण के लिए गमपर्ज़ ने उचित ही संकेत किया है[6] कि जन-साधारण द्वारा बोली जाने वाली बोली तथा उसकी तुलना में अल्पसंख्यक शिक्षितों द्वारा प्रयुक्त साहित्यिक मुहावरे में सदा ही अंतर रहा है, किंतु हमारे मतानुसार शिक्षितों के बीच भी आपस में बहुत बड़ा अंतर होता है। उनके द्वारा प्राप्त शिक्षा के प्रकार तथा स्तर को भी ध्यान में रखना चाहिए। हिंदी भाषी क्षेत्र की एक विशेषता है कि 'शिक्षित' का अभिप्राय अनिवार्यत: उन लोगों से नहीं जो हिंदी अच्छी तरह लिखना-पढ़ना जानते हैं। अन्य क्षेत्रों में ऐसा नहीं है। उदाहरण के लिए बंगाल को लीजिए, यह पूर्ण विश्वास के साथ कहा जा सकता है कि वहाँ शिक्षित वर्ग अंग्रेज़ी को चाहे कितना पसंद करे, बंगला भाषा में पूर्ण रूपेण दक्ष होता है।

हिंदी-भाषी क्षेत्र में ऐसे अनेक बुद्धिजीवी हैं जो उच्च स्तर की हिंदी नहीं जानते। यहाँ तक कि कुछ लोग ऐसा कहने में भी संकोच नहीं करते कि मुझे हिंदी नहीं आती। स्वतंत्रता प्राप्ति के लगभग तीन दशकों के बाद भी कुछ शुद्धिवादियों के उत्साही आंदोलनों के बावजूद उत्तरी भारत में अब भी अधिकांश लोग अंग्रेज़ी को उच्च सम्मान की भाषा मानते हैं। पंडितों और मौलवियों का सम्मान केवल धर्म तथा विद्या के क्षेत्रों में सीमित होकर रह गया है। सामाजिक सम्मान तो प्राय: उन दूसरे संभ्रांतों (Elites) के हाथ में है जिनका शिक्षण अंग्रेज़ी द्वारा हुआ है। स्वभावत: इस प्रवृति का उद्गम इस तथ्य से खोजा जा सकता है कि ब्रिटिश साम्राज्य के लगभग दो सौ वर्षों में अंग्रेज़ी प्रशासन तथा उच्च शिक्षा की भाषा थी। अत: हिंदी की अपेक्षा अंग्रेज़ी का और स्थानीय बोलियों की अपेक्षा हिंदी का उच्च सम्मान है। किंतु यह जानकर आश्चर्य होता है कि कुछेक अंग्रेज़ी-शिक्षितों द्वारा इस बाद वाले तथ्य (यानी

हिंदी की प्रतिष्ठा उसकी स्थानीय बोलियों से बड़ी है) की भी उपेक्षा की जाती है। उत्तरी भारत के नगरों (विशेषतया दिल्ली) में अंग्रेजी कितनी प्रभुत्वशाली है और नगर वासियों के अवचेतन में कितनी गहराई से बसी हुई है, इसे सरलता से मात्र कुछ सामान्य उदाहरणों (कुछ अपने अनुभवों पर आधारित) द्वारा जाना जा सकता है:-

उदाहरण (1): दिल्ली विश्वविद्यालय के कुलपति तथा प्रोफ़ेसर--कुलपति के विषय में मुझे बताते हुए हिंदी के एक प्रोफ़ेसर ने कहा- "दोनों अच्छी हिंदी बोलते हैं। यह पहले ही विदित था कि वे दोनों हिंदी प्रदेश से आए हुए हैं, अत: इस प्रसंग में किन्हीं अन्य भारतीय भाषाओं की चर्चा नहीं थी तब भी मेरे आदरणीय प्रोफ़ेसर को यह बताने के लिए कि वे केवल अंग्रेज़ी-शिक्षित ही नहीं, अपितु अच्छी हिंदी भी जानते हैं; 'हिंदी' शब्द जोड़ना पड़ा था। मेरे एक भारतीय मित्र ने जो दिल्ली विश्वविद्यालय में हिंदी के विद्यार्थी थे, एक दिन मुझे यह कहते हुए एक भाषण प्रतियोगिता में आमंत्रित किया था कि "आज हिंदी की भाषण प्रतियोगिता है, चलो मेरे साथ।" वे भी 'हिंदी' का उल्लेख करना नहीं भूले, यद्यपि यह स्पष्ट था कि वहाँ भाषण प्रतियोगिता हिंदी के अतिरिक्त किसी दूसरी भाषा में नहीं थी। जापान में जब हम किसी को एक अच्छे वक्ता अथवा अच्छे लेखक के रूप में उल्लेख करते हैं तो हम केवल इतना कहते हैं—"Ano hito wa hanashijozu desu." अथवा "Ano hito wa bunsho ga umai." और अक्सर 'जापानी' का उल्लेख नहीं करते, क्योंकि यह स्वत: सिद्ध होता है कि वह जापानी में ही बोलता अथवा लिखता है। इसके अतिरिक्त हम अपनी भाषा को 'जापानी' नहीं, अपितु 'कोकुगो' (राष्ट्रीय भाषा) कहने के आदी हैं। हिंदी के लिए यह विडंबना है कि आपको हर स्थान पर 'हिंदी' शब्द प्रयुक्त करना पड़ता है। आकाशवाणी से नित्य सुनाई देता है- "हिंदी में समाचार सुनिए।" जबकि उद्घोषक हिंदी में ही बोल रहा होता है। तार देने का नया फ़ॉर्म केवल हिंदी में छपा है, जोकि अपने आप में एक बड़ा परिवर्तन है, किंतु यह और भी मनोरंजक है कि खिड़की पर लगी तख्ती पर लिखा है: "तार देवनागरी में <u>भी</u> दिए जा सकते हैं" (रेखा प्रस्तुत लेखक की) और मैंने देखा कि वहाँ खड़े अधिकांश लोग हिंदी-फ़ॉर्म पर अंग्रेज़ी वाक्य लिख रहे थे। संस्कार से छुटकारा पाना कितना कठिन है।

उदाहरण (2): यह एक मनोरंजक किंतु खेदजनक उदाहरण है कि एक अंग्रेज़ी वक्ता किस प्रकार इस भाषा से प्रदूषित है तथा एक पत्रकार, जोकि समान रूप से अंग्रेज़ी-शिक्षित है, किस प्रकार निष्क्रिय भाव से अपनी प्रतिक्रिया व्यक्त करता है। 'हवाई कंपनी की एक सहकारिणी' शीर्षक एक लेख[7] में एअर इंडिया के नई दिल्ली

दफ़्तर में काम करने वाली बारह युवा यातायात सहायिकाओं में से एक का परिचय उसमें दिया गया था। कुछ प्रश्नों के उत्तर देने के बाद वह कहती है- "और पहली बार नई दिल्ली आने वाले अथवा लंदन के लिए अपनी पहली यात्रा करने वाले कुछ सिख यात्री भी हैं। वे हवाई यात्रा के बारे में कुछ भी नहीं जानते और अंग्रेज़ी बहुत कम जानते हैं। मैं ऐसे आदमियों के साथ पंजाबी में बातचीत करती हूँ और उनकी चिंताओं और भय को दूर करने की कोशिश करती हूँ।" पत्रकारिता के दृष्टिकोण के लिए यह प्रथम पाठ (अर्थात् सामान्य बोध) होना चाहिए कि यदि एक कुत्ता किसी व्यक्ति को काटता है तो यह कोई समाचार नहीं है किंतु यदि एक व्यक्ति किसी कुत्ते को काटता है तो यह समाचार है। यहाँ एक पंजाबी लड़की का पंजाबी लोगों के साथ "उनकी चिंताओं और भय को दूर करने के लिए" पंजाबी में बातचीत करना एक समाचार था। मुझे आश्चर्य है कि इससे सिख भाई अपमानित अनुभव क्यों नहीं करते।

उदाहरण (3): हरियाणा प्रांत के (उस वक़्त के) मुख्यमंत्री श्री बनारसी दास नई दिल्ली में एक सभा में उपस्थित थे। अपने प्रति संबोधित अंग्रेज़ी के स्वागत भाषण को सुनने के बाद उन्होंने हिंदी में बोलना प्रारंभ किया, वह भी हिंदी में बोलने के लिए क्षमा याचना करने के बाद ही। और उन्होंने कहा "दुर्भाग्य है कि अपने ही देश में हिंदी में बोलने के लिए क्षमा माँगनी पड़ रही है।"[8] इस हिंदी प्रेमी मंत्री के उदाहरण से पता चलता है कि हिंदी उच्च राजनीतिक स्तरों की भाषा नहीं है। अंग्रेज़ी के इस प्रकार के उन्मुक्त प्रयोग से अवांछित परिणाम निकलते हैं। सर्वप्रथम, हिंदी पढ़ने वाले विदेशी छात्र यथेष्ठ हतोत्साहित हो जाते हैं। गमपर्ज़ ने भी लिखा है[9] कि जो विदेशी मूल निवासियों के साथ हिंदी में बातचीत करना चाहते हैं उन्हें बहुत कम अवसर मिलते हैं। आगे वे कहते हैं कि वे (हिंदी-भाषी) उसे (विदेशी) अपने अंत:वर्गीय संबंधों की आत्मीयता से बाहर रखने के लिए भाषागत सीमा का लाभ उठा रहे हों।[10]

यहाँ एक अन्य दृष्टिकोण की ओर भी ध्यान देना चाहिए- कभी-कभी मूल निवासी वक्ता अपने साथियों के बीच अंग्रेज़ी में अपनी दक्षता का प्रदर्शन करना चाहता है, अत: यह दिखावे की भावना विदेशी का 'इस्तेमाल' करती है। प्रो. कात्सुरो कोगा को बहुत धक्का लगा था जब उन्होंने प्रथम बार एक भारतीय को हिंदी में संबोधित किया और उसका जवाब अंग्रेज़ी में पाया।[11] वे इस बात पर खेद प्रकट करते हैं कि अंग्रेज़ी भारत की प्रधान भाषा है तथा भारतीय भाषाएँ गौण भाषाएँ हैं।

जनवरी, 1975 में नागपुर में हुए विश्व हिंदी सम्मेलन में प्रो. क्यूया दोई ने भारतीय दूतावासों में अंग्रेज़ी के बोल बाले की निंदा की थी।[12] अनेक विदेशी प्रतिनिधियों ने भारत के सभी स्तरों पर हिंदी-प्रयोग की असहमति की शिकायत की थी। भारतीयों

की ओर से इस पर प्रथम प्रतिक्रिया संसद में सुनाई दी। एक सदस्य ने कहा कि हाल ही में नागपुर विश्व हिंदी सम्मेलन में विदेशी प्रतिनिधियों के मुँह से यह सुनना कि स्वयं संपूर्ण भारत में ही सामान्यत: हिंदी नहीं बोली जाती, लज्जा की बात है।[13] क्योंकि अंग्रेज़ी प्रतिष्ठा (prestige) के साथ घनिष्ठता से जुड़ी हुई है, लोगों के लिए समाज में उच्च स्तर पाने की चाह या ऐसी मनोवृति पर नियंत्रण पाना बहुत कठिन है।

कभी-कभी हमें दो व्यक्ति आपस में भिन्न भाषाओं में झगड़ते हुए दिखाई देते हैं- एक हिंदी में और दूसरा अंग्रेज़ी में। अंग्रेज़ी वक्ता हिंदी वक्ता से प्राय: अच्छे वेश में होता है, किंतु यह झगड़ा हमारे लिए बड़ा अद्भुत लगता है।

हिंदी भाषी अपनी भाषा में सायास या अनायास ही अंग्रेज़ी के कई शब्द मिश्रित कर लेते हैं। यद्यपि सीमा के अंदर यह स्वीकार्य है, परंतु अन्य भाषाओं से आवश्यकता से अधिक शब्द लेने की प्रवृत्ति भाषा की प्रकृति के लिए हानिकारक है। फिर विदेशी छात्रों को कठिनाई हो सकती है। जब मैं हिंदी पढ़ने लगा था और मेरे दिमाग में हिंदी के शब्द नहीं आते थे, तब मुझे अंग्रेज़ी से सहायता लेनी पड़ती थी। तब "मेन (main) चीज़ तो यह है।" जैसी हिंदी मेरे मुँह से निकलती थी। किंतु उच्च हिंदी से परिचित होने के बाद "मुख्य बात तो यह है कि" जैसी हिंदी का प्रयोग करना मेरे लिए बहुत आसान हो गया था परंतु भारत में काफ़ी समय तक रहने से अंग्रेज़ी शब्दावली मिश्रित बोलचाल की हिंदी ने मेरी बोलचाल की हिंदी को प्रभावित किया। अब मैं अपने घनिष्ठ मित्रों में यदि स्वाभाविक ढंग से बोलूँ तो "मेन (Main) चीज़ तो यह है" जैसी हिंदी मेरे मुँह से निकलेगी। संयोग से यह उच्च हिंदी से हिंदी सीखने की आरंभिक स्थिति में प्रत्यावर्तन' है। हिंदी के विदेशी छात्रों के लिए बोलचाल वाली हिंदी का वास्तविक रूप हिंदी शिक्षण को उच्च स्थिति की अपेक्षा इस आरंभिक स्थिति में पाया जाता है।

अब उत्तरी भारत के नगरों में लोगों की शिक्षा अथवा सांस्कृतिक परिवेश के आधार पर भाषा के विभिन्न रूपों को वर्गीकृत करने का प्रयास किया जाएगा। निम्नलिखित वर्गीकरण वक्ताओं के शैक्षणिक तथा सांस्कृतिक स्तरों के साथ भाषा के संबंध को स्थूलत: प्रदर्शित करता है। मैंने वक्ताओं को आठ वर्गों में विभक्त किया है। यह वर्गीकरण केवल वक्ताओं की शिक्षा अथवा संस्कृति अथवा भाषा के प्रति उनकी सचेतनता (अथवा अचेतनता) पर आधारित है और उनके सामाजिक स्तर के साथ सर्वदा मेल नहीं खाता। कुछ व्यक्तियों के लिए कई वर्ग एक दूसरे से मिल सकते हैं।

वर्ग 'क'...हिंदी-विद्वान अथवा अध्यापक, हिंदी अथवा संस्कृत के स्नातक और स्नातकोत्तर छात्र, हिंदी लेखक, कवि, आलोचक, हिंदी-पत्रकार, आर्य समाज के

नेता, और सनातन हिंदू धर्म के साथ संबंधित पंडित इत्यादि इसी वर्ग में आते हैं। ये उच्च हिंदी में बहुत दक्ष हैं। गमपर्ज़[14] के अनुकूल हम इस वर्ग को 'संभ्रांत हिंदी वक्ता' कह सकते हैं। जब ये 'संभ्रांत हिंदी वक्ता' शुद्ध हिंदी के संकुचित प्रचारक बन जाते हैं तो इन्हें 'हिंदी वाले' कहा जाता है, जो कि एक अपमानजनक शब्द है। इस प्रकार की मौजूदगी ही हिंदी क्षेत्र की अन्यतम विशेषता है। क्षेत्र की अन्यतम विशेषता है।

| **स्थिति अपने समान (वर्ग सहित)** | **वर्ग** | **'क' हिंदी** | **'का' हिंदी** | **'ख' उर्दू** |
|---|---|---|---|---|
| परिवार अथवा घनिष्ठ मित्रों में (अनौपचारिक) | | हिंदी अथवा स्थानीय बोलियाँ | हिंदी अथवा स्थानीय बोलियाँ | उर्दू अथवा स्थानीय बोलियाँ |
| सामान्य वार्तालाप (बाज़ार की बातचीत) | | हिंदी की ओर झुकी हुई हिंदुस्तानी | हिंदी की ओर झुकी हुई हिंदुस्तानी | उर्दू की ओर झुकी हुई हिंदुस्तानी |
| व्यवसाय | | हिंदी | हिंदी तथा अंग्रेजी | उर्दू |
| बौद्धिक वार्तालाप | | हिंदी | हिंदी तथा अंग्रेजी | उर्दू |
| पढ़ना-लिखना | | हिंदी | हिंदी तथा अंग्रेजी | उर्दू |
| "प्रेमचंद श्रेष्ठ लेखक हैं" की विशिष्ट अभिव्यक्ति जो उपर्युक्त वर्गों के अनुकूल है। | | "प्रेमचंद श्रेष्ठ लेखक हैं।" | "प्रेमचंद अच्छे लेखक हैं।" | "प्रेमचंद अच्छे मुसन्निफ़ हैं।" |

| **'खा' उर्दू** | **'ग' हिंदी** | **'घ' अंग्रेजी** | **'ङ' हिंदी** | **'च' बाज़ारू हिंदी अथवा स्थानीय बोलियाँ** |
|---|---|---|---|---|
| उर्दू अथवा स्थानीय बोलियाँ | हिंदी अथवा स्थानीय बोलियाँ | अंग्रेजी | हिंदी अथवा स्थानीय बोलियाँ | स्थानीय बोलियाँ |
| उर्दू की ओर झुकी हुई हिंदुस्तानी | हिंदुस्तानी | हिंदुस्तानी | बाज़ारू हिंदी | बाज़ारू हिंदी |

| उर्दू तथा अंग्रेजी | हिंदी तथा अंग्रेजी | अंग्रेजी | हिंदी | हिंदी |
|---|---|---|---|---|
| उर्दू तथा अंग्रेजी | हिंदी तथा अंग्रेजी | अंग्रेजी | हिंदी | — |
| उर्दू तथा अंग्रेजी | हिंदी तथा अंग्रेजी | अंग्रेजी | हिंदी | — |
| "प्रेमचंद अच्छे मुसन्निफ़ हैं।" | "प्रेमचंद अच्छे राइटर हैं।" | "प्रेमचंद इज़ ए गुड राइटर।" | "प्रेमचंद अच्छा लिखता है।" | — |

वर्ग 'का'...उन लोगों का है जो अंग्रेज़ी में उच्च शिक्षित होने के साथ-साथ हिंदी में भी समान रूप से अच्छे हैं। ये वास्तविक द्विभाषी हैं। ये स्थिति के अनुरूप एक भाषा को दूसरी भाषा में सहजता से बदल सकते हैं। ये संकीर्णतावादी नहीं होते। ये भारतीय बुद्धि का प्रतिनिधित्व करते हैं, किंतु आर्थिक दृष्टि से उनमें से अधिकांश मध्य वर्ग या उच्च मध्य वर्ग में आते हैं। 'क' तथा 'का' वर्ग ही ऐसे हैं जो किसी विदेशी से यह नहीं कहेंगे कि "आप मुझसे अच्छी हिंदी जानते हैं।" और जिनसे विदेशी लोग अच्छी हिंदी सीख सकते हैं।

वर्ग 'ख'... वर्ग 'क' का ही यह उर्दू संस्करण है और वर्ग 'खा', वर्ग 'का' का। शिक्षित मुसलमान और कुछ शिक्षित हिंदू (जैसे कायस्थ लोग जो उर्दू में शिक्षित हैं) 'ख' वर्ग अथवा 'खा' वर्ग के अंतर्गत आते हैं। उनकी संख्या कम होती जा रही है।

वर्ग 'ग'...यह एक ऐसा वर्ग है जो भाषा नीति के प्रति उदार तथा उदासीन है। शिक्षित मध्य वर्ग का अधिकांश इसी वर्ग में आता है। ये वर्ग 'का' अथवा वर्ग 'खा' के निम्नतर स्तर के लोग हैं। 'क' का 'ख' और 'खा' वर्ग अपने भाषा प्रयोग के प्रति 'सजग' हैं किंतु 'ग' वर्ग उसके प्रति 'सुप्त' है। यद्यपि ये लोग भी द्विभाषी हैं, किंतु स्थिति के अनुरूप एक भाषा को दूसरी भाषा में नहीं बदल सकते। इन्हें 'भाषा के अवसरवादी' कह सकते हैं।

वर्ग 'घ'...उन लोगों का वर्ग है जो शरीर से भारतीय और मन से अंग्रेज' हैं। ये अंग्रेज़ों के समान ही धाराप्रवाह अंग्रेज़ी बोलते हैं। इन्होंने पब्लिक स्कूलों में शिक्षा पाई है। अंग्रेज़ी को भारत में बनाए रखने के ये प्रबल समर्थक हैं। यद्यपि ये हिंदी समझ लेते हैं पर 'काम चलाऊ हिंदी' ही पर्याप्त समझते हैं। ये लोग अधिकांशत: सरकारी प्रशासक, बड़े व्यापारी, डॉ., वकील, वैज्ञानिक, पत्रकार और विश्वविद्यालयों के वे

प्रोफ़ेसर हैं जिनके विषय विज्ञान अथवा सामाजिक विज्ञान से संबंधित हैं। ये संभ्रांत अवश्य हैं किंतु भारतीय संस्कृति का प्रतिनिधित्व नहीं करते।

वर्ग 'ग' और 'घ' ही ऐसे हैं जो 'अंग्रेजियत' से छुटकारा न पाने के कारण हिंदी के विदेशी छात्रों को (अंग्रेज़ी भाषी भी शामिल हैं) हतोत्साहित करते हैं। कुछ लोग ऐसे भी हैं जो अंग्रेज़ी को अपनी मातृभाषा मानते हैं—जैसा कि एंग्लो-इंडियन लोगों में पाया जाता है, जो सुशिक्षित भी नहीं, 'संभ्रांत' भी नहीं, केवल अंग्रेज़ी में सोचते और जीते हैं, वे निम्नस्तर के 'घ' हैं।

वर्ग 'ङ'...यह अर्द्ध-शिक्षितों का वर्ग है। ये लोग सरकारी स्कूलों में हिंदी माध्यम से शिक्षा पाते हैं। ये न तो साहित्यिक हिंदी में प्रवीण होते हैं और न ही अंग्रेज़ी में। किंतु उल्लेखनीय बात यह है कि वर्ग 'घ' की अपेक्षा वर्ग 'ङ' के लोग ही विदेशी छात्रों के लिए हिंदी सीखने में अधिक सहायक हैं। एक व्यक्ति, जिसने प्राईमरी स्कूल के केवल तीन वर्षों तक पढ़ाई की थी—को 'दिनमान' पढ़ते हुए देखना, जिसे वर्ग 'घ' या तो पढ़ नहीं सकता या पढ़ना ही नहीं चाहेगा, मेरे लिए एक उत्तेजक अनुभव था।

वर्ग 'च'...यह वर्ग अशिक्षित समुदाय का है। ये हिंदी में भी अशिक्षित हैं। उनकी बोली में शिक्षितों अथवा अर्ध-शिक्षितों की बोली की अपेक्षा अधिक विविधता है।

अंतत: हमें वर्ग 'छ' को भी देखना होगा।

वर्ग 'छ'...यह तथाकथित उन प्रवासी लोगों का वर्ग है जिनकी मातृभाषा हिंदी से इतर है। भाषा की दृष्टि से अल्पसंख्यकों में से दिल्ली में सबसे बड़ा वर्ग पंजाबियों का है, परंतु केवल शिक्षित सिक्ख लोग ही पंजाबी भाषा में जुड़े हुए हैं। अन्य पंजाबियों ने स्वयं को हिंदी परिवेश के अनुकूल ढाल लिया है। जहाँ तक दिल्ली का प्रश्न है, पंजाबियों के बाद कश्मीरियों तथा सिंधियों ने हिंदी स्थिति के साथ पूर्ण मेल बना लिया है। दिल्ली में प्राय: सभी तमिल भाषी और बंगाली शिक्षित हैं। उनका भाषागत जीवन त्रिभुजीय है।

निष्कर्षत: हिंदी क्षेत्र की भाषा समस्या के लिए मुझे कुछ समाधान भी सुझाने चाहिए।

वर्ग 'ग' और 'घ' को वर्ग 'का' की ओर बढ़ना चाहिए। उसके लिए उन्हें अपने अंग्रेज़ी ज्ञान को नहीं छोड़ना चाहिए अपितु उन्हें भारत के साथ अपनी पहचान स्थापित करने के लिए केवल साहित्यिक हिंदी का पर्याप्त ज्ञान अर्जित करना होगा। वर्ग 'ङ' तथा वर्ग 'च' के लिए शिक्षा तथा संस्कृति के मान में वृद्धि के अवसर प्रदान करने चाहिए। उनका वर्ग 'क' अथवा 'ख' में स्थानांतरण वांछनीय है।

## पाद टिप्पणियाँ

1. यह डॉ. नोरिहिको उचिदा का निजी अनुभव है।
2. देखिए, गमपर्ज़: 'लैंग्वेज इन सोशल ग्रूप्स', (कैलिफॉर्निया 1971) पृष्ठ 145.
3. 'भारतीय आर्यभाषा और हिंदी', (दिल्ली, तृतीय संस्करण 1963) पृष्ठ 173.
4. 'नवभारत टाइम्स', (नई दिल्ली, जनवरी 30, 1975).
5. 'हिन्दुस्तान टाइम्स', (नई दिल्ली, फरवरी, 13, 1975).
6. 'लैंग्वेज इन सोशल ग्रूप्स', पृष्ठ 4.
7. 'हिन्दुस्तान टाइम्स' (अक्तूबर 26, 1975).
8. 'नवभारत टाइम्स' (अप्रैल 13, 1976).
9. 'लैंग्वेज इन सोशल ग्रूप्स, पृष्ठ 179.
10. वही.
11. 'प्रकाशित मन', (हिंदी सम्मेलन अंक, दिल्ली, जनवरी 1975).
12. 'नवभारत टाइम्स', (जनवरी 13, 1975).
13. 'हिन्दुस्तान टाइम्स', (फरवरी 19, 1975).

[इसका मूल लेख 'जापान क्वाटरली' (नई दिल्ली, अप्रैल 1976, खण्ड 2, अंक 3) में अंग्रेज़ी में छपा था। उसके आधार पर प्रस्तुत लेखक ने नए सिरे से हिंदी में लिखा है।]

***ज्वालामुखी, अंक 1980 से साभार***

# जापान में हिंदी शिक्षण की समस्याएँ

## (1) अध्ययन-अध्यापन का संक्षिप्त इतिहास[1]

जापान में हिंदी अध्ययन-अध्यापन के दो केंद्र हैं—तोक्यो विदेशी भाषा विश्वविद्यालय तथा ओसाका विदेशी भाषा विश्वविद्यालय—दोनों सरकारी विश्वविद्यालय हैं। तोक्यो विदेशी भाषा विश्वविद्यालय का निर्माण लगभग अस्सी वर्ष पहले तथा ओसाका विदेशी भाषा विश्वविद्यालय का निर्माण लगभग साठ वर्ष पहले हुआ था। परंतु द्वितीय महायुद्ध की समाप्ति से पूर्व ये दोनों विश्वविद्यालय इंटरमीडिएट कालिज स्तर के त्रिवर्षीय कोर्स के 'विद्यालय' मात्र थे, जिनमें विश्व की विभिन्न विदेशी भाषाओं का अध्ययन (कम) अध्यापन (अधिक) होता था। भारतीय भाषा विभाग दोनों विद्यालयों में लगभग प्रारंभ से ही मौजूद था, परंतु वहाँ हिंदी का अध्यापन नहीं होता था, बल्कि 'हिन्दुस्तानी' के नाम से आसान उर्दू ही पढ़ाई जाती थी। जो भारतीय अध्यापक पढ़ाने के लिए बुलाए जाते थे अधिकतर हिंदू होते थे। इसलिए उर्दू से कोई धार्मिक भाव संबद्ध नहीं था। यह 'भाषा शिक्षण' की दृष्टि से भले ही सही भी था, पर भाषा के साथ उसकी सांस्कृतिक पृष्ठभूमि को काटा गया। परिणामत: छात्र भारतीय संस्कृति के साथ गहराई से परिचित नहीं हो सके। जिज्ञासु छात्र इस बात से संतुष्ट नहीं थे। तोक्यो और ओसाका में इस हिन्दुस्तानी के प्रवर्तक थे- क्रमश: प्रो. रेइचि गामो तथा प्रो. एइज़ो सावा। दोनों उर्दू के साथ फ़ारसी भाषा में भी निपुण थे।

उल्लेखनीय है कि उक्त हिन्दुस्तानी विभाग में सहायक या ऐच्छिक भाषा के रूप में समय-समय पर तोक्यो में तमिल का तथा ओसाका में अरबी या फ़ारसी का अध्यापन भी होता था।

द्वितीय महायुद्ध के बाद इन दोनों विद्यालयों को विश्वविद्यालय का स्तर प्रदान कर दिया गया और चार कक्षाओं की व्यवस्था के साथ बी.ए. की उपाधि भी प्रदान की जाने लगी, परंतु विभाग तथा अध्यापक वही रहे। स्वतंत्रता प्राप्ति के बाद जब भारत

ने हिंदी को राष्ट्रीय भाषा के रूप में स्वीकृत किया तब से इन दोनों विश्वविद्यालयों में धीरे-धीरे हिंदी का महत्त्व बढ़ने लगा परंतु हिंदी के अध्यापक की नियुक्ति में अभी कुछ समय की आवश्यकता थी। ऐसी हालत में उर्दू पढ़े हुए छात्रों से ही हिंदी के विशेषज्ञ बनने की आशा की जा सकती थी। प्रो. क्यूया दोई ही हिंदी के ऐसे पहले विशेषज्ञ बने। उन्होंने हिंदी का अध्ययन पहले-पहल बर्मा में स्वयं शिक्षक के रूप में प्रारंभ किया था जब वे द्वितीय महायुद्ध के समय सेना में भरती होकर वहाँ गए थे। सन् 1949 के बाद प्रो. दोई अपने तोक्यो विदेशी भाषा विश्वविद्यालय में उर्दू पढ़ाते हुए हिंदी का अध्ययन श्रीमती रत्नम् के नेतृत्व में करते रहे जिनके पति तोक्यो स्थित भारतीय दूतावास के प्रथम सचिव थे। सन् 1953 में उनको दो साल के लिए इलाहाबाद विश्वविद्यालय में हिंदी का अध्ययन करने का अवसर मिला। सन् 1955 में हिंदी विषय में पारंगत होकर जापान वापस आने पर वे हिन्दुस्तानी (उर्दू) विभाग से अलग हिंदी विभाग को स्थापित करने में जुट गए और उनका यह प्रयत्न सन् 1959 में सफल हो गया। विभाग का नाम भी 'हिन्दुस्तानी विभाग' से 'भारत-पाकिस्तान विभाग' में परिवर्तित किया गया। वैसे हिंदी तथा उर्दू' संपूर्ण रूप से अलग-अलग विभाग न होकर इसी 'भारत-पाकिस्तान विभाग' के दो अलग कोर्स (उपविभाग भी कह सकते हैं) बने। तब से हिंदी और उर्दू के लिए पंद्रह-पंद्रह सीटों की परंपरा चली आ रही है।[2]

प्रो. दोई के हिंदी के प्रथम छात्र के रूप में प्रो. तोशिओ तानाका का नाम उल्लेखनीय है जो प्रो. दोई के अवकाश ग्रहण करने के बाद वर्तमान काल में उक्त हिंदी उप-विभाग के अध्यक्ष के रूप में कार्यरत हैं। उन्होंने सन् 1965 से सन् 1967 तक दिल्ली विश्वविद्यालय में हिंदी का अध्ययन किया। आधुनिक हिंदी साहित्य उनका विषय है। प्रो. काजुहिको माचिदा इस समय जापान में हिंदी के कनिष्ठ अध्यापक हैं। उन्होंने सन् 1979 में इलाहाबाद विश्वविद्यालय से सीधे हिंदी में एम.ए. किया। तब तक उक्त विश्वविद्यालय में भी एम.ए. का कोर्स शुरू हुआ था, अतः प्रो. माचिदा ने अपने तोक्यो विदेशी भाषा विश्वविद्यालय से भी एम.ए. किया। भाषा विज्ञान और काव्य शास्त्र उनके विषय हैं। इस विश्वविद्यालय से संबद्ध 'एशिया तथा अफ्रीका भाषा संस्कृति संस्थान' में भारतीय आर्य भाषाओं का ऐतिहासिक तथा तुलनात्मक अध्ययन करने वाले डॉ. त्युयोशि नारा का नाम भी उल्लेखनीय है। वे बंगला के साथ हिंदी पर भी शोध कार्य करते हैं।

ओसाका में उक्त प्रो. एइज़ो सावा स्वयं उर्दू के साथ हिंदी भी पढ़ाते थे, उर्दू की कक्षा में 'मैदान-ए-अमल' तथा हिंदी की कक्षा में 'कर्मभूमि' पढ़ाते थे। उन्होंने

सन् 1948 में 'हिंदी प्रवेशिका' नामक पुस्तक लिखी थी। यह जापान में देवनागरी में लिखी गई प्रथम हिंदी की पुस्तक के रूप में प्रसिद्ध है। इस किताब के अलावा भी उन्होंने कई किताबें लिखी थीं। उनमें से सबसे मोटी और विख्यात किताब थी— 'इन्दोबुन्तेन', जिसमें संपूर्ण हिंदी व्याकरण का परिचय विस्तार से दिया गया है। हिंदी के प्रति विशेष प्रेम होने पर भी प्रो. सावा का अधिकार उर्दू पर अधिक था। अतः इस विश्वविद्यालय में भी हिंदी-उर्दू उप-विभाग विभाजन के बाद ही हिंदी के विशेषज्ञ बनने लगे। ऐसे ही विशेषज्ञ प्रो. कात्सुरो कोगा, जो आजकल इसी भारत पाकिस्तान विभाग' के अध्यक्ष हैं, प्रो. दोई के अवकाश ग्रहण करने के बाद इन दो विदेशी भाषा विश्वविद्यालयों (तोक्यो तथा ओसाका) में हिंदी के वरिष्ठतम अध्यापक हैं। उन्होंने सन् 1961 से सन् 1963 तक पिलानी तथा आगरा में, फिर सन् 1975 से 1976 तक केंद्रीय हिंदी संस्थान, नई दिल्ली में हिंदी का अध्ययन किया। हिंदी गद्य का इतिहास, लोक साहित्य, भाषा विज्ञान में उनका गहरा ज्ञान है। इस समय वे नवीन हिंदी जापानी शब्दकोश के निर्माण में लगे हुए हैं। विख्यात भारतीय भाषाविद् डॉ. नोरिहिको उचिदा, जो कभी दिल्ली विश्वविद्यालय तथा जवाहरलाल नेहरू विश्वविद्यालय में जापानी भाषा के अध्यापक रह चुके हैं, सन् 1960 से सन् 1963 तक इसी ओसाका विदेशी भाषा विश्वविद्यालय में हिंदी तथा बंगला के अध्यापक रहे। दिल्ली से प्रकाशित 'हिंदी फ्रॉनोलोजी' उनकी अन्यतम प्रसिद्ध पुस्तक है। प्रस्तुत प्रपत्र लेखक (तोमिओ मिज़ोकामि) इन दो अध्यापकों का छात्र रहा, जिसने भारत में इलाहाबाद, शांतिनिकेतन तथा दिल्ली में शिक्षा प्राप्त की। इसलिए लेखक का संबंध केवल हिंदी से न होकर बंगला तथा पंजाबी के साथ भी है और वह भाषा विज्ञान में विशेष रुचि रखता है।

विश्वविद्यालय का स्तर प्राप्त होने के उपरांत इन दो संस्थाओं में अध्यापन के साथ-साथ अध्ययन तथा शोध कार्य पर भी विशेष ज़ोर दिया जाता है और भाषा-शिक्षण के साथ साहित्य तथा भारतीय संस्कृति का भी परिचय कराया जाता है। भारतीय इतिहास, भारतीय दर्शन, भारत की आर्थिक व्यवस्था आदि विषयों पर अपने यहाँ विशेषज्ञ न होने के कारण दूसरे विश्वविद्यालयों से विशेषज्ञों को बुलाकर छात्रों को इन विषयों से अवगत कराया जाता है। परंतु ओसाका विदेशी भाषा विश्वविद्यालय के प्रो. शो कुवाज़िमा इन दो विश्व विद्यालयों में ऐसे प्रथम अध्यापक हैं, जिनका संबंध सीधे हिंदी से न होकर भारतीय संस्कृति से है। वे आधुनिक भारतीय इतिहास के विशेषज्ञ के रूप में सन् 1966 में इसी विभाग में नियुक्त हुए। उन्होंने एक लंबी

अवधि तक दिल्ली, चंडीगढ़ तथा बंगलौर में शोध कार्य किया। ओसाका में तोक्यो से अध्यापकों की संख्या ज़्यादा होने के कारण छात्रों की संख्या भी कुछ ज़्यादा है। यहाँ हिंदी के लिए अट्ठारह सीटें हैं।

प्रो. दोई ने जापान में हिंदी अध्ययन-अध्यापन का श्रीगणेश किया। उन्होंने हिंदी जापानी शब्द कोश का निर्माण कर जापान के हिंदी जगत् को बड़ा योगदान दिया, परंतु उनकी देन यहीं तक सीमित नहीं थी बल्कि उन्होंने अपने छात्रों में से ऐसे विद्वान् तैयार किए, जो आजकल जापान के विभिन्न विश्वविद्यालयों में विभिन्न भारतीय विषयों का अध्ययन-अध्यापन करते हैं। उनमें से प्रो. तेइजि साकाता का नाम उल्लेखनीय है, जो आजकल तोक्यो स्थित एक प्राइवेट यूनिवर्सटी--ताकुशोकु विश्वविद्यालय के अध्यापक हैं। भाषा विज्ञान, लोक साहित्य का संकलन तथा हिंदी साहित्य का इतिहास आदि विषयों पर उनके शोध-प्रबंध प्रकाशित होते रहते हैं।

तोक्यो तथा ओसाका विदेशी भाषा विश्वविद्यालयों में हिंदी अध्ययन-अध्यापन के स्तर को ऊँचा बनाने में भारतीय अध्यापकों का योगदान भी कम नहीं रहा है, जिनमें कुछ विशेष भारतीय अध्यापक डॉ. लक्ष्मीधर मालवीय, श्री श्यामसुंदर जोशी, श्रीमती इन्दु जैन तथा कु. बुद्धि राजा इत्यादि हैं।

इन दो विदेशी भाषा विश्वविद्यालयों के अलावा भी गत दस-पंद्रह वर्षों में ऐसे विश्वविद्यालयों की संख्या बढ़ी है जहाँ हिंदी की पढ़ाई की सुविधा है। उक्त ताकुशोकु विश्वविद्यालय के बाद तोकाई विश्वविद्यालय ऐसी प्राइवेट यूनिवर्सिटी है जिसमें हिंदी के कुछ विद्यार्थी हैं। प्रो. दोई आजकल इसी विश्वविद्यालय में पढ़ाते हैं। संस्कृत तथा भारतीय दर्शन (जिसमें बौद्ध दर्शन के अध्ययन का विशेष रूप से प्रबंध है) के उच्चकोटि के अध्ययन केंद्र के रूप में तोक्यो विश्वविद्यालय तथा क्योतो विश्वविद्यालय की ख्याति है। इन दो विश्वविद्यालयों में हिंदी को बहुत पहले से एक वैकल्पिक विषय के रूप में पढ़ाया जाता रहा है, यहाँ प्रति वर्ष दो-तीन विद्यार्थी हिंदी पढ़ने आते हैं। कुछ साल पहले से निम्नलिखित प्राइवेट यूनिवर्सिटियों में भी हिंदी की पढ़ाई ऐच्छिक विषय के रूप में चल रही है- ताइशो विश्वविद्यालय, ओतानि विश्वविद्यालय, ओत्तमोन गाकुइन विश्वविद्यालय तथा कान्साई विदेशी भाषा विश्वविद्यालय। कान्साई विदेशी भाषा विश्वविद्यालय में हिंदी पुस्तकों का अच्छा संग्रह है। इस विश्वविद्यालय में हिंदी पठन-पाठन का कार्य-भार संभालने वाले डॉ. रमेश माथुर हैं। इस प्रकार जापान में इस समय कुल मिलाकर दस विश्वविद्यालयों

में हिंदी पढ़ने-पढ़ाने की सुविधा उपलब्ध है और अनुमान किया जा सकता है कि हिंदी पढ़ने वाले छात्रों की संख्या 150 से ज़्यादा होगी।

विश्वविद्यालय के अलावा भी प्राइवेट संस्थान में या निजी तौर पर हिंदी की सेवा करने वाले व्यक्ति भी हैं, जिनमें 'ज्वालामुखी' के संपादक श्री योशिअकि सुज़ुकि भी हैं। 'सर्वोदय' के अनुयायी श्री कोकि नागा एशिया-अफ्रीका भाषा विद्यालय (तोक्यो स्थित एक प्राइवेट संस्थान) में हिंदी पढ़ाते हैं। उनके सहयोगी डॉ. नरेश मंत्री हैं। श्री हिदेआकि इशिदा एक उच्चतर माध्यमिक विद्यालय में अंग्रेज़ी का अध्यापन करते हुए हिंदी तथा मराठी के शोध कार्य में रत हैं। इस प्रकार से हिंदी पढ़ने वाले विद्यार्थियों को तथा हिंदी पर शोध-कार्य करने वाले विद्वानों की संख्या तेजी से बढ़ रही है और बढ़ती जाएगी।

## (2) कठिनाइयों के उदाहरण

जापान में हिंदी सीखने वाले छात्रों को भाषा की दृष्टि से कतिपय कठिनाइयों का सामना करना पड़ता है। परीक्षा भवन में विद्यार्थी जिस प्रकार की भूल करते हैं उनके उदाहरण प्रस्तुत करने के लिए लेखक ने ओसाका विदेशी भाषा विश्वविद्यालय के पहली कक्षा से चौथी कक्षा तक के हिंदी के विद्यार्थियों की अभिव्यक्ति क्षमता की परीक्षा ली। उनको संवादहीन हास्यचित्र (कार्टून) दिखाया गया, जिसके छह भाग हैं :

पहले भाग में दोनों बच्चों में मार-पीट हो रही है।

दूसरे भाग में एक बच्चा रोता हुआ अपने पिता के पास आता है।

तीसरे भाग में रोते हुए बच्चे का पिता अपने बेटे को लेकर जा रहा है तो उधर से दूसरा बच्चा भी अपने पिता को लेकर आ रहा है।

चौथे भाग में एक दूसरे के बच्चे को दोषी ठहराते हुए दोनों पिताओं में प्रतिवाद शुरू होता है।

पाँचवें भाग में दोनों पिताओं में मार-पीट हो जाती है।

छठे भाग में दोनों पिताओं का झगड़ा उग्रतम रूप धारण करता है, पर दोनों बच्चे फिर खेलने लग जाते हैं।

छात्रों को इस चित्र की व्याख्या हिंदी में अपने शब्दों में लिखने का आदेश दिया गया। शब्दों की संख्या तथा अभिव्यक्ति पर कोई पाबंदी नहीं लगाई गई परंतु शब्दकोश तथा पुस्तक की सहायता का निषेध किया गया और आधे घंटे का समय दिया गया। नीचे दिये गए उदाहरणों में कोष्ठक की संख्या उस छात्र की कक्षा को सूचित करती है।

### (1) लिंग की अशुद्धियाँ:

दूसरे की कपड़ा (1), बड़े आँखें (1), उनका लड़ाई (1), अपना बात (1), लड़ाई के जगह (1) मेरा जीत (1), बच्चों के बात (1), बच्चों ने ध्यान नहीं दी (1), पिता लड़ाई लड़ रही थी (1), पिता जी के लड़ाई (2), दोस्ती हुआ (2), देर हो गया (2), बुरा-सूरत चीज़ (2), शिकायत करना चाहिए (2) मेरा पाप नहीं थी (3), हरने का वजह (3), मेरी दिल (3), उनका हालत (3), अपनी मित्र (3), शत्रु की मुँह (3), दूसरे बच्चों का निंदा (3), उसकी मुँह से (4), मार-पीट शुरू हुआ (4), लड़ाई के बात (4), कैसा शिक्षा (4)।

### (2) वचन की अशुद्धियाँ:

दूसरे बच्चे भी अपने पिता जी के साथ आया था (1), दो बड़े के बीच में (1), दोनों बच्चा (1), दो बच्चा खड़ा था (1), घंटे बीत रहा है (1), दो लड़के के साथ खड़ा होते हुए (2), सभी बात (2), दोनों लड़के पहुँचा (2), दो बच्चे खड़ा होकर (3), दूसरे लड़का (3), इस बच्चे के घर कहाँ है? (3), अपने बच्चा (3)।

### (3) वर्तनी की अशुद्धियाँ:

परुषों (1), ड़लाई (1), सचमच (1), शत्रुों (1), घानीष्ठ मित्र (1), मालम (1) चाहुता हू (1), भुल गया (1), शमील (1), तुमहारा (1), नराज (1) दुसरे (1), बच्छा ('बच्चा' के लिए) (2), दुन्या (2), छपछाप (2), जब (2), लेकल ('लेकर' के लिए) (2), क्षामा (3), अंसुन (3), बुला ('बुरा' के लिए) (3), जगला ('झगड़ा' के लिए) (3), जगड़ा (वही) (3), तकावत ('ताकतवर' के लिए) (3), जोड़ ('ज़ोर' के लिए) (3), कंडकों ('कंकड़ों' के लिए) (4), सन्कर ('सुनकर' के लिए) (4)।

### (4) परसर्ग की अशुद्धियाँ:

आपस में पकड़ने लगे (1), बड़े आँखों में से देख लिये (1), लड़के साथ के साथ (1), पिता जी को आपस में नाराज़ थे (1), पिताजी को नाराज़ हो गए थे (1), दूसरे पर मार दिया (1), उसका पिता जी (1), बोलने कि कोशिश की (1), देखना को बंद किया (1), बड़ों आने की कहानी थी (1), अपने बच्चों का रोते हुए देखकर (2), पिता जी बिगड़ते को देखने में थक गए (4), आँसुओं पोंछते-पोंछते (4)।

### (5) जापानी शैली की हिंदी:

व्याकरण की दृष्टि से चाहे अशुद्ध न हो, पर जापानियों द्वारा लिखे गए हिंदी वाक्यों पर यत्र-तत्र जापानी का प्रभाव पाया जाना स्वाभाविक है। इसका कारण है- जापानी भाषा में सोचकर सीधे हिंदी में रूपान्तरित करना। यद्यपि कभी-कभी इसका प्रमाण देना कठिन है, क्योंकि इस तरह की शैली छात्रों के अभ्यास के अभाव के कारण भी हो सकती है। इस प्रकार की 'जापानी शैली की हिंदी' के उदाहरण नीचे दिये जाएँगे:

कारण सुने (पूछे' के लिए) (1), कह झगड़ने लगे (1), कम बातें के लिए (1), हत्या किया गया बच्चा (1), चुकने के समय तक खेलेंगे (1), इधर से आने वाले वह बच्चा और उसके पिता जी थे (1), शक्ति से ('ज़ोर से' के लिए), उनकी लड़ाई कठिन बन रही है (1), उनका झगड़ा बहुत कठिन होता है (1), रुचि की आँखों से देख रहे हैं (1), नया शत्रु हो जा रहे थे (2), जी तोड़कर लड़ रहे थे (2), छोटे दो लड़के (2), झगड़े में जय किया है (3), हाथ-पैर हिलाकर लड़ रहे हैं (3), मेरा पाप नहीं थी (3), वे तो हमेशा मित्रता में हैं (3), पिता जी बिगड़ना रुक कर के अपने अपने घर लौट जायें (3), पिता जी मुँह लाल करके (3)।

समय की असुविधा इत्यादि कारणों से सभी छात्र यह परीक्षा नहीं दे पाए। जिन छात्रों ने यह परीक्षा दी, उनकी संख्या इस प्रकार है :

| | |
|---|---|
| पहली कक्षा | 16 |
| दूसरी कक्षा | 15 |
| तीसरी कक्षा | 9 |
| चौथी कक्षा | 5 |
| कुल- | 45 |

यह संख्या हिंदी के छात्रों की कुल संख्या की लगभग 65 प्रतिशत है।

जब सभी छात्रों को यही उत्तर-पुस्तिका फिर घर से लिखकर लाने का आदेश दिया गया तो लगभग सभी छात्रों ने बड़ी उन्नति दिखाई क्योंकि घर में समय की कोई पाबंदी नहीं थी और वे शब्दकोश भी देख सकते थे। ऐसे ही छात्रों में से चौथी कक्षा के एक छात्र द्वारा लिखी गई व्याख्या नीचे ज्यों-की-त्यों प्रस्तुत की जायेगी। यह सबसे अच्छा लेख था:

(1) दो बच्चे मार-पीट कर रहे थे। वे मन्नू और अन्नू थे। दोनों छह साल के लड़के और पाठशाला में सहपाठी थे। जैसे बच्चों की दुनिया में बहुत से

दोस्त अपनी घनिष्ठता के कारण ही अक्सर झगड़ा करते हैं वैसे ही मन्नू और अन्नू थे।

(2) अन्नू कमज़ोर था और हारकर रोते-रोते अपने घर लौटा। उसने आँसुओं पोंछते हुए हिचकियाँ लेकर अपने बाप से कहा, "पापा, मन्नू तो बहुत शैतान है। मैंने उससे कुछ नहीं किया, न कहा। फिर उसने अकारण मुझे बुरी तरह पीटा और लातें मार दीं। उसे बदला न दे सकूँ तो मैं बर्दाश्त नहीं कर सकता। मन्नू को खूब डाँट दो, उसे सख्त सज़ा मिलना चाहिए।"

(3) बाप ने कहा, "अच्छा बेटा, मैं अभी तक नहीं जानता था कि मन्नू इतना नटखट है। उसका पापा और मैं पुराने दोस्त हैं। मैं उसे अपने उपद्रव के बारे में चेतावनी दूँगा। मन्नू बचपन से ही इतना शैतान है कि आगे कैसा दुष्ट आदमी हो जाए। चिंता करने की बात नहीं। मैं अभी जाऊगा, तुम भी साथ आओ।" वह अन्नू के हाथ खींचकर चलने लगा। तो क्या बात, मन्नू का पापा भी अपने बेटे के साथ इधर आ रहे थे।

(4) रास्ते पर उन चारों की मुलाकात हुई। अन्नू के बाप और मन्नू के बाप आपस में गाली देने लगे। "तुम्हारा बच्चा बहुत शैतान है। तुम घर में उसे कैसा शिक्षा दे रहे हो? बेटा अपने बाप की देखा-देखी करता है। इसलिए उसका बाप ईमानदार है, तो बच्चा भी ईमानदार होता है, अगर बाप बदमाश है, तो बच्चा तुम्हारे बेटे का सा व्यवहार करता है।" दोनों पक्ष उत्तेजित हो गए। मुँह से गंदे शब्द निकले और आँखें लाल हो गई। पर यह अन्नू और मन्नू समझ में कुछ भी समझ में नहीं आयी कि क्यों इतने बड़े आदमी इतनी आसानी से नाराज हो जाते हैं। दो बच्चे मौन से आपस में ताकते ही रहे।

(5) दो बड़े आदमी और भी उत्तेजित हो गए। एक ने दूसरे की गरदन पकड़ ली, तो दूसरे ने हाथ उठाया। मार-पीट शुरू होने वाली थी। दो बच्चे दाँत तले उंगली दबाकर एक साथ खड़े हुए थे।

(6) अंत में मार-पीट होने लगी। अन्नू के पापा ने एक घूंसा मारा, उल्ट मन्नू के पापा ने ठोकरें जमा दी। मुक्केबाज़ी हो रही थी। लेकिन बच्चों का मन चंचल होता है और वे कुट्टी करने पर भी तुरंत मेल-मिलाप करते हैं। अब अन्नू और मन्नू को अपने बाप की घूंसेबाज़ी कोई दिलचस्पी की बात नहीं थी। वे दोनों एक साथ उकड़े बैठकर कंकड़ों से खेलने लगे।

उच्चारण के संबंध में यह प्रसिद्ध है कि जापानियों के लिए /र/ /ल/ तथा /ड़/ का भेद करना बहुत कठिन है परंतु अल्पप्राण तथा महाप्राण का भेद अभ्यास से संभव हो जाता है। इस विश्वविद्यालय में पहली कक्षा के छात्रों को प्रत्येक सप्ताह 90 मिनट का लैंग्वेज लैबोरेट्री (भाषा प्रयोगशाला) की कक्षा होती है, जिसमें यंत्र के माध्यम से उच्चारण का अभ्यास कराया जाता है।

## (3) समस्याएँ और दिशाएँ

जापान में हिंदी पढ़ने के इच्छुक छात्रों के समक्ष उनके विविध उद्देश्य होते हैं। ओसाका विदेशी भाषा विश्वविद्यालय के छात्रों के सर्वेक्षण के आधार पर निम्नलिखित विवरण प्रस्तुत किया जा रहा है :

भारतीय दर्शन सीखने की इच्छा, भारतीय इतिहास पढ़ने की इच्छा, योगदान का अभ्यास तथा कोई भारत भ्रमण की इच्छा से इस विभाग में प्रवेश लेता है। हिंदी में विशेष रुचि लेकर प्रवेश लेने वाले विद्यार्थी बहुत कम होते हैं। इससे संकेत मिलता है कि विद्यार्थियों की रुचि भाषा की अपेक्षा संस्कृति की और अधिक है। वस्तुत: भाषा और संस्कृति तो मानवीय सृष्टि के दो अभिन्न पक्ष हैं। विशेषकर ओसाका विदेशी भाषा विश्व विद्यालय की स्थापना का उद्देश्य स्पष्ट रूप से विदेशी भाषा के माध्यम से विदेशी संस्कृति को सीखना है। अत: विदेशी भाषा शिक्षा का महत्त्व किसी रूप में कम नहीं है।

इसके अतिरिक्त कुछ ऐसे छात्र भी होते हैं जो बिना किसी उद्देश्य के यों ही आते हैं-शायद इसलिए कि दूसरे विभागों की तुलना में 'भारत-पाकिस्तान विभाग' में प्रवेश लेना आसान है। विश्वविद्यालय में प्रवेश लेने के इच्छुक जापान के हाई स्कूल के छात्रों को मुख्यत: उनके रेकार्ड के आधार पर दिशा निर्दिष्ट किया जाता है, रुचि के आधार पर नहीं। ऐसे भ्रमित छात्रों का विश्वविद्यालय में प्रवेश लेना ही मुख्य उद्देश्य है। प्रवेश लेने के बाद पढ़ना नहीं या पढ़ना भी हो तो हिंदीतर विषय। ऐसे छात्र अध्यापकों के लिए बोझ बन जाते हैं क्योंकि हिंदी की ओर उनकी रुचि नहीं होती।

साधारणत: जापानी विद्यार्थी 18-19 की आयु में हिंदी सीखना शुरू करते हैं तब तक वे विदेशी भाषा के रूप में केवल अंग्रेज़ी पढ़ते हैं। अत: नवीन भाषा के रूप में हिंदी पर अधिकार प्राप्त करने के लिए उन्हें बहुत मेहनत (या कभी-कभी 'तपस्या'!) करनी पड़ती है। यद्यपि हिंदी मूलत: वाक्य-रचना की दृष्टि से और उच्चारण की दृष्टि से भी जापानियों के लिए कठिन नहीं है, अधिक उपयुक्त होगा यह कहना कि अंग्रेज़ी की तुलना में यह बहुत आसान है। पर आम विद्यार्थी अपने

हाईस्कूल के अध्ययन-काल में मेहनत करने की क्षमता खो बैठते हैं। जब चार वर्ष के बाद स्नातक होकर वे समाज में प्रवेश करेंगे तो वहीं और भी परिश्रम करना पड़ेगा। इसलिए विश्वविद्यालय के चार साल उनके लिए विश्राम का समय है। सप्ताह में पाँच पीरियड (नब्बे मिनट × 5) की कक्षा को बोधगम्य करने के लिए प्रत्येक छात्र से प्रतिदिन दो घंटे घर में पढ़ने की आशा की जाती है, पर हिंदी की पढ़ाई के लिए आम छात्रों के लिए प्रतिदिन दो घंटे पढ़ना कठिन है यद्यपि असंभव नहीं है।

फिर भी यहाँ ध्यान देने की बात यह है कि पूरे जापान के विश्वविद्यालयों के विद्यार्थियों के स्तर को देखते हुए अपने यहाँ के छात्रों का बौद्धिक स्तर काफी ऊँचा है। अध्यापकों की ओर से सही मार्गदर्शन हो तो दृढ़ संकल्प वाले छात्र बहुत कुछ सीख सकते हैं। हमेशा निराशावादी दृष्टिकोण को अपनाना भी ठीक नहीं होता, क्योंकि कुछ ऐसे मेधावी विद्यार्थी भी अपने यहाँ से निकलने लगे हैं जो भारत जाकर हिंदी की पढ़ाई में भारतीय छात्रों के साथ बराबरी कर सकते हैं, यद्यपि ऐसे विद्यार्थियों की संख्या अभी 'समुद्र में बूँद' की तरह है।

विश्वविद्यालय में व्यवस्था का दोष भी है, जिसके लिए जापान सरकार का शिक्षा मंत्रालय जिम्मेदार है : एक कक्षा में भाषा-शिक्षा के लिए 18 छात्रों को लेना अन्याय है (कभी-कभी 'फेल' छात्रों की वजह से यह संख्या 25 तक जाती है।)। हमारे पड़ोसी देश कोरिया के कान्कोकु विदेशी भाषा विश्वविद्यालय में तो हिंदी के लिए 35 विद्यार्थी लेते हैं, पर अमेरिका के किसी भी विश्वविद्यालय में हिंदी की कक्षा में इतनी संख्या में विद्यार्थी नहीं बैठते, यद्यपि अमेरिका में ऐसे विश्वविद्यालयों की संख्या जापान से तीन-चार गुनी अधिक है जहाँ हिंदी पढ़ाई जाती है। यदि एक कक्षा में केवल 4-5 छात्रों को ही लिया जा सके तो निस्संदेह ही शिक्षण का फल कई गुना अधिक होगा। छात्रों में हिंदी की ओर रुचि पैदा करने के लिए नये ढंग अपनाये जाते रहे हैं। इस दिशा में इस साल से दूसरी कक्षा के विद्यार्थियों को हिंदी फिल्म के वीडियो दिखाकर बड़ी सफलता मिल रही है। फिल्म दिखाने के पहले छात्रों को फिल्मी स्क्रिप्ट (संवाद पुस्तिका) दिया जाता है जिसे वे घर से पढ़कर आते हैं। कई बार एक ही दृश्य दिखाकर छात्रों से अभिनेता या अभिनेत्री के संवादों का अनुकरण कराया जाता है। मौखिक अभ्यास के लिए यह बहुत अच्छा साधन है। फिल्म से लाभ केवल भाषा शिक्षण का नहीं अपितु इस बात का भी है कि विद्यार्थी भारतीय जीवन को अपनी आँखों से देखकर भारतीय संस्कृति से जीवंत रूप में परिचित हो सकते हैं। कुछ मनोवैज्ञानिकों का कहना भी है कि किसी भी ज्ञान को अर्जित करने के लिए चलचित्र बड़ा प्रभावशाली साधन होता है।

यद्यपि प्रत्येक वस्तु को केवल व्यावहारिक तथा व्यावसायिक दृष्टि से देखना ठीक नहीं है (केंद्रीय हिंदी निदेशालय की प्रवेशिका की परीक्षा हमारे विद्यार्थी इसलिए देना नहीं चाहते कि उससे उन्हें कोई व्यावहारिक लाभ नहीं होता)। परंतु यदि छात्र यह कहें कि हमें हिंदी सीखने से क्या लाभ, क्योंकि जापान में सभी भारतीय लोग अंग्रेज़ी बोलते हैं, तो इस तर्क के आगे हमें क्षण भर के लिए चुप रहना पड़ता है। अत: लेखक की सहृदय भारतीय पाठकों से यही प्रार्थना है कि वे हिंदी पढ़ने वाले जापानी छात्रों से अंग्रेज़ी में बात न करके हिंदी अथवा भारतीय भाषाओं में बात करके उन्हें उत्साहित करें।

अंत में 'ज्वालामुखी' के अतिरिक्त भारतीय पाठकों को दो ऐसी पत्रिकाओं का परिचय देना भी लेखक अपना कर्तव्य समझता है जो हिंदी शिक्षा की ओर प्रेरित करती है। एक तोक्यो विदेशी भाषा विश्वविद्यालय से प्रकाशित 'इन्दोबुन्गाकु' (भारतीय साहित्य) है, जिसमें हिंदी, उर्दू, बंगला, तमिल, मराठी आदि की कुछ साहित्यिक रचनाओं के जापानी अनुवाद उपलब्ध हैं। आजकल सुश्री तामाकि मात्सुओका हिंदी फ़िल्मों की समीक्षाएँ लिखकर इस पत्रिका के महत्त्व को बढ़ा रही हैं। दूसरी पत्रिका ओसाका विदेशी भाषा विश्वविद्यालय से प्रकाशित 'इन्दो-मिन्ज़ोकु केन्क्यू' (भारतीय मानव जाति विषयक अध्ययन) है, जिसमें केवल साहित्य ही नहीं, भारतीय संस्कृति से संबंधित विभिन्न क्षेत्रों से संबंधित लेख भी मिलते हैं। ये दो पत्रिकाएँ जापानी भाषा में ही प्रकाशित हैं।

1. प्रस्तुत लेख से सीधा संबंध न होने के कारण उर्दू के अध्यापकों के नामों का उल्लेख नहीं किया गया। यह बात ओसाका विदेशी भाषा विश्वविद्यालय के संदर्भ में भी उचित है।
2. प्रस्तुत लेख निर्माण में यत्र-तत्र प्रो. दोई द्वारा लिखित 'हिन्दुस्तानी, उर्दू, हिंदी' नामक लेख ('त्सूशिन्' अंक 36, जुलाई 1979, एशिया तथा अफ्रीका भाषा संस्कृति संस्थान, तोक्यो विदेशी भाषा विश्वविद्यालय) से कुछ सहायता प्राप्त हुई है, जिसके लिए लेखक उनका आभारी है।

***ज्वालामुखी, अंक 3, 1982 से साभार***

# हिंदी भाषा शिक्षण में नाटक के मंचन की शैक्षिक उपयोगिता

सन् 1995, 17 जनवरी को कोबे शहर में अचानक भयावह भूकम्प आया था और छह हज़ार से ज़्यादा लोगों की मृत्यु हो गई जिनमें विदेशी लोग भी बहुत थे। इसी कोबे शहर में लगभग एक हज़ार प्रवासी भारतीय रहते हैं, वह आँकड़ा पश्चिमी जापान के शहरों में सब से अधिक है।

हालाँकि उनमें से किसी की जान तो नहीं गई, लेकिन उनके मकानों को बड़ा नुक्सान हुआ था और कारोबार में भी बड़ी क्षति पहुँची थी। भूकम्प के बाद बार-बार आनेवाले झटकों से भी वे लोग त्रस्त थे। उन लोगों को कई तरह की परेशानियाँ उठानी पडीं।

ऐसे में एक भारतीय रेस्तराँ के मालिक एक पार्क में भूख और सर्दी से तड़प रहे शरणार्थियों को मुफ्त में भारतीय भोजन यानी इंडियन कढ़ी बाँट रहे थे। भूकम्प के बाद इस व्यक्ति को ह्योगो जिले (जिसकी राजधानी कोबे है) के राज्यपाल की ओर से स्तुति-पत्र प्रदान किया गया है। इसे देखकर ओसाका विश्वविद्यालय के कुछ छात्रों ने भूकंप से पीड़ित कोबे निवासी भारतीयों को दिलासा और प्रोत्साहन देने के लिए हिंदी नाटक का मंचन करने का फैसला किया था। इस तरह सन् 1995 के दिसम्बर मास में पहली बार वहाँ के Indian Social Society में *साचिको की शादी* नामक हिंदी नाटक का मंचन किया था जिसे ओसाका विश्वविद्यालय में हिंदी के भारतीय अध्यापक डॉ. हरजेन्द्र चौधरी जी ने सरल भाषा में लिखा था ताकि अधिक से अधिक विद्यार्थी हिस्सा ले सकें। तीस से अधिक छात्रों ने हिस्सा लिया था।

साचिको नामक एक जापानी लड़की के भारतीय विद्यार्थी से प्रेम विवाह करने के बाद प्रथम बार अपने ससुराल भारत जाने पर दोनों देशों के सांस्कृतिक अंतर और रहन-सहन के अलगाव के कारण किन-किन मुश्किलों का सामना करना पड़ा—इस हास्य नाटक को भारतीय दर्शकों ने बहुत पसंद किया और छात्र कलाकारों की बड़ी

प्रशंसा की थी। इस आशातीत सफलता से प्रोत्साहित होकर और आत्म-विश्वास को पाकर छात्रों ने फिर अगले साल सन् 1996 में उसी कोबे शहर में स्थित एक और क्लब यानी इण्डिया क्लब में रमाशंकर निशेष द्वारा लिखित *'प्यार कैसे होता है'* का मंचन किया था। यह बहुत लंबा नाटक था और संवाद भी *'सचिको की शादी'* से काफी लम्बे और कठिन थे। फिर भी अपने अथक प्रयास और लगन से छात्रों ने फिर कोबे निवासी भारतीय दर्शकों का दिल जीत लिया था।।

सन् 1997 अप्रैल के एक दिन की बात है। कोबे निवासी एक सिन्धी सज्जन ने मुझे व्यक्तिगत रूप से यह सुझाव दिया था कि इन्हीं हिंदी नाटकों का मंचन भारत में करें तो अच्छा होगा। शुरू-शुरू में मैं उनकी बात पर विश्वास नहीं कर सका। जिन्होंने अपनी भाषा में भी कभी नाटक नहीं किया हो उनके द्वारा भारत जाकर हिंदी भाषी दर्शकों के सामने हिंदी में नाटक प्रस्तुत करना तो दिवास्वप्न था। जापान-भारत मैत्री के नाम से अटपटी हिंदी द्वारा नाटक प्रस्तुत करना कहाँ तक उचित है? मुझे यहाँ तक लगा था कि ये सज्जन मजाक कर रहे हैं। लेकिन वे जब-जब अपने करोबार के लिए मुम्बई जाते थे वहाँ के प्रसिद्ध नाटककार श्री दिनेश ठाकुर से संपर्क करके इस योजना को साकार करने की भरसक कोशिश कर रहे थे।

इस बात को जानने के बाद मैं भी इस सुझाव को गंभीरता से लेने लगा था। श्री दिनेश ठाकुर के परामर्श के अनुसार मैंने कोबे में मंचित *'प्यार कैसे होता है'* के वीडियो को ओसाका स्थित भारतीय प्रधान कोंसलावास के माध्यम से भारतीय सांस्कृतिक संबंध परिषद् (I.C.C.R.) को भेजा था। मूल्यांकन के लिए I.C.C.R. ने राष्ट्रीय नाट्य विद्यालय को यही वीडियो भेजा। लगभग एक महीने के बाद अप्रत्याशित रूप से चमत्कारयुक्त उत्तर, अर्थात हमारे छात्रों के नाट्य दल को राष्ट्रीय नाट्य विद्यालय की ओर से औपचारिक आमंत्रण मिला। हमारे हर्ष और उत्तेजना का कोई ठिकाना न रहा। लेकिन खुशी के साथ-साथ मन में तनाव एवं आशंका भी थी कि वास्तव में भारतीय दर्शकों को हमारा अभिनय जंचेगा या नहीं। *'प्यार कैसे होता है'* बहुत संजीदा नाटक था, इसलिए हम लोगों ने इसके साथ राजेन्द्र शर्मा द्वारा लिखित एक हास्य नाटक *'पर्दा उठने से पहले'* का मंचन भी करने का निश्चय कर लिया था।

**पहली यात्रा** इस प्रकार सन् 1997 दिसम्बर के अंत से लेकर सन् 1998 जनवरी के आरम्भ तक ओसाका विश्वविद्यालय के हिंदी नाट्य दल के छात्रों ने दिल्ली में दो मंचन, मुम्बई में दो बार मंचन और वाराणसी और आगरा में एक-एक बार उक्त दो नाटकों का मंचन किया था।

**सर्वप्रथम मंचन** 23 दिसंबर, 1997 को दिल्ली के किरोड़ीमल कॉलेज में हुआ था जहाँ प्रोफ़ेसर सुरेश ऋतुपर्ण जी, स्वर्गीय डॉ. गिरीश बख्शी जी और प्रोफ़ेसर प्रेम मोटवाणी जी भी देखने आए थे। जहाँ तक हमारी जानकारी है, तब तक भारत में किसी आधुनिक भारतीय भाषा के माध्यम से कोई नाटक विदेशियों द्वारा (मॉरिशस जैसे भारत मूल के निवासी वाले देश को छोड़कर) प्रस्तुत नहीं किया गया था। इसलिए यह घटना भारत के विभिन्न मीडिया के लिए कौतूहल का विषय बनी। समय भी अनुकूल था, क्योंकि उस साल भारत की स्वतंत्रता की पचासवीं वर्षगाँठ देश भर में मनाई जा रही थी। *टाइम्स ऑफ़ इण्डिया* ने मुंबई में मंचन की तस्वीर प्रथम पन्ने की हेड लाइन में छापी थी जो अभूतपूर्व था। इससे भी चौंकाने वाली घटना यह थी कि इन दो नाटकों की प्रस्तुति बिना काटे और बिना विज्ञापन के कई बार वहाँ के टी वी पर देश भर में दर्शाई गई थी। न जाने कितने लोगों ने उसे देखा होगा। इतना ही नहीं, दिल्ली में हमें उस समय के राष्ट्रपति महामहिम के.आर. नारायण जी तथा उपराष्ट्रपति महामहिम कृष्णकांत जी से क्रमशः राष्ट्रपति भवन और उपराष्ट्रपति भवन में भेंट करने का गौरव और सौभाग्य प्राप्त हुआ था। इन सब घटनाओं को व्यक्त करने के लिए हमारे सामने कमाल शब्द के अलावा कोई उचित शब्द नहीं मिलता। जीवन भर कभी न भूलनेवाली घटनाएँ थीं। इस अद्भुत सफलता से और भी प्रोत्साहित होकर छात्रों के नाट्य दल ने देश विदेश में मंचन करने का सिलसिला हर साल जारी रखा। सन् 2007 तक यानी मेरे अवकाश ग्रहण करने के समय तक। कुल मिलाकर 6 विदेशों (भारत, नेपाल, यू. के., मॉरिशस, थाईलैंड और सिंगापुर) में, 38 शहरों में 79 बार मंचन किया था। संक्षेप में इसका विवरण लिखता हूँ।

**दूसरी यात्रा** सन् 1998, अगस्त 6 से अगस्त 9 तक लन्दन (नेहरु सेंटर, हिंदू कल्चुरल सेंटर और हैरो आर्ट्स सेंटर)

मंचित नाटकों के नाम—मस्तराम कपूर कृत *अब हम आज़ाद हैं* और राजेंद्र कुमार शर्मा कृत *पर्दा उठने से पहले*

**तीसरी यात्रा** सन् 1999, फरवरी 25 से मार्च 15 तक (शान्तिनिकेतन, कोलकाता, मुम्बई, पुणे, आगरा, दिल्ली)

मंचित नाटक का नाम–राजेंद्र कुमार शर्मा कृत *कायाकल्प*

**चौथी यात्रा** सन् 1999, सितम्बर 13 से सितम्बर 24 तक (लंदन, मंचेस्टर, ग्लासगो, स्टाकटन-ऑन-टीज़, बर्मिंघम)

मंचित नाटक का नाम-*कायाकल्प*

**पाँचवीं यात्रा** सन् 2000, फरवरी 29 से मार्च 9 तक (काठमाण्डू, पटना, वाराणसी, इलाहाबाद, लखनऊ)

मंचित नाटकों के नाम-*अब हम आज़ाद हैं* (केवल काठमाण्डो में) और *कायाकल्प*

**छठी यात्रा** सन् 2001, दिसंबर 24 से सन् 2002, जनवरी 8 तक (नई दिल्ली, लखनऊ, गोरखपुर, कुशीनगर, शांतिनिकेतन, कोलकाता)

मंचित नाटकों के नाम- उपेंद्रनाथ अश्क *तौलिए* और जापानी नाटक का हिंदी रूपान्तरण *आईना*

**सातवीं यात्रा** सन् 2002, सितंबर 7 से सितंबर 26 तक (नई दिल्ली, अलीगढ़, बरेली, भोपाल, त्रिवनंतपुरम, कोचि, मुंबई)

मंचित नाटकों के नाम–मस्तराम कपूर कृत *अब हम आज़ाद हैं* और राजेंद्र कुमार शर्मा कृत *दिल की दुकान*

**आठवीं यात्रा** सन् 2002, अक्टूबर 11 (नई दिल्ली-केन्द्रीय हिंदी संस्थान)

मंचित नाटक का नाम– जापानी नाटक का हिंदी रूपांतरण *आईना*

**नवीं यात्रा** सन् 2003, मार्च 28 से अप्रैल 6 तक (नई दिल्ली, भोपाल, पुणे, मुंबई, नाशिक)

मंचित नाटकों के नाम-बालक राम नगर कृत *बुरे फँसे मुहब्बत में* और जापानी नाटक का हिंदी रूपान्तरण *सारस प्रेम*

**दसवीं यात्रा** सन् 2004, सितंबर 4 से सितंबर 21 तक (नई दिल्ली, हस्तिनापुर, मेरठ, हरिद्वार, देहरादून, चंडीगढ़, मुंबई, मॉरिशस)

मंचित नाटकों के नाम–शैल रस्तोगी कृत *सावधान सासू जी* और जापानी नाटक का हिंदी रूपान्तरण *क्षुधारहित युग*

**ग्यारहवीं यात्रा** सन् 2005, अगस्त 30 से सितंबर 24 तक (लखनऊ, चंडीगढ़, मोहाली, शिमला, नई दिल्ली, अलीगढ़, जयपुर, उदयपुर, मुंबई, बेंगलूरू, हैदराबाद)

मंचित नाटक का नाम-राजेंद्र कुमार शर्मा कृत *एक राग दो स्वर*

**बारहवीं यात्रा** सन् 2006, फरवरी 28 से मार्च 4 तक (सिंगापुर, बैंकॉक)

मंचित नाटक का नाम-*एक राग दो स्वर*

**तेरहवीं यात्रा** सन् 2007, फरवरी 20 से मार्च 5 तक (दिल्ली, कोलकाता, मुंबई, पुणे)

मंचित नाटक का नाम-जापानी नाटक का हिंदी रूपान्तरण *एक यमदूत की कहानी*

ये सभी मंचन अविस्मरणीय हैं, पर इनमें कुछ विशेष उल्लेखनीय मंचन इस प्रकार हैं।

## लन्दन में आयोजित छठे विश्व हिंदी सम्मेलन में आमंत्रित होकर मंचन करना

सन् 1999, सितम्बर में लन्दन में आयोजित छठे विश्व हिंदी सम्मेलन में आमंत्रित होकर मंचन करना यह अभूतपूर्व घटना थी। लन्दन आदि में रहने वाले प्रवासी भारतीयों (श्री कृष्णा कुमार सक्सेना जी और श्री पद्मेश गुप्त जी आदि प्रमुख थे) की कृपा से ओसाका विश्वविद्यालय के हिंदी नाट्यदल के अपरिपक्व विद्यार्थियों को भारत सरकार से इस सम्मेलन के लिए औपचारिक आमंत्रण मिला था। केवल लन्दन ही नहीं, स्कॉटलैंड आदि अन्य शहरों में भी मंचन करने का अवसर मिला था। यू.के. में ठहरने और यात्रा करने का पूरा खर्चा भारत सरकार ने दिया था। मैंने भी अपने छात्रों के साथ एक दुष्ट ब्राह्मण की भूमिका में अभिनय किया था। पाखंडी पंडित से धोखा खाए नौजवान (सुनील) के बदला लेने के लिए पंडित का गला घोंटने के दृश्य में छात्र के संकोच करने पर मैंने उसे यह कहकर समझाया था–"और जोर से गला दबाओ। अभिनय करते समय भूल जाओ कि मैं अध्यापक हूँ।" असल में अभिनय में अध्यापक और छात्र का कोई भेद नहीं है, सभी पात्र बराबरी की भावना से एकजुट होकर अभिनय करें तभी नाटक को सफलता मिलती है। छात्रों के साथ अभिनय करने का आनंद भी भाग्यशाली अध्यापकों को ही मिलता है। लन्दन में नेहरू सेंटर और भारतीय विद्या भवन में मंचन किया था। दोनों खचाखच भरे हुए थे। नेहरू सेंटर में उज़्बेकिस्तान के राजदूत महोदय भी उपस्थित थे जो स्वयं हिंदी प्रेमी थे।

भारतीय विद्या भवन में गोरखपुर विश्वविद्यालय के कुलपति प्रोफ़ेसर विश्वनाथ प्रसाद तिवारी जी उपस्थित थे। कई साहित्यकार भी दिखाई दिए थे। कुछ लोग अभी भी इस अभिनय की बात करते हैं। मंचेस्टर में गुजराती लोग ज़्यादा आए थे और ग्लासगो में पंजाबी लोग। बर्मिंघम में बी. बी. सी. के संवाददाता ने हमारा इंटरव्यू लिया था और टी. वी. में दिखाया गया था। बहुत मजेदार लगा कि छात्रों की हिंदी को अंग्रेज़ी में उपशीर्षक दिया गया था।

## नाटक के लेखक के साथ मंचन करना

सन् 2000, फरवरी 29 से मार्च 9 तक काठमाण्डू, पटना, वाराणसी, इलाहाबाद और लखनऊ में मंचन तय हुआ था और जब हम भारत के लिए प्रस्थान की तैयारी कर रहे थे तब अचानक कायाकल्प के नायक की भूमिका निभाने वाले विद्यार्थी ने

बीमारी के कारण भारत न जा सकने की सूचना दी तो मेरी घबराहट और परेशानी का कोई अंत न रहा। इसके लिए कोई विकल्प लड़का तैयार नहीं था। यदि मिले भी तो इतने कम समय में इतने लम्बे संवादों को याद करना असम्भव था। इस हास्य नाटक *कायाकल्प* का नायक लाला गोवर्धनलाल तो पहले अंक में आयु 70 वर्ष का था, उसके बाद कायाकल्प के कारण 35 वर्ष का होकर आता है। इस चरण में आकर मना करना असंभव् लगा, क्योंकि प्रत्येक शहर के आयोजक तो मंचन की पूरी तैयार करके आमंत्रण पत्र भी भेज चुके होंगे। लखनऊ में हमेशा स्वर्गीय डॉ. दाऊजी गुप्त जी इसकी जिम्मेदारी लेते थे। मैंने तुरंत अपने मित्र नाट्य विद्यालय के एक विद्यार्थी (श्री राकेश चतुर्वेदी) को फ़ोन करके इस संकट के बारे में बताया और लाला गोवर्धनलाल की भूमिका निभाने का अनुरोध किया था यह सोचकर कि वहाँ का छात्र है तो एक दो दिन में लंबा संवाद भी याद करेगा। वे राजी हो गए, पर तिथि और स्थान उनको ठीक नहीं थे, क्योंकि उन दिनों उनका स्वयं कहीं मंचन का आयोजन था। बहुत निराश होकर आखिर नाटक के लेखक श्री राजेंद्र कुमार शर्मा जी से फोन करके अनुरोध किया कि किसी उचित आदमी की सिफारिश करें तो आश्चर्यचकित उत्तर मिला कि लाला गोवर्धनलाल की भूमिका स्वयं वे निभाएँगे और काठुमांडू से लखनऊ तक की यात्रा भी हमारे साथ करेंगे। नाटक का लेखक स्वयं नाटक का नायक बने –ऐसी बात कभी सुनने में नहीं आई थी। लेकिन तब तो संवाद याद करने की ज़रूरत नहीं होगी, बल्कि हमें अभिनय सिखा सकेंगे! श्री राजेंद्र कुमार शर्मा जी उन दिनों 75 वर्ष के लगभग थे। इस लिए हु-ब-हू नायक की भूमिका निभा सकते हैं, पर कायाकल्प के बाद 35 वर्ष का आदमी कैसे बनेंगे? जवान का बूढ़ा होना बहुत आसान है। बीमार हुआ छात्र दोहरी भूमिका निभाता था—शृंगार और नकली सफेद दाढ़ी की मदद से। उसके लिए शर्मा जी ने अपने एक मित्र रत्तन पाल नामक वकील का परिचय दिया। वे देखने में कत्तई नौजवान तो नहीं लगते थे, पर शर्मा जी की तुलना में अवश्य "नौजवान" लगते थे।

खैर, हमारा संकट मोचन लेखक ने स्वयं किया था, इस तरह से शर्मा जी व रत्तन पाल जी हमारे नाट्य दल में हो लिए। लेकिन हमारे छात्र कलाकारों का तनाव तो बना रहा, क्योंकि उन्होंने तो कभी सपने में भी नहीं सोचा होगा कि वे भारतीयों के साथ हिंदी में अभिनय करेंगे! रिहर्सल दिल्ली से ही शुरू हुआ। काठमाण्डू के होटल में भी रिहर्सल किया था, फिर भी त्रिभुवन विश्वविद्यालय में प्रथम मंचन सफल नहीं हुआ। अभी भी जापानी विद्यार्थी भारतीय अभिनेताओं के संवादों की स्वाभाविक गति का अनुसरण नहीं कर पा रहे थे। फिर भी यहाँ छात्रों ने एक नया प्रयोग करके

नेपाली दर्शकों को खुश कर दिया। मस्तराम कपूर कृत उसी नाटक *अब हम आज़ाद हैं!* का नेपाली भाषा में मंचन किया था। जापान में थोड़ा सा अभ्यास करके आए थे, परन्तु कैलाश की भूमिका निभाने वाला लड़का बीमारी के कारण नहीं आ सका, इसलिए त्रिभुवन विश्वविद्यालय के हिंदी विभागाध्यक्ष प्रोफ़ेसर सूर्यनाथ गोप के सुपुत्र ने कैलाश की भूमिका निभाई थी। हाईस्कूल में पढ़ने वाले सुपुत्र के सहयोग के लिए हम आभारी हैं। फिर से देश की सीमा पार करके भारत (पटना) आ गए।

भारतीय और जापानी छात्रों के बीच घनिष्ठता और विश्वसनीयता भी बढ़ने लगी। पटना से वाराणसी, वाराणसी से इलाबाद, इलाहाबाद से लखनऊ में नाटक मंजता रहा। बाद में श्री राजेंद्र कुमार शर्मा जी ने नई दिल्ली स्थित *Japanese Cultural Information Centre* से प्रकाशित *Japan Calling (Oct* ।*2005 -Jan* ।*2006)* में इस प्रकार लिखा है: "मैं गत बीस सालों से अपने नाटकों का मंचन करते आया हूँ, पर प्रोफ़ेसर मिज़ोकामि और उनके नाट्य दल के छात्रों के साथ बिताए दो हफ्ते का समय जितना मेरे जीवन में स्मरणीय और आनंदपूर्ण समय नहीं था।"

## भारत के प्रधानमंत्री जी के सामने मंचन करना

यों तो हमारे छात्रों का नाट्य दल मुख्य मंत्री (पश्चिम बंगाल के श्री बुद्धदेव भट्टाचार्य जी), राज्यपाल (पश्चिम बंगाल एवं हरियाणा के श्री ए.आर. किदवई जी)। मेयर (लखनऊ के डॉ. दाऊजी गुप्त जी, सांसदों, राजदूतों, विश्वविद्यालयों के कुलपतियों आदि VIP के सामने तो मंचन कर चुका था, पर बड़े देश के प्रधानमंत्री जी के सामने मंचन करना, वह भी अपने देश और अपने शहर ओसाका में (!), सदियों में भी ऐसा मौक़ा नहीं मिलेगा। बहुत ही सौभाग्यावश यह "करिश्मा" हुआ था जब तत्कालीन प्रधानमंत्री माननीय श्री अटल बिहारी वाजपेयी जी सन् 2001, दिसंबर में ओसाका पधारे थे।

जब उनका स्वागत समारोह दिसंबर 8 को ओसाका के पाँच सितारे होटल में हुआ था तब वहाँ के बड़े हॉल के कोने में मंच बनाकर जापानी हास्य नाटक *आईना* का हिंदी रूपांतरण प्रस्तुत किया था। बड़े हॉल में लगभग तीन सौ आमंत्रित अतिथि गण उपस्थित थे। उनमें प्रवासी भारतीयों के प्रतिनिधि, ओसाका के राजनैतिक नेता व आर्थिक मंडल के प्रतिनिधि, ओसाका विश्वविद्यालय के कुलपति आदि थे। हॉल में अथितियों के अलावा ओसाका के पुलिस विभाग की ओर से तथा भारत सरकार के प्रधानमंत्री कार्यालय की ओर से बहुत अंगरक्षक भेजे गए थे। वे लोग मंच की ओर न देखकर दर्शकों की निगरानी कर रहे थे। अपना सूत्रधार का संवाद बोलने के

बाद मेरी निगाह पहली पंक्ति में विराजमान प्रधानमंत्री जी की ओर टिकी रही। पहली पंक्ति में प्रधानमंत्री जी के साथ श्री अरुण शौरी जी, श्री ब्रजेश मिश्र जी, श्री ओमर अब्दुल्लाह जी और जापान में भारतीय राजदूत श्री अफताब सेठ जी विराजमान थे। दस मिनट में प्रधानमंत्री जी ने दो बार ठहाका मारा था। उसे देखकर उल्लास से मेरे रोंगटे खड़े हो गए थे!

हिंदी का अध्यापक होने के गौरव से फूला न समाया था। ऐसा भाग्य यों ही नहीं आता। यह सुनियोजित कार्यक्रम था। लगभग दो महीने पहले श्री अफ्ताब सेठ जी ओसाका विश्वविद्यालय पधारे थे तब उनके स्वागत में नाट्य दल के छात्रों ने *आईना* नाटक को प्रस्तुत किया था तो उनको बहुत अच्छा लगा था। मैं उनको टैक्सी में नये ओसाका स्टेशन छोड़ने के लिए जा रहा था तो अचानक मैंने उनको आगामी प्रधानमंत्री जी के ओसाका आगमन के मौके पर इस नाटक को प्रस्तुत करने का सुझाव दिया था। तब उन्होंने तुरंत उत्तर दिया था कि That is very interesting! उन्होंने तुरंत टैक्सी में से दूतावास के अपने कर्मचारी को फोन करके नई दिल्ली के प्रधानमंत्री कार्यालय से संपर्क करने का हुक्म दिया था। इसके बाद दो महीने में ऐसे बहुत औपाचारिक कर्त्तव्यों को निभाना पड़ा जिनके लिए धैर्य, तत्परता और आपसी सहयोग की आवश्यकता थी।

प्रधानमंत्री जी ने हरेक छात्र को पुरस्कार के लिए घड़ी और मुझे नेकटाई प्रदान की थी। उन्होंने अलग समय पर हमारे छात्रों को होटल के सामने फोटो लेने की अनुमति दी थी। और उन्होंने मेरे लिए अपने कांपते हुए हाथ से अपना हस्ताक्षर लिखकर दिया था जो मेरे लिए बहुत मूल्यवान ऐतिहासिक दस्तावेज़ है। वाजपेयी जी ने कालान्तर में चुनाव हारकर विपक्ष दल के नेता बनने के बाद भी हमारे छात्रों को दो बार नई दिल्ली स्थित अपने निवास स्थान में आमंत्रित किया था। वे हमारे छात्रों को बहुत स्नेह करते थे। एक छात्र ने अपने संस्मरण में यह लिखा है कि जीवन में एक बड़े देश के प्रधानमंत्री जी से मिलने का और उनके सामने हिंदी में नाटक प्रस्तुत करने का सुअवसर मिलने की तो कल्पना भी नहीं कर सकता था। असल में यह घटना नाटक से भी बड़ा नाटक था! वाजपेयी जी 16 अगस्त, सन् 2018 को चिरकाल से बीमारी के कारण चल बसे थे। उनको हार्दिक नमन और श्रद्धांजलि अर्पित करता हूँ।

## कुशीनगर के खुले मैदान में दो हज़ार दर्शकों के सामने मंचन करना

कुशीनगर के खुले मैदान में दो हज़ार दर्शकों के सामने मंचन करना सन् 2002, 3 जनवरी को कुशीनगर के बुद्ध कॉलेज के खुले मैदान में हुए मंचन में वहाँ के छात्र

ही नहीं, शहर के नागरिक और पास के गांवों से किसान लोग भी कौतुहलवश देखने आए थे, कुल मिलाकर दो हज़ार की तादाद में दर्शक इकट्ठे हो गए। ज़मीन पर ही नहीं, बल्कि इमारत की छत पर भी खड़े होकर देख रहे थे। दर्शकों की संख्या की दृष्टि से यह रिकार्ड था। वैसे कुशीनगर छोटा-सा शहर है, पर बौद्धों के लिए तीर्थ स्थान के लिए जाना जाता है। हर साल इस समय तो जापान से बहुत से श्रद्धालु बौद्धों के दल पूजा और पर्यटन के लिए आते हैं और इस शहर का जापानी ढंग का होटल भरा रहता है, पर वाजपेयी जी की जापान यात्रा से वापसी के तुरंत बाद 13 दिसंबर, सन् 2001 को इस्लामी आतंकियों द्वारा संसद भवन में दिन दहाड़े हमला हुआ था। भारतीयों के लिए अमरीकियों के लिए 9/11 घटना के बराबर दुस्वप्ना था। लगभग सभी जापानी पर्यटकों ने अपनी भारत यात्रा स्थगित की थी। लेकिन भारत बहुत बड़ा देश है। एक घटना का देश भर में असर पड़ना मुश्किल है। दिल्ली में भी आम नागरिक जीवन बिलकुल सामान्य था। भारत में जापानी राजदूत महोदय खुद हमारा नाटक देखने के लिए 24 दिसंबर, सन् 2001 को राष्ट्रीय नाट्य विद्यालय के अभिमंच पधारे थे। इसलिए कोई भय या तनाव नहीं था। इसलिए कुशीनगर के होटल में कोई दूसरा जापानी यात्री न होने के कारण हम लोग राजा की तरह रहे थे।

### भारत रंग महोत्सव में आमंत्रित होकर अभिमंच पर दो नाटकों का मंचन करना

20 मार्च से 8 अप्रैल, सन् 2003 तक नई दिल्ली में राष्ट्रीय नाट्य विद्यालय के तत्त्वावधान में पंचम भारत रंग महोत्सव का आयोजन था। यह महोत्सव राष्ट्रीय नाट्य विद्यालय के लिए सब से महत्त्वपूर्ण गतिविधि है जिसको भारत सरकार बहुत आर्थिक सहायता देती है। देश भर से लगभग 80 नाट्यदल आमंत्रित होकर भाग लेते हैं। उन में से लगभग 40 प्रतिशत हिंदी प्रदेशों से हैं। हर साल विदेशों से 4-5 दलों को आमंत्रित किया जाता है। आम तौर पर वे लोग अपनी भाषा में प्रस्तुत करते हैं। लेकिन हमारे छात्रों के नाट्यदल को जापान के प्रतिनिधि के रूप में आमंत्रित किए जाने में कई दृष्टियों से अपवाद थे (1) हमारा नाट्य दल नौसिखिया (AMATEUR)था। (2) हमारा दल विदेशी भाषा (हिंदी) में मंचन करता है। (3) हमारे दल को दो नाटकों को प्रस्तुत करने की अनुमति मिली है- एक तो हिंदी में हास्य नाटक (बालक राम नागर कृत *बुरे फँसे मुहब्बत में*) और दूसरा, करुणा रस प्रधान दुखांत जापानी नाटक के हिंदी रूपांतरण *सारस प्रेम*) ये सब निदेशक डॉ. देवेंद्र राज अंकुर जी की कृपा से संभव हो गया था।

29 मार्च की शाम को हमारा मंचन हुआ था तो दूर-दूर से दर्शक अभिमंच में काफी बड़ी संख्या में एकत्रित हो गए। फर्श पर बैठकर देखने वाले और खड़े होकर देखने वालों से पूरा हॉल खचाखच भरा हुआ था। पिछली शाम को मैंने इसी हॉल में नीना गुप्त के उत्कृष्ट नाटक को देखा था, पर दर्शकों की संख्या इतनी ज़्यादा नहीं थीं जितनी हमारे नाटक के दर्शकों की। भरे हुए हॉल को देखकर छात्रों का हौसला बढ़ा और सभी छात्रों ने अपनी-अपनी भूमिका बखूबी निभाई थी। पहले नाटक से जहाँ दर्शकों को बहुत हँसाया था वहीं दूसरे नाटक में दर्शकों की आँखें नम कर दी थी। दोनों नाटकों का मंचन ख़त्म हुआ तो तालियों की गड़गडाहट से पूरा हॉल गूँज उठा। मैं गदगद हो गया और दर्शकों को धन्यवाद देते हुए कहा कि आप लोगों की आँखों में आँसू देखकर मेरी आँखों में भी आँसू आने लगा है,पर यह आनंदाश्रु है! दिल्ली से प्रकाशित पाक्षिक पत्रिका *प्रथम प्रवक्ता* के मई प्रथम 2003 अंक में भारत रंग महोत्सव पर दो पन्ने में समीक्षा छपी थी। आश्चर्य की बात यह थी कि उसमें हमारे दो नाटकों की प्रशंसा की गई थी। छात्रों ने कमाल कर दिखाया था। मेरा मस्तक गर्व से ऊँचा हो गया!

## मॉरिशस, सिंगापुर और बैंकॉक में भी मंचन करना

20 और 21 सितम्बर, सन् 2004 को मॉरिशस में क्रमशः इंदिरा गांधी सांस्कृतिक केंद्र और हिन्दू गर्ल कॉलेज में शैल रस्तोगी कृत हास्य नाटक *सावधान सासू जी* और जापानी नाटक का हिंदी रूपान्तरण *क्षुधारहित युग* का मंचन किया था। विशेष करके Curipipe स्थित लड़कियों के कॉलेज में *सावधान सासू जी* इतना पसंद किया गया था कि भारत मूल की लड़कियों का उत्साह अभी भी भुलाए नहीं भूलता। यह नाटक सास-बहू की देशकालातीत समस्याओं पर था जिसमें सास के अत्याचार का मुकाबला करने के लिए बहुएँ अखिल भारत बहू समाज का संघटन करती हैं। और अपने कानूनी हक़ की स्थापना के लिए सासों के विरुद्ध संघर्ष करने की घोषणा करती हैं। तब तक ओसाका विश्वविद्यालय के हिंदी विभाग में लड़कियों का बोलबाला हो चुका था, सो गरीब, अमीर, शिक्षित, अशिक्षित, हिन्दू, मुसलमान और सिख आदि हर पात्र के चयन में कोई मुश्किल नहीं थी। सिख महिला की भूमिका निभाने वाली लड़की को हिंदी के संवाद को पंजाबी में रूपांतरित करके पंजाबी उच्चारण का प्रशिक्षण दिया था। उसका असर भारत में मंचन के दौरान हम देख चुके थे। हरेक महिला मंच पर आकर सासों से उत्पीड़ित अपना-अपना अनुभव बताती है और सासों के खिलाफ आवाज़ उठाती है। स्वाभाविक है कि कॉलेज की लड़कियाँ

बहुओं के साथ तादात्म्य स्थापित करके हर्षोल्लसित हो गई होंगी। अध्यापिकाएँ भी छात्राओं के साथ ठहाका मार रही थीं और तालियाँ भी जोर से बजा रही थीं। यही नाटक अगर अंग्रेज़ी में अनुवाद करके अमरीका और यू.के. की गोरी महिलाओं के सामने प्रस्तुत करते तो इतनी जोशीली प्रतिक्रिया मिलती–इस बात का मुझे संदेह है। *क्षुधा रहित युग* भी काल्पनिक कथा को लेकर व्यंग्य और हास्य नाटक था, इसलिए पसंद किया गया था। पुरुष पात्र दो ही थे, इसलिए मेरे साथ दो लड़के मात्र इस दल में थे। इसकी समीक्षा वहाँ के फ्रेंच भाषा के समाचारपत्र में छपी थी। मॉरिशस के भारत मूल के निवासियों को हिंदी व तमिल आदि भारतीय भाषाओं के अलावा क्रिओल, अंग्रेज़ी और फ्रेंच आती है।

सिंगापुर में मंचन 28 फरवरी, सन् 2006 को Global India International School में फिर से राजेंद्र कुमार शर्मा कृत होम ड्रामा *एक राग दो स्वर* का मंचन हुआ था। इसमें पढ़े लिखे आधुनिक पति-पत्नी के अहंकार को लेकर आपसी झगड़ा और तनाव की कहानी है, इसका समाधान पत्नी सरला की सहेली मालती करती है। पुरानी भारतीय संस्कृति की परम्परा में विश्वास करने वाली मौसी जी की मौजूदगी भी कम महत्त्वपूर्ण नहीं थी। इस विद्यालय में तमिल विद्यार्थी ज़्यादा थे। शुरू-शुरू में मुझे थोड़ा शक था कि उनको हिंदी आती है या नहीं। लेकिन यह बिलकुल अनावश्यक शक था। सभी छात्र अच्छी तरह हिंदी समझ और बोल भी लेते थे। वैसे इस विद्यालय में सेकंड लैंग्वेज के तौर पर हिंदी या फ्रेंच में से विकल्प चुनना है, इसलिए जिन्होंने हिंदी चुनी थी ऐसे विद्यार्थी देखने आए होंगे। लगभग 400 विद्यार्थियों ने नाटक का मज़ा लिया था। प्रिंसिपल महोदया ने भी खुश होकर हमारे प्रत्येक छात्र कलाकार को 50 सिंगापुर डॉलर पुरस्कार के लिए दिया था। उन दिनों यह अच्छी रकम थी। उससे खरीदारी कर सकते थे। मैंने LITTLE INDIA में खरीदारी का मज़ा लिया था। पहले जापान की तरक्की को देखकर सिंगापुर ने तरक्की की थी, लेकिन अब सिंगापुर की प्रति व्यक्ति आमदनी जापान से कहीं ज्यादा है। सिंगापुर बहुत विकसित देश है। हमें सिंगापुर की आर्थिक व्यवस्था से बहुत कुछ सीखना चाहिए।

4 मार्च को बैंकॉक के Indo-Thai Chamber of Commerce में Thai Hindi Society व बैंकॉक स्थित भारतीय राजदूतावास के तत्त्वाधान में *एक राग दो स्वर* का मंचन हुआ था। ज़्यादातर बैंकॉक में रहने वाले प्रवासी भारतीय दर्शक थे। मुख्य अतिथि थाई में भारतीय राजदूत श्री विवेक काटजू जी थे। राजदूत महोदय नेहरू जी की तरह इलाहाबाद से आए कश्मीरी थे। मंचन के बाद के रात्रि भोज में इलाहाबाद के बारे में खूब बातें हुई थीं। बैंकॉक का मंचन समाप्त होने के बाद मैं

छात्रों से विदाई लेकर अकेले चेम्मई के पर्यटन के लिए ट्रेन से गया था। वहाँ का मंदिर बहुल शहर देखकर कुछ जापान की याद आई थी। थाई देश भी बहुत अच्छा लगा।

## तोक्यो विदेशी अध्ययन विश्वविद्यालय की उर्दू नाटक सभा के साथ भारत में संयुक्त मंचन

तोक्यो विदेशी अध्ययन विश्वविद्यालय हमारे ओसाका विश्वविद्यालय के विदेशी अध्ययन संकाय (उन दिनों ओसाका विदेशी अध्ययन विश्वविद्यालय) का बड़ा भाई (उसका इतिहास ज्यादा लंबा है) तथा प्रतिस्पर्धी विश्वविद्यालय है। वहाँ हिंदी तथा उर्दू विभाग के अतिरिक्त बंगला विभाग भी मौजूद है और विश्वविद्यालय के वार्षिक सांस्कृतिक उत्सव में तीनों भाषाओं में नाटक का मंचन करते हैं, पर उर्दू नाटक सभा ज्यादा सक्रिय थी। उर्दू विभागाध्यक्ष प्रोफ़ेसर आसादा जी पहले ओसाका में मेरे सहकर्मी थे, इसलिए मेरा उनसे अच्छी तरह परिचय था।

हम लोगों ने बातचीत करके यह तय किया था कि हर साल ओसाका के हिंदी नाट्य दल और तोक्यो की उर्दू नाटक सभा एक ही मंच पर एक ही समय पर मंचन करेंगे ताकि नाटक के माध्यम से आपसी भाषा शिक्षण से सीख सकें और दोनों विश्वविद्यालयों की दोस्ती बढ़े। सन् 2000 से सन् 2005 तक हर साल ओसाका के हिंदी नाट्यदल ने तोक्यो जाकर हिंदी नाटक प्रस्तुत किया था और सन् 2001 दिसंबर में तोक्यो की उर्दू नाटक सभा के छात्रों ने कोबे आकर 'इंडिया क्लब' में मंचन किया था। छात्रों के पास होटल में ठहरने का पैसा नहीं था, इस लिए जब हमारे ओसाका के विद्यार्थी तोक्यो जाते थे तो अक्सर वहाँ के छात्रों के घर घर में ठहरते थे और एक बार जब तोक्यो के विद्यार्थी जब कोबे आए थे तो ओसाका-कोबे के आसपास रहनेवाले हमारे विद्यार्थियों के घर में ठहरे थे। मैंने भी तोक्यो की तीन लड़कियों को अपने घर तकाराज़ुका शहर में ठहराया था। इस प्रकार दोनों भाई-विश्वविद्यालयों के विद्यार्थियों के बीच घनिष्ठता और मित्रता बढ़ती गई।

इतने में दोनों दलों के भारत में संयुक्त-मंचन करने की बात हमारे दिमाग में आई थी। वैसे उर्दू नाटक सभा गत साल पाकिस्तान के कुछ प्रसिद्ध शहरों में उर्दू नाटक का मंचन करके आई थी। भारत में इकट्ठे मंचन करने की हमारी इच्छा साहित्य अकादमी के तत्कालीन अध्यक्ष प्रोफ़ेसर गोपी चंद नारंग जी के पास पहुँची तो उनका आमंत्रण-पत्र दोनों विश्वविद्यालयों के कुलपतियों के नाम मिला था। इस प्रकार हमारे भारत में संयुक्त मंचन सन् 2005, 30 अगस्त को लखनऊ से शुरू हुआ। यह मौरिशस यात्रा के एक साल पहले और सिंगापूर यात्रा के छह महीने पहले

की बात थी। ओसाका के हिंदी नाट्यदल ने *एक राग दो स्वर* का मंचन और तोक्यो की उर्दू नाटक सभा ने *हिरोशिमा की कहानी* का मंचन किया था। यह पाकिस्तान में बहुत पसंद किया गया था, इसलिए तय था कि भारत में भी लोकप्रिय होगा। शीर्षक से अंदाज़ होगा कि यह हिरोशिमा की त्रासदी के आधार पर बना नाटक है। पर यह मूलत: *हादाशी नो गेन* (नंगे पाँव वाला गेन) शीर्षक चित्रकला (कार्टून) है जिसमें हिरोशिमा पर गिरे परमाणु बम से बुरी तरह पीड़ित गेन नामक लड़के की कहानी है जो हर प्रकार की मुसीबत का सामना करते हुए साहस के साथ सख्त जीवन जीता है।

इस कहानी से भावविभोर हुए एक नाटककार ने उसको नाटक में रूपांतरित करके मंचन किया तो केवल देश में ही नहीं, अमरीका और कोरिया जैसे विदेशों में भी बहुत लोकप्रिय हुआ था। प्रोफ़ेसर आसादा इस नाटककार से परिचित थे, इसलिए उनको इस नाटक की कई सामग्रियाँ आसानी से मिलीं यहाँ तक कि उनको उर्दू में अनुवाद करने की अनुमति भी मिली थी। इस तरह जब मैंने उर्दू नाटक सभा से प्रस्तुत *हिरोशिमा की कहानी* को प्रथम बार देखा था तो उसकी समग्र कलात्मक प्रस्तुति से बहुत प्रभावित हुआ था-क्योंकि उसमें नृत्य, संगीत, ललित कला तथा नाटक सब प्रस्तुत थे। ध्वनि प्रभाव और मंच प्रकाश पर भी ध्यान दिया गया था। परमाणु अस्त्र के धमाके का दृश्य भयावह था और बम से निहत लाखों व्यक्तियों को समवेत शोक-गीत द्वारा श्रद्धांजलि देने के दृश्य ने सभी दर्शकों का दिल छुआ था। छात्रों ने बहुत मेहनत की होगी। सुना था कि छुट्टियों में शिविर लगाकर कसरत के अलावा नृत्य और गान का अभ्यास भी कराया गया था। नाटक का नायक गेन की भूमिका निभाने वाली लड़की इस नाटक के लिए अपना लंबा केश कटवाकर उसके ऊपर विग पहने थी। उसकी सारी लगन इस नाटक को समर्पित थी। कई महीनों से अभ्यास करने का सुफल मिला था। इसकी तुलना में ओसाका के हिंदी नाट्य दल ने इतना परिश्रम नहीं किया था। हमारा नाटक पारिवारिक नाटक था। मंच सज्जा बहुत सादी थी, विशेष खर्चा भी नहीं किया था। मूलत: *हिरोशिमा की कहानी* जापानी नाटक थी। संवाद उर्दू में था, पर गीत जापानी में गाया था। सभी पात्र जापानी वस्त्र पहने थे, किन्तु *एक राग दो स्वर* भारतीय नाटक था। सभी पात्र भारतीय वस्त्र पहने थे। हमारा जोर उच्चारण, भाव-भंगिमा में यथासंभव भारतीयकरण करने पर था। इस संयुक्त मंचन-यात्रा में उर्दू नाटक सभा में 14 विद्यार्थियों ने और हिंदी नाट्यदल में 8 विद्यार्थियों ने हिस्सा लिया था। तोक्यो से प्रोफ़ेसर आसादा और ओसाका से मैंने भी निदेशक के रूप में हिस्सा लिया था।

लखनऊ के बाद चंडीगढ़, मोहाली, शिमला, नई दिल्ली, अलीगढ़, जयपुर, उदयपुर, मुम्बई, बेंगलूरू और हैदराबाद की लगभग एक महीने की लम्बी यात्रा की थी (तोक्यो की उर्दू नाटक सभा के सदस्य जयपुर और उदयपुर के बदले में भोपाल गए थे। प्रत्येक शहर में अलग अलग नए प्रेरणात्मक अनुभव किया था, पर उन सबका वर्णन करने के लिए यहाँ काफी जगह नहीं है, केवल कुछेक ख़ास अनुभवों का ज़िक्र करता हूँ। दिल्ली में जब राष्ट्रीय नाट्य विद्यालय के अभिमंच पर मंचन किया था तो *एक राग दो स्वर* के मूल लेखक श्री राजेन्द्र कुमार जी देखने पधारे थे। उनसे मुलाक़ात पाँच साल के बाद हुई तब वे अस्सी साल के हो चुके थे। उन्होंने दो नाटकों को सराहा, मैंने प्रोफ़ेसर आसादा जी समेत दोनों विश्वविद्यालयों के सभी छात्र कलाकारों को मंच पर आमंत्रित किया और असादा जी के साथ जोर से हाथ मिलाते हुए नारा लगाया–"तोक्यो ओसाका जिंदाबाद! हिंदी उर्दू जिंदाबाद! जापान-भारत मैत्री जिंदाबाद!" बेंगलुरु में बेंगलुरु विश्वविद्यालय में आयोजित जापान हब्बा (जापान उत्सव) में हिस्सा लिया था। मेरे पुराने विद्यार्थी श्री सातोशी हाता जी बेंगलूरू विश्वविद्यालय में जापानी पढ़ा रहे थे। उनकी कृपा से यह मंचन संभव हुआ था। आखिरी मंचन हैदराबाद में गांधी भवन में किया था। (उर्दू नाटक सभा उस्मानिया विश्वविद्यालय में मंचन करनेवाली थी, पर किन्हीं कारणवश बात नहीं बनी थी) लेकिन मंचन के दो दिन पहले रिहर्सल के दौरान इस भवन में आई हुई एक उर्दू की छात्रा के साथ किसी स्थानीय लड़के ने छेड़छाड़ की थी। लड़के को गिरफ्तार किया गया और इसकी खबर टी वी के माध्यम से पूरे देश में फैल गई। अगले दिन के हिंदी समाचार पत्र में इस दुर्घटना की खबर छपी थी, लेकिन उसका शीर्षक बहुत मज़ेदार था—*गांधी भवन में हाय राम*! इस लिए जापानी विद्यार्थियों के साथ कोई दुर्घटना न घटे—कुछ पुलिस वालों को तैनात किया गया था। हमारे हिंदी नाटक की शुरूआत सुरेन्द्र (पति) और सरला (पत्नी) के बीच के भीषण झगड़े से होती है, लेकिन नाटक को रुचिकर और प्रभावशाली बनाने के लिए सुरेंद्र और सरला को दर्शकों के बीच में बिठाकर आरम्भ किया जाता था। लेकिन गांधी भवन में एकदम अनपेक्षित नतीजा निकला। दूर जगह पर खड़े पुलिसवाले झगड़े के शोर को सुनकर कोई उत्पात मचा समझकर सुरेन्द्र और सरला (हमारे विद्यार्थी) की ओर "गिरफ्तार" करने के लिए टूट पड़े। पुलिस की लाठी छात्रों के सिर पर गिरनेवाली थी कि क्षण भर में "पति और पत्नी" खड़े होकर मंच की ओर बढ़ गए तभी पुलिसवालों को समझ में आया कि यह नाटक का दृश्य है! नहीं तो पुलिस की लाठी से विद्यार्थियों

को चोट लगती और उनके अभिभावक मुझे अदालत में अभियोगारोपण करते तब तो मुझे शायद इस्तीफा देना पड़ता। नाटक के मंचन में कभी-कभी ख़तरा मोल लेना पड़ता है। किन्तु हैदराबाद का अनुभव यह साबित करता है कि हमारे छात्रों का अभिनय इतना बढ़िया था कि उनके अभिनय से भारत की पुलिस ने भी (भारतीय होने का) धोखा खाया था। 9 संयुक्त मंचन सफलतापूर्वक संपन्न होने की खुशी में दोनों विश्वविद्यालयों के छात्रों ने हैदराबाद के होटल में धूमधाम से पार्टी मनाई थी। इतने दिन तक रोज़ रोज़ सभी छात्र अपने भाई बहिनों की तरह रहे और आपसी मंचन में मदद देते रहे। उन सभी छात्रों ने हिंदी-उर्दू सीखने का आनंद भोगा था। छात्र जीवन में इस प्रकार का सार्थक, प्रेरणादायक और सुखद अनुभव बहुत कम किया होगा।

सन् 2007 जापान-भारत विनिमय का साल था। यह जापान-भारत सांस्कृतिक संधि करने की पचासवीं वर्षगाँठ थी, इस लिए दोनों सरकारों में यह तय था कि अपने अपने देश में नाना प्रकार के सांस्कृतिक कार्यक्रम का आयोजन हो अर्थात जापान में भारतीय संस्कृति का परिचय और प्रचार तथा भारत में जापानी संस्कृति का परिचय और प्रचार करना मुख्य उद्देश्य है। इस लिहाज़ से हमारा हिंदी नाटक थोड़ा अपवाद हो सकता है। सन् 2006 में जापान के विदेश मंत्रालय के अन्दर जापान-भारत विनिमय कार्य समिति स्थापित हुई और देश की निजी संस्थाओं से चन्दा इकट्ठा किया गया और सौ के लगभग कार्यक्रमों को चयनीत किया गया। उनमें से "तोक्यो व ओसाका विदेशी अध्ययन विश्वविद्यालयों के विद्यार्थियों द्वारा प्रस्तुत हिंदी-उर्दू नाटक" का भी चयन हुआ था। यात्रा का पूरा खर्चा इसी चंदे से दिया गया।

कार्यसमिति के अध्यक्ष द्वारा दोनों विश्वविद्यालयों के कुलपतियों के पास औपचारिक आमंत्रण भेजा गया था। जिसमें आमंत्रण का कारण यों लिखा गया था कि यह माना जाता है कि दोनों विश्वविद्यालयों के छात्रों द्वारा मंचित हिंदी-उर्दू नाटक दोनों देशों की जनता की आपसी समझ को बढ़ाने और शान्ति के महत्त्व को जोर देने में लाभदायक कार्यक्रम होंगे। ज़ाहिर है कि यह अब तक किए मंचन को समाज में मान्यता मिली है। विशेष करके सन् 2005 में तोक्यो की उर्दू नाटक सभा द्वारा मंचित 'हिरोशिमा की कहानी' तो बिल्कुल शांति का सन्देश है। आसादा साहिब की दूरदर्शिता को नमन! इस तरह दोनों विश्वविद्यालयों का संयुक्त मंचन भारत में दुबारा होना तय हुआ। तोक्यो वाले इसी नाटक को दोहराने से काम चला सकते थे (यद्यपि कुछ पात्रों व स्टाफ में परिवर्तन हुआ था), पर ओसाका वाले क्या करते? 31 मार्च सन् 2007 को मैं विश्वविद्यालय से अवकाश ग्रहण करनेवाला था, इसलिए सन्

2006 में की गई बैंकोक-यात्रा को आखिरी मंचन-यात्रा समझकर नाट्य दल को भंग कर चुका था। नए छात्रों को इकट्ठा करना भी समय की कमी के कारण बहुत मुश्किल लग रहा था, इसलिए नाटक के चयन में यह बहुत ज़रूरी था कि कम से कम पात्रों से काम चल सके। बहुत सोच विचार के बाद मुझे एक जापानी नाटक इसके लायक लगा–शीर्षक था *'एक यमदूत की कहानी'*। इस नाटक में केवल चार पात्र हैं। मुश्किल से तीन लड़कियों को समझाने में सफलता मिली थी। शेष एक कौन? मैंने स्वयं फिर से नाटक में अभिनय करने का निश्चय कर लिया था। तीनों लड़कियों ने इसलिए स्वीकार किया था कि चौथी कक्षा में पढ़ रही थीं। लगभग सभी यूनिट ले चुकी थीं और नौकरी भी मिल चुकी थी, बस बी. ए. का शोध प्रबंध लिखना शेष था। यमदूत मृत्यु-लोक के राजा यमराज के दूत हैं जो मृतको को मृत्यु-लोक में ले जाते हैं, इसलिए जहाँ बहुत इंसान आत्मा-हत्या करते हैं। ऐसी जगहों पर यमदूतों का जमघट है। इस नाटक में एक हाईस्कूल का लड़का विश्वविद्यालय की प्रवेश परीक्षा में फेल होने के दुःख से तेज़ी से चलती ट्रेन से कूदकर आत्महत्या करता है जहाँ सुनसान समुद्र तट था।

तीन यमदूत इकट्ठे उस के शव को यमलोक तक ले जाने लगते हैं तो एक यमदूत अपने दो साथियों को यह कहकर समझाने लगता है कि इस लड़के को अभी नहीं मरना चाहिए। उसकी बेचारी माँ अकेली है। एकलौते बेटे के आसरे जी रही है। बेचारी उसका क्या हो जाएगा? इस पर दूसरा यमदूत विरोध करता है कि हमारा धर्मं मारना है, जिलाना नहीं। तीनों में इसे लेकर बहस होती रहती है, आखिर उसे जिलाने का फैसला होता है और लड़के को अच्छी तरह समझा बुझाता है। यों लड़का परलोक से इहलोक में वापस आ जाता है। यमदूत से जीवन बचाया जाना इस कहानी का मजेदार केंद्र बिंदु है। अंतिम दृश्य को मैंने भारतीय परंपरा के अनुसार सुखान्त बनाकर यों जोड़ दिया कि लड़का खुशी खुशी चिल्लाकर नेपथ्य से दौड़ते आता है -"माँ! इम्तेहान में पास हो गया! "प्रत्येक पात्र का संवाद बहुत लम्बा था, सब छात्राओं ने कड़ी मेहनत करके कम समय में पूरा संवाद जबानी याद किया। मुझे भी एक यमदूत का संवाद याद करने में बहुत अभ्यास करना पड़ा था। वास्तव में ये तीनों छात्राएँ काबिले तारीफ हैं। वैसे मैंने पहले लड़की से पुरुष की भूमिका को कभी नहीं निभाने दिया था, क्योंकि यह अस्वाभाविक लगता था, यद्यपि नब्बे के दशक से तो विश्वविद्यालय में लड़कियों का बोलबाला शुरू हो चुका था और हिंदी नाटकों में *सावधान सासू जी* को छोड़कर स्त्री-प्रधान नाटक को चुनना मुश्किल

था, ऐसे मौके पर मैंने जापानी नाटक का सहारा लिया था, पर अंतिम मंचन में तो विवश होकर इस परम्परा को तोडना पड़ा। लेकिन हाईस्कूल के लड़के (इंसान) को छोड़कर सभी यमदूतों को मुखौटा पहनाया है। ये मुखौटे राष्ट्रीय नाट्य विद्यालय के विशेषज्ञों से बनवाए थे। मुखौटा डरावना था, पर लड़के की कोमल व मीठी आवाज तो मिटाए नहीं मिट सकी।

इस जापान-भारत विनिमय वर्ष का कार्यक्रम सिद्धांतत: जिन शहरों में जापानी राजदूतावास या प्रधान कोंसलावास हो उन्हीं शहरों में प्रस्तुत करना एक शर्त था इसलिए हमारा संयुक्त मंचन दिल्ली, कोलकाता, मुम्बई में करना तय हो गया। हाँ, समय और बजट भी बचा तब अपवाद स्वरूप पुणे को भी शामिल किया था। हमारा मंचन फरवरी 20, 2007 को Lady Sri Ram College for Women में हुआ था। कॉलेज पहुँचने से पहले हमारे हिंदी नाट्यदल के छात्रगण ने राष्ट्रीय नाट्य विद्यालय जाकर मुखौटा और वस्त्र पहनकर जाँच की थी कि कितना फिट होता है। हमारी आशा से ज्यादा चमकीला था बजट भी कुछ ज्यादा लगा। पर अच्छा लगा। कॉलेज के बड़े हॉल के सामने के दरवाजे पर बड़ा इश्तिहार लगा हुआ था जिस पर दोनों नाटकों के नाम सुन्दर अल्पना से लिखे गए थे। हार्दिक स्वागत का निशान देखकर हौसला मिला। हमारे ओसाका के हिंदी नाट्य दल के छात्रों में केवल एक स्टाफ था। उसका काम था मंच के बगल में नाटक के संवादों का जापानी उपशीर्षक को कम्प्यूटर के माध्यम से दिखाना था, उसके अलावा रोशनी व ध्वनि के लिए कोई आदमी नहीं था, इसलिए पहले से तोक्यो की उर्दू नाटक सभा के छात्रों की सहायता लेनी पड़ी। इसलिए सारे संवादों को उर्दू में लिप्यांतरण करके तोक्यो के स्टाफ को दिया था। इस लिए उनसे सहायता लेने में आसानी हुई।

पहला मंचन सफल हुआ। महाविद्यालय की लडकियों ने दोनों नाटकों से आनंद लिया था। अगले दिन उत्तर दिल्ली में स्थित दौलत राम कॉलेज गए तो वहाँ भी स्वागत हुआ। लेकिन वहाँ के हॉल की पर्दा की स्थिति ठीक नहीं थी। अर्थात पूरे हॉल को अन्धेरा नहीं कर सका। बहार से इतनी रोशनी पर्दों की दरार से आती है तो *हिरोशिमा की कहानी* का मंचन असंभव था, क्योंकि उस नाटक का सब से प्रभावशाली दृश्य परमाणु बम के धमाके का क्षण है। कोम्प्यूटर के द्वारा विशेष तयार हुए दृश्य में एकदम अन्धेरा होना ज़रूरी है। इस लिए यहाँ उर्दू नाटक के मंचन को स्थगित किया गया। उसके दूसरे और तीसरे दिन राष्ट्रीय नाट्य विद्यालय के अभिमंच में लगातार दो दिन मंचन हुआ था। पुराने मित्र,नाट्य कर्मी या नाटक प्रेमी देखने आए थे, दूरदर्शन के संवाददाता ने आकर हमारे साथ साक्षात् किया और दोनों नाटकों को मिलाकर पूरे

ढाई घंटे का पूरा मंचन वीडियो में लेकर चले गए। अभिमंच में नाटक की प्रस्तुति के लिए आवश्यक उपकरण सब कुछ उपलब्ध है। पहले दिन (शुक्रवार) से दूसरे दिन (शनिवार) को ज्यादा दर्शक आएँगे—ऐसा शुरू शुरू में अनुमान लगा रहा था, पर नतीजा उलटा निकला—पहले दिन में दर्शकों की संख्या 140 थी और दूसरे दिन 80। चार साल पहले पंचम भारत रंग महोत्सव के उपलक्ष्य में जब इसी मंच पर मंचन किया था तब 430 दर्शकों से पूरा हॉल खचाखच भरा हुआ था।

उतना उत्साह तो इस समय नहीं मिला है। कई कारण हो सकते हैं–उस समय शैक्षिक संस्थानों में परीक्षाएँ चल रही थीं और शादी का मौसम भी था। अंतिम मंचन जब समाप्त हुआ तो मैने फिर से असादा साहिब के साथ मंच पर हाथ मिलाते हुए वही नारा लगाया था—"तोक्यो ओसाका जिंदाबाद! हिंदी-उर्दू जिंदाबाद, जापान- भारत दोस्ती जिंदाबाद!" वरिष्ठ पत्रकार तथा राजनैतिक विश्लेषक डॉ. वेद प्रताप वैदिक जी ने मुझे गले लगाकर नाटकों की प्रशंसा की और बाद में ईमेल में यह लिखकर अपना भाव प्रकट किया था- "हिंदी-उर्दू नाटकों से इतना अभिभूत हो गया कि मैं जीवन भर नहीं भूल सकूँगा। घर पहुँचने पर भी दिल की धड़कन और उत्साह नहीं थमा जिसके कारण भोजन भी नहीं कर सका!"

उसके तीन दिन बाद फरवरी 27, 2007 को दिल्ली स्थित जापानी दूतावास से तोक्यो के विदेश मंत्रालय को भेजे गए औपचारिक तार में "तोक्यो व ओसाका विदेशी अध्ययन विश्वविद्यालयों के विद्यार्थियों द्वारा प्रस्तुत हिंदी-उर्दू नाटक "शीर्षक रिपोर्ट में दूतावास की राय यों लिखी थी (मूल जापानी भाषा में) कि *हिरोशिमा की कहानी* की पृष्ठभूमि युद्ध के बीच की घटना थी पर एक यमदूत की कहानी युद्धोपरांत जापान की है, पर संयोग से दोनों नाटकों का विषय मृत्यु से सम्बंधित था, किन्तु केवल दुःखमय न होकर कुछ हिस्सों में विनोद की भावना (Sense of humor) भी दिखाए गए थे। इसका प्रमाण यह था कि कभी कभी दर्शकों में हँसी की आवाज सुनने को मिलती थी। यह कुशल निर्देशन का फल है। साथ साथ सभी छात्र कलाकारों की भाषा पर अधिकार को भी प्रमाणित किया जाता है। किन्तु कहीं कहीं संवाद कुछ ज्यादा लंबा होने के कारण असली विषय डगमगाने लगते हैं। ऐसा लगता है कि यह प्रस्तुति नई पीढ़ी के पारस्परिक विनिमय के अतिरिक्त जापान–भारत विनिमय के कार्यक्रम के लिए बहुत ही उचित और योग्य आयोजन थी। मंचन की समाप्ति के बाद दिल्ली में रहने वाले दोनों विश्वविद्यालयों से जुड़े विद्यार्थी एवं अध्यापको ने राजीव पार्क के एक चीनी भोजनालय में पार्टी की।

फरवरी 23 व 24 को कोलकाता में काली मंदिर से नजदीक स्थित उत्तम मंच में मंचन किया था। उत्तम मंच का नाम प्रसिद्ध बंगाली अभिनेता महानायक उत्तम कुमार की याद में बनाई गई थी। सौ के करीब दर्शक देखने आए थे। ज्यादातर बंगाली थे। दूर शान्तिनिकेतन से मेरे पुराने गुरु जी देखने आए थे और रवीन्द्र भारती विश्वविद्यालय के नाटक विभाग के अध्यक्ष प्रोफेसर सोम नाथ सिन्हा दो बार अपने छात्रों को साथ लाकर देखने आए थे। वे दोनों नाटकों से प्रभावित हुए और मूल नाटक के संवाद को बंगला भाषा में अनुवादित करने की इच्छा प्रकट की थी।

मार्च 1 को कोलकाता से मुम्बई पहुँचे। मौसम खाराब होने के कारण तीन घंटे देर से पहुँचने के बावजूद होटल में जापानी प्रधान कोंसलावास के कोंसल हिन्दुस्तान टाइम्ज़ के संवाददाता के साथ हमारा इन्तजार कर रहे थे। मैसूर असोशिएशोन हॉल में दो दिन बुकिंग तो था, पर इस बार ऐसा फैसला किया कि उर्दू और हिंदी के नाटक का मंचन एक एक अलग दिन में एक बार किया जाए। एक कारण यह था कि दोनों नाटकों का मंचन इकट्ठा किया तो ढाई घंटे लगेंगे। दूसरा कारण स्थानीय भारतीय बच्चे जापानी नाटक प्रस्तुत करना चाहते थे और तीसरा करण हमारे छात्रों को आराम का समय मिले। पहले दिन में उर्दू नाटक और दूसरे दिन में हिंदी नाटक का मंचन किया था। सुन था कि जापानी नाटक मूल मराठी भाषा से जापानी में रूपान्तरित किया गया था, पर उन लोगों का जापानी उच्चारण बोधगम्य नहीं था। इस दिन जापानी प्रधान कोंसल श्री ह्योसुके ग़ासुई जी ने आकर मंच पर सब कलाकारों को बधाई दी थी। मुम्बई में नाटक मंचन की सफल समाप्ति की खुशी में हम लोगों ने गोवा नामक भोजनालय में पुर्तगाली भोजन का स्वादन किया था।

मार्च 4 और मार्च 5 को दो दिन आखिरी शहर पुणे में ठहरे। यहाँ भी मंचन के स्थान की उपलब्धता के कारण दो नाटकों का मंचन अलग दिन में करना पड़ा। शुरू में इस शहर के सब से प्रतिष्ठित नाट्यघर - बालगंधर्व रंग मंदिर में दोनों नाटकों का मंचन इकट्ठे करने की इच्छा थी, पर उस नाट्य घर में समय की असुविधा के कारण दो नाटकों को इकट्ठा प्रस्तुत करने की अनुमति नहीं मिली। इसलिए उर्दू नाटक का मंचन मार्च 4 को International Institute of Information Technology में करना पड़ा।

इस संस्थान में कोई प्रकाशन का बंदोबस्त नहीं था, इसलिए बाहर से किराए पर उधार लेना पड़ा और फर्श पर नाटक का अभिनय करना पडा। इन सभी असुविधाओं के बावजूद उर्दू नाटक सभा के छात्रों ने जी भर कर अभिनय किया। फर्श पर प्रस्तुत

करने में भी एक लाभ था, वह यह था कि दर्शकों और अभिनेताओं के बीच का फासला नजदीक होने के कारण दर्शकों की उल्लासपूर्ण प्रतिक्रिया मिलती है। पहले की तुलना में भी सब से जोशीली प्रतिक्रिया यहाँ पर मिली थी मुझे ऐसा लगा। दर्शकों में भारत-जापान असोशिएशन के अध्यक्ष और सचिव को छोड़कर लगभग सभी इस संस्थान के विद्यार्थी ही थे। नाटक के अंत में हमेशा की तरह असादा साहिब ने हिरोशिमा की त्रासदी के पीड़ित कवि की लिखी मर्मस्पर्शी कविता का पाठ उर्दू में किया तो सभी दर्शक आत्मविभोर हो गए हैं। अगले दिन (मार्च 5) हमारा हिंदी नाटक बालगंधर्व रंग मंदिर में हुआ। इस नाट्य घर में हम लोग 8 साल पहले भी मंचन कर चुके थे। हिंदी वालों ने भी अंतिम मंचन में पूरे जोश के साथ अभिनय किया था। दिल्ली से शुरू करके अब तक सात बार मंचन करते करते केवल संवाद की भाषा नहीं, बल्कि पूरा अभिनय का स्तर मंजते-मंजते उत्तम श्रेणी तक पहुँच गया मैं गर्व के साथ कह सकता हूँ।

यों संयुक्त मंचन की यात्रा यही समाप्त होती है। आखिरी मंचन की सफल समाप्ति की खुशी में पुणे के भारत-जापान असोसिएशन के अध्यक्ष महोदय ने एक अच्छी होटल के सुन्दर बाग़ में हमारे लिए पार्टी का आयोजन किया था। सभी छात्रों के चेहरे पर संतोष की मुस्कराहट थी। दूर बेंगलुरु से हाता जी ने पुणे आकर छात्रों को बधाई दी। खुशी के मारे दोनों विश्वविद्यालयों के लड़कों ने सब मिलकर मुझे उठाकर हवा में उछाल दिया। इससे ज्यादा खुशी क्या हो सकती है!

इस आलेख के निष्कर्ष के तौर पर मैं यों कह सकता हूँ कि नाटक के अभिनय से विद्यार्थियों के हिंदी-शिक्षण में बहुत लाभ हो सकते हैं जो इस प्रकार हैं:—

(1) संवादों को रटते-रटते बोलने की झिझक समाप्त होती है और अच्छी हिंदी बोलने लगते हैं।

(2) नाटक के संवादों से सीखे हुए वाक्यों को दैनिक वार्तालाप में ज्यों-का त्यों प्रयोग किया जा सकता है और इस प्रकार अनंत वार्तासुख प्राप्त हो सकता है।

(3) आत्मविश्वास को पाकर आगे हिंदी के अध्ययन में प्रगति कर सकते हैं

इसका एक प्रमाण वार्षिक परीक्षाओं के अंकों में प्रकट है। निम्नलिखित आंकड़ा सन् 2004 का है। <क> <ख> <ग> <घ> अध्यापकों को दर्शाते हैं जिन्होंने प्रश्न बनाकर परीक्षा ली थी। <क> प्रस्तुत आलेख का लेखक(मैं) है। लेखक ने प्रश्नपत्र जांचते समय परीक्षार्थियों के नाम नहीं देखे। अन्य अध्यापकों को यह पता नहीं था

कि कौन-कौन विद्यार्थी नाट्यदल का सदस्य है या कौन कौन नहीं है। काला रंग हिंदी नाट्य दल के सदास्यों के प्राप्त औसत अंक है जबकि सलेटी रंग ऐसे छात्रों के औसत अंक हैं जिन्होंने हिंदी नाटक के मंचन में कभी हिस्सा नहीं लिया था। दूसरे (नाट्य दल के असदस्य) के औसत अंक की तुलना में पहले (नाट्य दल के सदस्य) का औसत अंक हरेक परीक्षा में सौ में से बीस अंक से ज्यादा है।

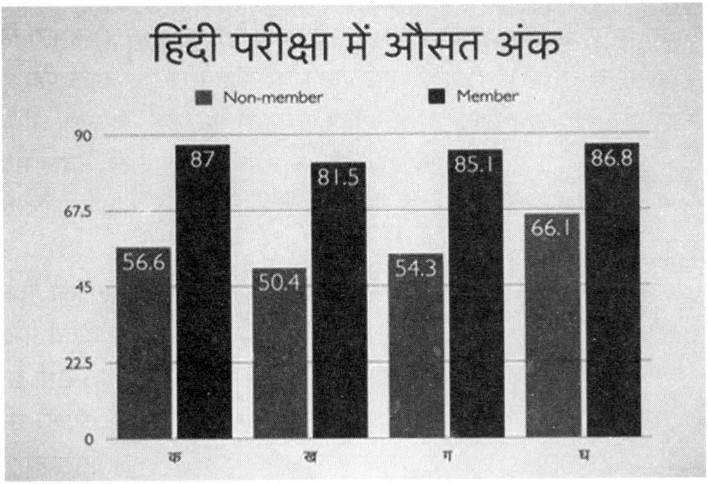


यह उपर्युक्त तथ्य का अकाट्य प्रमाण है।

(4) नाटक के पात्रों से तादात्म्य स्थापित करने से *भारतीयकरण* सम्भव हो सकता है।

(5) नाटक का अभिनय भी एक सृजनात्मक कार्य है। सामूहिक रूप से निश्चित लक्ष्य अर्थात मंचन की सफलता के लिए एकजुट होकर साधना करने की प्रक्रिया में आपस में भाईचारे की भावना आती है जो कि छात्रों के चरित्र के विकास में बहुत अच्छा प्रभाव डालती है। यह दोनों देशों के सांस्कृतिक आदान-प्रदान का ठोस उत्कृष्ट कार्य है। अंतरराष्ट्रीय विनिमय तो केवल पुस्तकीय नहीं होना चाहिए, बल्कि ठोस कदम उठाने की आवश्यकता है।

पुनश्च हमारे ओसाका विश्वविद्यालय के छात्रों का अभिनय यूट्यूब में देख सकते हैं।

सर्च करें Saras Prem से। यह नाटक सन् 2003 मार्च में नई दिल्ली में आयोजित पंचम भारत रंग महोत्सव के अवसर पर प्रस्तुत किया गया था, पर यूट्यूब में सन् 2009, सितम्बर 4 को क्योतो विश्वविद्यालय में आयोजित चौदहवें विश्व संस्कृत सम्मेलन के अवसर पर मंचित *सारस प्रेम* को देख सकते हैं। तब तक मैं ओसाका विश्वविद्यालय से अवकाश ग्रहण कर चुका था। यह मेरा अंतिम मंचन था।

*सिंगापुर संगम हिंदी पत्रिका अंक 16,*
*अक्टूबर-दिसंबर 2021, संपादक-डॉ. संध्या सिंह जी से साभार*

# ओसाका में ग्रीष्मकालीन पंजाबी गहन पाठ्यक्रम

## भूमिका

वैसे तो जापानी विश्वविद्यालयों में संस्कृत, हिंदी, उर्दू आदि भारतीय भाषाओं के अध्ययन-अध्यापन की अपनी-अपनी परंपरा है, पर भारत की अन्य भाषाओं का अध्ययन अभी शुरू में है। संभवतः बंगला ही एक ऐसी भाषा है जिसको अपवाद के रूप में लिया जा सकता है, क्योंकि गुरुदेव रवीन्द्रनाथ ठाकुर के कारण बंगला साहित्य की समृद्धि से इस देश में काफी लोग परिचित हैं और इस भाषा के पढ़ने वाले विद्यार्थियों की संख्या भी बढ़ रही है। तोक्यो से "कल्याणी" नामक पत्रिका भी निकलती है, जिसमें बंगला साहित्य का परिचय दिया जाता है।

अब धीरे-धीरे कुछ अन्य भारतीय भाषाओं की शिक्षा भी दी जाने लगी है जिसका श्रेय तोक्यो विदेशी भाषा विश्वविद्यालय से संबद्ध एशिया तथा अफ्रीका भाषा एवं संस्कृति संस्थान को है। इस संस्थान की स्थापना सन् 1964 ई. में हुई। इस संस्थान के उद्देश्य निम्नलिखित हैं :

1. एशिया तथा अफ्रीका की भाषाएँ तथा इन भाषाओं के माध्यम से इन देशों के इतिहास समाज तथा संस्कृति का अध्ययन।
2. एशिया तथा अफ्रीका की भाषाओं के शब्दकोशों का निर्माण कार्य।
3. भाषा शिक्षण की व्यवस्था।

इस संस्थान में चालीस के करीब विद्वान हैं, पर अध्ययन-प्रधान होने के कारण अपना कोई विद्यार्थी नहीं है। यद्यपि यह संस्थान तोक्यो विदेशी भाषा विश्वविद्यालय से संबद्ध है, पर यह पूरे जापान के विद्वानों का आम संस्थान है। इस दृष्टि से उद्देश्य नंबर तीन का बड़ा महत्व है। संस्थान प्रति वर्ष जुलाई और अगस्त दो महीनों में, जिस समय जापान में शैक्षिक संस्थाएँ ग्रीष्मकाल की छुट्टी के कारण बंद रहती हैं।

एशियाई तथा अफ़्रीकी भाषाओं के शिक्षण की व्यवस्था करता है। तोक्यो में दो भाषाओं तथा ओसाका में एक भाषा के अध्यापन की व्यवस्था है।

इस भाषा शिक्षण की विशेषताएँ हैं :

1. प्रतिदिन 6 घंटे (शनिवार और रविवार को छोड़कर) के हिसाब से पाँच सप्ताह अर्थात् कुल मिला कर 150 घंटे का पाठ्यक्रम है।
2. जापानी अध्यापक तथा मूल भाषा-भाषी दो अध्यापक इस पाठ्यक्रम को चलाते हैं। यह कोई ज़रूरी नहीं है कि जापानी अध्यापक उसी संस्थान का विद्वान हो। अमुक भाषा का विशेषज्ञ अपने संस्थान में नहीं है, तो संस्थान बाहरी विशेषज्ञ को इस पाठ्यक्रम के लिए नियुक्त करता है। ओसाका में तो प्राय: ओसाका विदेशी भाषा विश्वविद्यालय के अध्यापक नियुक्त हो जाते हैं।
3. पूरे देश से छात्र पढ़ने आ सकते हैं पर भाषा शिक्षण का लाभ अधिकतम हो— इस उद्देश्य को ध्यान में रखकर सिर्फ़ दस सीटें रखी गई हैं।

इस प्रकार अभी तक 22 भाषाओं के शिक्षण की व्यवस्था की गई है। इनमें कुछ भारतीय भाषाएँ भी सम्मिलित हैं—हिंदी, बंगला, मराठी, तथा पंजाबी और नेपाली भी। इस वर्ष ओसाका में पंजाबी के गहन पाठ्य क्रम की व्यवस्था की गई है। लेखक तथा डॉ. आत्मजीत सिंह, रीडर, पंजाबी अध्ययन विभाग, गुरु नानकदेव विश्वविद्यालय ने इस पाठ्यक्रम के उत्तरदायित्व को ग्रहण किया। यह लेख उस पंजाबी पाठ्यक्रम से संबंधित रिपोर्ट है।

## (1) शिक्षार्थियों का परिचय

जिन नौ शिक्षार्थियों ने इस पाठ्यक्रम के लिए आवेदन पत्र दिये हैं उनकी आयु, शैक्षिक पृष्ठभूमि तथा पंजाबी सीखने के उद्देश्य आदि इस प्रकार हैं :-

| शिक्षार्थी | लिंग | आयु | शिक्षा | अब तक सीखी विदेशी भाषाएँ | उद्देश्य प्रेरणा स्त्रोत |
|---|---|---|---|---|---|
| क | स्त्री | 29 | कृषि विज्ञान में एम.एस.सी., सम्प्रति केंद्रीय हिंदी संस्थान की छात्रा | अंग्रेज़ी, हिंदी, उर्दू | गुरुनानक के विचारों में रुचि |
| ख | पुरुष | 22 | तोक्यो विश्वविद्यालय का छात्र, एम.ए. तृतीय वर्ष | अंग्रेज़ी, जर्मन | राष्ट्रीय संगठन तथा भाषायी राष्ट्रीयता में रुचि |

| | | | | | |
|---|---|---|---|---|---|
| ग | पुरुष | 26 | तोक्यो विदेशी भाषा विश्वविद्यालय का छात्र, एम.ए. द्वितीय वर्ष, आधुनिक भारतीय इतिहास | अंग्रेज़ी, हिंदी | 1947 के भारत विभाजन पर शोध-कार्य जारी रहा है |
| घ | पुरुष | 20 | ओसाका विदेशी भाषा विश्वविद्यालय का छात्र, बी.ए. तृतीय वर्ष, जर्मन | अंग्रेज़ी, जर्मन | भारतीय संस्कृति तथा सामाजिक भाषा-विज्ञान में रुचि |
| ड़ | स्त्री | 20 | ओसाका विदेशी भाषा विश्वविद्यालय छात्रा, बी.ए. द्वितीय वर्ष हिंदी | अंग्रेज़ी, हिंदी | भारतीय भाषाओं में रुचि |
| च | पुरुष | 32 | तोक्यो विश्वविद्यालय का स्नातक। जापान एयरलाइंस की नौकरी त्याग कर आया। | अंग्रेज़ी, जर्मन, फ्रांसीसी, स्पेनी, इतालवी, रूमानी | भविष्य में सिख धर्म के इतिहास पर कार्य करने की इच्छा |
| छ | स्त्री | 21 | ओतेमोन गाकुइन विश्वविद्यालय की छात्रा, बी.ए. चतुर्थ वर्ष एशियाई सभ्यता | अंग्रेज़ी, हिंदी, जर्मन, उर्दू, बांग्ला | छात्र जीवन में अंतिम ग्रीष्मकालीन छुट्टी को सार्थक बनाने के लिए |
| ज | पुरुष | 20 | ओसाका विदेशी भाषा विश्व विद्यालय का छात्र, बी.ए. द्वितीय वर्ष हिंदी | अंग्रेज़ी, हिंदी, उर्दू | नवीन भारतीय जगत के खोज के लिए। भविष्य में अध्ययन में सहायता मिले |
| झ | स्त्री | 20 | ओसाका विदेशी भाषा विश्वविद्यालय अंग्रेज़ी, हिंदी | अंग्रेज़ी, हिंदी, उर्दू | भारतीय भाषाओं में रुचि |

इस विवरण से स्पष्ट हो जाता है कि सभी शिक्षार्थी अपनी रुचि के कारण (व्यावसायिक रूप से कोई नहीं।) पंजाबी सीखने के लिए प्रेरित हुए थे। इनमें से तीन शिक्षार्थियों क, ग, तथा च ने "आवश्यकता" के अनुसार पंजाबी सीखने को सोचा था। दो तिहाई शिक्षार्थियों ने पहले हिंदी सीखी हुई है। अंग्रेज़ी तो सबको आती ही है।

(2) पाठ्य पुस्तकें तथा सहायक पुस्तकें

प्रस्तुत लेखक ने इस पाठ्यक्रम के लिए तीन किताबें तैयार की हैं:

1. पंजाबी प्रवेश
2. पंजाबी रीडर
3. पंजाबी वार्तालाप

तीनों पुस्तकें गुरुमुखी व जापानी लिपि में छपी हैं। नंबर एक में गुरुमुखी वर्णमाला के परिचय के साथ संक्षिप्त व्याकरण का परिचय दिया गया है। बीस पाठों में विभक्त होने के कारण एक दिन के हिसाब से प्राय: एक पाठ पढ़ाने की योजना थी। यद्यपि उच्चारण के अभ्यास में ज़्यादा समय लगा था, पर मोटे तौर पर यह लक्ष्य पूर्ण हुआ। प्रत्येक पाठ में पहले सरल वाक्यों के उदाहरण फिर क्रमश: जटिल वाक्यों के उदाहरण दिये गए हैं और पाठ के अंत में अनुवाद जापानी से पंजाबी में का अभ्यास भी दिया गया है। नंबर दो में भी बीस पाठ हैं। लघु कथा, निबंध, लोक-कहानी, समाचार-पत्र, कविता, जीवनी इत्यादि साहित्य की नाना विधाओं की रचनाओं का संकलन है जो कि इस प्रकार है:- 1. मेरा स्कूल, 2 पिकनिक, 3. स्त्री-विद्या, 4. एक लाड़ा, 5. अंबी दी कहानी, 6. दीवाली, 7. दाज दी लाहनत, 8, पंजाब दे मेले, 9. गुरु नानक देव जी, 10. साडे पिंड, कल आज ते भलक, 11. एके दा फल, 12. पंजाबी भाषा, 13 दिल्ली विच पंजाबी नूँ उर्दू दे बराबर सहूलतां प्राप्त, 14. पंजाबी बोलदे जापानी प्रोफ़ेसर दा कसूता सवाल, 15. वसंत--धनी राम चात्रिक, 16. शहीदी संदेश – एस. एस. मीशा, 17. बल्ले जट्टा बल्ले—नंद लाल "नूरपुरी" 18. मेरा बचपन--हरिभजन सिंह, 19. अज्ज आखां वारिस शाह नू--अमृता प्रीतम, 20. शहीद-ए-आजाम सरदार भगत सिंह दा संखेप जीवन-चरित्र।

विश्वविद्यालय स्तरीय विद्यार्थियों की वृद्धि के स्तर को ध्यान में रखते हुए संकलित किए जाने के कारण प्रारंभिक पाठ के लिए कुछ कठिन बन गई। कठिन शब्दों के अर्थ टिप्पणी के रूप में जापानी में दिये गए हैं। समय के अभाव के कारण पूरा पाठ नहीं पढ़ाया जा सका, पर आधा पाठ पढ़ाया गया।

नंबर तीन में पंजाबी वार्तालाप के नमूनों का संग्रह है जो दस पाठों में विभक्त है, यथा : 1. पालम हवाई अड्डे ओते, 2. दिल्ली दी सैर, 3. दवाखाने विच, 4. डी. ए. वी. कॉलेज जलंधर विच, 5. ढाबे विच, 6. पंजाब दे त्योहार, 7- चंडीगढ़ दी सैर, 8. अमृतसर दी सैर, 9. खेडां बारे, 10. अमृता प्रीतम नाल मुलाकात।

10 को छोड़ कर बाक़ी सब संवाद परिकल्पना के आधार पर बनाये गए हैं हरेक पाठ में पंजाबी बोलने वाले एक जापानी और पंजाबियों के बीच का संवाद है।

ऐसी परिकल्पना पुस्तक को रोचक बनाने तथा संवादों को सजीव बनाने के उद्देश्य से ही की गई है। इन संवादों के माध्यम से पाठकों को पंजाबी संस्कृति से अवगत किया जाता है। ठोस संवादों से भरपूर होने के कारण यह उच्च स्तर की पुस्तक बन गई। इसलिए कक्षा में तो केवल "पाठ एक" ही पचा सके किंतु प्रत्येक पंजाबी संवाद के साथ जापानी अनुवाद भी दिया गया है, इसलिए पाठक इस की सहायता से स्वयं सीख सकते हैं।

1 तथा 2 के लिए "टेप" भी तैयार किया गया जिसे सुनकर शिक्षार्थी स्वयं घर में अभ्यास कर सकें। इन तीन पुस्तकों के अतिरिक्त पंजाबी-अंग्रेज़ी कोश अमृतसर, ऑक्सफ़ोर्ड सचित्र अंग्रेज़ी-पंजाबी शब्दकोश भी सहायक पुस्तकों के रूप में शिक्षार्थियों को वितरित की गई।

## (3) लक्ष्य

भाषा शिक्षण के चार क्षेत्रों—पढ़ना, लिखना, बोलना, सुनना में संतुलित रूप से प्राथमिक प्रवीणता प्राप्त करना इस अध्यापन का लक्ष्य था, अर्थात् व्याकरण के ढांचे को पूरी तरह समझना, सरल वाक्यों को पढ़-लिख सकना, शब्दकोश की सहायता ले तो कुछ कठिन वाक्यों को भी पढ़ सके। तथा आम विषयों पर मामूली बातचीत कर सकना। यह लक्ष्य ओसाका विदेशी भाषा विश्वविद्यालय के हिंदी विभाग के बी.ए. प्रथम वर्ष के लक्ष्य के साथ साम्य रखता है अर्थात् विश्वविद्यालय के साल भर के नियमित पाठ्यक्रम को पाँच हफ्तों में पूरा करना है इसी में तो गहन पाठ्यक्रम की सार्थकता है। परंतु केवल पंजाबी "भाषा" में प्रवीणता प्राप्त करना पर्याप्त नहीं होता अपितु "संस्कृति" संबंधी जानकारियाँ भी हासिल करना बुद्धिजीवी शिक्षार्थियों के लिए बहुत आवश्यक है। इस दृष्टि से मूल भाषा-भाषी डॉ. आत्मजीत सिंह का बड़ा योगदान मिला। उनके लिए तो संस्कृति के बारे में अलग कोई "लेक्चर" देने की ज़रूरत नहीं थी। भाषा शिक्षण के बीच बीच में संस्कृति का परिचय देते रहे। उदाहरण के लिए उच्चारण अभ्यास में "पंजा" जैसा मामूली शब्द आ गया तो इसी शब्द को लेकर "पंजा साहिब" की ऐतिहासिक व्याख्या की गई। इस प्रकार का वर्णन उच्चारण-अभ्यास की नीरसता में रस भरने के लिए बड़ा सहायक हुआ और जिज्ञासु शिक्षार्थियों को बड़ा लाभ हुआ।

इसके अलावा हर रविवार को शहर में स्थित गुरुद्वारे में पूजा के लिए शिक्षार्थियों को बुलाया जाता था, जहाँ पंजाबी सुनने का और पंजाबी भोजन के स्वादन का अवसर मिलता था। "लंगर" के बाद अक्सर किसी पंजाबी के घर चाय के लिए

बुलाया जाता था, वहाँ भी शिक्षार्थियों को पंजाबी के अभ्यास का मौका मिलता था। इस प्रकार का अनुभव भी शिक्षार्थियों के लिए उत्साहवर्द्धक तत्व बन गया।

यद्यपि लिखित भाषा के स्तर पर भारतीय पंजाबी तथा पाकिस्तानी पंजाबी में बड़ा अंतर है, पर बोल-चाल की पंजाबी दोनों में प्रायः एक जैसी है। पाकिस्तानी पंजाबी तथा भारतीय पंजाबी का संबंध कुछ इस प्रकार है जिस प्रकार उर्दू और हिंदी का है। इस पाठ्यक्रम में भारतीय पंजाबी को प्रमुख आधार मानकर पढ़ाया गया, क्योंकि राज्य भाषा के रूप में पंजाबी का विकास भारत में अधिक हो रहा है। पाकिस्तान में, कुछ अपवादों को छोड़कर पंजाबी अभी सिर्फ बोल-चाल की भाषा है। पर चूंकि पंजाबी भाषा-भाषियों की संख्या उधर पाकिस्तान में ज़्यादा है। इसलिए बोलचाल का अभ्यास कराते समय इस बात का भी ध्यान रखा गया है कि शिक्षार्थी पाकिस्तान में भी संचारित कर सके।

## (4) अध्यापन की प्रक्रिया

### 1. प्रथम सप्ताह

प्रथम दिन से ही गुरुमुखी लिपि का परिचय कराया गया। लगभग 50 अक्षर की लिपि सीखना जापानियों के लिए बहुत कठिन नहीं है, क्योंकि उन लोगों को बचपन से हज़ारों की तादाद में चीनी चित्राक्षर सीखने पड़ते हैं जिससे उन लोगों की दृष्टि इंद्रियाँ तेज़ हो जाती हैं। परंतु उन लोगों की श्रवण इंद्रियाँ क्षीण हैं। एक भाषा-भाषी देश होने के कारण विदेशी भाषाओं के विशेष उच्चारण सुनने का मौका प्रायः नहीं मिलता और जापानी भाषा की ध्वनि व्यवस्था भी बहुत सरल है। शुरू-शुरू में ही प्रायः सभी शिक्षार्थियों को पंजाबी उच्चारण की कठिनाइयों का सामना करना पड़ा।

यह अवश्य है कि जिन्होंने हिंदी सीखी है उनको पंजाबी उच्चारण सीखने में शेष शिक्षार्थियों की तुलना में कम कठिनाई है। जिन शिक्षार्थियों ने कभी कोई भारतीय भाषा न सीखी थी उनके लिए विशेष रूप से महाप्राण एवं अल्पप्राण का भेद तथा मूर्धन्य उच्चारण कठिन लगे थे। परंतु हिंदी पढ़े हुए शिक्षार्थियों के लिए भी मूर्धन्य व्यंजन 'ण' का उच्चारण बहुत कठिन लगा, जिसका प्राधान्य पंजाबी उच्चारण की अन्यतम विशेषता है। हिंदी पढ़े हुए कुछ शिक्षार्थियों में अल्पप्राण उच्चारण को अनजाने में महाप्राण कर देने की प्रवृत्ति दिखाई पड़ी। जापानी में महाप्राण तथा अल्पप्राण का अंतर नहीं है, बल्कि प्रायः अध्याक्षरित अल्पप्राण उच्चारण से कठिन लगता है। 'र', 'ल' तथा 'ड़' की कठिनाई तो "जातीय" समस्या बन गई है।

केवल बहुत सजग शिक्षार्थी ही इन तीन ध्वनियों का भेद कर सकते हैं अन्यथा नहीं। एक शिक्षार्थी अध्याक्षरित सघोष उच्चारण को नियमित रूप से अघोष करके बोलता था जो कि "जातीय" न होकर "व्यक्तिगत" समस्या थी। इस प्रकार उच्चारण की आशातीत कठिनाइयों का सामना करने के लिए पूरा एक सप्ताह लगा दिया गया। समय के हिसाब से यह पूरे पाठ्यक्रम की अवधि का पाँचवां हिस्सा था। पढ़ने वाले यदि केवल जापानी अध्यापक होते तो केवल उच्चारण के अभ्यास के लिए इतना समय न लगता। पर भाषा में संतुलित प्रवीणता प्राप्त करने के लिए उच्चारण के महत्व की अवहेलना नहीं की जानी चाहिए। फिर मूल भाषा भाषी डॉ. आत्मजीत सिंह के साहचर्य का पूरा फायदा क्यों न उठाया जाये यह सोचकर उच्चारण के अभ्यास पर बहुत ज़ोर दिया गया। उच्चारण की क्षमता में व्यक्ति व्यक्ति में अंतर था। और यह अंतर बढ़ता गया। हिंदी नहीं आती थी उनमें से एक-दो शिक्षार्थी परिश्रम से पंजाबी उच्चारण की कठिनाइयों को दूर करने में काफी हद तक सफल होने लगे।

हिंदी पढ़े हों या न पढ़े हों, सबके लिए पंजाबी की विशेष तान कठिन लगी थी। हिंदी जानने वालों के पंजाबी उच्चारण में हिंदी की ध्वनि व्यघातक होती सुनाई देती थी। कुछेक शिक्षार्थियों को सुनकर पंजाबी तान की पहचान होने लगी, पर अंतिम समय तक अपने मुख से सहज भाव से उच्चरित कोई नहीं कर सकता था।

## 2. द्वितीय सप्ताह

प्रौढ़ व्यक्तियों को छह घंटे केवल उच्चारण का अभ्यास तथा शब्दों को कंठस्थ करते-करते उकताहट का आना स्वभाविक था, यद्यपि डॉ. आत्मजीत सिंह की विनोदशीलता तथा रसिकता भरी वार्ता ने शिक्षार्थियों को ऐसा होने से बचा दिया केवल 16 पृष्ठ के अभ्यास के लिए पूरे 30 घंटे लगाये गए। अत: इस एकरसता से बचने के लिए द्वितीय सप्ताह के प्रथम दिनों में पंजाबी संस्कृति के बारे में दो विशेषज्ञों से "लेक्चर" कराया गया। प्रो. कुवाजिमा ने "पंजाब का आधुनिक इतिहास" पर तथा प्रो. हामागुची ने "पंजाब का आर्थिक विकास" पर दो घंटे का भाषण दिया।

दूसरे दिन से व्याकरण की व्याख्या शुरू हो गई। "मैं जापानी हाँ।", "मैं भारती हाँ।" "तुसी पंजाबी हो।" सरीखे वाक्यों की व्याख्या लेखक ने ही की और मौखिक अभ्यास डॉ. आत्मजीत सिंह ने कराया। मौखिक अभ्यास तो हरेक वाक्य के लिए तीन बार समवेत स्वर में कराया गया, उसके बाद व्यक्तिगत अभ्यास भी। व्यक्तिगत अभ्यास में अशुद्धियों को यथासंभव शुद्ध करने का प्रयत्न भी किया गया। प्रत्येक नये वाक्य के लिए उसका आदेश अभ्यास भी कराया गया।

## 3. तृतीय सप्ताह

व्याकरण अपने मध्यम चरण पर पहुँच गया। प्रत्येक पाठ के अंत में दिया गया अनुवाद का अभ्यास शिक्षार्थियों से श्याम-पट पर लिखवाया गया। फिर उस वाक्य के आधार पर नया वाक्य मौखिक रूप से बनाने को कहा गया। कुछ शिक्षार्थी मौखिक प्रश्नोत्तर शीघ्र देने में कुशल थे, कुछ तो सुंदर ढंग से शुद्ध वाक्य लिखने में। ये दो क्षमताएँ अनुपातिक नहीं थीं। कुछ ऐसे शिक्षार्थी भी थे जो स्वभाव से शांत और मितभाषी होने के कारण प्रश्नों के उत्तर मुख से नहीं दे पाते थे पर शुद्ध पंजाबी लिखने में किसी से पीछे नहीं थे।

यह तो स्वयंसिद्ध बात है कि हिंदी न जानने वालों को पंजाबी सीखने में बड़ी असुविधाएँ और कठिनाइयाँ हैं परंतु हिंदी न जानने वाले तीन शिक्षार्थी अपनी मेहनत से इन कठिनाइयों को दूर करने लगे और हिंदी जानने वाले कुछ अन्य सहपाठियों से भी आगे बढ़ने लगे। इस हफ्ते में पाठ्य पुस्तक एक के 13वें पाठ तक समाप्त किया गया। इसका मतलब यह हुआ कि व्याकरण के महत्त्वपूर्ण अंश पढ़ाये जा चुके थे। सरल परीक्षा भी ली गई अधिकतम अंक 99 थे और न्यूनतम 45।

## 4. चतुर्थ सप्ताह

सुबह तीन घंटे व्याकरण के शेष अंश पढ़ाये गए और दोपहर के तीन घंटे पाठ्य पुस्तक दो की पढ़ाई शुरू कर दी गई। "रीडर" अभी कोई धारा प्रवाह नहीं पढ़ सकता था, पर टिप्पणी एवं शब्दकोश की सहायता से कुछ शिक्षार्थी काफी समझ लेते थे। दूसरी परीक्षा ली गई—उतना ही परिणाम निकला जितना पहली परीक्षा का।

## 5. पंचम सप्ताह

पाठ्य पुस्तक एक समाप्त कर दी गई। पाठ्य पुस्तक दो के आधे अंश समाप्त हो गए। दो कविताओं "मेरा बचपन" तथा "अज्ज आखां वारिस शाह नू" की व्याख्या डॉ. आत्मजीत सिंह ने अंग्रेज़ी के माध्यम से की। पंजाबी मनोभावों की व्याख्या पंजाबी के विशेषज्ञ के द्वारा ही संभव है-यह लेखक का मत है। डॉ. आत्मजीत सिंह ने इतनी प्रभावशाली शैली से तथा जोश के साथ पढ़ाया कि सभी शिक्षार्थी मुग्ध हो गए। बाद में हरेक शिक्षार्थी से पूछा जाने पर कि व्याख्या कितनी समझ में आई, उत्तर इस प्रकार मिले :-

1. पूर्णतया समझ में आई...1
2. लगभग समझ में आई...5

3. समझने में काफी कठिन लगी...2

4. प्राय: समझ में नहीं आई...1

एक दिन दो पंजाबी चलचित्र वीडियो के माध्यम से दिखाए गए। चलचित्रों के नाम थे "गिद्धा" और "साल सोलवां चढ़िया"। यद्यपि पूरा संवाद समझने में शिक्षार्थियों को दिक्कत थी, पर उन्होंने फिल्मों का मज़ा तो ले लिया।

अंतिम दिन में डॉ. आत्मजीत सिंह ने पंजाबी में पत्र लिखने की विधि के बारे में श्याम-पट पर उदाहरण दे देकर समझाया। हाँ, विनोद प्रिय डॉ. साहब यह कहना न भूले कि हम पंजाबी चिट्ठी लिखने में बहुत सुस्त हैं। समय के अभाव के कारण पाठ्य पुस्तक तीन प्रथम पाठ को छोड़कर नहीं पढ़ायी जा सकी।

कुल मिलाकर कहा जा सकता है कि जापान में सर्वप्रथम चलाए गए इस पंजाबी पाठ्यक्रम को बड़ी सफलता मिली। सीमित अवधि को देखते हुए यह बड़ी उपलब्धि थी। इन शिक्षार्थियों में से भविष्य में पंजाबी भाषा व साहित्य के विशेषज्ञ उत्पन्न हो सकते हैं। हिंदीतर भारतीय भाषा सीखने के लिए हिंदी का ज्ञान बहुत ही लाभदायक है, बल्कि यह कहना अधिक उचित होगा कि हिंदी का ज्ञान आवश्यक है। "परमावश्यक" इसलिए नहीं कह सकते कि उक्त प्रथम श्रेणी प्राप्तकर्ताओं में एक ऐसा शिक्षार्थी भी शामिल है जिसने हिंदी कभी नहीं पढ़ी थी।

अब भविष्य में ऐसा समय आएगा जब जापान में यह समझा जाएगा कि भारत प्रेमी या भारतीय विद्या जिज्ञासु विद्यार्थी के लिए हिंदी का ज्ञान होना कोई बड़ी बात न होकर आम बात होगी। और केवल हिंदी भाषा का ज्ञान पर्याप्त नहीं समझा जायेगा जब तक किसी हिंदीतर भाषा का ज्ञान न हो। इस दिशा में एशिया तथा अफ्रीका भाषा एवं संस्कृति संस्थान सराहनीय कार्य कर रहा है। सूचना मिली है कि निकट भविष्य में तमिल भाषा के गहन पाठ्यक्रम की योजना की जा रही है।

***ज्वालामुखी, 1983, अंक 4 से साभार***

# बंगलादेश की स्वतंत्रता में विदेशियों का योगदान

बंगलादेश को स्वतंत्रता मिले अब बयालीस साल हो गए हैं। सन् 2011 में बंगलादेश सरकार ने इस देश को स्वतंत्रता दिलाने में जिन विदेशी राष्ट्रनायकों राजनीतिज्ञों, दर्शकों, बुद्धिजीवियों, लेखकों, शिल्पियों, विशिष्ट नागरिकों, मानव अधिकारों व समाजकर्मियों के संघटनों, संवादकों ने योगदान दिया था। उनको सम्मान प्रदान करने की योजना बनाई थी। और उसी साल की जुलाई को मंत्रिपरिषद् में निम्नलिखित तीन प्रकार के सम्मान व्यवस्थित करके विदेशियों को प्रदान करने का निर्णय किया अर्थात (1) बंगलादेश स्वाधीनता सम्मान (2) बंगलादेश मुक्तियुद्ध सम्मान (3) मुक्तियुद्ध मैत्री सम्मान।

जुलाई 25, 2011 को बंगलादेश स्वाधीनता सम्मान भारत की भूतपूर्व प्रधानमंत्री स्वर्गीय श्रीमती इंदिरा गांधी को प्रदान किया गया था। उनकी ओर से भारतीय कांग्रेस की अध्यक्ष श्रीमती सोनिया गांधी वितरण समारोह में सम्मान ग्रहण करने ढाका पधारी थीं। यह सर्वोच्च सम्मान है। स्वर्गीय श्रीमती इंदिरा गांधी के अलावा अब तक यह सम्मान किसी और को नहीं दिया गया है। असल मे बंगलादेश का स्वतंत्रता-युद्ध तृतीय भारत- पाक युद्ध में परिणत हुआ था। और पाकिस्तान की पराजय के साथ समाप्त हुआ था।

श्रीमती इंदिरा गांधी के दृढ संकल्प और दूरदर्शिता के कारण भारतीय सेना पाकिस्तान सेना को पराजित कर सकी थी। अत: बंगलादेश की स्वतंत्रता का सब से बड़ा श्रेय श्रीमती इंदिरा गांधी को ही है। उनको सर्वोच्च सम्मान मिलना सर्वथा स्वाभाविक है। जुलाई 25, 2011 के वितरण समारोह को प्रथम चरण कहते हैं। प्रथम वितरण समारोह की तरह दूसरा समारोह 27 मार्च 2012 को, तीसरा समारोह 20 अक्टूबर 2012, चौथा समारोह 15 दिसम्बर 2012 तथा पाचवाँ समारोह 24 मार्च 2013 को ढाका के बंगबंधु अंतरराष्ट्रीय सम्मेलन केन्द्र में आयोजित हुआ था।

इनमें से उक्त दूसरा सम्मान, बंगलादेश मुक्तियुद्ध सम्मान दूसरे चरण में आठ व्यक्तियों को तीसरे चरण में दो व्यक्तियों को तथा पाँचवें चरण में दो व्यक्तियों को प्रदान किया गया है। ये सब अपने-अपने देश के प्रमुख राजनैतिक नेता थे। उनके नाम क्रमशः इस प्रकार हैं। नेपाल के भूतपूर्व राष्ट्रपति डॉ. राम बरन यादव, भूटान के तृतीय राजा स्वर्गीय जिग्मेडारजी वांगचुक, रूस (तत्कालीन सोविएत संघ) के भूतपूर्व साम्यवादी दल के प्रथम सचिव, स्वर्गीय लियोनिड लिच ब्रिजनेव, रूस की सर्वोच्च सभा के भूतपूर्व अध्यक्ष निकोलाई विक्ट्रोविच भूतपूर्व यूगोस्लाविया के राष्ट्रपति स्वर्गीय जोसिप ब्राज टीटो, भूतपूर्व प्रधानमंत्री स्वर्गीय विश्वेशर प्रसाद कोईराला" (दूसरे चरण में), भारत के भूतपूर्व प्रधानमंत्री स्वर्गीय आई के गुजराल और नेपाल के भूतपूर्व प्रधानमंत्री स्वर्गीय गिरजा प्रसाद कोइराला (तीसरे चरण में) तथा क्यूबा के भूतपूर्व राष्ट्रपति डाक्टर फिडेल कास्ट्रो रूज और यू के के भूतपूर्व प्रधानमंत्री है लार्ड हेरोल्ड विल्सन (पांचवें चरण में)। तत्कालीन सोवियत संघ के अधिक नेताओं का नाम आना भी उन दिनों (सन् 1971) की अंतरराष्ट्रीय राजनीतिक स्थिति का स्मरण करें तो समझ में आता है तब तथा कथित शीत युद्ध के चर्मोत्कर्ष का युग था। जिसमें संयुक्त राष्ट्र अमरीका और सोवियत संघ का बहुत बड़ा संघर्ष और टकराव था। और दुनिया के प्रायः सभी राष्ट्र भी इन दो महाशक्तिमान देशों के अपने गुटों में बँटे हुए थे। भारत सोवियत संघ के साथ और पाकिस्तान अमरीका व चीन के साथ मित्र देश बने थे। संयुक्त राष्ट्रसंघ के आम परिषद में अमरीका ने पाकिस्तान के गृहयुद्ध को बंद करके आपस में वार्ता करने के सुझाव को 101 देशों का समर्थन (केवल 11 देशों ने विरोध किया था।) मिला था। पाकिस्तान फौज के नर संहार और इतनी निष्ठुर हत्या को देखते हुए आश्चर्य होता है कि क्यों इतना बहुमत मिला था। यद्यपि सोवियत संघ ने संयुक्त राष्ट्र संघ के सुरक्षा परिषद में वीटो डालकर उस प्रस्ताव को ठुकरा दिया था। लेकिन भारत और रूस को बिलगाव झेलना पड़ा था। लेकिन यह बहुमत पाकिस्तान का समर्थन नहीं था। बल्कि चीन जो अभी संयुक्त राष्ट्र संघ का नया सदस्य बना था उसके प्रति स्वागत और सद्भावना मात्र थी।

इन 12 प्रमुख राजनैतिक नेताओं को छोड़कर शेष सभी 264 व्यक्तियों व संगठनों को मुक्तियुद्ध मैत्री सम्मान प्रदान किया गया है। यानी तीन सम्मानों के कुल प्राप्तकर्ताओं की संख्या 277 है। उन्हें राष्ट्रीयता के आधार पर और चरणों के आधार पर वर्गीकृत किया जाए तो इस प्रकार है—

| चरण | 1 | 2 | 3 | 4 | 5 | कुल |
|---|---|---|---|---|---|---|
| भारत | 1 | 32 | 50 | 47 | 43 | 173 |
| अमरीका | | 15 | 2 | 5 | 4 | 26 |
| यू के | | 8 | 3 | 1 | 1 | 13 |
| पाकिस्तान | | | | | 13 | 13 |
| रूस | | 10 | | 1 | | 11 |
| नेपाल | | 2 | 1 | 3 | 3 | 9 |
| जापान | | 4 | | | 2 | 6 |
| स्वीडेन | | 1 | 2 | 1 | 1 | 5 |
| ऑस्ट्रेलिया | | 1 | 1 | 1 | | 3 |
| अंतरराष्ट्रीय संघठन | 3 | | | | 3 | |
| जर्मनी | | 2 | | | | 2 |
| फ्रांस | | 1 | | 1 | | 2 |
| ईटली | | 1 | 1 | | | 2 |
| आयरलैंड | | 2 | | | | 2 |
| भूटान | | 1 | | 1 | | 2 |
| डेनमार्क | | 1 | | | | 1 |
| क्यूबा | | | | 1 | | 1 |
| युगोस्लाविया | | 1 | | | | 1 |
| वियतनाम | | | 1 | | | 1 |
| श्रीलंका | | | | 1 | | 1 |
| | | | | | | |

सम्मानित व्यक्तियों को व्यवसाय के आधार पर वर्गीकृत क्या जाए तो इस प्रकार होगा।

| | कुल विदेशी | भारतीय |
|---|---|---|
| राजनीतिज्ञ | 72 (26%) | 35 |
| विद्वान, शिक्षक व साहित्यकार | 58 (21%) | 34 |
| पत्रकार व फोटोग्राफर, वकील | 27 (9.7%) | 18 |
| मानवाधिकार कार्यकर्ता आदि | 32 (12%) | 24 |
| सैनिक | 22 (7.9%) | 20 |
| संगीतज्ञ, कलाकार व फिल्म निर्माता | 18 (6.5%) | 17 |
| सरकार के कर्मचारी, राजनयिक व न्यायधीश | 17 (6.1%) | 10 |
| चिकित्सक व अभियंता | 9 (3.2%) | 3 |
| संगठन | 11 (3.9%) | 6 |
| अन्य व अस्पष्ट | 11 (3.9%) | 5 |

यह सम्मान आधे से ज्यादा भारतीयों को प्रदान किया जाना भी स्वाभाविक है। उनमें भी पश्चिम बंगाल के लोग आधे से ज्यादा थे। भारतीय हो या अभारतीय हो मुक्तियुद्ध मैत्री सम्मान जिनको प्रदान किया गया था उनमें से कुछ लोग या दुनिया भर में अपने-अपने देश या प्रदेश में ही सही, प्रसिद्ध हैं जैसे दूसरे चरण में महा संगीतकार स्वर्गीय पंडित रविशंकर जो भारतरत्न से सम्मानित हैं, स्वर्गीय उस्ताद अली अकबर खान, स्वर्गीय भूपेन हजारिका आदि हैं। पंडित शंकर ने बीटलस के एक सदस्य और सितार के अपने शिष्य जार्ज हैरिसन से कह कर बंगलादेश के शरणार्थियों के लिए धनराशि इकट्ठा करने के लिए चैरिटी कान्सर्ट का आयोजन करवाया था। इस प्रकार उन्होंने संगीत के माध्यम से बंगलादेश की स्वतंत्रता के लिए मदद दी थी।

स्वर्गीय श्री सिद्धार्थ राय ने पश्चिम बंगाल के मुख्यमंत्री के रूप में बंगलादेश की स्वतंत्रता के लिए बड़ा योगदान दिया था। बाद में पंजाब प्रांत के राज्यपाल फिर बाद में संयुक्त राष्ट्र अमरीका में राजदूत बने थे। स्वर्गीय श्री ज्योति बसु सब से लम्बी अवधि तक पश्चिम बंगाल के मुख्य मंत्री के पद पर थे। स्वाभाविक है कि पड़ोसी देश की एक ही जाति के भाग्य पर उनका भी बड़ा योगदान रहा होगा।

शिकागो विश्वविद्यालय के भूतपूर्व प्रोफेसर स्व. इडवर्ड सी. डिमॉक जूनियर ने उच्च कोटि की शोध पुस्तकें प्रकाशित करके बंगला साहित्य और संस्कृति का परिचय संसार भर के बुद्धिजीवियों से कराने में बहुत महत्त्वपूर्ण भूमिका निभाई थी। उसी तरह प्रोफेसर डॉ. त्सुयोशि नारा जापान में बंगला भाषा के अध्ययन अध्यापन के सूत्रधार हैं। उन्होंने युवावस्था में पाँच साल तक कोलकाता के राम कृष्ण मिशन

में रहकर तत्कालीन कोलकाता विश्वविद्यालय के डॉ. सुकुमार सेन के नेतृत्व में पुरानी बंगला और अवहट्ट भाषा पर शोध कार्य करके पीएच.डी. की उपाधि प्राप्त कर ली थी। जब बंगलादेश का युद्ध शुरू हुआ तो उन्होंने जापान बंगलादेश मैत्री समिति को संगठित करके बंगलादेश के समर्थन मे धन राशि इकट्ठा की थी। इस प्रपत्र का लेखक भी उस समिति का सदस्य था।

जापान के स्वर्गीय श्री ताकाशी हयकावा तब जापान के निचले सदन (लोकसभा) में सत्तारूढ़ दल के सांसद थे। और उन्होंने सर्वप्रथम जापान बंगलादेश संसद सदस्यों की समिति संघटन करके बंगलादेश को अधिक धनराशि दिलाई थी। और सन् 1972 में बंगलादेश को मान्यता दिलाने में बड़ा योगदान दिया था। स्मरण रहे कि जापान बंगलादेश को मान्यता देने वाले विकसित देशों में से सर्वप्रथम देश बना था। तब तक जापान की विदेश नीति लगभग वही थी जो अमरीका की थी। लेकिन बंगलादेश के मामले में और साम्यवादी देश मंगोलिया को मान्यता देने में जापान ने अमरीका से एकदम स्वतंत्र होकर फैसला किया था।

रूस के भूतपूर्व विदेश मंत्री स्वर्गीय आन्दे अंद्रीविच ग्रोमाइको और अमरीका में राजदूत स्वर्गीय एनाटोली डाबब्रिनिन ने भी बंगला देश का प्रबल समर्थन किया था। आयरलैण्ड के स्वर्गीय सीन मैकब्रिड ने सन् 1963 से 1971 तक अंतरराष्ट्रीय विधिवेता समिति के महासचिव के रूप में बंगला देश का समर्थन किया था। और उन्हें सन् 1975-76 का नोबेल शांति पुरस्कार मिला था। स्वीडेन के स्वर्गीय प्रोफेसर गुनार माइरडल स्टॉकहाल्म विश्वविद्यालय में अर्थशास्त्र, राजनीति शास्त्र एवं समाज शास्त्र के प्रोफेसर थे। और स्टॉकहाल्म स्थित अंतरराष्ट्रीय शांति संस्थान के अध्यक्ष थे। उन्होंने वियतनाम युद्ध का विरोध किया था। फ्रांस के स्वर्गीय श्री आंद्रे मलरो एक महान उपन्यासकार और दार्शनिक के रूप में विश्व भर में जाने जाते हैं और जब बंगला देश का युद्ध छिड़ा था तब फ्रांस सरकार के संस्कृति मंत्री थे। 70 वर्ष की अपनी आयु की परवाह किए बिना उन्होंने उस संघर्ष में भाग लेने की कोशिश की थी। वास्तव में वे बंगला देश की स्वतंत्रता के प्रबल समर्थक थे। अमरीका के हार्वर्ड विश्वविद्यालय के प्रोफेसर रह चुके स्वर्गीय प्रोफेसर जॉन केनेथ गालब्रिथ अर्थ-शास्त्र के विराट पंडित थे। और राष्ट्रपति कैनेडी ने उन्हें भारत में राजदूत के रूप में भेजा था। बंगला देश की स्वतंत्रता में उन्होंने किस प्रकार की भूमिका निभाई थी। मुझे इसका ठोस प्रमाण नहीं मिला है, क्योंकि तब अमेरिका की विदेश नीति भारत की नीति से सर्वधा विरोधी थी। हो सकता है कि उनकी पुस्तकों ने बंगला देश के लोगों को प्रोत्साहन दिया हो।

स्वर्गीय रोशन आरा बेगम संगमा ने मेघालय के अपने छोटे गाँव में बंगला देश के 30,000 शरणार्थियों को रहने के लिए आश्रय दिया था। इनके अलावा डाक्टर कर्ण सिंह, स्वर्गीय सरदार स्वर्ण सिंह, भूतपूर्व फील्ड मार्शल स्वर्गीय सैम मानिकशॉ (पद्म विभूषण से सम्मानित) आदि ऐसे अनेक महान व्यक्तियों के नाम देखने को मिलते हैं जो बंगला देश की स्वतंत्रता के इतिहास में अविस्मरणीय है बंगला देश सरकार व्यक्तियों के अलावा कुछ ऐसे संघटनों को मुक्तियुद्ध मैत्री सम्मान प्रदान करना नहीं भूली जिनके नाम इस प्रकार है...मित्र बाहिनी, आकाशवाणी, बी.बी.सी. अंतरराष्ट्रीय रेड क्रॉस समिति, कोलकाता विश्वविद्यालय सहायक समिति तथा संयुक्त राष्ट्र संघ का शरणार्थियों का उच्चायुक्त यूनाइटेड नेशन हाई कमिशन फार रेफुजी आदि, लेकिन सब से ज्यादा उल्लेखनीय बात यह है कि उसने भारत के लोगों को सम्मान प्रदान किया था। यह इस बात का द्योतक है कि बंगला देश सरकार भारतीय जनता का ऋण मानती है।

तीसरे चरण ( 20 अक्टूबर 2012 ) में भी बहुत प्रसिद्ध व्यक्तियों के नाम मुक्तियुद्ध मैत्री सम्मान से सम्मानित व्यक्तियों की तालिका में आते हैं, जैसे दक्षिण वियतनाम के राष्ट्र मुक्ति मोरचे के भूतपूर्व नेता मैडम न्गुन था। ईबिक एकमात्र वियतनाम की नागरिक थी। जिनको मुक्तियुद्ध मैत्री सम्मान से नवाजा गया है। यू.के. के सर विलियम मार्क टुली (पदम भूषण से सम्मानित) बहुत प्रसिद्ध पत्रकार है जो पूरे दक्षिण एशिया में जाने जाते हैं। उन्होंने बंगला देश की लड़ाई की सही खबरें तटस्थ होकर दुनिया भर को पहुँचाने का काम किया था। स्वर्गीय श्री जगजीवन राम तब रक्षा मंत्री हुआ करते थे। स्वर्गीय डाक्टर त्रिगुण सेन केंद्रीय सरकार के शिक्षा मंत्री थे। स्वर्गीय डॉ. सिसिर कुमार बसु विख्यात चिकित्सक थे। स्वर्गीय प्रोफेसर निहार रंजन राय बहुत प्रसिद्ध इतिहास के प्रोफेसर थे। स्वर्गीय श्रीमती मैत्रेयी देवी विख्यात उपन्यासकार और कवयित्री थीं। उनकी रचनाओं ने भी बंगलादेशियों का दिल जीत लिया होगा। स्वर्गीय जनाब कैफी आज़मी विख्यात फिल्म अभिनेत्री शबाना आजमी के पिता थे। और स्वयं विख्यात कवि व गीतकार थे। वितरण समारोह में उनकी ओर से उनकी बेटी शबाना आज़मी उपस्थित थीं। उनके गीतों ने मुक्ति वाहिनी के सैनिकों के दिलों को बढ़ा साहस दिया होगा।

चौथे चरण (15 दिसम्बर 2012) में स्वर्गीय जयप्रकाश नारायण (भारत रत्न से सम्मानित) सर्वाधिक प्रसिद्ध हैं। स्वर्गीय श्री ताराशंकर बंद्योपाध्याय बंगाल के बहुत प्रसिद्ध उपन्यासकार थे, साथ-साथ उन्होंने राजनीति के क्षेत्र में भी अहम भूमिका

निभाई थी। स्वर्गीय. श्री सुनिल गंगोपाध्याय भी बहुत प्रसिद्ध उपन्यासकार, कवि और गीतकार थे। स्वर्गीय श्री ऋत्विक घटक (पद्म श्री से सम्मानित) प्रसिद्ध फिल्म निर्माता एवं लेखक भी थे। स्वर्गीय सत्येंद्रनाथ बसु (पदम विभूषण से सम्मानित) बहुत बड़े वैज्ञानिक थे। इस प्रकार इस चरण के सम्मानित व्यक्तियों में साहित्यकार वैज्ञानिक आदि बड़ी संख्या में थे। आस्ट्रेलिया के (स्वर्गीय श्री विलियम ए.एस. कुदरलैण्ड जो द्वितीय महायुद्ध के समय हिटलर का विरोध करने के लिए डच लोगों के लिए गुप्तचर बने सन् 1970 में ढाका में आए बाटा जूट कम्पनी के उत्पादन मैनेजर के रूप में, लेकिन उन्होंने मुक्ति वाहिनी को प्रशिक्षण दिया था। सन् 1978 में वे अपने देश आस्ट्रेलिया वापस चले गए थे। उनका देहान्त सन् 2001 में हुआ। अगरतला स्थित गोविंद बल्लभ पंत अस्पताल को जिसने मुक्ति वाहिनी के घायल सिपाहियों की चिकित्सा की थी। और रूस के समाचार पत्र प्रवदा को भी मुक्तियुद्ध मैत्री सम्मान प्रदान किया गया था।

अब तक के वर्णन एवं मया श्रुतम अपनी सुनी बातों, दस्तावेजों और इंटरनेट से प्राप्त सूचनाओं पर आधारित थे। लेकिन पाँचवें चरण (24 मार्च 2013) का वर्णन सब समाचार मेरे अपने प्रत्यक्ष अनुभव के आधार पर आखों देखा समाचार लिख रहा हूँ, क्योंकि मैं स्वयं मुक्तियुद्ध मैत्री सम्मान से सम्मानित होकर इस वितरण में उपस्थित हुआ था।

इस चरण की सब से बड़ी उल्लेखनीय बात यह है पहली बार 13 पाकिस्तानियों को यही सम्मान दिया गया है। मेरी जिज्ञासा थी कि तत्कालीन शत्रुदेश के लोगों को यह सम्मान क्यों दिया जा रहा है? अपनी जिज्ञासा को बुझाने के लिए मैंने ऐसी दो पाकिस्तानी महिलाओं से भेटवार्ता की थी जो अपने अपने स्वर्गीय पिता की तरफ से सम्मान लेने पधारी थीं- एक तो श्रीमती सलीमा हाशमी, जिनके पिता प्रख्यात उर्दू के कवि स्वर्गीय फ़ैज़ अहमद फ़ैज़ और दूसरी श्रीमती अस्मा जहांगीर जिनके पिता स्वर्गीय जनाब मलिक गुलाम जिलानी हैं। फ़ैज़ अहमद फ़ैज़ प्रगतिशील कवि के रूप में (पूर्व और पश्चिमी) पाकिस्तान में जाने जाते थे। जब पूर्वी पाकिस्तान में खून-खराबा शुरू हुआ तो उन्हें बहुत गहरी चोट महसूस हुई। नवजात बंगलादेश के लोगों की हालत देख कर उन्हें बहुत धक्का लगा और उन्होंने 'हम के ठहरे अजनबी इतनी मुदारातों के बाद' से शुरू होने वाली मशहूर कविता 'ढाका से वापसी पर' लिखी थी। 'पाँव से लहू को धो डालो' भी बहुत प्रसिद्ध कविता है। सलीमा जी के अनुसार उन दिनों फ़ैज़ अहमद फ़ैज़ के जीवन पर सामाजिक दबाव ज्यादा था। यद्यपि पाकिस्तानी

सरकार उनको जेल में नहीं डाल सकी फिर भी उनका टेलीफोन चोरी से सुना जाता था। और चिट्ठियाँ खोली जाती थीं। धमकियों की वजह से कुछ दिनों के लिए घर छोड़ कर उनको गाँव में रहना पड़ा वे कहती हैं और खुश हैं कि बंगलादेश सरकार ने उन लोगों को याद किया जिन लोगों ने (बंगलादेशियों का) साथ दिया था। पत्रकार सम्मेलन में उन्होंने साफ साफ कहा है कि पाकिस्तान को बंगलादेशियों से (उन दिनों के अत्याचार के लिए) औपचारिक रूप से माफी माँगनी चाहिए।

श्रीमती अस्मा जहाँगीर जी स्वयं वकील हैं और मानव अधिकार कार्यकर्त्री के रूप में मानी जाती हैं। उन्होंने मुझे बहुत महत्त्वपूर्ण ऐतिहासिक दस्तावेज (अप्रैल 1971) दिया है। उनके पिता जी द्वारा लिखी गई इस 20 पन्ने की पुस्तक में जिस वाक्य से बहुत प्रभावित हुआ हूँ वह अंश इस प्रकार है-कौन विश्वास कर सकता था कि जब मुजिबुर रहमान ने चुनाव जीता तो आपने तार भेजकर शाबाशी दी थी। और 15 हफ्ते के अन्दर उन्हीं को देशद्रोही कहने लगे। जनाब मालिक गुलाम जिलानी उन दिनों अवामी लीग के वाइस प्रेसिडेन्ट थे। अस्मा जहाँगीर जी ने बताया कि इस खुले पत्र के प्रकाशन से उनको जेल यात्रा तो करनी पड़ी ही थी। पाकिस्तान हुकूमत ने प्रकाशक को भी गिरफ्तार करके जेल में डाल दिया था। मैं इस पुस्तिका का जापानी में अनुवाद करने के लिए सोच रहा हूँ क्योंकि जापान में बहुत कम लोगों को पता है कि उन दिनों पश्चिमी पाकिस्तान में भी शेख मुजिबुर रहमान के समर्थक थे। जहाँगीर जी से मुलाकात करके जो मुझे सबसे बड़ी उपलब्धि मिली वह यही नई सूचना थी। तभी 13 पाकिस्तानियों को मुक्तियुद्ध मैत्री सम्मान से सम्मानित करने की बात समझ में आयी थी। इन दो पाकिस्तानियों के पहले मैं एक बहुत महत्त्वपूर्ण भारतीय से भेंटवार्ता कर चुका था। वे थे स्वर्गीय जेनेरल जगदीश सिंह अरोड़ा (परम विशिष्ट सेवा मेडल पदम भूषण से सम्मानित) के भूतपूर्व जेनेरल मोहिन्द्र सिंह (परम विशिष्ट सेवा मेडल से सम्मानित) जेनेरल अरोड़ा का नाम बंगलादेश युद्ध के हीरो के रूप में सर्वविदित है मेरे लिए व्यक्ति रूप से भी जेनेरल. अरोड़ा का नाम ताजा है। क्योंकि सेना से अवकाश ग्रहण करने के बाद 1988 में जेनेरल अरोड़ा जापान के कोबे शहर पधारे थे यहाँ के सिख समुदाय के आमंत्रण से। कोबे मेरे घर से नजदीक है और अक्सर आना जाना होता है। एक दिन उस शहर के एक जापानी रेस्ट्रॉ में हम लोगों ने साथ खाना खाया था। यहाँ के वरिष्ठ सिख सरदार नरेन्द्र सिंह सेठी जी भी साथ थे। उस समय की तस्वीर अभी तक मेरे पास है। वह जेनेरल मोहिन्द्र सिंह को दिखायी थी तो वे बहुत खुश हुए जेनेरल मोहिंद्र सिंह ने भेंटवार्ता में जेनेरल अरोड़ा के

एक आदर्श फौजी अफसर के चरित्र का वर्णन किया था। सम्मान वितरण समारोह में 69 व्यक्तियों (एक संस्था भी शामिल है) को सम्मान प्रदान किया गया है लेकिन श्रोताओं से सब से बड़ी ताली इन्हीं जेनेरल मोहिंद्र सिंह और बेगम अस्मा जहाँगीर जी के लिए बजी थी। सैनिकोचित फुरती से सलामी देते हुए सम्मान ग्रहण करते मोहिद्र सिंह तथा प्रधानमंत्री शेख हसिना से गले लगती अस्मा जहाँगीर जी का दृश्य बड़ा प्रभावशाली और मोहक था।

अपने बारे में लिखूँ तो मुझे वितरण समारोह के पिछले दिन सम्मानित व्यक्तियों की ओर से धन्यवाद ज्ञापन देने के लिए आयोजकों ने कहा था। इतनी बड़ी-बड़ी हस्तियों के रहते मुझे ही क्यों चुना गया है। आयोजकों को यह मालूम नहीं था कि मुझे बाँगला आती है। हो सकता है कि मै जापानी हूँ , बंगलादेश, जापान का अन्यतम घनिष्ट मित्र देश है। किंतु एक और जापानी विद्वान प्रोफेसर हेइजी नाकामुरा जो आधुनिक दक्षिण एशिया के वरिष्ठ इतिहासकार के रूप में पूरे जापान में प्रख्यात हैं, उनको छोड़कर मुझे क्यों चुना गया था। यह तो रहस्य है। हो सकता है, सम्मानित व्यक्तियों की तालिका में संयोग से मेरा नाम उनसे आगे मुद्रित था। यही बड़ी रहस्य है, लेकिन बहुत बड़े गौरव की बात है सहर्ष स्वीकार किया था। आठ सौ श्रोताओं समेत मंच पर विराजमान प्रधानमंत्री श्रीमती शेख हसिना, परराष्ट्र मंत्री श्रीमती दीपू मोनि तथा मुक्ति युद्ध विषयक मंत्री जनाब तजुल इस्लाम (वैसे राष्ट्रपति जिलूर रहमान का उपस्थित होना जरूरी है। लेकिन दुर्भाग्यवश उनका अकस्मात देहांत गत 20 मार्च को सिंगापुर में हुआ इसलिए राष्ट्रपति उपस्थित नहीं थे।) तथा टी.वी. कैमरे के सामने बोलने के लिए सब लोग नर्वस हो जाते हैं। मैं तनावग्रस्त होकर दिल की धड़कन महसूस कर रहा था। लेकिन संकल्प के साथ बंगला में बोलने लगा- 'माननीय प्रधानमंत्री, परराष्ट्र मंत्री मुक्तियुद्ध विषयक मंत्री, उपस्थित अतिथि वृंद अस्सलामअलैकुम!' इतना कहने मात्र से बंगबंधु अन्तरराष्ट्रीय सम्मेलन केन्द्र का पूरा हॉल तालियों की गड़गड़ाहट से गूंज उठा। इसके बाद मैंने यों वक्तव्य दिया "बंगलादेश से सम्मान पाने के लिए मुझे आमंत्रण मिलेगा- यह मैंने सपने में भी नहीं सोचा था। मैं आप लोगों के आतिथ्य से अभिभूत और मुग्ध हुआ हूँ। बंगलादेश की स्वतंत्रता का श्रेय बंगबंधु जनाब मुजिबुर रहमान को है...जापान बंगला देश की मैत्री अटूट हो! अपनादेर सोनार बंगला आमि ओ तोमाय भालोबाशि। जय बंगला।" बंगलादेश का राष्ट्रीयगीत रवीन्द्रनाथ ठाकुर रचित 'आमार शोनार बंगला' है। और पहली पंक्ति इस प्रकार शुरू होती है आमार शोनार बंगला (मेरे सोने का बंगलादेश) आमि तोमाय भालो बाशि (मैं तुम्हें प्यार

करता (ती) हूँ)। लेकिन चूँकि मैं विदेशी हूँ, इसको मैंने जानबूझकर उपर्युक्त वाक्य में परिवर्तित करके कहा था 'आपनादेर सोनार बंगला (आप लोगों का बंगलादेश) आमि ओ तोमाय भालोबाशि (मैं भी तुम्हें प्यार करता (ती) हूँ)। कहने की जरूरत नहीं कि इसने बंगाली श्रोताओं का दिल जीत लिया था।

इतना ही नहीं, उस दिन रात को होटल शोनार गाँव में प्रधानमंत्री बेगम हसिना की ओर से आयोजित रात्रि भोज में प्रधानमंत्री जी के बगल वाली कुर्सी मेरे लिए आरक्षित थी। मुझे लगभग आधे घंटे तक इस देश की सबसे बड़ी सत्ताधारणी से बात करने का उत्तेजक अनुभव प्राप्त हुआ था। बहुत सहज स्वभाव की महिला जैसी लगी थीं, उन्होंने मेरे सवाल के जवाब में यह कहा था कि छुट्टी के दिन वे स्वयं रसोई का काम करती है। इस रात्रिभोज के पहले मैंने अपनी पुस्तक *"बंगला संलाप कथोपकथनेर माध्यमे बंग संस्कृति परिचय"* उन्हें भेंट की थी। उन्होंने कहा कि उसे प्रधानमंत्री कार्यालय के पुस्तकालय में रखेंगी यह मेरे लिए स्वप्न जैसा आनंदपूर्ण और गौरवपूर्ण क्षण था। वैसे सन् 2012 में मुझे भारत के राष्ट्रभवन में तत्कालीन राष्ट्रपति डॉ. अब्दुल कलाम के हाथों जॉर्ज ग्रियर्सन पुरस्कार मिला था।

तब भी यही भावना महसूस हुई थी, पर इस बार का माहौल कुछ और था, राष्ट्रभवन में वितरण समारोह का माहौल अलग था। बंगबंधु अंतरराष्ट्रीय सम्मेलन केंद्र में वितरण का माहौल अलग था और सोच रहा हूँ कि इसके लायक मैंने क्या सेवा की थी। बंगला देश के लिए! स्मरण आता है जब सन् 1971 में बंगलादेश का युद्ध चल रहा था। मैने एक प्रमुख जापानी समाचार पत्र "माइनिचि शिम्बुन" में पाकिस्तानी सेना के अत्याचार की निंदा करते हुए बंगलादेश की स्वतंत्रता के समर्थन के लिए लिखा था और वह अग्रेजी में अनूदित होकर भारत के 'ट्रिब्यून' (अप्रैल 23, 1971) में छप गया था।

कमाल है और बड़ी कृपा है कि बंगलादेश सरकार बयालीस साल के बाद भी मुझे नहीं भूली केवल वितरण समारोह और रात्रि भोज नहीं, तीन दिन में पद्म नदी में नौका भ्रमण जैसा मनोरंजन कार्यक्रम से लेकर बंगबंधु स्मारक संग्रहालय, नेशनल (martyrs) माटर्स मेमोरियल, शिखा चिरंतन और मुक्तियुद्ध संग्रहालय आदि मुक्तियुद्ध से सम्बंधित महत्त्वपूर्ण संस्थाओं की विजिट का कार्यक्रम का बंदोबस्त बड़े कौशल्य से आयोजकों ने किया था। जहाँ-जहाँ हम जाते थे हार्दिक स्वागत किया गया था।

युद्ध के निष्ठुर और निर्मम दृश्य देखकर किसका मन दुखी नहीं होता! मुक्तियुद्ध के शहीदों की आत्मा की शांति की प्रार्थना की। इस देश में आकर तन मन से स्वतंत्रता

का मूल्य और महत्त्व का पता चला। लेकिन सब की जिज्ञासा होती है कि बेगम शेख हसिना जी तो सन् 1996 में सत्तारूढ थीं। तब इस प्रकार के सम्मान की व्यवस्था क्यों नहीं की। इतने दिन में काफी लोग दुनिया छोड़ चुके हैं। जनरल अरोड़ा का देहांत भी सन् 2005 में हुआ था। 277 सम्मानित व्यक्तियों में से 128 (46.2%) व्यक्ति तो स्वर्गवासी हैं।

जैसा भी हो, इतने दिन के बाद सही बंगलादेश सरकार ने इतनी बड़ी संख्या में विदेशियों को सम्मानित किया है यह तो बड़ी काबिलेतारीफ है। जो कुछ व्यवहार हमारे साथ हुआ है वह अवर्णनीय और अद्वितीय था। बंगलादेश का आतिथ्य सत्कार, बंगलादेश की मेहमानदारी या मेहमान नवाजी कमाल है। ईश्वर से प्रार्थना है कि बंगलादेश विकास के पथ पर अग्रसर होता रहे और मित्र देश भारत के साथ मिलकर दक्षिण एशिया की शांति की स्थापना के लिए प्रयत्नशील रहे।

***शोध-अमृत, वर्ष 3, अंक जून 2013, पृष्ठ संख्या 123-129, आज़मगढ़ से साभार***

# अनौपचारिक बनेगी तो बढ़ेगी हिंदी

प्राय: प्रत्येक भाषा में दो प्रकार की शैलियाँ प्रयुक्त होती है- औपचारिक और अनौपचारिक। यह अंतर काफी हद तक साहित्यिक भाषा (बांग्ला में साधु भाषा) और बोलचाल की भाषा (बांग्ला में चलित भाषा) के समानांतर है। वक्ता विशेष की दृष्टि से कोई भाषा स्वयं (शैलीगत नहीं) औपचारिक और अनौपचारिक हो सकती है। प्राय: विदेशी भाषा औपचारिक भाषा होती है तथा अपनी भाषा अनौपचारिक-- जैसे अंग्रेज़ी मेरे लिए औपचारिक भाषा है। मैं अंग्रेज़ी जानता हूँ, समझ लेता हूँ, बोल भी लेता हूँ-धाराप्रवाह भले ही नहीं। लेकिन, अंग्रेज़ी का इस्तेमाल मैं केवल आवश्यकता के कारण करता हूँ। जब अमरीका में रहता था तब भी मैं वहाँ के प्रवासी भारतीयों के साथ हिंदी में संभाषण करता था। भारत में परिस्थिति और औचित्य के अनुसार कभी-कभी अंग्रेज़ी बोलनी पड़ती है—वह स्थिति अहिंदी भाषी प्रदेश में ही नहीं, बल्कि जिस देश की राजभाषा हिंदी है उस देश की राजधानी दिल्ली में भी प्रचलित है। अंग्रेज़ी तो शिक्षित समाज की संपर्क भाषा है (लेकिन यह न समझें कि दुनिया के अन्य सभी देश भारत जैसे हैं। अमरीका, यूके, कनाडा, ऑस्ट्रेलिया व न्यूजीलैंड को छोड़कर सभी विकसित देशों में शिक्षितों की संपर्क भाषा तो अपनी-अपनी भाषा होती है। जून में टोरेंटो में आयोजित जी-20 शिखर सम्मेलन में विदेशी भाषा में भाषण देने वाले नेता तो केवल डॉ. मनमोहन सिंह जी थे। बाकी सभी गैर-अंग्रेज़ी देशों के नेताओं ने अपनी-अपनी भाषा में भाषण दिया था!), अत: किन्हीं शैक्षिक सम्मेलनों में अंग्रेज़ी का प्रयोग अनिवार्य है। अंग्रेज़ी के प्रयोग में व्यावहारिकता भी एक कारण थी। जैसे बहुत जटिल देवनागरी अक्षर में टंकण करने से केवल 26 अक्षर वाली अंग्रेज़ी में टंकण करना कहीं अधिक आसान है। लेकिन अब कंप्यूटर के विकास की वजह से देवनागरी भी आसानी से इनपुट की जाती है।

सरकारी तंत्र में अंग्रेज़ी का प्रयोग प्रभुत्व या प्रतिष्ठा से जुड़ा है, क्योंकि वहाँ के उच्च पदाधिकारी अक्सर अंग्रेज़ीपरस्त हैं। अंग्रेज़ी न जानने वालों के साथ सम्मानयुक्त

व्यवहार नहीं मिलता। हाँ, यह ज़रूर है कि कभी-कभी किसी परिचित घनिष्ठ उच्च पदाधिकारी के साथ हिंदी में बोलने पर बहुत आत्मीय प्रेमपूर्ण व्यवहार मिलता है और इसलिए काम जल्दी बन जाता है। ऐसे अनुभव मुझे बहुत हुए हैं। कहने का तात्पर्य यह है कि अंग्रेज़ी में आत्मीयता नहीं है, यह दिल की भाषा नहीं है। लेकिन, हिंदी दिल की भाषा है। अंग्रेज़ी में तो एहसान की भावना के बिना 'thank you' तो सहज ही मुँह से निकल सकता है, क्षमा याचना की भावना न होने पर भी 'sorry' या 'excuse me' कह सकते हैं।

मैं अगर श्रीमती ऋतुपर्ण जी को अंग्रेज़ी में पत्र लिखूँ और पत्र का आरंभ 'My dear Mrs. Madhulika jee' से करूँ तो उत्तम शैली न होने पर भी बहुत ज्यादा अटपटा तो नहीं लगता, यानी चल सकता है, पर हिंदी में अगर "मेरी प्रिय मधुलिका जी" लिखूँ तो ऋतुपर्ण जी विचलित हो जाएँगे, क्योंकि अंग्रेज़ी में 'my dear' औपचारिक प्रयोग है (किसी शैली वैज्ञानिक ने इसे frozen style की संज्ञा दी है)। किसी भारतीय महिला की सुंदरता की प्रशंसा में मैंने लिखा था कि you were irresistible! इससे कोई खास प्रतिक्रिया नहीं मिली। शायद मन ही मन प्रसन्न हुई हों, लेकिन अगर वही वाक्य हिंदी में लिखा होता तो शायद गड़बड़ी हो सकती थी।

हिंदी के साथ विडंबना यह है कि खुद भारत में ऐसे लोग बहुत हैं जो हिंदी को औपचारिक भाषा मानते हैं। इतना ही नहीं, हिंदी प्रदेश में भी ऐसे बहुत शिक्षित लोग (यौवन में अंग्रेज़ी माध्यम वाले स्कूल में पढ़े लोगों में अधिक) मिलेंगे, जो थोड़े से संस्कृत शब्द सुनने पर शुद्ध हिंदी कहकर उससे कतराते हैं। यह अवश्य है कि संस्कृत से आगत शब्द (तत्सम शब्द) आसानी से मुँह से नहीं निकलते, लेकिन फिर तो अंग्रेज़ी इतनी आसानी से मुँह से क्यों निकलती है? यह तो अभ्यास के ऊपर निर्भर रहता है। विश्वविद्यालय शब्द आम लोगों के मुँह से आसानी से नहीं निकलता। टैक्सी चालक को 'दिल्ली विश्वविद्यालय चलिए' कहें तो समझ तो सकेंगे, पर वे 'युनिवर्सिटी' कहेंगे, किंतु जब से मेट्रो स्टेशन का नाम 'विश्वविद्यालय' पड़ा तब से लोग 'विश्वविद्यालय कहने लगे।

'सचिवालय' के बजाय 'Secretariat' ज्यादा प्रचलित है, पर वह भी मेट्रो स्टेशन का नाम होने से धीरे-धीरे लोग मुँह से बोलने लगेंगे। पहले आकाश की तुलना में आसमान बोलचाल में अधिक प्रचलित था, लेकिन अब आकाश भी आसमान की तरह आम हो गया है। यह स्कूली शिक्षा का परिणाम है। कठिन समझा जाने वाला शब्द भी प्रयोग और अभ्यास से आसान हो जाएगा। हिंदी को औपचारिक

भाषा मानने वाले बस यही प्रयत्न नहीं करते। जब तक यही 'प्रयत्न लाघव' रहेगा तब तक हिंदी भी मात्र औपचारिक ही बनकर रहेगी।

हिंदी को राष्ट्रसंघ की प्राधिकृत भाषा बनाने की प्रथम घोषणा की गई थी सन् 1975 में। उसके बाद आयोजित हर विश्व हिंदी सम्मेलन में यह घोषणा दोहराई गई थी, लेकिन अभी तक बनाई नहीं गई है, न ही निकट भविष्य में बनने की उम्मीद नजर आती है।

हिंदी कम से कम दो कसौटियों पर तो खरी उतरती है एक तो बोलने वालों की बहुसंख्या, दूसरी आर्थिक बोझ उठाने की भारत सरकार की क्षमता। इस दृष्टि से सन् 1975 की भारत की आर्थिक स्थिति और वर्तमान स्थिति में ज़मीन व आसमान का फर्क है। दुभाषियों के प्रशिक्षण और उनकी नियुक्ति में बहुत धन खर्च करना पड़ता है, किंतु अब आर्थिक शक्तिशाली देश बने भारत के लिए यह कोई समस्या नहीं होगी। एक कठिनाई यह हो सकती है कि हिंदी केवल एक राष्ट्र की राजभाषा है, कई देशों की नहीं। बाद में जोड़ी गई नई प्राधिकृत भाषाओं-अरबी और स्पेनी-से इसमें अंतर है।

लेकिन, असली बाधा तो यह है कि हिंदी की नींव भारत के अंदर ही मजबूत नहीं है। क्या भारत की जनता एकजुट होकर यह माँग करेगी कि हिंदी राष्ट्रसंघ की प्राधिकृत भाषा बने? क्या सरकार के उच्च पदाधिकारी दिल से चाहते हैं कि वास्तव में हिंदी राष्ट्रसंघ की प्राधिकृत भाषा बने? हिंदी तभी राष्ट्रसंघ की प्राधिकृत भाषा बनेगी जब भारत में हिंदी को औपचारिक भाषा मानने वाला कोई न रह जाए।

***कादम्बिनी, सितंबर 2010 से साभार***

# जापानी भाषा से हिंदी में अनुवाद की समस्याएँ

## जापानी भाषा की विशेषता

साहित्य की समृद्धि तथा बोलने वालों की संख्या (लगभग साढ़े बारह करोड़) की दृष्टि से विश्व की प्रमुख भाषा होने पर भी जापानी ऐसी विशिष्ट भाषा है जिसका किसी दूसरे भाषा-परिवार के साथ कोई संबंध प्रमाणित नहीं हुआ है। विभिन्न भाषाओं से संबंध जोड़ने की बहुत कोशिशें की गई हैं, पर अकाट्य प्रमाण की मान्यता किसी को न मिल सकी। यदि कोई निकटतम विदेशी भाषा हो तो वह कोरिया ही है। दोनों भाषाओं में कुछ-कुछ व्याकरणिक समानताएँ हैं, परन्तु बोधगम्यता की दृष्टि से दोनों भाषाओं की दूरी उतनी बड़ी है जितनी हिंदी और जापानी में। कुछ लोगों की (जिन्होंने भाषाविज्ञान नहीं पढ़ा है) यह भ्रमित धारणा प्रायः सुनने में आती है कि जापानी भाषा चीनी भाषा से मिलती है। असल में भाषाविज्ञान की दृष्टि से चीनी और जापानी में कोई साम्य नहीं है। जापानी भाषा ने केवल चीनी लिपियों तथा कुछ चीनी शब्दों को अपनाया है (लिपियों में भी इधर अंतर बढ़ रहा है)। इसलिए जापानी और चीनी का संबंध कुछ इस प्रकार कहा जा सकता है जिस प्रकार उर्दू और अरबी का। जापानी भाषा की इसी (दूसरी भाषा से पृथक होने की) विशेषता के कारण साधारणतः जापानियों के लिए विदेशी भाषा सीखना आसान काम नहीं है और विदेशियों के लिए जापानी सीखना कष्टसाध्य मालूम होता है।

प्रारूप वर्गीकरण की दृष्टि से जापानी भाषा योगात्मक भाषा है। हिंदी भारोपीय परिवार की भाषा है पर कई बातों में अन्य यूरोपीय भाषाओं से भिन्न है, उनमें से (क) परसर्ग का अस्तित्व, (ख) पदक्रम- ये दो विशेषताएँ हिंदी को जापानी के निकट लाती हैं। दोनों भाषाओं में कर्ता के बाद कर्म आता है और बाद में क्रिया। दोनों भाषाओं में संयुक्त क्रियाओं का प्रचुर प्रयोग है। कहने की आवश्यकता नहीं है कि जापानी और हिंदी में भिन्नताएँ भी अधिक हैं। जापानी में लिंग-भेद नहीं है (यद्यपि स्त्री और पुरुष

के संवादों में शैलीगत अन्तर अवश्य है। हिंदी में व्याकरण की भिन्नता है जैसे - /मैं जा रहा हूँ/ /मैं जा रही हूँ)। जापानी भाषा में बहुवचन पुनरावृत्ति से व्यक्त किया जाता है। जैसे 'हितो बितो' इसका अर्थ है दो से अधिक लोग यानी हितो। जापानी भाषा का ध्वनि-समूह बहुत सरल है, महाप्राण तथा अल्पप्राण का भेद नहीं है। /ड/ /र/ /ल/ में कोई अलग ध्वनि नहीं है। पर स्वराघात का महत्त्व है।

## हिंदी से जापानी में अब तक हुए अनुवाद का काम

हिंदी से जापानी में कितने अनुवाद हुए हैं—परिशिष्ट में दी गई सूचना देखें। अन्य एशियाई भाषाओं (चीनी को छोड़ कर) की तुलना में काफी हो रहा है। परन्तु अंग्रेज़ी जैसी यूरोपीय भाषाओं की तुलना में तो ज़मीन-आसमान का सा अंतर है। हिंदी से जापानी में अनुवाद का काम कोई व्यावसायिक दृष्टि से नहीं करता बल्कि मात्र रुचि के कारण करता है।

हिंदी से जापानी में अनुवाद का काम इस समय किशोरावस्था में है तो जापानी से हिंदी में अनुवाद का काम अभी शैशव अवस्था में है। हिंदी में जापानी साहित्य कुछ मिलता है (जैसे - 'गेन्जी की कहानी'), पर वे अधिकांशत: अंग्रेज़ी से अनूदित किए गए हैं। यहाँ सिर्फ ऐसी रचनाओं की चर्चा की जाएगी जो सीधे जापानी से हिंदी में अनूदित हों। 'ज्वालामुखी' जापानियों के द्वारा लिखित और संपादित एकमात्र हिंदी की पत्रिका है, पर उसमें जापानियों के मौलिक लेख अधिक हैं, अनुवाद कम।

इधर हिंदी में ऐसी दो महत्त्वपूर्ण पुस्तकों का प्रकाशन हुआ है जो मूल जापानी से सीधे हिंदी में अनूदित हुई हैं—इन पुस्तकों के नाम हैं:

**केन्ज़ी मीयाज़ावा वसंत और यायावर** (अनुवादक: कीयो कुरु तथा जितेंद्र राठौर, संभावना प्रकाशन, हापुड़ 1982)

**जापानी हाइकु और आधुनिक हिंदी कविता** (अनुवादक: डाक्टर सत्यभूषण वर्मा, हिंदी विकास-पीठ, मेरठ 1983)

पहली पुस्तक में जापानी कवि केन्ज़ी मीयाज़ावा की कुछ कविताओं का अनुवाद है जिसको एक जापानी महिला तथा भारतीय कवि ने मिलकर प्रस्तुत किया है (इसकी समीक्षा 'ज्वालामुखी', अंक 3, 1682 में श्री योशिआकि सुजुकि ने लिखी है)। दूसरी पुस्तक में हम केवल जापानी हाइकु का अनुवाद न पाकर डाक्टर वर्मा का खोजपूर्ण काम भी पाते हैं (इसकी समीक्षा 'ज्वालामुखी', अंक 4, 1983 में उन्हीं श्री योशिआकि सुजूकि ने पेश की है)। ये दो पुस्तकें हिंदी पाठकों के लिए जापानी साहित्य के विषय में प्रकाश डालने वाली हैं और आशा की जाती है कि साहित्य के

अनुवाद के क्षेत्र में अब तक किसी भारतीय ने रुचि प्रकट नहीं की है—भविष्य में इस प्रकार की पुस्तकें समय-समय पर प्रकाशित की जाती रहेंगी। कथा साहित्य के अनुवाद के क्षेत्र में अब तक किसी भारतीय ने रुचि प्रकट नहीं की है। इस क्षेत्र में केवल एक जापानी का उल्लेखनीय है जो तीस साल से ज्यादा समय तक हिंदी की सेवा करते आए हैं और आजकल विश्व भारती (शांतिनिकेतन) में जापानी भाषा के अध्यापक हैं। इनका नाम है श्री महेंद्र साइज़ी माकिनो। ये समय-समय पर जापानी बच्चों की कहानियों तथा लोक कहानियों के अनुवादों को हिंदी की पत्रिकाओं में लिखते आए हैं। अब ऐसे अनुवादों की मात्रा इतनी प्रचुरं हो गई है कि संग्रह करके स्वतंत्र पुस्तक के रूप में प्रकाशित करना चाहिए। इससे भारतीय तथा जापानी दोनों पाठकों को लाभ होगा।

## जापानी से हिंदी में (गद्य के) अनुवाद की समस्याएँ

जापानी से हिंदी में अनुवाद की समस्याओं की चर्चा करने के लिए एक प्रसिद्ध उपन्यासकार मोरी ओओगाई (1862-1922) के विख्यात उपन्यास 'सान्शो दायू' के शुरू के कुछ हिस्सों के अनुवाद प्रस्तुत किए जाएँगे।

ओसाका विदेशी भाषा विश्वविद्यालय के हिंदी पढ़ने वाले विद्यार्थियों में से 19 विद्यार्थियों से तथा जापानी भाषा के एक भारतीय विद्वान् (श्री प्रेम मोटवाणी, जापानी विभाग, जवाहरलाल नेहरू विश्वविद्यालय) से ये अनुवाद कराये गए हैं। संयोग से महेंद्र साइजि माकिनो का किया हुआ अनुवाद भी मिल गया है। तुलना के लिए श्री मोटवाणी, श्री माकिनो तथा प्रस्तुत प्रपत्र लेखक (तोमिओ मिज़ोकामि) के अनुवाद ज्यों-के-त्यों उद्धृत किए जाएँगे। छात्रों की हिंदी में व्याकरण संबंधी अनेक अशुद्धियाँ होने के काण हरेक छात्र की हिंदी को उद्धृत करना संभव नहीं है, केवल शैलीगत दृष्टि से विशिष्ट अभिव्यक्तियों को उद्धृत किया गया है। जापानी वाक्यों की संरचना को समझाने के लिए शाब्दिक अनुवाद भी दिखाए गए हैं।

| **एचिगो** | **नो** | **कासुगा** | **ओ** | **हेते** | **इमाजु** | **ए** | **देरु** |
|---|---|---|---|---|---|---|---|
| (प्रदेश का नाम) | (का) | (स्थान का नाम) | (को) (कर्मवावाचक परसर्ग) | (गुज़रकर) | (स्थान का नाम) | (को) | निकलना (दिशावाचक परसर्ग) |

| **मिचि** | **ओ** | **मेजुराथिई** | **ताबिबितो** | **नो** | **हितो** | **मुरे** | **गा** | **आरुड़ते** | **इरु** |
|---|---|---|---|---|---|---|---|---|---|
| (रास्ता) | (पर) | (विरल) | (यात्री) | (का) | (एक) | (झुंड) | (कर्तावाचक परसर्ग) | (चल रहा) | (है) |

(माकिनो)—ऊबड़-खाबड़, रेतीले पथरीले रास्ते पर चार अनोखे यात्री चले जा रहे थे।

(मोटवाणी)—एक विचित्र सा यात्रियों का दल एचिगो के कासुगा से होकर इमाजू की ओर जाने वाले रास्ते पर बढ़ा चला जा रहा है।

(मिज़ोकामि)—एचिगो के कासुगा होकर इमाजु जाने वाले रास्ते पर असामान्य यात्रियों का दल चला जा रहा है।

ऐसा लगता है कि श्री माकिनो ने दूसरे संस्करण या दूसरी किताब से अनुवाद किया है और उनका अनुवाद काफी हद तक भावानुवाद है।

प्राय: आधे विद्यार्थियों ने अपूर्ण वर्तमान काल के स्थान पर अपूर्ण भूतकाल (चल रहा था या चलता था) में व्यक्त किया है जिस तरह श्री माकिनो ने किया है। असल में ये दोनों ही ठीक हैं, क्योंकि जापानी में हिंदी की तरह भूतकाल की घटना को प्रत्यक्ष हो रही घटना की तरह व्यक्त करने के लिए वर्तमान काल का प्रयोग साधारण है।

जापानी में संबंधवाचक सर्वनाम नहीं हैं, किंतु यदि विशेषण उपवाक्य लंबा हो तो हिंदी में अनुवाद करते समय संबंधवाचक सर्वनाम का प्रयोग करना पड़ता है। पर यहाँ **इमाजु ए देरु मिचि** में संबंधवाचक सर्वनाम का प्रयोग करने की जरूरत नहीं थी जैसे कुछ विद्यार्थियों ने किया था (उदाहरण के लिए— जो एचिगो रियासत के कासुगा से होकर इमाजु तक ले जाती है उस सड़क पर मुसाफिरों का एक दल चल रहा है।) संबंधवाचक सर्वनाम के इस प्रयोग में अंग्रेज़ी की छाप है, यद्यपि आम जापानी छात्र हिंदी में अनुवाद करते समय अंग्रेज़ी में सोचकर नहीं लिखते।

| **हाहा** | **वा** | **सांजू** | **साई** | **ओ** | **कोएता** | **बाकारि** | **नो** |
|---|---|---|---|---|---|---|---|
| (माता) | (कर्तावाचक परसर्ग) | (तीस) | (आयु) | (को) | (लाँघ गई) | (लगभग) | (की) |
| **(ओन्ना)** | **दे** | **फुतारि** | **नो** | **कोदोमो** | **ओ** | **त्सुरेते** | **इरु।** |
| (स्त्री) | (है और) | (दो जने) | (का) | (बच्चा) | (को) | (लेकर) | (है)। |

(माकिनो)–एक माँ, उसके दो बच्चे और एक दासी।

(मोटवाणी)–इस दल में एक 30-32 वर्ष की माता अपने दो बच्चों को साथ लिए है।

(मिज़ोकामि)–दल में की माँ, जो अभी तीस वर्ष से कुछ ऊपर की है, अपने अपने दो बच्चों को संग लिए हैं।

श्री माकिनो ने जिस दासी का वर्णन किया है वह अगले वाक्य में आएगा। यहाँ ध्यान देने की बात यह है कि जापानी प्रयोग में माँ के साथ 'स्त्री' शब्द का आना अस्वाभाविक नहीं है। पर हिंदी में स्वयंसिद्ध होने के कारण उसके साथ 'स्त्री' शब्द जोड़ने की जरूरत नहीं है। उल्टे, जापानी में स्वयंसिद्ध होने के कारण 'बच्चों' के साथ निजवाचक सर्वनाम लगाने की आवश्यकता नहीं है, पर हिंदी में 'अपने' शब्द जोड़ना ज्यादा अच्छा है।

| **आने** | **वा** | **जूशि,** | **ओतोतो** | **वा** | **जूनि** | **दे आरु।** |
|---|---|---|---|---|---|---|
| (बड़ी बहन) | (कर्त्तावाचक परसर्ग) | (चौदह) | (छोटा भाई) | (कर्त्तावाचक परसर्ग) | (बारह) | (हैं।) |

(माकिनो)—बच्चों में एक लड़की थी जो लगभग 14 वर्ष की थी और दूसरा उसका छोटा भाई था जो करीब 12 साल का रहा होगा

(मोटवाणी)—लड़की की उम्र 14 वर्ष है और लड़के की उम्र 12 वर्ष है।

(मिज़ोकामि)—जिनमें बड़ी लड़की चौदह वर्ष की और छोटा लड़का बारह वर्ष का है।

जापानी में बच्चों के निजी आपसी संबंध को ध्यान में रखकर 'बहन', 'भाई' शब्दों का प्रयोग किया गया है, पर हिंदी में चूंकि कर्त्ता 'माँ' है, माँ की दृष्टि से 'लड़की', 'लड़का' कहना अधिक स्वाभाविक लगता है।

| **सोरेनि** | **(शिजू)** | **(कुराई)** | **नो** | **जोचू** | **गा** | **हितोरि** |
|---|---|---|---|---|---|---|
| (फिर) | (चालीस) | (लगभग) | (की) | (नौकरानी) | (कर्त्तावाचक परसर्ग) | (एक) |
| **त्सुइते** | **कुताबिरेता** | **हाराकारा** | **फ़ुतारि** | **ओ** | **मोओजिकिनि** | **ओ** |
| (लगकर) | (थका-मांदा) | (भाई-बहन) | (दो जने) | (को) | (जल्दी) | (नम्रता-सूचक उपसर्ग) |
| **यादो** | **नि** | **ओत्सुकिनासाइमासु** | **तो** | **इत्ते** | **हागेमाशिते** | **आरुकासे** |
| (सराय) | (में) | (पहुँच जाएँगे) | (इति) | (कहकर) | (हौसला बढ़ाकर) | (चलाकर) |
| **योतो** | **सुरु** | | | | | |
| (की कोशिश) | (करती है।) | | | | | |

(माकिनो)—दासी थके-माँदे छोटे साथी को यह कहकर उत्साहित कर रही थी—अब सराय नजदीक आ गई है।

(मोटवाणी)—उनके साथ एक लगभग 40 वर्ष की नौकरानी भी है जो थके माँदे दोनों बच्चों को 'अब जल्द ही सराय में पहुँच जाएँगे' कहते हुए हौसला बढ़ाने की चेष्टा कर रही है।

(मिज़ोकामि)—उनके साथ चालीस वर्ष के लगभग की एक नौकरानी भी है जो थके-माँदे उन दोनों भाई-बहन को 'अब शीघ्र ही सराय में पहुँच जाएँगे' कहते हुए आश्वस्त करके चलाने की कोशिश कर रही है।

हाराकारा का मूल अर्थ 'सहोदर' है, इसलिए 'भाई' को भी, या 'बहन' को भी दोनों को भी 'हाराकारा' कहते हैं, किंतु बोलचाल में इसका प्रयोग नहीं है।

ओत्सुकिनासाइमासु जापानी में आदरसूचक क्रिया है। हिंदी में इसका भाव व्यक्त करने के लिए ' (आप) पहुँच जाएँगे।' ही उचित है, न कि ' (तुम) पहुँच जाओगे।' छात्रों की लिखी हिंदी में 'उम्र लगभग 40 की नौकरानी', 'चालीस उम्र थी।' आदि जापानी शैली की हिंदी बहुत मिलती है। 'निकट भविष्य में' भी भले ही व्याकरण की दृष्टि से अशुद्ध न हो, फिर भी एक नौकरानी के मुख से इस प्रकार की कृत्रिम भाषा का प्रयोग होना संभव नहीं है।

| **फुतारि** | **नो** | **नाका** | **दे** | **आनेमुसुमे** | **वा** | **आशि** |
|---|---|---|---|---|---|---|
| (दो जने) | (का) | (बीच) | (में) | (बड़ी पुत्री) | (कर्त्ता-वाचक परसर्ग) | (पाँव) |
| **ओ** | **हिकिजुरु** | **योनि** | **शिते** | **आरुइते** | **इरु** | **गा,** |
| (को) | (घसीटना) | (की तरह) | (करके) | (चलकर) | (है) | (पर) |
| **सोरेदेमो** | **कि** | **गा** | **कते** | **इते,** | **त्सुकारेता** | **नो** |
| (फिर भी) | (मन) | (कर्तावाचक परसर्ग) | (जीतकर) | (होकर) | (थकी हुई) | (बात) |
| **ओ** | **हाहा** | **या** | **ओतोतो** | **नि** | **शिरासे** | **माई,** |
| (को) | (माँ) | (और) | (छोटा भाई) | (को) | (बताऊँगी) | (नहीं) |
| **तो** | **शिते,** | **ओरिओरि** | **ओमोइदाशिता** | **योनि,** | **दांरियोकु** | **नो** |
| (इति) | (करके) | (कभी-कभी) | (याद किया) | (की तरह) | (लचीलापन-बल) | (का) |

| आरु | आरुकी | त्सुकि | ओ | शिते | मिसेरु। |
|---|---|---|---|---|---|
| (होना) | (चाल) | (ढंग) | (को) | (करके) | (दिखाती है।) |

(माकिनो)—बड़ी बहन थकान से चूर पैर घसीटकर चल रही थी, फिर भी वह अपना मन दृढ़ करके अपनी थकावट छिपाने की कोशिश कर रही थी। वह कभी-कभी अचानक प्रफुल्लता से पग बढ़ाने लगती है।

(मोटवाणी)—लड़की अपने पाँव घसीटते हुए चल रही है परंतु यदाकदा अचानक उत्साहपूर्वक चलना शुरू कर देती है ताकि उसके माँ और भाई को उसकी थकान का आभास न हो।

(मिज़ोकामि)—बहन तो पाँव घसीटने की तरह चल रही है, फिर भी उसका दिल मजबूत है। अपनी थकान को माँ और भाई पर व्यक्त न करने के लिए ही वह जैसे याद आने पर कभी-कभी तेज चलकर दिखा देती है।

**दांरयोकु नो आरु आरुकित्सुकि** (शाब्दिक अनुवाद : प्रत्यास्थता बल के होने की चाल का ढंग) के लिए तीनों ने अलग-अलग ढंग से अनुवाद किया है। इस प्रकार के विशेष जापानी ढंग के वाक्यों को हिंदी में अनूदित करने के लिए गंभीर चिंता की आवश्यकता है, कुशलता की भी। अधिकांश विद्यार्थी अभी तक हिंदी शैली की विशेषताओं को पकड़ नहीं पाते, बल्कि 'लँगड़ी की तरह', 'प्रभावशाली ढंग से कदमों बढ़ी', 'वह स्वभाव में गर्व थी', 'उनका दशा अजीब था' सरीखी गलतियाँ करते हैं। लेकिन एक ने बहुत अच्छा अनुवाद किया है—उसका स्वभाव मजबूत है, इसलिए अपनी माता या छोटे भाई को परेशानी नहीं देना चाहती है। इसी कारण से वह कभी-कभी उत्साह से चलने का प्रयत्न करती है।

| चिकाई | मिचि | ओ | मोनोमाइरि | नि | देमो | आरुकु |
|---|---|---|---|---|---|---|
| (नज़दीक) | (पथ) | (पर) | (पूजा) | (के लिए) | (भी) | (चलना) |
| नोनारा | फुसावाशिकु | मो | मिए | सोना | हितोमुरे | देअरु |
| (तो) | (उचित) | (भी) | (दीखना) | (लगना) | (एक झुंड) | (है) |
| गा | कासा | यारा | त्सुए | यारा | काइगाइशिइ | इदेताचि |
| (किंतु) | (छत्री) | (प्रभृति) | (लाठी) | (प्रभृति) | (औपचारिक) | (पहनावा) |
| ओ | इरु | नोदागा, | दारे | नो | मे | नि |
| (को) | (हैं) | (परंतु) | (कौन) | (की) | (आँख) | (में) |

| मो | मेजुराशिकु | माता | किनोदोकुनि | कान्जेरारेरु | नोदे आरु। |
|---|---|---|---|---|---|
| (भी) | (विरल) | (और) | (बेचारा) | (महसूस होता) | (हैं) |

(माकिनो)—जैसे कोई निकट रास्ता काटता हुआ तीर्थयात्रा के लिए कहीं बहुत दूर जा रहा हो, किंतु सिर पर छाता और हाथ में लाठी लिए वह बालक अनोखा दयनीय लगता था।

(मोटवाणी)—इन्हें देखने से यों लगता है जैसे यह यात्री दल किसी पास के मंदिर में पूजा के लिए जा रहा हो परंतु छाते और छड़ियों को लिए हुए यह यात्री दल लंबी यात्रा के लिए कमर कसे हुए है। उनकी वेशभूषा देखने वाले के लिए विचित्र सी है और साथ ही सहानुभूति प्राप्त करने के लिए भी पर्याप्त है।

(मिज़ोकामि)निकट वाले रास्ते पर यदि पूजा-वूजा के लिए जा रहा होता तो यह दल किसी दूसरे सामान्य दल-सा ही होता परंतु उनकी छत्रीनुमा टोपी और लाठी आदि से युक्त औपचारिक पहनावा सभी के लिए असामान्य तथा सहानुभूति उत्पन्न करने वाला है

शाब्दिक अनुवाद की दृष्टि से श्री माकिनो का अनुवाद मूल अर्थ से कुछ भिन्न हो गया। लिखते हैं कि... तीर्थ-यात्रा के लिए कहीं बहुत दूर जा रहा हो। पर लोगों की दृष्टि से यह स्पष्ट था कि दल के लोग दूर जा रहे थे, वह भी बहुत भारी औपचारिक वेशभूषा के साथ (सादी या हलकी पोशाक नहीं), इसलिए देखने में दयनीय लगते थे। ऐसा पहनावा किसी निकट मंदिर में पूजा करने जाने के लिए उचित था (पर वे तीर्थ-यात्रा के लिए नहीं जा रहे थे)। और अनोखी तथा दयनीय लगने वाला तो सिर्फ बालक नहीं था, बल्कि पूरे दल का दृश्य ही दयनीय लगता था। श्री मोटवाणी के अनुवाद में भी थोड़ी अस्पष्टता है, यद्यपि इनकी हिंदी स्वाभाविक तथा धारावाही है। हिंदी पाठकों के लिए कासा को सिर्फ 'छाता' कहना भ्रामक होगा वास्तव में यह तिनके से बनी एक प्रकार की बड़ी आकार वाली टोपी है जिसे उस पुराने काल (यह उपन्यास पुरानी ऐतिहासिक घटना के आधार पर लिखा गया है) में स्त्रियाँ बाहर जाते समय धूप से बचने के लिए पहनती थीं। इसलिए ठीक इस भाव को प्रकट करने के लिए लेखक को 'छत्रीनुमा टोपी' लिखना पड़ा। असल में अनुवाद की कठिन समस्याओं में संस्कृतिगत भिन्नता भी है। कहने की आवश्यकता नहीं है कि उक्त जापानी 'सराय' भी भारतीय सराय से भिन्न है।

| मिचि | वा | ह्याकुशो | या | ना | ताएतारि |
|---|---|---|---|---|---|
| रास्ता | (कर्ता-वाचक परासर्ग) | (किसान) | (घर) | (का) | (बंद होकर) |
| **त्सुजुईतरि** | **सुरु** | **आइदा** | **ओ** | **तोओत्ते** | **इरु।** |
| (रहकर) | (करना) | (बीच) | (को) | (गुजरकर) | (है।) |

(माकिनो)—रास्ता गाँव से होकर जाता था।

(मोटवाणी)–रास्ते के दोनों ओर यदाकदा कृषकों की झोंपड़ियाँ नज़र आती हैं।

(मिज़ोकामि)–रास्ता, जिस पर वे जा रहे हैं, किसानों के घरों के बीच होकर जाता है ये घर कहीं पर सघन और कहीं पर विरल हो गए हैं

श्री मोटवाणी ने 'झोंपड़ी' शब्द का प्रयोग किया है जो मूल जापानी में नहीं है। स्पष्टतः यह गाँव का दृश्य है जिसमें किसानों के घर दिखाई देते हैं। कुछ झोंपड़ियाँ भी जरूर रही होंगी। शायद 'झोंपड़ी' से लघुता या निर्धनता का बोध होता है, पर उस काल में भी हर किसान गरीब नहीं था, किसारों का हर घर छोटा नहीं था।

**ताएतारि त्सुजुईतारि सुरु आइदा** को हिंदी में अनुवादित करना बहुत कठिन है। इस वाक्यांश से अभिप्राय यह है कि यात्रियों की आँखों के सामने कभी बहुत से घर एकत्रित दिखाई देते हैं, कभी बिखरे हुए। एक विद्यार्थी ने निकट भाव लाने की अच्छी कोशिश की : 'किसानों के घर एकत्र होकर स्थान-स्थान पर खड़े थे।' दूसरे विद्यार्थी ने इस प्रकार अनुवाद किया है: 'सड़क पर किसान के बहुत से घर की कतार थी, लेकिन जगह-जगह घर कम था।' असल में कतार भी तो 'जगह-जगह' थी।

| सुना | या | कोइशि | वा | ओओई | गा, | आकि |
|---|---|---|---|---|---|---|
| (रेत) | (और) | (कंकड़) | (कर्त्तावाचक परसर्ग) | (बहुत) | (लेकिन) | (शरत्) |
| **बियोरि** | **नि** | **योकु** | **कावाइते** | **शिकामो** | **नेन्दो** | **गा** |
| (धूप) | (से) | (अच्छी तरह) | (सूखकर) | (तिसपर) | (चिकनी मिट्टी) | (कर्तावाचक परसर्ग) |
| **मजित्ते** | **इरु** | **तामेनि,** | **योकु** | **कातामत्ते** | **इते,** | **उमि** |
| (मिला हुआ) | (है) | (इसलिए) | (अच्छी तरह) | (जमा हुआ) | (होकर) | (समुद्र) |

| नो | सोबा | नो | योओनि | कुरुबुशि | ओ | उमेते |
|---|---|---|---|---|---|---|
| (का) | (पास) | (की) | (तरह) | (टखना) | (को) | (गाड़कर) |
| **हितो** | **ओ** | **नायामासुकोतो** | **वा** | **नाई।** | | |
| (मनुष्य) | (को) | (तंग करना) | (कर्त्तावाचक परसर्ग) | (नहीं।) | | |

(माकिनो)—हालाँकि रेत और कंकड़ हेमन्त ऋतु की धूप से सूखकर सख्त हो गए थे, लेकिन समुद्र तट पर चलने में कोई कष्ट नहीं हो रहा था।

(मोटवाणी)–रास्ते पर रेत और छोटे-छोटे कंकड़ काफी मात्रा में हैं, हालांकि सूखे मौसम के कारण रास्ता कड़ा है। इसी कारण यह रेत समुद्र तट की रेत के समान पग-बाधा नहीं बन रही है।

(मिज़ोकामि)–उस रास्ते पर रेत और कंकड़ तो बहुत हैं, परंतु शरत की धूप में अच्छी तरह सूखकर और चिकनी मिट्टी से मिले होने कारण वह अच्छी तरह जमा हुआ भी है। समुद्र के रेतीले तट की तरह टखने को गाड़कर वह यात्रियों को तंग नहीं करता।

यह कच्चे रास्ते का वर्णन है जिस पर रेत और कंकड़ की वजह से वैसे तो चलने में बड़ी दिक्कत है, परंतु शरद् ऋतु (जापान में सब से सुहावना मौसम समझा जाता है) की धूप जमीन को नर्म होने से बचाती है, फलत: इन यात्रियों को उस प्रकार का कष्ट नहीं है जिस प्रकार समुद्र तट पर चलते समय रेत में टखने गड़ जाते हैं। श्री माकिनो के अनुवाद में इसलिए स्खलन है कि उस समय नायक नायिकाएँ समुद्र-तट पर नहीं चल रहे थे, समुद्र-तट का वर्णन केवल तुलना के लिए ही किया गया है। समुद्र-तट पर चलने में बहुत कष्ट है!

| वाराबुकिनो | इए | गा | नाङ्गेन | मो | ताचि | नारान्दा |
|---|---|---|---|---|---|---|
| (पायल की छत का) | (घर) | (कर्त्तावाचक परसर्ग) | (अनेक) | (भी) | (खड़े) | (कतार होकर) |
| **हितो** | **कामाए** | **गा** | **हाहासो** | **नो** | **हायाशि** | **नि** |
| (एक) | (मकान) | (कर्त्तावाचक | (पेड़ का नाम) | (का) | (जंगल) | (से) |
| **काकोमारेते,** | **सोरेनि** | **यूहि** | **गा** | **कत्तो** | **साशिते** | **इरु** |
| (घिरकर) | (उसपर) | (शाम की किरण) | (कर्त्तावाचक परसर्ग) | (तेजी से) | (चमककर) | (है) |
| **तोकोरो** | **नि** | **तोओरि** | **काकात्ता।** | | | |
| (उस) स्थान | (पर) | (गुजरकर) | (लगे) | | | |

(माकिनो)—एक कतार में खड़े घास-फूस के कई घर घने जंगल से ढके थे, जिस पर शाम के सूरज की किरणें पड़ रही थीं।

(मोटवाणी)—इतने में यह यात्री दल पेड़ों के घने झुरमुट से घिरे हुए घास फूस की छत वाले मकानों के समूह के पास से गुजरा। ढलता सूरज पेड़ों के पीछे अपनी गरिमा के चरमोत्कर्ष पर था।

(मिज़ोकामि)–फूस की छत वाले मकानों की कतारों में से एक मकान 'हाहासो' (एक पेड़ का नाम) वाले जंगल से विशेष रूप से घिरा हुआ था और संध्या की किरणें उस पर बिखरी हुई थीं, तब वे वहाँ से गुजर गए।

असल में संध्या की किरणें सिर्फ एक मकान पर पड़ रही थीं, किंतु इस तर्क से हटकर, इस चित्रात्मक दृश्य को प्रस्तुत करने में श्री मोटवाणी बहुत सफल हुए हैं।

| **"माआ,** | **अनो** | **उत्सुकुशिई** | **मोमिज** | **ओ** | **गोरान्।"** |
|---|---|---|---|---|---|
| (वाह) | (उस) | (सुंदर) | (मैप्ल) | (को) | (देखो) |
| **तो,** | **साकिनि** | **तात्ते** | **इता** | **हाहा** | **गा** |
| (इति) | (आगे) | (खड़ी) | (थी) | (माँ) | (कर्त्तावाचक परसर्ग) |
| **युबि** | **साशिते** | **कोदोमो** | **नि** | **इत्ता I** | |
| (उँगली) | (इशारा करके) | (बच्चा) | (से) | (कहा।) | |

(माकिनो)—आगे खड़ी माँ ने किसी पेड़ की ओर इशारा करके कहा, "अरे देखो, कितना सुंदर पेड़ है!"

(मोटवाणी) माता जो सब से आगे चल रही थी, हाथ के इशारे से बच्चों पर ध्यान आकर्षित करते हुए बोली, "वह देखो कितने सुंदर फूल हैं!"

(मिज़ोकामि)—"वाह! उस सुंदर मैप्ल को देखो!" – आगे-आगे चल रही माँ ने उँगली से दिखाते हुए बच्चों से कहा।

ये वाक्यांश बहुत सरल है। अधिकांश छात्रों ने भी लगभग सही अनुवाद किया है। उदाहरण के लिए आगे चलती हुई माता जी ने उस वन को संकेत करके बच्चों से कहा, "देखो, कितना खूबसूरत मैप्ल वृक्ष है!" "बच्चो, देखो! कितना सुंदर है वह मैप्ल वृक्ष! माता जी ने पेड़ की ओर इशारा करके कहा।

एक विद्यार्थी का अनुवाद—"अरे, वह सुंदर मैप्ल वृक्ष देखो।" जापानी से सीधा अनुवाद है। हिंदी के प्रयोग में यहाँ 'कितना' शब्द जोड़ने से स्वाभाविक तथा सजीव

लगेगा। **मोमिजि** भारत में नहीं है, इसलिए अंग्रेज़ी के शब्द 'मैप्ल' की सहायता लेनी पड़ी। श्री माकिनो ने 'पेड़ कहकर अर्थ-विस्तार किया है, पर असल में मोमिजि पेड़ विशेष का नाम है जिसके पत्ते शरद् ऋतु में लाल हो जाते हैं। इसलिए एक छात्र ने इस प्रकार अनुवाद किया है—"उन लाल पत्तों को देखो, कितने सुंदर हैं", माता जी ने बच्चों से कहा। वैसे इसका वर्णन आगे के वाक्य में फिर आएगा।

| **कोदोमो** | **वा** | **हाहा** | **नो** | **युबि** | **सासु** | **होओ** | **ओ** |
|---|---|---|---|---|---|---|---|
| (बच्चा) | (कर्त्तावाचक परसर्ग) | (माता) | (का) | (उँगली) | (इशारा करना) | (दिशा) | (को) |
| **मिता** | **गा,** | **नान्तोमो** | **इवानु** | **नोदे,** | **जोचू** | **गा** | **इत्ता।** |
| (देखा) | (परंतु) | (कुछ नहीं) | (कहना) | (इसलिए) | (नौकरानी) | (कर्त्तावाचक परसर्ग) | (कहा) |

(माकिनो)—बच्चों ने पेड़ की तरफ देखा, किंतु कुछ भी न बोले।

(मोटवाणी)—बच्चों ने चुपचाप उस ओर देखा परंतु मुख से कुछ नहीं बोले, यह देखकर नौकरानी ने कहा—

(मिज़ोकामि)—जिस दिशा की ओर माँ ने संकेत किया था उस ओर बच्चों ने देख तो लिया, परंतु उनके कुछ कहने के कारण नौकरानी ने कहा—

| **को** | **नो** | **हा** | **गा** | **अन्नानि** | **सोमारू** | **नोदेगोजाइमासु** |
|---|---|---|---|---|---|---|
| (पेड़) | (का) | (पता) | (कर्त्तावाचक परसर्ग) | (उतना) | (रँगना) | [है (अति विनम्र)] |
| **कारा,** | **आसा** | **बान्** | **ओ** | **सामुकु** | **नारिमाशिता** | **नो** |
| (इसलिए) | (सुबह) | (शाम) | (नम्रतावाचक उपसर्ग) | (ठंडा) | (हो गया) | (बात) |
| **मो** | **मुरि** | **वा** | **गोजाइमासेन्ने** | | | |
| (भी) | (अकारण) | (कर्ता वाचक परसर्ग) | [नहीं है (अति विनम्र)] | | | |

(माकिनो)—इस अंश का अनुवाद नहीं किया गया है।

(मोटवाणी)—"पेड़ों की पत्तियों का रंग बदल रहा है इसलिए सुबह और शाम का ठंडा होना भी स्वाभाविक है।"

(मिज़ोकामि)—"पेड़ के पत्ते इतने रँग गए हैं कि सुबह-शाम इतनी ठंड होना स्वाभाविक है।"

(जापान में शीतकाल के आगमन से पूर्व पत्ते लाल रंग के होने लगते हैं। अतः 'रंग गए हैं' से अभिप्राय लाल रंग के होने से है।)

जापान की प्राकृतिक विशेषता को हिंदी पाठकों से अवगत कराने के लिए कोष्ठक में टीका देनी पड़ी। जापानी पाठकों के लिए यह सहज ही बोधगम्य है कि 'रंग बदलना' का मतलब है 'लाल होना', और 'लाल होना' का मतलब 'शीतकाल का आगमन' है।

| **आनेमुसुमे** | **गा** | **तोत्सुजेन** | **ओतोतो** | **ओ** | **काएरि** | **मिते** | **इत्ता,** |
|---|---|---|---|---|---|---|---|
| (बड़ी लड़की) | (कर्त्तावाचक परसर्ग) | (अचानक) | (छोटा भाई) | (को) | (मुड़) | (देखकर) | (कहा) |
| **"हायाकु** | **ओतोसामा** | **नो** | **इराश्शारु** | **तोकोरो** | **ए** | **इकिताई** | **वाने।"** |
| (जल्दी) | (पिता जी) | (का) | (होना) | (जगह) | (में) | (जाना चाहते हैं) | (न?) |

(माकिनो)—बहन छोटे भाई से बोली- "जल्दी पिता के पास चलना है।"

(मोटवाणी) — इतने में लड़की ने अचानक पलटकर छोटे भाई की तरफ देखते हुए कहा–"तुम जल्दी पिता जी के यहाँ पहुँचना चाहते हो न?"

(मिज़ोकामि)—बहन ने अचानक भाई की ओर मुड़कर कहा—"जल्दी पिता जी के यहाँ पहुँचना चाहते हैं न?"

साधारणतः जापानी में कर्त्ता का उल्लेख तब तक नहीं किया जाता जब तक अर्थ स्पष्ट है। प्रकरण से ही पता चलता है। किंतु हिंदी में अनुवाद करते समय कर्त्ता का उल्लेख करना चाहिए अथवा क्रिया रूपों से (लिंग, वचन द्वारा) कर्ता को संकेत करना चाहिए। इस वाक्य में 'पहुँचना चाहने वाले' तो बहन और भाई दोनों हैं। **वाने** (एक प्रकार का निपात) विशेष स्त्री की शैली है जिसके पढ़ने से प्रत्येक जापानी पाठक समझेगा कि वक्ता स्त्री ही है।

| **"नेएसान्,** | **मादा** | **नाकानाका** | **इकारे** | **वा** |
|---|---|---|---|---|
| (दीदी) | (अभी) | (आसानी से) | (जा सकना) | (तो) |
| **शिनाइयो।"** | **ओतोतो** | **वा** | **साकाशिगेनि** | **कोताएता।** |
| (नहीं है) | (छोटा भाई) | (कर्त्तावाचक परसर्ग) | (समझदारी जैसा) | (उत्तर दिया।) |

(माकिनो)—इस पर भाई बोला—"वहाँ जाना तो आसान नहीं लगता।"

(मोटवाणी)—"दीदी, परंतु इतनी जल्दी वहाँ नहीं पहुँच सकेंगे।" लड़के ने तुरंत चपलतापूर्वक उत्तर दिया।

(मिज़ोकामि)—"दीदी, अभी हम लोग नहीं पहुँच पाएँगे।" भाई ने समझदारों सा उत्तर दिया।

पिता के पास पहुँचने को बहन ज्यादा अधीर है, पर अभी बहुत दूर है। इस तथ्य को उम्र में छोटा लड़का अच्छी तरह जानता है, उल्टे, बड़ी बहन को समझाते हुए कह रहा है। **साकाशिगेनि** का यही भाव है।

| | | | | | | |
|---|---|---|---|---|---|---|
| **हाहा** | **गा** | **सातोसु** | **योनी** | **इता,** | **"सोदेसु** | **तोमो।** |
| (माता) | (कर्त्तावाचक परसर्ग) | (समझाना) | (की तरह) | (कहा) | (जी हाँ) | (तो) |
| **इमा** | **मादे** | **कोशिते** | **किता** | **योना** | **यामा** | **ओ** |
| (अब) | (तक) | (लाँघकर) | (आया) | (जैसा) | (पहाड़) | (को) |
| **ताकुसान** | **कोशिते,** | **कावा** | **या** | **उमि** | **ओ** | **ओ** |
| (बहुत) | (लांघकर) | (नदी) | (और) | (समुद्र) | (को) | (नम्रतावाचक उपसर्ग) |
| **फुने** | **दे** | **ताबिताबी** | **वातारा** | **नाकुतेवा** | **इकारे** | **नाइ** |
| (नौका) | (द्वारा) | (बार-बार) | (पार करना) | (नहीं तो) | (जा सकना) | (नहीं) |
| **नोदायो।** | **माइनिचि** | **सेई** | **दाशिते** | **ओतोनाशिकु** | **आरुका** | **नाकुतेवा।"** |
| (है) | (रोज) | (ताकत) | (निकालकर) | (चुपचाप) | (चलना) | (चाहिए।) |

(माकिनो)—माँ उसे समझाती हुई बोली, "हाँ, बिल्कुल। जितने पहाड़ जंगल अभी तक पार कर आए हैं, उनसे भी अधिक नदियाँ और समुद्र पार करने हैं। जितना हो सकेगा, उतना रोज़ चलेंगे।"

(मोटवाणी)—उनकी माता ने उन्हें डपटते हुए कहा, "तुम ठीक कहते हो। अभी तो हमें कई पहाड़ लांघने हैं और कई नदियों और समुद्रों को पार करना है।" वहाँ पहुँचने के लिए अभी कई रोज़ हिम्मतपूर्वक परंतु धैर्यपूर्वक चलना जरूरी है।

(मिज़ोकामि)—माँ ने समझाने के ढंग से कहा, "हाँ, बिल्कुल ठीक है। अब तक जैसे पहाड़ों को हम लाँघकर आए हैं वैसे ढेर सारे पहाड़ों को लाँघना होगा, नदियों और समुद्र को बार-बार नौका से पार करना है। हमें रोज़ ही जी-जान से चुपचाप चलना चाहिए।"

यहाँ 'डपटना' शब्द जरूरत से ज्यादा तीखा लगता है। एक विद्यार्थी का अच्छा अनुवाद भी यहाँ उद्धृत किया जाएगा : माता जी ने दोनों को समझाने के लिए कहा, "ठीक है। हम लोगों ने अब तक बहुत से पहाड़ पार किए हैं। पिता जी के पास पहुँचने के लिए हम लोगों को अधिक और पहाड़ पार करना चाहिए और नाव में बैठकर कई बार नदी या समुद्र पार करना चाहिए। हम लोगों को रोज सहन करके मेहनत से चलना चाहिए।"

| **"देमो** | **हायाकु** | **इकिताइ** | **नोदेसुमोनो।"** | **तो** | **आनेमुसुमे** |
|---|---|---|---|---|---|
| (लेकिन) | (जल्दी) | (जाना) | (चाहती तो हूँ) | (इति) | (बड़ी लड़की) |
| **वा** | **इत्ता।** | **हितो** | **मुरे** | **वा** | **शिबाराकु** |
| (कर्त्ता-वाचक परसर्ग) | (कहा) | (एक) | (झुंड) | (कर्त्तावाचक परसर्ग) | (थोड़ी देर) |
| **दामात्ते** | **आरुइता।** | **मुको** | **कारा** | **काराओके** | **ओ** |
| (खामोशी से) | (चला) | (उधर) | (से) | (खाली बाल्टी) | (को) |
| **कात्सुइदे** | **कुरु** | **ओन्ना** | **गा** | **आरु।** | |
| (ढोकर) | (आना) | (औरत) | (कर्त्तावाचक परसर्ग) | (है।) | |

(माकिनो)—चारों कुछ समय तक चुपचाप चलते रहे। एकाएक सामने एक औरत आती हुई दिखाई पड़ी जो खाली बाल्टी अपने कंधे पर रखे थी।

(मोटवाणी)—उस पर लड़की ने कहा, "फिर भी जल्दी वहाँ पहुँचना चाहती हूँ।" उसके बाद कुछ समय तक वह दल चुपचाप चलता रहा। इतने में सामने से खाली बाल्टी लिए हुए एक औरत आती हुई दिखाई दी।

(मिज़ोकामि)—"लेकिन मैं जल्दी पहुँचना चाहती हूँ।" बहन ने कहा। वह दल थोड़ी देर के लिए चुपचाप चलता रहा। खाली बाल्टी लिए उधर से एक औरत आ रही है।

जापानी और हिंदी की वाक्य संरचना में साम्य अवश्य है, फिर भी अनुवाद करते समय कितना परिवर्तित करना है—इन उदाहरणों से स्पष्ट हो गया होगा। तीनों की शैलियों में भी यथेष्ट भेद है। हिंदी भाषा-भाषी होने के कारण श्री मोटवाणी की हिंदी

सब से स्वाभाविक तथा धारावाही है। श्री माकिनो का अनुवाद भावानुवाद अधिक है। पूरे अनुवाद को सरस बनाने के लिए अनावश्यक वाक्यों को छोड़ दिया गया है। लेखक (मिज़ोकामि) का प्रयास जापानी से निकटतम भाव को हिंदी में प्रकट करना था।

## हिंदी कृतियों के जापानी अनुवाद की सूची

| लेखक | रचना | अनुवादक | स्रोत |
|---|---|---|---|
| अज्ञेय | बीसवीं सदी का बाणभट्ट | तोशिओ तनाका | इन्दोबुंगाकु 17 (1983) |
| अज्ञेय | बदला | तोशिओ तनाका | इन्दोबुंगाकु 1 (1983) |
| अज्ञेय | शरणदाता | तोशिओ तनाका | इन्दोबुंगाकु 1 (1983) |
| अज्ञेय | रोज | शिगेनोबु सुजुकि | 2 (1969) |
| अज्ञेय | सेब और भगवान | फुरसावा | अंक 4 (1965) |
| अमरकान्त | नौकर | कियो कुरू | सर्वोदय अंक 6 (1983) |
| इन्दुप्रकाश पाण्डेय | अवधी व्रत कथाएँ | कात्सुरो कोगा | सेकाई कोशाबंगेई केंक्य 4(1983) |
| इलाचंद्र जोशी | रात के डाकिया | तोशिओ तनाका | इन्दोबुगांकु 15 (1981) |
| ओमप्रकाश दीपक | जाति व्यवस्था और साहित्य | तेइज़ि सकाता | अंक 18 (1972) |
| कबीर | कबीर के पद | फुरूसावा | अंक 10,11 (1968) |
| कमलेश्वर | नई कहानी की भूमिका | तेइज़ि सकाता | अंक 16 (1971) |
| काशीनाथ सिंह | स्वातंत्र्योत्तर हिंदी साहित्य | ताकाको सुगानामा | दाइसान बंमेई अप्रैल अंक(1982) |
| काशीनाथ सिंह | आधुनिक भारतीय साहित्य एवं जनता | ताकाको सुगानामा | दाइसान बंमेई अप्रैल अंक (1982) |
| काशीनाथ सिंह | अपना मोर्चा तथा अन्य कहानियाँ | शिगेओ आराकि | "मेकोन्" से प्रकाशित (1979) |

| | | | |
|---|---|---|---|
| कुंवरनारायण | कमरे में धूप | तोशिओ तनाका | इन्दोबुंगाकु 7 (1972) |
| कुंवरनारायण | रोज़ की तरह | तोशिओ तनाका | इन्दोबुंगाकु 7 (1972) |
| कुंवरनारायण | सूर्यास्त | तोशिओ तनाका | इन्दोबुंगाकु 7 (1972) |
| कुंवरनारायण | सवेरे सवेरे | तोशिओ तनाका | इन्दोबुंगाकु 7 (1972) |
| कैलाश वाजपेयी | राजधानी | तोशिओ तनाका | इन्दोबुंगाकु 5 (1971) |
| जगदीशचंद्र माथुर | खिड़की की राह | ? | अंक 5 (1965) |
| जयप्रकाशनारायण | मेरी विचार रत्न | कोकि नागा | सर्वोदय 1 (1977) |
| जयशंकर प्रसाद | बिसाती | मिचिको तानिदा | अंक 12 |
| जयशंकर प्रसाद | काव्य और कला | काज़ूहिको माचिदा | इन्दोबुंगाकु 15, 16 |
| जैनेन्द्र कुमार | पत्नी | क्यूया दोई | त्सुकुए 6 (1959) |
| जैनेन्द्र कुमार | इनाम | मिचिको नकाता | अंक 13 (1965) |
| जैनेन्द्र कुमार | दो चिड़ियाँ | साचिको ओत्सुका | अंक 4 (1965) |
| जैनेन्द्र कुमार | अपना अपना भाग्य | नोबुओ आकियामा | अंक 4 (1965) |
| जैनेन्द्र कुमार | आत्म शिक्षण | मिचिको नाकाता | अंक 4 (1965) |
| जैनेन्द्र कुमार | पाजेब | फुमिए सातो | अंक 4, 5 |
| जैनेन्द्र कुमार | चोर | याशिमि सातो | अंक 10 |
| जैनेन्द्र कुमार | जाह्नवी | हिदेआकि इशिदा | इन्दोबुंगाकु 11 (1977) |
| जैनेन्द्र कुमार | त्याग पत्र | हिदेआकि इशिदा,, | 12, 13, 14, 15, 16, |
| नागार्जुन बाबा | बटेसरनाथ | ओसाका विदेशी भाषा विश्वविद्यालय के छात्र | इन्दो मिंजोकु केंक्यू विशेषांक (1981) |
| नामवर सिंह | छायावाद क्या है? | तोमिओ वातानाबे | अंक 6 (1966) |
| पांडेय बेचन शर्मा 'उग्र | 'खुदाराम | साचिको ओओका | अंक 10 (1968) |
| पांडेय बेचन शर्मा उग्र | मूर्ख | तोमिओ वातानाबे | अंक 3 (1965) |

| | | | |
|---|---|---|---|
| प्रतापनारायण मिश्र | लोकोक्ति शतक | कात्सुरो कोगा | इन्दो मिंजोकु केंक्यू 5 (1978) |
| प्रेमचंद | गोदान | क्यूया दोई | इन्दोशू (1959) |
| ,, | कफ़न | योशिआकि मुराकामि | अंक 11 (1968) |
| ,, | कफ़न | एइजो सावा | आर्यगक्काइ काइहो |
| ,, | ईदगाह | तामाकि मात्सुओका | इन्दोबुंगाकु 8 (1973) |
| ,, | ठाकुर का कुआं | तेइज़ि साकाता | सर्वोदय 5 (1977) |
| ,, | बेटों वाली विधवा | क्यूया दोई | किन्दाइ बुंगाकु (1957) |
| ,, | जुलूस | फुसाओ नाकाज़ोना | सर्वोदय (1964) |
| ,, | सती | आत्सुको यामागुचि | अंक 4 (1965) |
| ,, | पूस की रात | कायोको साकाता | अंक 4 (1965) |
| ,, | सभ्यता क्या है? | योशिआकि मुराकामि | अंक 7 (1965) |
| ,, | जेल | तोमिओ वातानाबे | अंक 4 (1965) |
| ,, | क़ज़ाकि | तामाकि मात्सुओका | इन्दोबुंगाकु 9 (1974) |
| ,, | दूध का दाम | हिदेआकि इशिदा | ,, 17 (1983) |
| ,, | रामलीला | क्यूया दोई | सर्वोदय 1 (1972) |
| ,, | सवा सेर गेहूँ | फसाओ नाकाज़ोनो | अंक 1 (1964) |
| ,, | नशा | ताकाको कामेदा | अंक 1 (1964) |
| प्रेमचंद | जादू | फुमिए सातो तथा आत्सुको यामागुचि | अंक 2 (1964) |
| ,, | कौशल | योशिआकि मराकामि तोमिओ वातानाबे | अंक 2 (1964) |
| ,, | मैकू | कोकि नेगा | सर्वोदय (1964) |
| ,, | जीवन सार | कात्सुरो कोगा | इन्दोयो17(1960) |
| बनारसीदास | अर्धकथा | कात्सुरो कोगा | ओसाका गाइदाइ गाकुहो 24 (1971) |
| बनारसीदास | अर्धकथा | | तथा 27 (1972) |

| | | | |
|---|---|---|---|
| बालकृष्ण बाल सेठी | श्री सत्यनारायण व्रत कथा | आकिरा ताकाहाशि | इन्दो मिंजोकु केंक्यू 5 (1978) |
| बेढ़ब बनारसी | बनारसी एकता | तेइज़ि साकाता | अंक 20 (1973) |
| भगवतीचरण वर्मा | बालकृष्ण शर्मा नवीन | तोशिओ तनाका | इन्दोबुंगाकु 16(1982) |
| भगवतीचरण वर्मा | काश कि मैं कह सकता | नोबुओ आकियामा | अंक 8 (1967) |
| भगवतीचरण वर्मा | कुंवर साहब का कुत्ता | मासाको यामागुचि | सर्वोदय 5 (1971) |
| भीष्म साहनी | चीफ़ की दावत | त्सुनेहिको इशिकावा | अंक 19 (1973) |
| मनू भण्डारी | अकेली | फुसाको ओओकुमा | सर्वोदय 2 (1983) |
| महादेवी वर्मा | घीसा | क्यूया दोई | विश्व बालकथा माला 18 (1961) |
| मार्कण्डेय | चांद का टुकड़ा | कोकि नागा | सर्वोदय (1971) |
| ,, | भूदान | कोकि नागा | इन्दोबुंगाकु 3 (1969) |
| ,, | नमक की मुट्ठी | मिचिको तानिदा | अंक 13 (1970) |
| मार्कण्डेय | महुए का पेड़ | साचिको कामेयामा | सर्वोदय 8 (1977) |
| मुक्तिबोध | एक अन्तर्कथा | कात्सुरा शिराई | इंदोबुगांकु 17 (1983) |
| मुक्तिबोध | काठ का सपना | तोशिओ तनाका | ,, 2 (1969) |
| मुक्तिबोध | क्रोध इजरी | ,, ,, | ,, 3 (1969) |
| मोहन राकेश | अपरिचित | शिगेनोबु सुजुकी | ,, 2 (1969) |
| ,, | मलबे का मालिक | केइको इशिकावा | ,, अंक16 (1982) |
| यशपाल | धर्मयुद्ध | फुरुसावा | अंक 5 (1965) |
| ,, | जय अमरनाथ | ,, | अंक 3 (1965) |
| ,, | पहाड़ की स्मृति | ,, | अंक 2 (1965) |
| ,, | आदमी का बच्चा | मिचिको नाकाता | ,, |
| ,, | अभिशप्त | फुरुसावा | |
| ,, | परदा | ताकाको कामेदा | ,, |

| | | | |
|---|---|---|---|
| ,, | आत्म-अभियोग | हिरोशि इतो | ,, |
| ,, | भस्माव्रत चिंगारी | तोमोमिची उचिदा | अंक 20 (1973) |
| प्रभाकर माचवे | गांधी और साहित्य | कोकी नागा | ,, 10 (1965) |
| रघुवीर सहाय | एक अधेड़ भारतीय आत्मा | तोशिओ तनाका | इन्दोबुंगाकुं 9 (1974) |
| राजेंद्र प्रसाद | राष्ट्र भाषा के रूप में हिंदी का विकास | कात्सुरो कोगा | निचिइन बुंका विशेषांक 1(1960) |
| राजेंद्र प्रसाद | राजेंद्र प्रसाद आत्मकथा | कात्सुरो कोगा | इन्दो मिंजोकु केंक्यू 1, 2, 3 |
| राहुल सांकृत्यायन | डॉ. काशीनाथ जायसवाल | तोशिओ तनाका | इन्दोबुंगाकुं 11 (1977) |
| राहुल सांकृत्यायन | पाकिस्तान या जातियों की समस्या, | सातोशी हाता तादाशि एंदो | इन्दो मिंजोकु केंक्यू 1 (1973) |
| लक्ष्मीधर मालवीय | महात्मा गांधी और हमारी पीढ़ी | कात्सुरो कोगा | सर्वोदय 10 (1972) |
| ,, | बचपन | कात्सुरो कोगा | इन्दो मिंजोकु केंक्यू 3 (1976) |
| विजयदेव नारायण शाही | खोये हुए यात्री की यात्रा | तोशिओ तनाका | इन्दोबुंगाकु 6 (1976) |
| विजयदेव नारायण | शाही आखिरी सामना | तोशिओ तनाका | इन्दोबुंगाकुं 6 (1976) |
| विजयदेव नारायण | शाही चौकन्ना जंगल | तोशिओ तनाका | इन्दोबुंगाकुं 6 (1976) |
| विष्णु प्रभाकर | सीमा रेखा | योशिआकि मुराकामि | अंक 7 (1966) |

***भोलानाथ तिवारी : नरेश कुमार, विदेशी भाषाओं से अनुवाद की समस्याएँ, प्रभात प्रकाशन, दिल्ली, 1987 से साभार***

# रामानंद सागर कृत रामायण की हिंदी विद्यार्थियों के लिए उपयोगिता

जापान में रामायण तथा महाभारत का अध्ययन संस्कृत के विद्वानों द्वारा किया जाता रहा है और यहाँ इन दोनों महाकाव्यों का जापानी अनुवाद भी उपलब्ध है। इधर यहाँ हिंदी के कुछ विद्वान मध्यकालीन भक्ति साहित्य पर शोधकार्य कर रहे हैं, और भक्ति साहित्य के विचारों को या छंदों को लेकर कई शोध-प्रबंध भी प्रकाशित हुए हैं।

किंतु मैं यहाँ दूरदर्शन पर दिखाए गए रामायण धारावाहिक के शैक्षणिक पक्ष के संदर्भ में अपने अनुभव के आधार पर यह आलेख प्रस्तुत करना चाहता हूँ। मैंने सन् 1992 से सन् 2007 तक ओसाका विश्वविद्यालय (जापान) की बी. ए. हिंदी द्वितीय वर्ष की कक्षा में रामानन्द सागर कृत दूरदर्शन धारावाहिक रामायण की संवाद-पुस्तक का वीडियो की सहायता से अध्यापन किया था, जिसका लिप्यंतरण स्वर्गीय डॉ. गिरीश बख्शी जी ने और सम्पादन व पद्यांशो का जापानी में अनुवाद इस आलेख के लेखक ने स्वयं किया था। यह ओसाका विश्वविद्यालय की भाषा प्रयोगशाला में होने वाले परंपरागत दृश्य-श्रव्य शिक्षण की एक शृंखला थी। इसमें सन् 1983 से सन् 1991 तक बॉलिवुड फिल्मों का उपयोग होता था, लेकिन रामायण के शिक्षण से इस क्षेत्र में नया मोड़ आ गया था। हिंदी भाषा शिक्षण इसका प्रमुख ध्येय था, किन्तु साथ-साथ जापानी विद्यार्थियों को भारतीय संस्कृति से अवगत कराना भी बहुत महत्त्वपूर्ण उद्देश्य था। इस आलेख में मैं भाषण शिक्षण और सांस्कृतिक शिक्षण की दृष्टि से दूरदर्शन धारावाहिक रामायण की शैक्षिक उपयोगिता पर प्रकाश डालने का प्रयास करूँगा।

यह संवाद पुस्तक मूलतः 26 वीडियो कैसेट्स के लिप्यंतरण से निर्मित है। यह पुस्तक 26 खंडों और 78 प्रकरणों (अर्थात् प्रत्येक खंड में तीन-तीन प्रकरण एपिसोड) में विभाजित है। इसमे टीका समेत 1018 पृष्ठ हैं। आकार में बड़ी होने के कारण इसे दो खंडों प्रथम (खंड 1 से खंड 14 तक) तथा द्वितीय खंड (खंड 15 से खंड 26 तक) में बाँटकर मुद्रित किया गया है।

जापान के ओसाका विश्वविद्यालय में इस पुस्तक के अध्ययन के लिए हफ्ते में एक दिन 90 मिनट की कक्षा होती थी। एक साल में कुल 30 कक्षाएँ होती थीं और वर्ष में दो बार आयोजित परीक्षाओं के परिणाम के तौर पर विद्यार्थियों को 2 युनिट प्रदान किए जाते थे। बी.ए. हिंदी द्वितीय वर्ष की कक्षा में इसके समानांतर चार अलग कक्षाएँ भी होती थीं और कुल मिलाकर विद्यार्थी दस युनिट प्राप्त करते थे। भाषा प्रयोगशाला में हरेक विद्यार्थी के सामने एक-एक टी.वी. सेट होता था। उसके स्क्रीन पर रामायण का वीडियो दिखाया जाता था, लेकिन हरेक छात्र के लिए संवाद- पुस्तक को घर में पढ़कर तैयारी करना अनिवार्य होता था। विद्यार्थियों के लिए तैयारी के बिना कक्षा में बैठने मात्र से विदेशी भाषा को समझना अत्यंत कठिन होता था। इस कक्षा में अध्यापन का दायित्व निर्वाहन करते हुए पहले में नामांकित विद्यार्थी से निर्दिष्ट वाक्यों का अर्थ जापानी में अनुवाद करने का आग्रह करता था, तदन्तर अनुवाद में हुई गलतियों को सुधार कर सही अर्थ बताते हुए शब्दों और अर्थों के व्याकरणिक संदर्भों की व्याख्या भी करता था। उसके बाद इन संवादों के साथ जुड़े दृश्यों को दो-तीन बार वीडियो के माध्यम से दिखाता था ताकि संवादों के साथ दृश्यों का तादात्म्य हो सके। एक-एक विद्यार्थी से इस धारावाहिक के पात्रों की भूमिका निभाते हुए संवाद बोलने का अभ्यास करवाने से शायद शिक्षण कार्य और बेहतर हो सकता था, पर कक्षा में इतना समय नहीं होता था। नब्बे मिनट में मुश्किल से तीन-चार पृष्ठ का अध्यापन ही हो पाता था।

ऊपर लिखा गया है कि रामायण के शिक्षण से इस दृश्य-श्रव्य शिक्षण के क्षेत्र में नया मोड़ आ गया था। "नया मोड़" से अभिप्राय यह है कि ओसाका विश्वविद्यालय में तब तक हो रहे दृश्य-श्रव्य हिंदी शिक्षण में उपयोग होनेवाले हिंदी फिल्मों के संवादों की शैली और दूरदर्शन धारावाहिक रामायण की शैली में काफी अन्तर है। हिंदी फिल्मों के संवादों को मौखिक रूप से याद करके विद्यार्थी दिल्ली के बाजार में इस्तेमाल कर सकते हैं। लेकिन "यदि जहाँ आप जैसे पुण्य विभूति के चरण कमल आ जाएँ, वहाँ सब मंगल ही मंगल है। आपके आगमन से मेरा घर तीर्थ हो गया, मेरा जीवन धन्य हो गया।" (पृष्ठ 58) जैसा वाक्य बोलेंगे तो लोग चौकेंगे ही नहीं, बल्कि हँसेंगे भी। निश्चित रूप से हँसी-मजाक का विषय बन सकता है। बॉलिवुड फिल्मों की बोलचाल की हिंदी से इस तथाकथित शुद्ध अर्थात् संस्कृतनिष्ठ हिंदी में परिवर्तन के मध्य सेतु के लिए सूत्रधार के संवाद बहुत महत्त्वपूर्ण हैं। सूत्रधार की भूमिका के लिए अशोक कुमार जैसे उच्च कोटि के अभिनेता का चयन इस धारावाहिक की

गुणवत्ता को बढ़ाता हुआ प्रतीत होता है। रामायण के शैक्षिक महत्त्व पर बल देते हुए अशोक कुमार इस धारावाहिक के सूत्रधार के रूप में कहते हैं –

"रामायण में जो कर्तव्य, त्याग और प्रेम के आदर्श दिखाए गए हैं, जो human behaviour के ideals हैं उनसे एक आम इन्सान भी अपने जीवन का मार्ग-दर्शन पा सके। उसे जिन्दगी का सही रास्ता मिल सके। रामायण एक धार्मिक ग्रन्थ होने के अलावा एक सांस्कृतिक दस्तावेज है—एक ऐसा cultural document है जो रंग, नस्ल, मुल्क और जाति की सीमाओं को पार करके आम इन्सान के दिलों पर इतना गहरा असर डालती है कि हर आदमी अपनी रोजमर्रा की जिन्दगी में उसकी शिक्षा और तालीम से फायदा उठा सकता है। (पृष्ठ 3)... "भारत ने दूसरे की धरती पर कब्जा करने के लिए कभी सेनाएँ नहीं भेजीं, फौजें नहीं भेजीं। हमेशा भारत से गए शान्ति और दोस्ती के दूत मेसेंजर ऑफ पीस एंड लव उनके एपिक्स रामायण जैसे महाकाव्य" (पृष्ठ 4)

"पंडित जवाहरलाल नेहरू ने अपनी पुस्तक में फ्रांस के एक इतिहासकार मिशले के विचार इस प्रकार उद्घृत किए हैं।...(वही) रामायण की कहानी इन्सान के दिल में विश्वास, इस यकीन, इस फेथ को मजबूत करती है कि जब कभी जुल्म की ताकतें यानि ऑटोक्रेटिक पावर इंसानियत को अपने पैरों तले कुचलने की कोशिश करती हैं।..." (पृष्ठ 6)

यहाँ अनेक अंग्रेज़ी और अरबी-फारसी शब्दों का इस्तमाल प्राय: संस्कृत शब्दों के पर्यायवाची शब्दों के रूप में हुआ है। इसका उद्देश्य सम्भवत: यह रहा होगा कि अहिंदी भाषी दर्शकों और मुसलमान व ईसाई दर्शकों को भी आसानी से समझ में आएँ । किन्तु जब इस धारावाहिक के संवाद प्रारंभ होते हैं तो अंग्रेज़ी ही नहीं, अरबी-फारसी शब्दों का इस्तमाल एकदम कम होने लगता है। ऐसा अपेक्षित भी था, क्योंकि यह महाकाव्य मूल संस्कृत में लिखा है। हिन्दू महाकाव्य के विचारों को विदेशी शब्दों में व्यक्त करना कठिन तो है ही, लेकिन अस्वाभाविक भी है।

इस समूची संवाद-पुस्तक में प्रयुक्त अरबी-फारसी शब्दों की संख्या केवल 223 हैं। इनमें से जिन शब्दों का इस्तेमाल दस बार से ज़्यादा किया गया है उनकी संख्या केवल 20 है अर्थात् अगर, असली, आवाज, जल्दी, तरह, तीर, दरबार, नजर, निशाना, पैदा, बदल, मोरचा, याद, लेकिन, शान, सरकार, हजार, हर, हाल, हिम्मत। इनमें से दरबार, तीर, मोरचा जैसे विशेष शब्दों का व्यवहार शायद इसलिए अधिक हुआ है क्योंकि इस धारावाहिक की कथा सैन्य वर्णन अर्थात क्षत्रियों के जीवन

से संबंधित है। इस संवाद-पुस्तक में अरबी-फारसी शब्दों का मोटे तौर पर अनुपात कितना होगा-इसको जाँचने के लिए गणना करने पर पता चलता है कि औसतन एक पृष्ठ में लगभग 250 शब्द है और संवादों के कुल पृष्ठ 956 हैं। इसलिए इस संवाद-पुस्तक में प्रयुक्त शब्दों की कुल संख्या लगभग 2 लाख 39 हज़ार है। (250 × 956 = 239000) दूसरी ओर अरबी-फारसी शब्दों की बारंबारता (फ्रीकवन्सी) 1113 है। इस तरह दूरदर्शन धारावाहिक रामायण में अरबी-फारसी शब्दों का मोटे तौर पर अनुपात लगभग 0.5 प्रतिशत निकलता है (1113 ÷239000 = 0.47%)।

अब इसकी तुलना प्रेमचंद के प्रसिद्ध उपन्यास 'गोदान' से की जाए क्योंकि 'गोदान' के शब्दों का कम्प्यूटर की सहायता से गणित आँकड़ा उपलब्ध है।[1] वैसे भी प्रेमचंद की शैली बोलचाल की हिंदी से निकट है। इस दृष्टि से भी तुलना करने योग्य है। 'गोदान' में प्रयुक्त शब्दों की कुल संख्या 164449 है। मेरी गिनती के अनुसार उनमें से अरबी फारसी शब्दों की कुल संख्या 7842 है। इसलिए 'गोदान' में प्रयुक्त अरबी-फारसी शब्दों का अनुपात 4.8 प्रतिशत है। (7842 ÷ 164449 ≒ 4.77%)। यह आँकड़ा दूरदर्शन धारावाहिक रामायण का लगभग दस गुणा ज्यादा है।

लेकिन दूरदर्शन धारावाहिक रामायण में अरबी-फारसी शब्दों की इस तार्किक अल्पता के बावजूद कभी कभी देवता या मुनियों के संवादों में भी अनपेक्षित रूप से कुछ जगहों पर अरबी-फारसी शब्द सुनाई देते हैं जैसे बृहस्पति कहते हैं, "धरती पर जब भी कोई जालिम प्राणी मात्र को अपने चरणों में झुकने पर मजबूर कर देता है तो एक सच्चा इन्सान उसके सामने झुकने से इन्कार कर देता है" (पृष्ठ 10 )। मुनि वशिष्ठ राम के भाइयों को समझाते हुए कहते हैं..."एक दिन यह बहुत बड़ा वृक्ष बन जाएगा और थके हुए मुसाफिरों को अपनी शीतल छाया देगा..." (पृष्ठ 33) सीता जैसी दिव्य पात्र के मुँह से "जुदा" जैसे शब्द को सुनकर तो हम चौंक पड़ते हैं। सीता रावण से कहती हैं,...मुझे मेरे पति से जुदा करने के पाप का भीषण दण्ड तुझे अवश्य मिलेगा (पृष्ठ 709)। ... "सीता और राम कभी भी जुदा नहीं हुए और कभी भी जुदा नहीं होंगे यह शरीर रहे या न रहे" (पृष्ठ 710)।

कहने का तात्पर्य यह है कि हम भाषा में कितने भी शुद्धतावादी क्यों न हो, हिंदी में से अरबी-फारसी शब्दों को बिल्कुल हटाना असंभव होगा। मुहावरे के मामले में यह बात बिल्कुल सही है; "हिम्मत हारना" के स्थान पर "साहस हारना" नहीं कह सकते।

शैलियों की विभिन्नताएँ भी इस नाटक की विशेषता है। जहाँ गुरु वशिष्ठ आशिर्वाद (सौभाग्यवती भव) और सम्बोधन (राजन्) के लिए संस्कृत का व्यवहार

करता है वहाँ निषाद व केवट जैसे अनार्य जाति के आदिवासी अवधी बोलते हैं (लेकिन वही गुरु वशिष्ठ के मुँह से "महाराज जनक की सेवा में निवेदन करिए" (पृष्ठ 113) जैसे अशुद्ध प्रयोग कैसे निकल गया?)। रामानंद सागर की कुशलता है कि उन्होंने इस धारावाहिक में संस्कृत नाटक के "संस्कृत बनाम प्राकृत" के सादृश्य में "परिनिष्ठित हिंदी बनाम अवधी" के रूप को प्रकट किया है। यह माहौल के अनुकूल सटीक है। वैसे संस्कृत के प्रभाव के कारण सम्बोधन में एकरूपता नहीं है; राम हमेशा "सीते" कहते है, सुनन्दा भी "सीते" कहती है तो शतानंद "बेटी सीता" कहता है और सुनयना भी "सीता" कहती है। सीता स्वयं "हे भगवती गंगे" कहकर सम्बोधित करती है। दशरथ हमेशा "कौशल्ये" कहकर पुकारता है। "चाण्डालिनी।" आज के संदर्भ में निश्चित रूप से वर्जित शब्द है।

दो वाक्यों में संबंधवाचक सर्वनाम के गलत प्रयोग के कारण भ्रम पैदा हो गया "जिसका पति सांसारिक माया को जीतकर विदेह कहलाता हो उसकी रानी ऐसी अधीर हो जाए, यह उचित नहीं लगता" (पृष्ठ 138) "जिसका पति तपस्वी वेश में रहेगा उसकी पत्नी राजसी ठाठ से जीवन बिताए, क्या उसको शोभा देगा ?" (पृष्ठ 219) निश्चित रूप से दोनों वाक्यों में उसकी जगह 'वह' होना चाहिए।

भाषा को गहराई से समझने के लिए केवल व्याकरण काफी नहीं होता, अपितु संस्कृतियों को भी समझना अति आवश्यक है। कभी-कभी यह जटिल व्याकरण समझने से अधिक कठिन होता है। धारावाहिक के एकदम शुरू में (सूत्रधार के आविर्भाव से पहले) रामचरितमानस का दोहा सुनाया जाता है; "सारद सेस महेस विधि आगम निगम पुराण। नेति नेति कहि जासु गुन करहिं निरन्तर गान।।" इसमें सारद से लेकर पुराण तक एक एक शब्दार्थ को समझाने में बहुत समय लगा था। इसके अलावा भी नाग, दानव, किन्नर, गंधर्व, मुहूर्त, कुलदेवता, त्रिकालदर्शी, पुत्रकामेष्ठि, यज्ञ, मूलाधार, चक्र, कोपभवन, अग्निहोत्रि, वरदान, ग्रह-नक्षत्र, ग्यारहवाँ रुद्र, स्वयंवर, अश्वमेघ और यज्ञोपवीत संस्कार आदि शब्दों का अर्थ समझाना बहुत कठिन कार्य था। "क्या हमारे बाद पित्तरों को पानी देने वाला कोई न होगा?" (पृष्ठ 11) दशरथ के इस कथन में "पानी देनेवाले" का अर्थ केवल "giver of water" नहीं है। छात्रों को यह भी बताया कि भले ही "पानी देनेवाली" व्याकरणसम्मत हो किन्तु यहाँ सांस्कृतिक दृष्टि से यह पद असंभव है। ठीक इसी प्रकार कोई माँ कहनेवाला न हो तो स्त्री अपने आप को पूर्ण नहीं समझती! (पृष्ठ 11) कौशल्या के इस कथन में भी "कहनेवाली" का अस्तित्व नहीं हो सकता। "विद्या का व्रत लेकर बटुक ब्रह्मचारी

के लिए सवारी वर्जित है" (पृष्ठ 30) छात्रों की जिज्ञासा स्वाभाविक थी कि क्यों पैदल जाना चाहिए? "यह हमारी बेटी की ससुराल है। यहाँ से कुछ लेना नीति और परंपरा विरुद्ध है" (पृष्ठ 114) भारतीय पारिवारिक जीवन की यही मनोवृत्ति वर्तमान काल में भी लक्षित है।

इस आलेख का लेखक पंद्रह वर्ष तक धीमी गति से पढ़ते-पढ़ाते मुश्किल से खंड इक्कीस तक तो पहुँच गया, पर अभी सीता का उद्धार नहीं हुआ था कि सन् 2007 में विश्वविद्यालय से अवकाश ग्रहण करना पड़ा—इस बात का खेद है। किन्तु प्रसन्नता है कि इस दूरदर्शन धारावाहिक रामायण का सर्वाधिक रसास्वादन कर सका। हो सकता है कि विद्यार्थियों से ज्यादा इस अध्यापक ने ही इस धारावाहिक के अध्यापन से बहुत कुछ सीखा हो। हर कलाकार का उच्चारण और लहजा तो अनुकरणीय तथा आकर्षक था। व्यक्तिगत रूप से सब से अच्छी लगती रही वशिष्ठ की आवाज।

निष्कर्ष के रूप में कहा जा सकता है कि इस वीडियो तथा संवाद पुस्तक के माध्यम से विद्यार्थी केवल अच्छी हिंदी ही नहीं, बल्कि भारतीय संस्कृतियों के विभिन्न पहलुओं से भी परिचित हो सके हैं। उदाहरण के लिए सीता और राम के विवाह के दृश्य से हिन्दू संस्कार का जीता जागता निदर्शन देखने-सीखने के लिए मिलता है। वास्तव में यह लेखक इस वीडियो को इतिहास, नृतत्व शास्त्र और भारतीय दर्शन की श्रेष्ठ शैक्षिक सामग्री मानता है।

***राम और कृष्ण, भक्ति साहित्य की सार्वभौमिकता, के. ई. एस. श्रॉफ कला एवं वाणिज्य महाविद्यालय मुंबई, 2014 से साभार***

---

"A list of words with Their Respective Frequency - Premchand's 'Godan' " Prepared by T. Nara, T. Sakata & R.N. Singh: Annual Report on CIIL - LLCAA Joint Research Project 3. A COMPUTER-ASSISTED STUDY OF SOUTH ASIAN LANGUAGES edited by Tsuyoshi NARA. (Institute for the Study of Languages and Cultures of Asia and Africa. Tokyo University of Foreign Studies, Tokyo 1992)

# हिंदी संयुक्त राष्ट्र की 7वीं अधिकृत भाषा बने

मेरा हिंदी के साथ जुड़ाव हाईस्कूल के दिनों को मिलाकर साठ साल से अधिक पुराना है। हिंदी मेरे लिए पत्नी से भी पुरानी मेरी दूसरी जीवन साथिनी है, जिसके बिना मेरा कोई अस्तित्व नहीं है। लेकिन मेरी पत्नी अपनी 'सौतन' को बहुत प्यार करती है!...मजाक के लिए क्षमा करें।

मुझे अपने (60 के दशक के) छात्र जीवन में हिंदी शिक्षण में उचित शब्दकोश, पाठ्य-पुस्तकों और योग्य भारतीय अध्यापक के अभाव के कारण बहुत परेशानी उठानी पड़ी। बहुत मेहनत करनी पड़ी। मेरे साथ के ज्यादातर छात्रों में हिंदी सीखने का उत्साह बिल्कुल नहीं था। यह अवश्य रोजगार की समस्या से भी जुड़ा था। पर थोड़े से उत्साही छात्र नौकरी की चिंता किए बिना स्वांत: सुखाय की भावना से आते थे जिनमें एक मैं भी था।

उन दिनों आम जापानियों में भारत की छवि बहुत सकारात्मक नहीं थी। उनके मन में गरीबी और प्राकृतिक आपदाओं की छवि अधिक थी, यद्यपि महात्मा गांधी का देश, दार्शनिक देश और आध्यात्मिक देश की कुछ सकारात्मक छवियाँ भी थीं। जापान में हिंदी की तुलना में संस्कृत, भारतीय दर्शन तथा बौद्धिक अध्ययन की परंपरा ज्यादा पुरानी है और स्तर भी ऊँचा है। प्राय: इन क्षेत्रों के विद्वानों की आधुनिक भारत तथा भारतीय भाषाओं के प्रति रुचि नहीं है।

शीत युद्ध के दौरान, जापान पश्चिमी देशों के गुट में था (अभी भी), पर भारत के सोवियत संघ के पक्ष में होने के कारण दोनों देशों में बहुत नैकट्य नहीं था। अवश्य मित्र देश तो था, लेकिन घनिष्ठ संबंध नहीं था, जितना आजकल है।

दोनों देशों का घनिष्ठ संबंध 1991 के सोवियत संघ के विघटन और भारत की अर्थव्यवस्था के उदारीकरण के बाद आरंभ हुआ और अब जापान भारत का सबसे बड़ा, घनिष्ठ और विश्वसनीय देश बन गया। आम जापानियों में भारत की छवि भी अब बहुत सकारात्मक है। सभी जापानी जानते हैं कि भारत सबसे तेजी से

आर्थिक विकास करने वाला देश है और सूचना तकनीक के क्षेत्र में अमरीका के बाद विकसित देश है। कहते हैं कि 2030 तक भारत का सकल घरेलू उत्पाद जापान को पीछे हराकर दुनिया में नंबर तीन हो जाएगा (तब तक मैं जीना चाहता हूँ लगभग नब्बे साल की आयु का हो जाऊँगा !)

इतने दिनों तक जापान में हिंदी भाषा सीखने का माहौल बहुत अनुकूल रहा है। अच्छे शब्दकोशों की उपलब्धता, भारत जाने की सुगमता विशेष करके भारत के विश्वविद्यालयों, केंद्रीय हिंदी संस्थान में उच्चतर शिक्षा पाने का मौका मिल सकना और इंटरनेट या हिंदी फिल्मों को हर समय देख सकने की सुविधाएँ आदि। छात्रों की संख्या में बहुत अधिक बढ़ोतरी तो नहीं हुई है, पर बहुत मेधावी विद्यार्थी प्रवेश करने लगे। दूसरी भाषाओं की तरह चार दशकों से हिंदी विभाग में लड़कियों का ही बोलबाला है।

जहाँ तक भारत के युवाओं की अंग्रेजियत और हिंग्लिश की बात है, आधुनिक उपकरण या संकल्पनाओं को व्यक्त करने के लिए प्रचलित अंग्रेज़ी शब्दों का इस्तेमाल करने में कोई आपत्ति नहीं है। जापानी भाषा में भी कंप्यूटर के पारिभाषिक शब्द प्रायः अंग्रेज़ी में होते हैं, अन्यथा जरूरत या औचित्य से ज्यादा अंग्रेज़ी शब्दों को मिला मिला कर बोलना (तथाकथित हिंग्लिश शैली) हिंदी के सौंदर्य को बिगाड़ देता है। मैं इसके पक्ष में नहीं हूँ। यह केवल युवाओं में नहीं, पढ़े-लिखे बुजुर्गों में भी दिखाई देती है। मेरे ख्याल में इसका सबसे बड़ा कारण है रोजगार की समस्या। लोगों के मन के अवचेतन में बसी अंग्रेज़ी के सामने अपनी हीनभावना भी कारण है। मेरे ख्याल में यह अंग्रेजियत अंग्रेज़ी की देन नहीं है, बल्कि भारतीयों ने स्वयं मोल लिया है।

'हिंदी मीडियम' नामक हिंदी फिल्म हिंदी प्रेमियों को ठेस पहुँचाने वाली फिल्म थी। इसमें मध्यम वर्ग के मियाँ-बीबी एकलौती बेटी को अच्छे निजी स्कूल (निश्चय ही अंग्रेज़ी माध्यम वाली) में दाखिला दिलाने के लिए न जाने कितनी जी-तोड़ मेहनत करते हैं। इस फिल्म में यह दिखाया गया है कि अंग्रेज़ी न जानने वाले नागरिक दोयम दर्जे के नागरिक हैं। लेकिन यह सोचिए कि भारत जैसे बड़े देश के प्रधानमंत्री सर्वत्र सर्वदा हिंदी में बोलते हैं तो हिंदी बोलने वाले लोग कैसे दूसरी श्रेणी के नागरिक हो सकते है। यह खुशी की बात है कि आम तौर पर सरकार के राजनेता अच्छी हिंदी बोलते हैं, पर सरकार के नौकरशाह अभी भी अंग्रेज़ी के भक्त हैं। उन लोगों की सोच को बदलना पड़ेगा।

यद्यपि जापान में हिंदी का भविष्य उज्ज्वल है, पर इस ज़मीनी हकीकत को मानना पड़ेगा कि जापान में हिंदी अभी मेजर भाषा की कोटि में न होकर माइनर भाषा

की कोटि में है, क्योंकि मेजर या माइनर का विभाजन उस भाषा के बोलने वालों की संख्या से न होकर उस भाषा को पढ़ने वालों की संख्या पर निर्भर होता है। जापान में मेजर भाषाओं में अंग्रेज़ी, जर्मन, फ्रांसीसी, रूसी, स्पेनी, चीनी और कोरिया आदि आती हैं, शेष सभी विदेशी भाषाएँ माइनर भाषाओं में गिनी जाएँगी। उदाहरण के लिए चीनी को लीजिए। चीनी भाषा को पढ़ने वाले लोगों की कुल संख्या हिंदी सीखने वाले लोगों की संख्या से हज़ारों गुना ज्यादा है। प्रकाशित पाठ्य पुस्तकों और अनुवादों की संख्या भी हज़ारों गुना ज्यादा है। माइनर भाषा से मेजर भाषा में 'पदोन्नति' करने में कोई महत्त्वपूर्ण परिवर्तन भारत में होना चाहिए।

हाल ही में श्रीमती गीतांजलि श्री के हिंदी उपन्यास 'रेत समाधि' के अंग्रेज़ी अनुवाद को अंतरराष्ट्रीय बुकर पुरस्कार मिला है, यह बहुत प्रसन्नता की बात है। हिंदी के लिए गौरव की बात है।

अब हिंदी साहित्य को नोबेल साहित्य पुरस्कार को जन्म देना होगा। हम चाहते हैं कि हिंदी को संयुक्त राष्ट्र संघ की सप्तम प्राधिकृत भाषा बनाया जाए। यह इतना कठिन नहीं होगा, जितना भारत को सुरक्षा परिषद का स्थायी सदस्य बनाना।

# जापान में हिंदी का अध्ययन-अध्यापन : अतीत, वर्तमान और भविष्य

जापान में हिंदी की समस्या की चर्चा की जाए तो प्रवासी भारतीयों की भूमिका नगण्य है। भारत में उदारीकरण के बाद यहाँ प्रवासी भारतीयों की संख्या द्रुत गति से बढ़ी है। तोक्यो में लगभग 20,000 प्रवासी हैं, काफी लोग तथाकथित इंडिया टाऊन में रहते हैं, लेकिन अन्य एशियाई शहरों की तुलना में यह संख्या बहुत कम है। उदारीकरण के पहले सब से बड़ी संख्या में प्रवासी भारतीय पश्चिमी जापान के कोबे शहर में रहते थे जो लगभग 1,000 ही थे, अभी भी वही संख्या है। इसलिए यहाँ कोई प्रवासी भारतीयों की हिंदी को लेकर कभी किसी प्रकार की समस्या की चर्चा तो सुनने में नहीं आई है। अत: जापान में हिंदी की समस्या का अर्थ है विश्वविद्यालयों में हिंदी के अध्ययन–अध्यापन की स्थिति। यहाँ किसी जापानी विद्यालय में हिंदी की पढ़ाई नहीं होती।

जापान में हिंदी (उसमें उर्दू भी शामिल करें) के अध्ययन-अध्यापन के दो मुख्य केंद्र हैं–पहला केंद्र तोक्यो यूनिवर्सिटी ऑफ फ़ॉरेन स्टडीज़ है और दूसरा ओसाका विश्वविद्यालय का फ़ॉरेन स्टडीज़ संकाय। दोनों सरकारी संस्थाएँ हैं। पहले की स्थापना सन् 1908 में हुई थी और दूसरे की सन् 1921 में। सन् 2008 में–तोक्यो यूनिवर्सिटी ऑफ फ़ॉरेन स्टडीज़ ने प्रोफेसर ऋतुपर्ण जी के नेतृत्व में 'हिन्दुस्तानी' भाषा के रूप में हिंदी–उर्दू शिक्षण का शताब्दी वर्ष-समारोह मनाया था। इस अवसर पर एक वृहत अंतरराष्ट्रीय हिंदी–उर्दू शिक्षण का आयोजन भी किया गया था जिसमें भारत-जापान सहित विश्व के अनेक देशों के विद्वानों ने भाग लिया था। दोनों संस्थाओं का इतिहास भारत और यू.के. को छोड़कर दुनिया में सब से पुराना लगता है।

सन् 2021 में ओसाका विश्वविद्यालय के विदेश अध्ययन संकाय ने स्थापना की सौवीं वर्षगाँठ मनाई। नए परिसर में स्थानान्तरण हुआ। द्वितीय विश्व युद्ध के पहले

ये दोनों विश्वविद्यालय नहीं थे, बल्कि भाषा विद्यालय थे। इसका मतलब है दोनों विद्यालयों का उद्देश्य केवल भाषण शिक्षण था। शोध कार्य या संस्कृति से संबन्धित पढ़ाई गहराई से नहीं होती थी। इस के उलट, संस्कृत भाषा का अध्ययन बौद्ध धर्म और भारतीय दर्शन के माध्यम के रूप में, प्रतिष्ठित "इंपिरियल युनिवर्सिटियों" में शुद्ध रूप से अकादमिक उद्देश्य से होता था और इसका इतिहास हिन्दुस्तानी की परंपरा से अधिक पुराना है। 'हिन्दुस्तानी' की पढ़ाई अकादमिक उद्देश्य से अधिक व्यावहारिक उद्देश्य के कारण शुरू हुई थी। 'हिन्दुस्तानी' से तात्पर्य है वह भाषा जिसमें 'शिक्षा' के बदले 'तालीम', 'जन्म' की जगह 'पैदाइश' और 'आयु' की जगह 'उम्र' सरीखे शब्दों को फारसी लिपि के माध्यम से सिखाया जाता था। व्याकरण पर ज़ोर न देकर तथाकथित direct method से सिखाया जाता था। युद्ध के दौरान दोनों विद्यालयों के कुछ स्नातक नेता जी सुभाष चन्द्र बोस की आज़ाद हिन्द फौज का सहयोग करने के लिए इसी हिन्दुस्तानी का इस्तेमाल करते थे।

विश्व युद्ध समाप्ति के बाद अन्य विद्यालयों की तरह सन् 1949 में इन दोनों सरकारी भाषा विद्यालयों को विश्वविद्यालयों का दरजा मिला था। बी.ए. की पढ़ाई शुरू हो गई।

विश्वविद्यालय में परिणत होने से अब केवल पढ़ाई पर नहीं, शोध-कार्य पर भी ज़ोर दिया जाने लगा। और स्वतंत्र भारत ने राज भाषा के रूप में संविधान में हिंदी को अपनाया और पाकिस्तान ने राष्ट्रीय भाषा के रूप में उर्दू को। इस नई स्थिति ने इन दोनों विश्वविद्यालयों की शैक्षिक व्यवस्था को बड़ा प्रभावित किया था। अब 'हिन्दुस्तानी' नाम का इस्तेमाल बंद हो गया, लेकिन अभी हिंदी-उर्दू अलग विभाग बनाने में काफी समय की जरूरत थी। उससे पहले 'हिंदी' के विशेषज्ञों की आवश्यकता थी। ऐसे प्रथम विशेषज्ञ तोक्यो में प्रोफेसर क्यूया दोई और ओसाका में प्रोफेसर कात्सुरो कोगा थे। यद्यपि ओसाका में हिन्दुस्तानी (बाद में उर्दू) के प्रोफेसर एइज़ो सावा (कोगा जी के गुरु जी) देवनागरी के माध्यम से हिंदी भी पढ़ाते थे। उन्होंने सन् 1960 में जापान में सर्वप्रथम 'हिंदी व्याकरण' नामक बृहत पुस्तक प्रकाशित की थी।

इसके बाद धीरे धीरे दोनों विश्वविद्यालयों में हिंदी अध्ययन-अध्यापन का विकास होता रहा, एम ए तथा पीएच.डी. का कार्यक्रम भी शुरू हुआ। मेधावी छात्रों में से नए अध्यापकों व शोधकर्ताओं का उद्भव हुआ था। बहुत शोध कार्य भी हुए और हिंदी साहित्य के प्रसिद्ध उपन्यासों, कहानियों, कविताओं और नाटकों के जापानी अनुवाद भी हुए थे। हिंदी की पढ़ाई कुछेक निजी विश्वविद्यालयों में भी होने लगी थी,

इनमें तोक्यो स्थित दाइतो बुंका विश्वविद्यालय, ताकूशोकू विश्वविद्यालय और एशिया विश्वविद्यालय तथा ओसाका में स्थित ओत्तेमोन गाकुईन् विश्वविद्यालय प्रमुख हैं।

जापान के हिंदी शिक्षण में कुछ ऐसी विशेषताएँ हैं जो शायद अन्य देशों में कम हों। सन् 2006 में प्रकाशित 'हिंदी-जापानी शब्दकोश' हिंदी के द्विभाषाई शब्दकोशों में सर्वोत्तम कोटि का है जिसे प्रोफेसर कात्सुरो कोगा और प्रोफेसर आकिरा ताकाहाशि ने संपादित किया है। जापानी भाषा अंतरराष्ट्रीय भाषा न होने के कारण विश्व-प्रसिद्ध नहीं है, पर यह वास्तव में McGregor के 'The Oxford Hindi-English Dictionary' से श्रेष्ठ है, क्योंकि इस शब्दकोश में 1,083 पृष्ठों में 70,000 शब्द हैं, किन्तु हिंदी-जापानी शब्दकोश में 1,439 पृष्ठों में एक लाख से अधिक शब्द शामिल हैं। इस शब्दकोश की सब से बड़ी विशेषता है उचित वाक्यों के उदाहरणों की बहुतायत। इसने विद्यार्थियों की पढ़ाई को कितना सहज बनाया है जो अंग्रेज़ी पूरा न समझने के कारण अब तक अजीबो गरीब अनुवाद कर डालते थे।

प्रोफेसर कात्सुरो कोगा इसके पहले सन् 1996 में 'जापानी-हिंदी शब्दकोश' को अपने खर्चे से प्रकाशित कर चुके थे। यह भी 893 पृष्ठों की मोटी पुस्तक है जो जापानी सीखनेवाले भारतीय छात्रों के लिए भी बहुत उपयोगी है। एक और उल्लेखनीय हिंदी–जापानी शब्दकोश है सन् 2016 में प्रकाशित प्रोफ़ेसर काज़ुहिको माचिदा द्वारा संपादित 'हिन्दीगो निप्पोंगो जितेन'। यह भी 1,003 पृष्ठों की मोटी किताब है। इस शब्दकोश की विशेषता यह है कि इसमें प्रत्येक शब्द के उच्चारण को रोमन लिपि तथा जापानी लिपि काताकाना में दिया गया है। देवनागरी लिपि को सबसे वैज्ञानिक लिपि समझे जाने के भ्रम के कारण अब तक इसकी आवश्यकता महसूस नहीं की जाती थी। यही शब्दकोश इस कमी को दूर करता है। प्रोफेसर माचिदा कम्प्यूटर के माहिर हैं। वे अपना सारा कार्य कम्प्यूटर के माध्यम से करते हैं।

सीधे हिंदी में निबंध या कहानी लिखने का जोश कुछ जापानियों में दिखाई दिया था। इसके लिए सन् 1980 से 1986 तक जापानी लोगों द्वारा लिखित पत्रिका 'ज्वालामुखी' उस ज़माने में विख्यात थी। इस पत्रिका के संपादक श्री योशिआकि सुज़ुकि उन दिनों अपने खर्चे से प्रत्येक वर्ष भारत में इसे छापने के लिए जाते थे। उन दिनों कम्प्यूटर की सुविधा नहीं थी। इसके लिए भारत सरकार से कुछ आर्थिक सहायता मिली थी। किन्तु उनकी यह निष्काम सेवा अधिक दिन नहीं चल सकी। कहा जाता है कि पत्रिका शुरू करना उतना मुश्किल नहीं जितना चलाना। लेकिन अभी भी

डॉ. यासमीन सुलताना नक़वी द्वारा संपादित 'साकुरा की बयार' में यदा कदा कुछेक जापानियों के लेख हिंदी में छपते हैं।

यद्यपि अब केवल जापानी लोगों द्वारा लिखित हिंदी पत्रिका मौजूद नहीं है, लेकिन समय समय पर भारत की हिंदी पत्रिकाओं में जापानियों द्वारा लिखित हिंदी का लेख देखने को मिलता है। प्रस्तुत प्रबंध के लेखक ने स्वयं गगनांचल, कादंबिनी, हिंदी जगत और इण्डिया टुडे आदि में लेख लिखे हैं। कुछ जापानी विद्वानों ने भारत के प्रमुख विश्वविद्यालयों, जैसे दिल्ली विश्वविद्यालय, जवाहरलाल नेहरू विश्वविद्यालय आदि से पीएच.डी. की थीसिस हिंदी में लिखकर पीएच.डी. की डिग्री हासिल की थी। ऐसे विद्वानों के नाम हैं—डॉ. आकिरा ताकाहाशि, डॉ. हिरोको नागासाकी, डॉ. योशिओ ताकाकुरा, डॉ. हिसाए कोमात्सु, और डॉ. तोमोको किकुचि आदि। डॉ. किकुचि की 'महादेवी वर्मा की सामाजिक चेतना' शीर्षक पुस्तक भारत में प्रकाशित हुई है।

डॉ. कोमात्सु की 'स्त्री अस्मिता की खोज—हिंदी क्षेत्र में स्त्रियों द्वारा स्त्री विमर्श, 1857-1947' प्रकाश्य है। हिंदी में न सही, हिंदी साहित्य पर प्रोफेसर हिदेआकि इशिदा 'हिंदी साहित्य' नामक पत्रिका का सम्पादन करते हैं। डॉ. हिरोको नागासाकी 'इंडो मिंज़ोकु केंक्यू' नामक पत्रिका का सम्पादन करती हैं जिसमें भारतीय संस्कृति से संबन्धित शोध निबंधों का प्रकाशन किया जाता है। हिंदी उपन्यासों, कहानियों और कविताओं का अनुवाद भी काफी संख्या में किया गया है उनमें से अब तक पुस्तकाकार के रूप में प्रकाशित हिंदी उपन्यासों और कहानियों के नाम इस प्रकार हैं : पत्रिकाओं में छपे अनुवादों को छोड़ दिया गया है। कबीर का 'बीजक', प्रेमचन्द का 'गोदान', उपेन्द्रनाथ अश्क की 'गिरती दीवारें', भीष्म साहनी का 'तमस', उदय प्रकाश की 'पीली छतरी वाली लड़की', 'उदय प्रकाश की चुनी हुई कहानियाँ', कृष्ण बलदेव वैद का 'उसका बचपन', मृदुला गर्ग का 'कठगुलाब', मन्नू भंडारी का 'आपका बंटी' इत्यादि।

विद्यार्थियों की गतिविधियों की सब से बड़ी उल्लेखनीय बात यह है कि ओसाका विश्वविद्यालय के इच्छुक विद्यार्थियों ने सन् 1997 से सन् 2007 तक हर साल भारत समेत छह अन्य देशों में हिंदी नाटक प्रस्तुत किया था। कुल मिलाकर 79 बार मंचन किया था।

जापान के अंदर भी 30 बार मंचन किया था। सन् 2002 में जब तत्कालीन प्रधानमंत्री माननीय अटल बिहारी बाजपेयी जी ओसाका पधारे थे तब जापानी छात्रों ने ओसाका के पाँच सितारा होटल में आयोजित बाजपेयी जी के स्वागत समारोह के उपलक्ष्य में उनके सामने लघु हिंदी नाटक प्रस्तुत करके उनका मन जीत लिया था।

यह साधारण छात्रों के लिए रोंगटे खड़े करने वाला अनुभव था, इसे जीवन भर वे कभी नहीं भूलेंगे। यों नाटक के अभिनय से हिंदी शिक्षण में कई लाभ होते हैं–ये प्रत्यक्ष रूप से प्रमाणित हो गए हैं।

(1) संवादों को रटते-रटते बोलने की झिझक समाप्त होती है और अच्छी हिंदी बोलने लगते हैं।

(2) नाटक के संवादों से सीखे हुए वाक्यों को दैनिक वार्तालाप में ज्यों–का-त्यों प्रयोग किया जा सकता है और इस प्रकार अनंत वार्तासुख प्राप्त हो सकता है।

(3) आत्मविश्वास को पाकर आगे हिंदी के अध्ययन में प्रगति कर सकते हैं।

(4) नाटक के पात्र से तादात्म्य स्थापित करने से भारतीयकरण संभव हो सकता है।

(5) नाटक का अभिनय भी एक सृजनात्मक कार्य है। सामूहिक रूप से निश्चित लक्ष्य अर्थात् मंचन की सफलता के लिए एकजुट होकर साधना करने की प्रक्रिया में आपस में भाईचारे की भावना आती है जो छात्रों के चरित्र के विकास में बहुत अच्छा प्रभाव डालती है।

(6) यह दोनों देशों के सांस्कृतिक आदान-प्रदान का ठोस उत्कृष्ट कार्य है। अंतरराष्ट्रीय विनिमय तो केवल पुस्तकीय नहीं होना चाहिए बल्कि ठोस कदम उठाने की आवश्यकता है।

हिंदी से संबन्धित पुरस्कारों के संबंध में भी कह सकते हैं कि विजेताओं की संख्या की दृष्टि से जापानी विद्वानों की संख्या अपेक्षाकृत अधिक लगती है। जैसे विश्व हिंदी सम्मान आठ विद्वानों को मिल चुका है, जॉर्ज ग्रियर्सन पुरस्कार चार विद्वानों को मिला है, एक विद्वान को साहित्य अकादेमी का फ़ेलो नियुक्त किया गया है और एक को पद्मश्री सम्मान से नवाजा गया है।

हिंदी अध्ययन-अध्यापन का भविष्य मानव संसाधन की दृष्टि से उज्ज्वल कहा जा सकता है, क्योंकि एक से एक मेधावी तथा योग्य नई पीढ़ी के विद्वान या शोधकर्ताओं का जन्म हो रहा है, अध्ययन का क्षेत्र भी विस्तृत, गहरा और सूक्ष्म होता जा रहा हैं। ओसाका विश्वविद्यालय में तो केवल आधुनिक हिंदी ही नहीं, बल्कि मध्यकालीन साहित्य की भी कक्षा है। ब्रज भाषा की कविता को पढ़ते हुए विद्यार्थियों की कक्षा की दृष्टि और प्राध्यापिका नागासाकि जी की भेंट वार्ता को जून 27, सन् 2019 को दूरदर्शन ने विश्व भर में दर्शाया था जिस के स्ताफ़्फ़ जी 20 शिखर सम्मलेन के अवसर पर प्रधानमंत्री नरेन्द्र मोदी जी के साथ ओसाका आए थे।

इंटरनेट, विशेष रूप से यूट्यूब के माध्यम से भी सहज हिंदी सीखने का अवसर मिलता है, बल्कि यूट्यूब के माध्यम से अपने को प्रचार करने वाले कुछ नवयुवकों का आविर्भाव हुआ है, इनमें सब से प्रसिद्ध हैं कुमारी हितोमी मायो जी जो ओसाका विश्वविद्यालय की स्नातिका हैं। वे यूट्यूब के माध्यम से हिंदी में जापानी भाषा और संस्कृति का परिचय देती हैं। इनका चैनल लाखों लोग देखते हैं। इनको देखकर जापानी लड़की के बारे में Stereotype यानी रूढ़ धारणा बदलनी पड़ेगी, यद्यपि अभी भी ज्यादातर जापानी लड़की शर्मीली है, लोगों के सामने इतने खुले नहीं बोलती, लेकिन मायो जी को इतनी भावाभिव्यंजक और हँसमुख होकर सहजता से सुन्दर हिंदी बोलती हुई देखकर आश्चर्य होता है। मेरे छात्र जीवन में हिंदी सीखना कष्टदायक था, लेकिन मायो जी ने खुशी खुशी हिंदी सीखी है और उसका अधिक से अधिक प्रयोग कर रही हैं। इस प्रकार का प्रभाव आजकल के ज़माने में बीसियों किताबें लिखने से कहीं ज्यादा पड़ेगा।

किन्तु हिंदी के अध्ययन-अध्यापन के भविष्य में एक चिंताजनक बात भी है। जापानी सरकार विश्वविद्यालयों का बजट कम कर रही है। नए अध्यापकों की नियुक्ति भी पहले की तरह स्थायी रूप से नहीं होती। नौकरी स्थाई रूप से नहीं मिलती है तो शिक्षक अध्ययन-अध्यापन में निमग्न नहीं हो सकता। नौकरी की अनिश्चितता महत्त्वांक्षी नवयुवकों को अध्यापक होने में बाधाएँ रचती हैं। जापानी सरकार से आशा की जाती है कि वह हिंदी के अध्ययन-अध्यापन को अधिक महत्त्व दे। भारत सरकार से यही आशा की जाती है कि हिंदी पढ़नेवाले जापानी छात्रों को प्रोत्साहन दे। अधिक से अधिक छात्रवृत्ति देकर उन्हें भारत बुलाए और अँग्रेजी बोलकर उन्हें निरुत्साहित न करे। भारतीयों की अंग्रेजियत हिंदी के प्रचार और विकास में रुकावट पैदा करती है।

मैं यहाँ इस 'अंग्रेजियत' के बारे में विशेष उल्लेख करना चाहता हूँ। सर्वविदित है कि भारत सरकार भविष्य में हिंदी को संयुक्त राष्ट्र संघ की सातवीं अधिकृत भाषा के रूप में स्वीकृत कराना चाहती है, यद्यपि अभी तक इसके लिए ठोस रूप में कोई ख़ास कदम नहीं उठाया गया है। मेरी समझ में कुछेक हिंदी प्रेमियों को छोड़कर आम जनता, शासक वर्ग तथा बुद्धिजीवियों में इस दिशा में बहुत उत्साह नहीं दीखता। इसका सब से बड़ा कारण भारतीयों के मन की गहराई में जमी हुई अंग्रेजियत है। यहाँ 'अंग्रेज़ी' और 'अंग्रेजियत' में भेद करने की आवश्यकता है। अंग्रेज़ी भाषा एक बहुत प्रमुख और विकसित अंतरराष्ट्रीय भाषा है जिसका अध्ययन करना इस वैश्वीकरण के युग में सब को आवश्यक है-इस में कोई दो राय नहीं है।

किन्तु अंग्रेजियत उस हेय मनोवृत्ति को कहते हैं जो अंग्रेज़ी की महिमा और प्रतिष्ठा को सर्वोच्च मानकर उस भाषा और सभ्यता के वशीभूत होती है। मुझे ऐसा लगता है कि स्वतंत्रता-प्राप्ति के बाद 73 साल बीतने के बावजूद अधिकांश भारतीय लोग इसी अंग्रेजियत के शिकार हैं।

हिंदी फ़िल्म हिंदी मीडियम एक बहुत मज़ेदार और मनोरंजक फ़िल्म है, किन्तु वह हिंदी प्रेमियों को ठेस पहुँचाने वाली कहानी थी,क्योंकि इसमें हिंदी माध्यम के सरकारी स्कूल में पढ़ने वाले दोयम श्रेणी के होने का संकेत मिलता है। लेकिन पति (राज) और पत्नी (मीता) के निम्नलिखित संवादों में केवल संकेत नहीं, बल्कि प्रत्यक्ष रूप से अंग्रेजियत को व्यक्त किया गया है- वह भी मजबूरी की! मीता अपनी बेटी पिया को हर कीमत पर सम्प्रति अच्छे स्कूल में दाखिला दिलाने की जिद्द करते हुए कहती है: "सरकारी स्कूल में जाएगी तो कुछ नहीं सीख पाएगी। कोई अंग्रेज़ी में बात करेगा तो उसकी रूह काँप जाएगी। फिट नहीं हो पाएगी न, सोसाइटी में तो लोनली और डिप्रेस हो जाएगी। इस देश में अंग्रेज़ी ज़बान नहीं है, राज, क्लास है क्लास! और इस क्लास में घुसने के लिए एक अच्छे स्कूल में पढ़ने के अलावा कोई रास्ता नहीं है। जो हमने झेला न राज, वह अपनी पिया को नहीं झेलने देंगे।" यद्यपि यह फिक्शन तो है,पर ये संवाद हकीक़त को जीवंत रूप से व्यक्त करते हैं। अंग्रेज़ी भाषा का दबदबा अंग्रेजों की देन नहीं है, स्वयं भारतीय लोगों ने बनाया है।

सम्प्रति संघ लोक सेवा आयोग की ओर से संपन्न प्रारम्भिक परीक्षा के प्रश्न के अंग्रेज़ी प्रारूप में जहाँ 'सिविल डिसओबिडिएंस मूवमेंट' लिखा है तो हिंदी फार्मेट में उसे 'असहयोग आन्दोलन' लिख दिया गया है जबकि सही अनुवाद तो 'सविनय अवज्ञा आन्दोलन' चाहिए था। सहज ही अनुमान लगाया जा सकता है कि प्रश्न बनाने वाले की हिंदी की अज्ञानता के कारण हिंदी माध्यम से परीक्षा देने वाले अनेक अभ्यर्थियों को इसका दुष्परिणाम या क्षति को भोगना पड़ा होगा। जहाँ तक मैं जानता हूँ, भाषा को लेकर परीक्षा में इस प्रकार की असमानता किसी भी विकसित देश में नहीं मिलेगी। लेकिन इधर खुश खबर भी मिली है कि शिक्षा मंत्री डॉ. रमेश पोखरियाल निशंक ने घोषणा की थी कि शिक्षा मंत्रालय उच्च शिक्षा में भारतीय भाषा के माध्यम को लाने की कोशिश करेगा। आम भारतीयों के उलट, अंग्रेज़ी माध्यम के स्कूलों को 'जानलेवा' और 'जेबकाटू' कहनेवाले विख्यात वरिष्ठ पत्रकार डॉ. वेदप्रताप वैदिक जी इसका प्रबल समर्थन करते हुए कहते हैं कि "यदि हम देश में

शिक्षा और ज्ञान विज्ञान का माध्यम स्वदेशी भाषाओं को बनाना चाहते हैं तो सबसे पहले उच्च-शिक्षा और पीएच.डी. के शोध-कार्यों को अपनी भाषाओं में करने को प्राथमिकता देनी चाहिए। तब सरकारी नौकारियों से भी अंग्रेज़ी की अनिवार्यता हटानी पड़ेगी।" देश के प्रधानमंत्री जी सर्वत्र और सगर्व हिंदी बोलते हैं तो कैसे कह सकते हैं कि हिंदी बोलनेवाले दूसरी श्रेणी के नागरिक हैं। भूतपूर्व विदेश मंत्री स्वर्गीय श्रीमती सुषमा स्वराज जी भी कितनी सुन्दर तथा जीवंत हिंदी बोलती थीं!

इन नेताओं को हिंदी में भाषण देते हुए सुनकर हिंदी सीखने वाले जापानी विद्यार्थियों का हिंदी सीखने में उत्साह एवं हौसला बहुत बुलंद होता था। मुझे विश्वास है कि हिंदी संसार के विकसित देशों की विकसित भाषाओं की तुलना में भी अभिव्यक्ति की क्षमता में कोई कमी नहीं है। हिंदी बहुत सक्षम भाषा है। हम लोग चाहते हैं कि हिंदी का प्रयोग हर क्षेत्र में और हर स्तर पर अधिक से अधिक हो तथा संयुक्त राष्ट्र संघ की अधिकृत भाषा बनने के पहले सम्पूर्ण भारत की प्राधिकृत भाषा बने।

***राजभाषा भारती, वर्ष 42, अंक 159, मार्च 2021 से साभार***

# गांधी जयंती पर कुछ शब्द

गांधी जयंती के अवसर पर उपस्थित सभी विद्वानों को मित्र देश जापान से हार्दिक अभिनदंन और शुभ कामनाएँ भेजता हूँ। आज की अंतरराष्ट्रीय ई संगोष्ठी के अध्यक्ष के रूप में मुझे आप लोगों का आमंत्रण मिला-इसके लिए मैं अपने को बहुत गौरवान्वित महसूस करता हूँ। मैं इसके लिए योग्य नहीं हूँ। फिर भी आप सबका सहयोग पाकर इस संगोष्ठी को सफल बनाने की पूरी कोशिश करूँगा।

यह सर्वविदित और निर्विवाद है कि महात्मा गांधी 20वीं शताब्दी के सबसे बड़े व्यक्ति थे। विश्व को अपने विचारों से सर्वाधिक प्रभावित करनेवाले विराट हस्ती थे, महापुरुष थे। गांधी जी जापान में भी सब से प्रसिद्ध और सम्मानित भारतीय हैं, असल में आम जापानियों के लिए महात्मा गांधी की छवि ही भारतीयों की छवि हैं। सन् 1982 में बनी फ़िल्म 'गांधी' ने भी इस छवि को बनाने में प्रभावित किया था जिनकी भूमिका भारत मूल के अंग्रेज़ी अभिनेता बेन किंग्सले ने बखूबी निभाई थी। (आजकल जापानी युवाओं में भारतीयों की छवि संभवत: द्रुतगति से विकसित होनेवाले IT (सूचना प्रौद्योगिकी) अग्रणी देश की हो।)

व्यक्तिगत रूप से गांधी जी एक राजनीतिज्ञ होने के साथ समाजसुधारक, शिक्षा़विद और अध्यात्मचिन्तक भी थे। गांधी जी के लिए सत्य ईश्वर के स्वरूप है। अहिंसा सत्य का दूसरा पहलू है जिसका संबंध प्रेम से है। उनके सत्य और अहिंसा के प्रयोग ने न केवल भारत बल्कि संपूर्ण विश्व के समक्ष नया मार्ग प्रशस्त किया। राजनीति में सत्याग्रह, सविनय अवज्ञा और असहयोग जैसी बातें महात्मा गांधी की ही देन है जिनसे दुनिया के अनेक नेता प्रभावित हुए थे जैसे मार्टिन लूथर किंग जूनियर, नेल्सन मंडेला, दलाई लामा इत्यादि।

पिछले साल गांधी जी की 150वीं वर्षगांठ दुनिया भर में मनाई गई थी। उसके एक साल आगे अर्थात सन् 2018 में जापान में मेइजी रेस्टोरेशन यानी पुन:स्थापन की 150 वीं वर्षगांठ मनाई जा चुकी थी। मेइजी सरकार की स्थापना (सन् 1868) से

आधुनिक जापान का सूत्रपात समझा जाता है। इस साल 12वीं शताब्दी से चले आ रहे समुराई शासकों का राज्य ख़त्म करके राजनीतिक सत्ता फिर से सम्राट को सौंप दी गई थी, इसलिए इसे रिवोल्युशन न कहकर रेस्टोरेशन कहा जाता है। पर असल में यह क्रान्ति थी। कई सालों के उथलपुथल के दौरान अवश्य कुछ रक्तपात हुआ था, लेकिन उस तरह का भयंकर रक्तपात नहीं हुआ था जिस तरह रूस, फ्रांस की क्रान्ति और अमेरिका के गृह युद्ध में। अपेक्षाकृत शान्तिपूर्वक सत्ता का हस्तांतरण हुआ था। दो हज़ार वर्षों से चले आ रहे किसी सम्राट या राजवंश के व्यक्ति का कत्ल कभी नहीं हुआ था।

जब मैंने सन् 2017 से सन् 2018 तक 21 शहरों में तीस बार से ज्यादा 'जापान-भारत संबंध– इतिहास तथा परिप्रेक्ष्य' पर भाषण दिया था और जब मेइजी रेस्टोरेशन का जिक्र आया था तो मैं कहता था कि यह महात्मा गांधी के जन्म के एक साल पहले की बात है। इस तरह व्याख्यान देने से भारतीय दर्शकों को याद करना आसान हो जाता है। इस घटना का महात्मा गांधी के जापान के साथ संबंध का अप्रत्यक्ष रूप से संबंध है, सो थोड़ा-सा और धैर्य से सुनें।

मेइजी सरकार का नारा था जापान का आधुनिकीकरण व इसे सैनिक दृष्टि से शक्तिशाली देश बनाना ताकि पश्चिमी ताकतवर साम्राज्यवादी देशों के आक्रमण को रोका जा सके या उसका सामना किया जा सके। दूसरा भारत बनना नहीं चाहता था। इस नवोदित छोटे देश ने बहुत कम समय में इस महान उद्‌देश्य को पूरा कर लिया था। पहले चीन साम्राज्य को युद्ध में हराकर कोरिया और फरमोसा को हथियाया। फिर रूस पर मुश्किल से विजय प्राप्त की और फिर प्रथम विश्व युद्ध में जर्मन को भी हराया। जब एशिया के छोटे देश जापान ने यूरोप के शक्तिशाली देश रूस को हराया था तो इस अभूतपूर्व घटना ने सारे विश्व को अचंभित कर दिया था। पंडित जवाहरलाल नेहरू जी ने स्वयं अपनी पुस्तक 'Glimpses of World History' में लिखा है कि जापान की विजय ने बालक जवाहरलाल को एशियाई के रूप में कितना साहस और उत्साह दिया था, यद्यपि उसी पुस्तक के दूसरे पन्ने में वे जापान के साम्राज्यवाद का खंडन करना नहीं भूले थे।

इस तरह उन दिनों जापान दुनिया में पांच महा शक्तिशाली देशों में गिना जाता था, लेकिन इसका नतीजा अच्छा नहीं था। जापान अपने साम्राज्य-लाभ की खोज में,ज़मीन और तेल को हड़पने हेतु चीन और दक्षिण-पूर्वी एशियाई देशों में आक्रमण करने लगा,और सन् 1941 में प्रशांत महासागर युद्ध भड़क उठा। अकेले जापान को इंग्लैंड के अलावा अमरीका, रूस, चीन और फ्रांस आदि प्राय: सभी प्रमुख देशों

का विरुद्ध करना पड़ा। हालांकि भारत के राष्ट्रीय आंदोलनकर्ताओं का अंग्रेजों से विरोध था, लेकिन इसका मतलब यह नहीं था कि वे जापान के पक्ष में थे। महात्मा गांधी और जवाहरलाल नेहरू आदि भारतीय राष्ट्रीय कांग्रेस के प्रमुख नेता अहिंसा में विश्वास करते थे। लेकिन नेता जी सुभाष चन्द्र बोस अकेले ऐसे नेता थे जो जापान की सैनिक शक्ति की सहायता से अर्थात बल का प्रयोग करके अंग्रेजों को भारत से भगाने के पक्ष में थे।

अब एक फ़िल्म के दो अलग दृश्य देखें जो युद्ध काल की असली तस्वीरें हैं–पहले में नेता जी का जापानी संसद में दिया गया भाषण है और दूसरे में महात्मा गांधी के जापानियों के प्रति सन्देश है। उद्घोषिका जापानी में व्याख्यान दे रही है, पर मैं उन्हें हिंदी में अनुवाद करके समझाऊँगा। नेता जी :

"जापान ही 19वीं शताब्दी में एशिया में धावा बोलनेवाले पश्चिमी देशों के आक्रमण को रोकने की कोशिश कर रहा पहला एशियाई शक्तिशाली देश है। एशिया के पुनरुद्धार के लिए अब भी जापान का ज़ोरदार सहयोग चाहिए। हालांकि यह सच्च है कि चीन के खिलाफ जापान का युद्ध छिड़ने के कारण भारतीयों के मन में जापानियों के प्रति कुछ खराब भावनाएँ आ गई, लेकिन महा पूर्वी एशियाई युद्ध शुरू होने से हालत आमूल बदल गई है, क्योंकि वर्तमान में जापान भारत का दुश्मन इंग्लैंड के खिलाफ लड़ रहा है। भारत की जनता बड़ी लगन से अंग्रेजों के शासन से मुक्ति पाना चाहती है। अर्थात भारत की स्वतंत्रता में मदद करने वाले सभी लोग भारत के दोस्त हैं।"

गांधी जी:

"मुझे आप जापानी लोगों से कोई दुश्मनी नहीं है। जापानी लोग एशियाई लोगों के लिए एशिया स्थापित करने की बुलंद आशा रखते थे, लेकिन अब तो यह साम्राज्यवाद की महत्त्वाकांक्षा के अलावा कुछ भी नहीं है। और हो सकता है कि उसी महत्त्वाकांक्षा को पूरा न कर सकें और खुद एशिया का विघटन करनेवाले न बन जाएँ। दुनिया की महाशक्तियों की बराबरी करना जापानियों की महत्त्वाकांक्षा थी। लेकिन चीन पर आक्रमण करके, जर्मनी व इटाली के साथ गठबंधन करने से तो यह महत्त्वाकांक्षा पूरी नहीं हो सकती थी।

और ऐसा भी मैंने सुना है कि आप लोग किसी की शिकायत को कर्ण नहीं देते (नहीं सुनते), केवल खड्ग को सुनते हैं। मैं चाहता हूँ कि यह सब बहुत बड़ी गलतफहमी हो।"

दोनों में कितना फर्क है! गांधी जी की भविष्यवाणी सही निकली, गांधी जी की चेतावनी को यदि हम लोग सविनय सुन लेते तो शायद हिरोशिमा की त्रासदी न होती। लेकिन एक बात पर ध्यान दें। नेता जी और गांधी जी में स्वतंत्रता हासिल करने के उपाय को लेकर मतभेद था- पर दोनों में स्नेह व सम्मान की भावना में कोई अंतर नहीं आया। श्याम बेनेगल निर्देशित हिंदी फ़िल्म 'बोस : द फॉरगॉटन हीरो' का प्रथम दृश्य गांधी जी और नेता जी के मतभेद के कारण अलग होने के दृश्य से शुरू होता है। अहिंसा के बिलकुल उलट, 'हिंसावादी' नेता जी इसके बावजूद जनता में लोकप्रिय थे। भले ही अंग्रेजों ने उन्हें देशद्रोही ठहराया था,पर भारतीय जनता उनका समर्थन करती थी। विचारों में जमीन आसमान का सा फर्क होने के बावजूद दोनों नेताओं में समान बड़े गुण थे -एक तो देशप्रेम और दूसरा साहस। एक ही व्यक्ति का गांधी जी और नेता जी को समान रूप से पूज्य व सम्माननीय मानने की मानसिकता में कोई अंतर्विरोध नहीं है।

नेता जी के निधन के बाद, लाल किले में आजाद हिन्द फौज के अफसरों को देशद्रोही का इलज़ाम लगाकर अँगरेज़ सरकार ने उन लोगों पर मुकदमा चलाया था तो देश भर में अंग्रेजों के प्रति विद्रोह की लहरें उठीं। महात्मा गांधी जी और कोंग्रेस पार्टी ने भी उन लोगों का समर्थन किया था-इसी से 'भारत छोड़ो' आन्दोलन ने जोर पकड़ा था। यह तथ्य भी कुछ इतिहासकारों ने खोज करके निकाला था कि सन् 1942 से सन् 1943 के बीच के कुछ समय आजाद हिन्द फौज और जापानी सेना अंग्रेजों के खिलाफ बहुत हावी हुई थी, अँगरेज़ बहुत डर गया था। जनता भी बहुत गर्म हुई थी और जापानी सेना व आज़ाद हिन्द फौज से गठबंधन करने के जोरदार सुझाव भी आ रहे थे। थोड़े समय के लिए गांधी जी भी विचल रहे थे अपने सिद्धांत से, गनीमत थी कि विचले नहीं। गांधी जी बहुत बड़े और पूजनीय नेता थे, लेकिन भगवान नहीं। राजनीतिज्ञ होने के नाते जनादेश का ख्याल भी करना पड़ा होगा।

खैर, मुख्य विषय से थोड़ा हटने की इजाज़त दी जाए। उक्त हिंदी फ़िल्म 'बोस: द फॉरगॉटेन हीरो' में जापानी उपशीर्षक देकर मुझे सन् 2019 में 23 जनवरी को (यानी नेता जी के जन्म दिवस पर) तोक्यो स्थित भारतीय राजदूतावास के विवेकानंद सांस्कृतिक केंद्र के हॉल में दिखाने में सफलता मिली थी। मेरा उद्देश्य जापानियों को आधुनिक भारत के इतिहास से अवगत कराना था। काफी बड़ी संख्या में जिज्ञासु दर्शक देखने आए थे और लगभग 4 घंटे की लम्बी फिल्म का आनंद ले लिया था। इस सफलता का श्रेय फिल्म के निदेशक श्री श्याम बेनेगल जी और विवेकानंद सांस्कृतिक केंद्र के निदेशक प्रोफ़ेसर सिद्धार्थ सिंह (स्वर्गीय डाक्टर नामवर सिंह के

भतीजे और श्री काशीनाथ सिंह जी के सुपुत्र) को है जिन्होंने बहुत जल्दी इस फ़िल्म की कॉपी राईट लेने में बड़ी मदद दी थी।

इतनी तत्परता से लोकप्रिय फ़िल्म 'लगे रहो मुन्ना भाई' को भी पिछले साल की गांधी जी की 150 वीं जयन्ती में दिखाना चाहता था। जापानी उपशीर्षक भी दे चुका था। निदेशक चोपड़ा जी को विनम्र चिट्ठियाँ लिखकर कॉपी राइट माँगी थी, लेकिन चोपड़ा जी इतनी महंगी फ़िल्म की कॉपी राइट को इतनी आसानी से देनेवाले नहीं थे। मेरे पद्मश्री का भी कोई फायदा नहीं हुआ। मेरे इतने उत्साह भरे प्रेमपत्र की भी उपेक्षा! लगा कि वे गांधी जी पर फ़िल्म तो बनाते हैं, पर वे गांधीवादी नहीं हैं। विवश होकर मैंने अपनी परिचित एक महिला से जो भारत से फिल्मों का आयात करती हैं और उनका जापान में प्रचार करती हैं, सहायता माँगी तो उन्होंने मेरे सामने तुरंत मुंबई में फोन करके चोपड़ा जी से बात की और उसी वक्त उनको कॉपी राइट मिल गया। यह करिश्मा मेरे सामने हुआ था विश्वास नहीं'हुआ। आखिर भारत में काम जान पहचान से बनता है! जो भी हो उन महिला और चोपड़ा जी की कृपा से 'लगे रहो मुन्ना भाई' का शो भी किसी शैक्षिक संस्था में होगा। अब तक होना चाहिए था,पर कोरोना के भय के कारण नहीं हो सका था। 150 वीं वर्षगाँठ पर होता तो कितना अच्छा होता! इस फ़िल्म का जापानी उपशीर्षक देने में सब से कठिन बात थी 'मुम्बइया हिंदी' का सही अनुवाद करना—वह भी सीमित शब्द संख्या में। 'लगे रहो' का उचित जापानी अनुवाद अभी भी दिमाग में नहीं सूझा।

इस फ़िल्म ने गांधीवाद के बदले में 'गांधीगिरी' शब्द का प्रचार किया जो, दादागिरी, नेतागिरी चमचा गिरी आदि से भिन्न अच्छे अर्थ में इस्तेमाल किया जाता है। हल्का सा व्यंग्य भी है कि गांधी जी का नाम लेकर पैसा लेने वाले बहुत लोग हैं, लेकिन वे 'गांधीगिरी' नहीं करते।

मैंने अपने उक्त भाषणों में बोधिसेना (जो सब से पहले जापान आनेवाले बौद्ध धर्मं के भिक्खु थे) से लेकर नरेन्द्र मोदी जी तक तीस भारतीयों के नाम गिने हैं, उनमें से 10 ऐसे प्रमुख भारतीयों का परिचय दिया था जिन्हों ने जापान को बहुत प्रभावित किया था या जो जापान से प्रभावित हुए थे -समय क्रम से स्वामी विवेकानंद (धार्मिक विचार), गुरुदेव रवीन्द्रनाथ ठाकुर (साहित्यकार), रासबिहारी बोस, सुभाष चन्द्र बोस, महात्मा गांधी (राजनीतिज्ञ), न्यायमूर्ति राधा विनोद पाल (न्यायाधीश), नन्द लाल बोस (कलाकार), पंडित जवाहरलाल नेहरू (राजनीतिज्ञ), सत्यजीत राय (फ़िल्म निर्देशक), अमर्त्य सेन (अर्थशास्त्री), इनमें से गांधी जी और नेहरू जी को छोड़कर शेष सभी दिग्गज बंगाली हैं। सन् 1905 तक कोलकाता अंग्रेज़ी साम्राज्य की राजधानी थी, इसलिए वहाँ के बुद्धिजीवियों से जापान का संपर्क होना स्वाभाविक था, भौगोलिक

दृष्टि से भी कोलकाता बंदरगाह पूर्वी एशिया की ओर खुला था। गांधी जी अकेले सुदूर पश्चिमी तट के गुजरात से थे और इन दस दिग्गजों में केवल गांधी जी जापान कभी नहीं आए थे। उनकी हत्या न होती तो अवश्य युद्ध के बाद जापान आते।

जापान में गांधी जी को पूजने वाले बौद्ध पुजारी बहुत हैं। उनमें से फुजीई गुरु जी का नाम उल्लेखनीय है। तोक्यो में गांधीवाद का प्रचार करनेवाली संस्था के रूप में 'सर्वोदय' कार्यरत है जहाँ से 'सर्वोदय' नामक मासिक पत्रिका प्रकाशित होती है।

गांधी जी का जापान के साथ संबंधों में सब से उल्लेखनीय बात तीन बंदरों की लकड़ी की मूर्ति है जो 'सानज़ारू' कहलाते हैं। सभी जापानी इस मूर्ति से परिचित हैं, बन्दर को जापानी में 'सारु' कहते हैं उसके आगे संख्यासूचक शब्द 'सान' (3) को लगाने से संधि के नियम के अनुसार 'सा' 'का' 'ज़ा' में परिणत (अघोष का सघोषीकरण) हो जाता है। तीन मूर्तियों में एक बन्दर दोनों हाथों से दोनों आँखों को छिपाता है, दूसरा बन्दर दोनों हाथों से दोनों कानों को बंद करता है और तीसरा बन्दर अपना मुँह अपने हाथों से छुपाता है–इसका संकेत (आशय) है–मैं (बुरी बातें) नहीं देखूँगा, नहीं सुनूँगा और नहीं बोलूँगा।

यह तोक्यो की उत्तर दिशा में निक्को में स्थित तोशोगू नामक मंदिर के दरवाज़े के ऊपरी हिस्से में रखी गई जहाँ बन्दर के अलावा भी कई जानवरों की मूर्तियाँ रखी हुई हैं–कहते हैं कि ये सब शान्ति के प्रतीक हैं। यह तीन बंदरों की मूर्ति कब कहाँ से आई–यह सब अज्ञात है।

अनुमान लगाया जाता है कि यह दूर चीन, कोरिया होते हुए बौद्ध धर्म के आगमन के साथ जापान आयी थीं। यह भी किंवदंति है कि किसी ने गांधी जी को भेंट की थी। और गांधी जी इसे संभाल के रखते थे, हो सकता है इसकी उत्पत्ति भारत से हो। इस मूर्ति का निहितार्थ गहरा दार्शनिक उपदेश हो सकता है। ऊँची नैतिकता का प्रतीक हो सकता है। बन्दर तो हनुमान जी की भी याद दिलाती है। जो भी हो महात्मा गांधी जी इसे जापानियों का उपहार मानकर संभाल के रखते थे, अब नरेन्द्र मोदी जी भी भारत-जापान की मित्रता के उदाहरण के लिए इस तीन बंदरों की मूर्ति का जिक्र बहुत करते हैं, बहुत प्रसन्नता की बात है कि यह तीन बंदरों की मूर्ति जापान व् भारत की दोस्ती का प्रतीक बन गया है।

अंत में मैं यदाकदा चर्चित होने के बावजूद रहस्यमय घटना का उल्लेख करना चाहता हूँ। महात्मा गांधी जी को नोबेल शान्ति पुरस्कार नहीं मिला था। इस पर हरेक प्रश्नचिह्न लगाता है। जिनको मिलना आवश्यक था वही गांधी जी इस नोबेल शान्ति पुरस्कार से वंचित रहे, इसका क्या कारण था। कोई कहता है कि भारत अंग्रेज

सरकार के अधीन था, इसलिए उनको नहीं चुना गया, ऐसी बात है तो फिर गुरुदेव जी को नोबेल साहित्य का पुरस्कार क्यों मिला था? तब भी भारत स्वतन्त्र नहीं था। दाल में कुछ काला था? भला सोचिए गांधी जी से अधिक नोबेल शांति पुरस्कार से नवाजा जाने लायक और कौन हो सकता था? उन्हों ने अहिंसा को हिंसा से बलवान हथियार सिद्ध कर दिया था। स्वतंत्रता आन्दोलन में किसी की जान नहीं ली बल्कि अपनी जान दी थी।

आजकल के नोबेल शान्ति पुरस्कार पाने लोग कैसे होते हैं। मैं सब विजेताओं को अयोग्य नहीं कहता, अरब के आतंकी को नोबेल पुरस्कार दिया गया था जो तब तक न जाने लाखों हज़ारों लोगों की हत्या कर चुका था और जिसने पुरस्कार पाने के बाद भी यही हिंसात्मक गतिविधि नहीं त्यागी थी। और नाम नहीं लूंगा। सुनने में आया है कि अमुक देश के अमुक राष्ट्रपति ने लॉबी गतिविधियाँ करके अर्थात धन के बल पर नोबेल शान्ति पुरस्कार हासिल किया था। अमरीका के राष्ट्रपति ओबामा ने अणु परीक्षण के उन्मूलन पर जोर देने का सुन्दर भाषण देने मात्र से उनको नोबेल शान्ति पुरस्कार मिला था। उन्हों ने शान्ति के लिए कोई ठोस क्रियान्वन या काम कुछ नहीं किया था, अब ट्रंप भी नोबेल शान्ति पुरस्कार चाहते हैं, लेकिन यूएई के साथ इजराइल का शान्ति समझौता कराना तो अच्छी बात है,लेकिन एक के साथ दोस्ती करके दूसरे के साथ नया दुश्मन बनाना नोबेल शान्ति पुरस्कार की कसौटी पर खरा नहीं उतरता।

ऐसे निम्न स्तर की दुनियादारी से कहीं ऊपर गांधी जी की हस्ती है। नोबेल पुरस्कार न लेने से उनका दर्जा और ऊँचा हो जाता है, उनका बड़प्पन और बढ़ जाता है। जिस प्रकार से हिंसा से अहिंसा बलवान है, उसी तरह नोबेल शान्ति पुरस्कार मिलने से न मिलना गांधी जी को और महान बनाता है।

लगता है मैं कुछ अनर्गल बातें ज्यादा कह गया होऊँ, लेकिन आज वैश्वीकरण का समय है, मूल्यबोध भी विविध प्रकार के हैं सारी बहसें बिना किसी पूर्वाग्रह के करनी चाहिए। गांधी जी महापुरुष थे, पर भगवान नहीं थे, उनमें भी कमियाँ रही हों। इसलिए गांधी जी की आलोचना करने की छूट भी होनी चाहिए। सो मैं चाहता हूँ कि बहु दृष्टियों से गांधी जी या गांधीवाद पर चर्चा करें, मैं आप लोगों से बहुत कुछ सीखना चाहता हूँ।

***MIT World Peace University, Pune में 5 अक्टूबर 2021 को ऑनलाइन माध्यम से प्रस्तुत भाषण***

# हिंदी फिल्म 'बोस—द फॉरगॉटन हीरो' की हिंदी की शैलीगत विशेषताएँ

श्याम बेनेगल निर्देशित हिंदी फिल्म 'BOSE- the Forgotten Hero' सन् 2005 में रिलीज़ हुई थी। यद्यपि यह बहुत लंबी (लगभग साढ़े तीन घंटे की) ऐतिहासिक फिल्म है, व्यापार की दृष्टि से बहुत "सफल" या "हिट" नहीं हुई थी, क्योंकि इसमें आम बॉलीवुड फिल्मों की तरह न भड़कीलापन और न ही नृत्य-गीत बहुल मनोरंजन था। लेकिन यह बहुत गंभीर और उच्च कोटि की सामाजिक और ऐतिहासिक फिल्म है। मैं इसे निर्देशन, पटकथा, संगीत और अभिनय की दृष्टि से बहुत उत्कृष्ट, प्रभावशाली और मार्मिक फिल्म मानता हूँ। संभवत: यह शिक्षित वर्ग को अच्छी लगी होगी। सब से पहले निर्देशक के रूप में विख्यात श्याम बेनेगल जी की उपस्थिति इस फिल्म की सफलता का बड़ा कारण है। इस विराट महावीर की जीवनी को इतने भाव –विभोर तरीके से प्रस्तुत कर सकने वाले फिल्म निर्देशक तो बहुत कम होंगे। शुरू में दिखाया गया है कि यह ऐतिहासिक तथ्य के आधार पर बनी काल्पनिक फिल्म है। इसमें कुछ अतिशयोक्तियाँ और सृष्टियाँ अवश्य देखने को मिलती हैं,लेकिन यह सब सीमा के अंदर हैं। महत्त्वपूर्ण घटनाएँ और पात्र वास्तविक हैं। उन्होंने कोलकाता के नेताजी भवन में मौजूद ऐतिहासिक दस्तावेज़ों का गंभीरता से अध्ययन किया है। यह अवश्य है कि एकाध जापानी फौजी अफसरों के नाम और पद के नाम में जापान में उपलब्ध दस्तावेज़ों से साम्य नहीं है, पर यह नगण्य है, इसलिए गौण बात है। ए आर रहमान जी जैसे श्रेष्ठ संगीतकारों के बहुत सुंदर गीत और कलाकारों का कुशल अभिनय भी इस फिल्म की गुणवृद्धि में महत्त्वपूर्ण भूमिका निभाते हैं।

पर मैंने भाषा विज्ञान के एक जिज्ञासु विद्यार्थी की दृष्टि से इस फिल्म के संवादों का बहुत ध्यान देकर विश्लेषण किया है। अन्य साधारण बॉलीवुड की फिल्मों में औसत 1900 शब्द होते हैं, पर इस फिल्म में लगभग 2500 शब्द हैं। ज़ाहिर है कि इन्हें जापानी उपशीर्षक (subtitle) देने में बहुत समय लगा था। दो कुशल

पटकथाकार–शमा जैदी जी और अतुल तिवारी जी के समर्थ पटकथा लेखन के कारण भी यह फिल्म बहुत प्रभावशाली बन सकी है। नायक व नायिका का संवाद जीवंत होने के अलावा ऐतिहासिक पृष्ठभूमि में फिट करता है। माहौल के बिलकुल अनुरुप शब्द-चयन है।

मिसाल के तौर पर एक दृश्य देखें जिसमें नेताजी कांग्रेस के समय के अपने पुराने साथी अकबर शाह को कोलकाता के अपने घर (एलिन रोड के अपने घर में नज़रबंद थे वहाँ बुलाकर देश से बाहर भागने की मदद माँगते हैं। अकबर शाह एक पठान हैं और शिक्षित मुसलमान हैं, इसलिए "मैं आपका हमातन गोश हूँ।" और "फ़ितरत तो आपकी जियालों की सी है मगर क्या इस वक़्त आपकी सेहत साथ देगी?" सरीखी औपचारिक ख़ालिस उर्दू बोलते है।

दूसरा दृश्य देखें जिसमें एक पठान सूफी फकीर अपने अनुयायियों को संबोधित करते हुए अंग्रेज़ों के खिलाफ जोशीला भाषण देते हैं। वह भी पूरी तरह उर्दू है –देखें इस प्रकार के शब्द—शिकस्त, क़हर, जांबाज़, हलाक, नक्क़दस,पेश्तर, सफ़-ए-हस्ती, नेस्त-ओ-नाबूद, नारा-ए-तक़दीर आदि।

तीसरा दृश्य देखें जिसमें जर्मनी में बंदी हुए हिन्दुस्तानी जवानों ने नेता जी के नेतृत्व में आज़ाद हिन्द फौज का गठन करके 'आज़ाद हिन्द फ़ौज का राष्ट्र गान' गाया है।

"शुभ सुख चैन की बरखा बरसे भारत भाग है जागा
पंजाब, सिंध, गुजरात, मराठा, द्राविड, उत्कल,बंगा
चंचल सागर, विन्ध्य हिमालय, नीला जमुना गंगा
तेरे नित गुण गाएँ तुझसे जीवन पाएँ
सब तन पाएँ आशा
सूरज बनकर जग पर चमके भारत नाम सुभागा
जय हो, जय हो, जय हो, जय जय जय जय हो।"

यह आजकल के भारत का राष्ट्रगान 'जन गण मन अधिनायक जय हे, भारत भाग्य विधाता।' की हूब-हू तर्ज में गाया गया है। कहते हैं कि इस गीत को आबिद हसन सफरानी ने लिखा था। यह भी कहा जाता है कि 'जय हिन्द' के नारे का प्रचार भी इनके सुझाव से किया गया। यह सफरानी जी का कमाल है कि भारत के स्वतन्त्रता प्राप्त करने के 5 साल पहले गुरुदेव रवीद्र नाथ ठाकुर कृत मूल 'जन गण मन अधिनायक जय हे' को रूपांतरित करके (अनुवाद करके नहीं, जो अक्सर इस प्रकार की व्याख्या दी जाती है) उसी तर्ज में गाने का विचार किया था। उन्होंने गुरुदेव के मूल गीत में से कठिन संस्कृत के तत्सम शब्दों को निकाल कर उनके

स्थान पर सहज हिन्दुस्तानी शब्दों का इस्तेमाल किया है। उदाहरण के लिए 'वर्षा' या 'बरसात' के बदले में 'बरखा' शब्द चुना जो शुद्ध रूप से 'हिन्दुस्तानी' शब्द है। 'हिंदी' 'उर्दू' 'हिन्दुस्तानी' की बहस अनंत कथा हो जाती है, लेकिन आम राय यह है कि जिसमें कठिन अरबी-फारसी का और कठिन संस्कृत का शब्द भी न हो या कम हो और जो जन साधारण में खूब प्रचलित हो। महात्मा गांधी इसी शैली भाषा को अविभाजित भारत की 'क़ौमी ज़बान' बनाना चाहते थे, लेकिन भारत–पाकिस्तान दो अलग देश बनने से उनकी यही इच्छा विफल हो गई। यदि आज़ाद हिन्द फौज न हारती और भारत को अंग्रेजों से मुक्त कर देती तो अविभाजित भारत का राष्ट्रगान यही होता, यद्यपि इतिहास में 'अगर' की बात करना निरर्थक है।

अब देखें नेताजी का सब से प्रसिद्ध व प्रभावशाली भाषण जिसे उन्होंने 5 जुलाई, सन् 1943 को सिंगापुर के मैदान में 13,000 सैनिकों व नागरिकों को संबोधित करके दिया था।

"हिंदुस्तान की स्वतंत्रता के सिपाहियों ! आज का दिन मेरे जीवन का सब से गर्व-भरा दिन है, क्योंकि आज मैं सारी दुनिया से फ़क्र के साथ कह सकता हूँ कि भारत को आज़ादी दिलानेवाली सेना का मेरा सपना अब साकार हो चुका है। आज़ाद हिन्द फौज के हर सैनिक को अपने मोट्टो (Motto) की इन तीन कसौटियों पर खरा उतरना पड़ेगा–इत्तेफ़ाक़ यानी एकता, एतमाद यानी विश्वास और कुर्बानी यानी बलिदान।

साथियो! सिंगापुर, मलय, बर्मा और पूर्व एशिया में बसे तीस लाख हिंदुस्तानियों से मुझे यह कहना है कि भारत की आज़ादी की जंग आपकी पूरी शिरकत के बिना कभी पूरी नहीं हो सकती। इसलिए आपको भी बड़ी तादाद में आज़ाद हिन्द फौज में भर्ती होना होगा। मैं यह भी कहना चाहता हूँ कि इस पावन काम में औरतें पीछे न छूट जाएँ। और मौत को ललकारनेवाला एक मृत्युंजय दस्ता बनाएँ जो अंग्रेजों के खिलाफ़ वैसे ही तलवार उठा लें जैसे 1857 में झांसी की रानी ने उठाई थी। बहादुरो! बिना कीमत चुकाए इस दुनिया में कुछ हासिल नहीं होता, और आज़ादी की कीमत है शहादत! आज मैं आप सब को कौल देता हूँ–तुम मुझे खून दो, मैं तुम्हें आज़ादी दूंगा! जय हिन्द! जय हिन्द! जय हिन्द!"

इसमें बहुत हिंदी (तत्सम तथा तद्भव) शब्द सुनने को मिलेंगे जैसे स्वतन्त्रता, जीवन, गर्व, भारत, सपना, साकार, सैनिक, एकता, विश्वास, बलिदान, साथी, बिना, भर्ती, पावन, मृत्युंजय और जय। फिर भी समूचे तौर पर कहा जा सकता है कि यह

उर्दू की ओर झुकी शैली है-इसी को 'हिन्दुस्तानी' कहते थे। स्वतन्त्रता संग्राम के दिनों में यही स्वाभाविक बोलचाल की भाषा थी।

यह भी दृष्टव्य है कि एक शब्द को उच्चारित करने के तुरंत बाद उसके भिन्न व्युत्पत्ति वाले पर्यायवाची शब्द को व्यक्त करने की शैली (जैसी इत्तेफ़ाक़ यानी एकता, एतमाद यानी विश्वास और कुर्बानी यानी बलिदान) आजकल भी भाषण और व्याख्या में प्राय: प्रयुक्त होती है।

उदाहरण के लिए, रामानन्द सागर कृत दूरदर्शन धारावाहिक रामायण (1987-1988) में प्रसिद्ध फिल्म अभिनेता, स्वर्गीय श्री अशोक कुमार सूत्रधार के रूप में इस प्रकार की भूमिका प्रस्तुत करते हैं "हर आदमी अपनी रोज़मर्रा की जिंदगी में उस (रामायण) की शिक्षा और तालीम से फायदा उठा सकता है।" "भारत ने दूसरे की धरती पर कब्जा करने के लिए कभी सेनाएँ नहीं भेजीं, फौजें नहीं भेजीं।" कभी-कभी अंग्रेज़ी भी जोड़ देते हैं। "रामायण की कहानी इन्सान के दिल में इस विश्वास, इस यकीन, इस faith को मज़बूत करती है कि जब कभी ज़ुल्म की ताक़तें यानी autocratic powers मानवता और इन्सानियत को अपने पैरों तले कुचलने की कोशिश करती हैं।" ऐसी भाषा का प्रयोग सूत्रधार या वक्ता ने अखिल भारत की विभिन्न श्रेणियों की जनता को समझाने की आवश्यकता के कारण किया होगा।

अंत में नेता जी की अपनी आवाज़ में उनके असली भाषण के एक उदाहरण को सुन लीजिए जो उन्होंने सन् 1938 में दिया था। (Netaji & India's Freedom, Film, Speeches and Songs Voll 1 THE VOICE OF NETAJI, 2008 Saregama India Ltd.) ऊपर बता चुका हूँ कि महात्मा गांधी भी इस "हिन्दुस्तानी" शैली को अविभाजित भारत की राष्ट्रीय भाषा बनाना चाहते थे (उन्होंने लिपि के लिए देवनागरी और फारसी लिपियों दोनों को मान्यता दी थी।) भारत और पाकिस्तान अलग स्वतंत्र देश के रूप में जन्म ग्रहण लेने के कारण उनका यह सपना साकार नहीं हुआ, लेकिन उनसे स्थापित हिन्दुस्तानी प्रचार सभा अभी भी मुंबई (महात्मा गांधी मेमोरियल बिल्डिंग 7 नेता जी सुभाष रोड) में इस उद्देश्य के लिए कार्यरत है। और यह संस्थान प्रकाशन और सरल हिंदी कक्षा का संचालन आदि बहुत प्रशंसनीय कार्य कर रहा है, पर जहाँ तक वहाँ से प्रकाशित त्रैमासिक पत्रिका हिन्दुस्तानी ज़बान का संबंध है, इन लेखों की शैली तो वैसी ही है जैसी परिनिष्ठित या शुद्ध हिंदी की है।

***23 जनवरी 2022 को मौलाना अबुल कलाम आज़ाद इंस्टिट्यूट ऑफ एशियन स्टडीज़ कोलकाता में आयोजित Netaji and the Anti-Imperial movements in Asia A Historical Perspective शीर्षक वेबिनार में दिया गया भाषण।***

# यदि भारतीय भाषाएँ श्रेष्ठ तो अंग्रेज़ी की सहायता क्यों?

MIT World Peace University के संस्थापक श्रद्धेय प्रोफ़ेसर डॉ. विश्वनाथ कराड जी, MIT World Peace University के कुलपति आदरणीय प्रोफ़ेसर राहुल कराड जी, उपस्थित माननीय अतिथि गण, शिक्षा विद एवं शिक्षक गण, भाइयो और बहनो!

आज के इस महान एवं प्रतिष्ठित सम्मेलन के अतिथि के रूप में आमंत्रण पाकर मैं अपने को बहुत सौभाग्यवान और गर्वित मानता हूँ। आज से ठीक तीन साल पहले 30 दिसम्बर सन् 2017 को मुझे इस विश्वविद्यालय के स्वामी विवेकानन्द हॉल में 'जापान-भारत संबंध–इतिहास तथा परिप्रेक्ष्य' विषय पर भाषण देने का सुअवसर प्राप्त हुआ था। पहली और दूसरी पंक्ति में अध्यापक गण भी बैठे हुए थे। और सात आठ सौ विद्यार्थियों से हॉल खचाखच भरा हुआ था। जब नब्बे मिनट का भाषण समाप्त हुआ तो कुछ जिज्ञासु छात्रों ने बहुत अच्छे सवाल पूछे थे और सब से अंत में सभी श्रोताओं ने खड़े होकर मेरे लिए 'standing ovation' करके धन्यवाद ज्ञापन किया था। मैंने पूरे भारत में इसी विषय पर 17 शहरों में 33 जगहों पर भाषण दिये थे, लेकिन MIT में आयोजित भाषण जितना भावविभोर, मर्मस्पर्शी और अविस्मरनीय भाषण अन्यत्र नहीं हुआ था। मैं इसके लिए कराड महाशय का हार्दिक आभार प्रकट करता हूँ।

मैंने आज के महासम्मेलन में उपस्थित होने के लिए मानव संसाधन विकास मंत्रालय की ओर से प्रकाशित *'राष्ट्रीय शिक्षा नीति 2020'* का दृष्टिपात किया है। बहुत विस्तार से बहुत उपयोगी नीति का सुझाव दिया गया है—जैसे डिजिटल शिक्षा के महत्त्व पर भी जोर दिया गया है। यह जापान के लिए भी अनुकरणीय है। हमारे यहाँ डिजिटल शिक्षा के महत्त्व पर सन् 2000 में तत्कालीन प्रधानमंत्री ने जोर दिया था, लेकिन बीस साल बीतने के बाद भी अभी तक कोई ख़ास उपलब्धि नहीं हुई।

डिजिटल शिक्षा के क्षेत्र में हमारा देश एशिया के अन्य देशों, जैसे चीन और कोरिया की तुलना में भी बहुत पिछड़ा हुआ है। इसलिए हमें भी भारत सरकार की इस उत्साहवर्धक नीति से सीखना चाहिए। चूंकि भारतीय भाषाएँ मेरा अध्ययन क्षेत्र है, इसलिए मेरा ध्यान स्वत: बहुभाषावाद पर आधारित नीति की ओर आकृष्ट हुआ है।

उसके अनुसार यह सुझाव दिया गया है कि "जहाँ तक सम्भव हो, कम से कम ग्रेड 5 तक लेकिन बेहतर यह होगा कि यह ग्रेड 8 और उससे आगे तक भी हो, शिक्षा का माध्यम, घर की भाषा/ मातृभाषा/ स्थानीय भाषा/ क्षेत्रीय भाषा होगी। इसके बाद, घर /स्थानीय भाषा को जहाँ भी संभव हो भाषा के रूप में पढ़ाया जाता रहेगा।" और त्रि-भाषा फ़ॉर्मूले को लागू किए जाने की ज़रूरत का भी जिक्र किया गया है। ये दोनों बहुत सराहनीय सुझाव हैं, यद्यपि 'जहाँ तक सम्भव हो' या 'जहाँ भी संभव हो' सरीखे शब्दों को जोड़ने की क्या आवश्यकता थी?

इससे ऐसी छवि बनती है कि अच्छे आदर्श पर शुरू से ही प्रश्न चिह्न लगाया गया हो। स्पष्ट उद्देश्य है तो स्पष्ट लिखना चाहिए था। और राष्ट्रीय शिक्षा नीति 2020 के चौथे अध्याय, पंद्रहवें अनुच्छेद (4:15) में वर्णित यह वाक्य भी देखिए "भारत की भाषाएँ दुनिया में सब से समृद्ध, सब से वैज्ञानिक, सब से सुन्दर और सब से अधिक अभिव्यंजक भाषाओं में से हैं, जिसमें प्राचीन और आधुनिक साहित्य (गद्य और कविता दोनों) के विशाल भण्डार हैं। इन भाषाओं में लिखी गई फ़िल्म, संगीत और साहित्य भारत की राष्ट्रीय पहचान और धरोहर है। सांस्कृतिक और राष्ट्रीय एकीकरण की दृष्टि से सभी युवा भारतीयों को अपने देश की भाषाओं के विशाल और समृद्ध भण्डार और इनके साहित्य के ख़ज़ाने के बारे में जागरूक होना चाहिए।"

यहाँ मुझे आपसे एक मूलभूत सवाल पूछने की धृष्टता के लिए क्षमा करें। आप लोग इस महा सम्मलेन में अंग्रेज़ी में बोलने को TAKEN FOR GRANTED मानते होंगे। पर मेरा मूलभूत प्रश्न यह है कि ऐसा क्यों है? भारत की शिक्षा के बारे में अंग्रेज़ी में चर्चा करने को TAKEN FOR GRANTED समझने वाले मुट्ठी भर के अभिजात लोगों ने कभी यह क्यों नहीं सोचा था कि इस सम्मेलन का माध्यम हिंदी या मराठी में हो सकता था?

आप लोगों में नब्बे प्रतिशत लोग महात्मा गांधी के उपासक या गांधीवाद के अनुयायी होंगे। फिर तो गांधी जी का यह कथन क्यों भूल गए कि "अगर मेरे हाथ में तानाशाही सत्ता हो तो मैं विदेशी माध्यम के जरिए दी जाने वाली शिक्षा बंद करा दूँ, सारे शिक्षकों और प्रोफेसरों से यह माध्यम तुरंत बदलवा दूँ, या फिर उन्हें बर्ख़ास्त कर दूँ।"

यदि आप सचमुच चौथे अध्याय, पंद्रहवें अनुच्छेद (4:15) में वर्णित "भारत की भाषाएँ दुनिया में सब से समृद्ध, सब से वैज्ञानिक, सब से सुन्दर और सब से अधिक अभिव्यंजक भाषा में से हैं।" को मानते हों तो आपकी करनी और कथनी में अंतर है। मेरे ख्याल में इसका सब से बड़ा कारण भारतीयों के अवचेतन में जमी हुई अंग्रेजियत है। यहाँ 'अंग्रेज़ी' और 'अंग्रेजियत' में भेद करने की आवश्यकता है। अंग्रेज़ी भाषा एक बहुत प्रमुख और विकसित अंतरराष्ट्रीय भाषा है जिसका अध्ययन करना इस वैश्वीकरण के युग में सब को आवश्यक है -इस में कोई दो राय नहीं है। किन्तु अंग्रेजियत उस हेय मनोवृत्ति को कहते हैं जो अंग्रेज़ी की महिमा और प्रतिष्ठा को सर्वोच्च मानकर उस भाषा और सभ्यता के वशीभूत होती है। मुझे ऐसा लगता है कि स्वतंत्रता-प्राप्ति के बाद 73 साल बीतने के बावजूद अधिकांश भारतीय लोग इसी अंग्रेजियत के शिकार हैं। इसी विचार के अनुसार भारत में कुछ लोग ऐसा मानते हैं कि जिसे अंग्रेज़ी नहीं आती उसका ज्ञान भी कमतर श्रेणी का होता है!

आप लोगों ने हिंदी फ़िल्म 'हिंदी मीडियम' देखी होगी। यह बहुत मजेदार और मनोरंजक फ़िल्म है, किन्तु वह हिंदी प्रेमियों को ठेस पहुँचानेवाली कहानी थी,क्योंकि इसमें हिंदी माध्यम के सरकारी स्कूल में पढ़नेवाले दोयम दर्जे के होने का संकेत मिलता है। लेकिन पति (राज) और पत्नी (मीता) के निम्नलिखित संवादों में केवल संकेत नहीं, बल्कि प्रत्यक्ष रूप से अंग्रेजियत को व्यक्त किया गया है-वह भी मजबूरी की! मीता अपनी बेटी पिया को हर कीमत पर सम्प्रति अच्छे स्कूल में दाखिला दिलाने की जिद्द करते हुए कहती है:

"सरकारी स्कूल में जाएगी तो कुछ नहीं सीख पाएगी। कोई अंग्रेज़ी में बात करेगा तो उसकी रूह काँप जाएगी। फिट नहीं हो पाएगी न, सोसाइटी में तो लोनली और डिप्रेस हो जाएगी।" इस देश में अंग्रेज़ी ज़बान नहीं है, राज, क्लास है क्लास! और इस क्लास में घुसने के लिए एक अच्छे स्कूल में पढ़ने के अलावा कोई रास्ता नहीं है। जो हमने झेला न राज, वह अपनी पिया को नहीं झेलने देंगे।" यद्यपि यह फिक्शन तो है,पर ये संवाद हकीक़त को जीवंत रूप से व्यक्त करते हैं। अंग्रेज़ी भाषा का दबदबा अंग्रेजों की देन नहीं है, स्वयं भारतीय लोगों ने मोल लिया था। अंग्रेज़ी माध्यम के निजी स्कूल और सरकारी स्कूल के बीच की खाई को कम या ख़त्म करने के उपाय के बारे में भी आप लोगों को सोचना चाहिए। आप यह नहीं कह सकते कि अंग्रेज़ी में कमजोर बच्चों की आई क्यू कम है। लेकिन उसके समाधान के लिए कुछ हिंदी प्रदेशों में अपनाई गई नीति– अर्थात सरकारी स्कूल को अंग्रेज़ी

माध्यम में परिवर्तित करने की नीति मुझे सही नहीं लगती। वह इस नई राष्ट्रीय शिक्षा नीति 2020 के भी विरुद्ध है। प्रारंभिक शिक्षा में बच्चों पर अंग्रेज़ी थोपना इसलिए अन्याय है कि वह बच्चों के बौद्धिक विकास के लिए बोझ बनता है।

सम्प्रति संघ लोक सेवा आयोग की ओर से संपन्न प्रारम्भिक परीक्षा के प्रश्न के अंग्रेज़ी प्रारूप में जहाँ 'सिविल डिसओबिडिएंस मूवमेंट' लिखा है तो हिंदी फार्मेट में उसे 'असहयोग आन्दोलन' लिख दिया गया है जबकि सही अनुवाद तो 'सविनय अवज्ञा आन्दोलन' होना चाहिए था। सहज ही अनुमान लगाया जा सकता है कि प्रश्न बनाने वाले की हिंदी की अज्ञानता के कारण हिंदी माध्यम से परीक्षा देने वाले अनेक अभ्यर्थियों को इसका दुष्परिणाम भोगना पड़ा होगा। जहाँ तक मैं जानता हूँ, भाषा को लेकर परीक्षा में इस प्रकार की असमानता किसी भी विकसित देश में नहीं मिलेगी। लेकिन इधर खुशखबरी भी मिली है कि शिक्षा मंत्री डॉ। रमेश पोखरियाल निशंक ने घोषणा की है कि शिक्षा मंत्रालय उच्च शिक्षा में भारतीय भाषा के माध्यम को लाने की कोशिश करेगा। आम भारतीयों के उलट, अंग्रेज़ी माध्यम के स्कूलों को 'जानलेवा' और 'जेबकाटू' कहनेवाले विख्यात वरिष्ठ पत्रकार डॉ. वेदप्रताप वैदिक जी इसका प्रबल समर्थन करते हुए कहते हैं कि "यदि हम देश में शिक्षा और ज्ञान विज्ञान का माध्यम स्वदेशी भाषाओं को बनाना चाहते हैं तो सब से पहले उच्च शिक्षा और पीएच.डी. के शोध- कार्यों को अपनी भाषाओं में करने को प्राथमिकता देनी चाहिए।... तब सरकारी नौकारियों से भी अंग्रेज़ी की अनिवार्यता हटानी पड़ेगी।"

देश के प्रधानमंत्री जी सर्वत्र और सगर्व हिंदी बोलते हैं तो कैसे कह सकते हैं कि हिंदी बोलनेवाले दूसरी श्रेणीके नागरिक हैं। भूतपूर्व विदेश मंत्री स्वर्गीय श्रीमती सुषमा स्वराज जी भी कितनी सुन्दर तथा जीवंत हिंदी बोलती थीं। इन नेताओं को हिंदी में भाषण देते हुए सुनकर हिंदी सीखने वाले जापानी विद्यार्थियों का हिंदी सीखने में उत्साह एवं हौसला बहुत बुलंद होता है। मुझे विश्वास है कि संसार के विकसित देशों की विकसित भाषाओं की तुलना में हिंदी में भी अभिव्यक्ति की क्षमता में कोई कमी नहीं है। हिंदी बहुत सक्षम भाषा है। हम लोग चाहते हैं कि हिंदी का प्रयोग हर क्षेत्र में और हर स्तर पर अधिक से अधिक हो तथा संयुक्त राष्ट्र संघ की अधिकृत भाषा बनने के पहले सम्पूर्ण भारत की प्राधिकृत भाषा बने।

खैर, चार दिन के इस सम्मेलन की चर्चाएँ मैं गंभीरता से सुनूँगा और आप लोगों से बहुत कुछ सीखना चाहता हूँ। जय हिन्द! जय हिंदी! धन्यवाद।

***हिंदी जगत, जनवरी-मार्च 2021 से साभार***

# जापान की विदेश-नीति में प्रयुक्त हिंदी का स्वरूप : एक ऐतिहासिक सन्दर्भ

द्वितीय महायुद्ध के दौरान हथियारों की लड़ाई के अलावा शत्रुदेश के योद्धाओं को रण-क्षेत्र में निरुत्साहित करने के उद्देश्य से विज्ञापन बिखेरे जाते थे। इसलिए इस मनोवैज्ञानिक युद्ध को <कागज का युद्ध> भी कहा जाता है। इस प्रकार के इश्तिहार को जापानी में *डेंटन* कहते थे और अंग्रेज़ी में प्रोपगंडा लीफलेट।

उस दौर में शायद हरेक सेना यही करती थी और जापानी सेना भी इसका अपवाद नहीं थी। इन *डेंटनों* का संग्रह सन् 1990 में तोक्यो के एक प्रकाशक की ओर से प्रकाशित हुआ था, लेकिन अब वह अनुपलब्ध है, इसलिए अब यह बहुत दुष्प्राप्य ऐतिहासिक दस्तावेज़ बन गया है।

इस किताब के अनुसार ये सब डेंटन थल सेना के जनरल स्टाफ ऑफिस के अष्टम विभाग अर्थात गुप्तचर विभाग में गोपनीय रूप से छपते थे। कहते हैं बहुत प्रसिद्ध लेखक, चित्रकार और अनुवादक भी इस कार्य में जुड़े थे। मूल जापानी से अनुवाद करते समय बेशक विदेशियों से सहायता मिलती रही होगी। कहते हैं कि नेता जी सुभाषचंद्र बोस भी उनमें से एक थे। यह साफ नहीं लिखा है कि चित्र किसने बनाए और भाषा किसने लिखी। ज़ाहिर है कि ये सब इश्तिहार हस्तलिखित हैं!

जापानी सेना के *डेंटन* की विशेषता थी कि उस दौरान सेना में बजट के अभाव के बावजूद बहुत पैसा खर्च करके खूब रंग-बिरंगे सुंदर कार्टून बनाकर छापे जाते थे। प्रशांत महासागर क्षेत्र में अमरीकी सैनिकों के लिए अंग्रेज़ी में छपवाकर बिखेरे जाते थे, चीन में चीनियों के लिए चीनी भाषा में, दक्षिण पूर्वी एशिया में विएतनामीज व फ्रांसीसी भाषाओं में और पूर्वी भारत में हिंदी, उर्दू और बांगला में छपवाकर इश्तिहार बिखेरे जाते थे। इस किताब में से मैं केवल 'अध्याय तीन' यानी *भारतीय सैनिकों व नागरिकों के लिए तैयार डेंटन* पर चर्चा करूँगा। कुल 47 इश्तिहार हैं,

पर समय के अभाव के कारण कुछेक इश्तिहार ही दिखा पाऊँगा। (पावर पॉइंट का इस्तेमाल करूँगा)

लेकिन इसके पहले मैं कुछ ऐतिहासिक पृष्ठभूमि की व्याख्या करना चाहता हूँ कि जापानी सेना ने भारत की ज़मीन पर क्यों लड़ाई की थी। जब अमरीका और इंग्लैंड ने चीन की मदद करने के उद्देश्य से युद्ध का सामान पहुँचाने के लिए रंगून से कुंमिंग का रास्ता खोला था तो उस रणनीति को विफल करने के लिए जापानी थल सेना ने इंफाल में अड्डा बनाने हेतु मोर्चाबंदी की थी और कुछ हद तक सफलता प्राप्त की थी। इसको देखकर आज़ाद हिन्द फौज ने जापानी सेना के साथ मिलकर लड़ाई की थी। लेकिन आप सब जानते हैं कि परिणाम निराशाजनक रहा था। इस के आगे विस्तार से व्याख्या देने का समय नहीं है।

**अब हिंदी की विशेषताएँ इस प्रकार हैं।**

1. संज्ञा और परसर्ग को जोड़कर लिखना। उदाहरणार्थ-
   तोपके मुहसे बांधकर उड़ा देनेकी अंगरेजी प्रथाको भूलिए नही।
2. अनुनासिक चिह्न का लोप। उदाहरणार्थ-
   सैकरो हिंदुस्थानिओ को तोफोके मूह मे डालकर अंग्रेज अपना सामराज बचानेकी फीक्र में है।
3. इ (ई)यों का इ (ई)ओं होना। उदाहरणार्थ-
   एशियावासीओं, भारतवासीओं, बन्दिओं, हिंदुस्थानिओं आदि।
4. दीर्घ स्वर का ह्रस्वीकरण। उदाहरणार्थ-
   अभुतपूर्व, मातृभुमि, खुन, भुख, भारतिय, झुठे, इश्वर, भुल, जातियता आदि।
5. ह्रस्व स्वर का दीर्घीकरण। उदाहरणार्थ-
   फीक्र, शान्ती, ईस , प्राप्ती आदि।
6. लिंग की अशुद्धियाँ। उदाहरणार्थ-
   भारत की पदार्थों को। भारत की द्रव्य।
7. वर्तनी की अशुद्धियाँ। उदाहरणार्थ-
   सामिल, तोम्हारे आदि।
8. अस्पष्ट शब्द। उदाहरणार्थ-
   भेद ड़ाल?

9. अनुवाद की असंगति। उदाहरणार्थ-
   (उर्दू में) लाखों हिंदुस्तानियों को
   (हिंदी में) सैकरो हिंदुस्थानिओंको
   (बाँगला में) हजार हजार भारतवासिदेर
10. पुरानी हिंदी। उदाहरणार्थ-
   लाखों हिन्दुस्थानी भूखों मर रहे हैं तिसपर अंग्रेज़ उनकी लाशों को पैरों थले रौंदते...
11. बंगालीपन? उदाहरणार्थ-,
   सुयोग, किषाणो, दासत्व, लाभ कर
12. जापानीपन? उदाहरणार्थ-
   तोजो प्रधानमंत्री की घोषणा: (जापानी में पद के पहले नाम आता है।)

(निष्कर्ष) इन विशेषताओं के आधार पर अनुमान लगाया जा सकता है कि हिंदी लिखने वाले ज़्यादातर बांगाली थे।

## विशेष वक्तव्य

यह न समझा जाए कि मैं सैन्यवादी हूँ और यह सब जापानी सेना के प्रचार के लिए कर रहा हूँ। मैं भी आपकी तरह एक शांति-प्रिय आदमी हूँ, भारतीय भाषा-प्रेमी भी हूँ। यह हिंदी के लिए बहुत दुख और दुर्भाग्य की बात हुई कि हिंदी का प्रयोग युद्ध के लिए किया गया था। मूलत: हिंदी प्रेम की भाषा है। स्मरणीय है कि मेइजी रेस्टोरेशन (सन् 1868) जो आधुनिक जापान का सूत्रपात माना जाता है, से प्रशांत महासागर युद्ध की शुरूआत (सन् 1941) तक के 73 साल में जापान गृहयुद्ध को मिलाकर लगभग हर दस साल में एक बार युद्ध करता आया था। इस साल युद्ध-समाप्ति (सन्1945) की 70वीं वर्षगांठ है। लेकिन इन 70 साल में हमारी सुरक्षा सेना ने दुनिया के किसी भी मनुष्य की जान नहीं ली है। यह हमारे शांतिप्रिय संविधान के कारण है। इस बात का मुझे गर्व है। विश्व में शांति की स्थापना करने की महती आवश्यकता है।

मुझे विश्वास है कि युद्ध के लिए हिंदी के इस्तेमाल की गलती फिर कभी नहीं होगी। भारत के साथ जापान की परम्परागत मित्रता हिंदी के माध्यम से बढ़ रही है और बढ़ती रहेगी। भारत के प्रधानमंत्री महोदय जब पिछले साल जापान पधारे थे तब उन्होंने मेरे आग्रह को स्वीकार करके आद्योपांत सर्वत्र हिंदी में भाषण दिए थे। इसका बड़ा स्वागत किया गया, मोदी जी की जीवंत हिंदी ने जापान के युवा हिंदी-अध्येयताओं

और हिंदी-प्रेमियों के मन पर अमिट छाप छोड़ी थी। उसके बाद वे अमरीका में और संयुक्त राष्ट्र संघ में भी हिंदी में ही बोले थे। स्वाभिमानी स्वतंत्र देश के नेता होने के लिए अपनी भाषा में बोलना तो स्वाभाविक बात है और वास्तव में हरेक विकसित देश के नेता यही करते हैं। हिंदी दोस्ती और प्रेम की भाषा है, अंतरराष्ट्रीय सौहार्द्र और संवाद-सेतु का माध्यम है। हम अगले साल प्रधानमंत्री की प्रस्तावित जापान-यात्रा के अवसर पर ओसाका विश्वविद्यालय में उनका स्वागत करेंगे और संवाद-सत्र में विद्यार्थीगण उनके मुख से हिंदी सुनकर और अधिक प्रोत्साहित होंगे। यदि भविष्य में किसी एशियाई देश में 'विश्व हिंदी सम्मेलन' के आयोजन का निर्णय लिया जाए तो मेरे विचार से जापान इसके लिए सर्वाधिक समर्थ और उपयुक्त दावेदार होगा, क्योंकि हमारे यहाँ हिंदी के अध्ययन अध्यापन का इतिहास सौ साल से ज्यादा पुराना है। जय हिन्द! जय हिंदी!

***7 सितंबर 2015 को भीमराव अम्बेडकर महाविद्यालय, दिल्ली तथा इंडिया इंटरनेशनल सेंटर के Annex में दिए गए भाषण का सार***

# प्रेम मोटवाणी जी की किताब के बारे में वक्तव्य

भारत में जापानी राजदूत महामहिम श्री सातोशी सुजुकी महोदय, आदरणीय प्रोफ़ेसर डाक्टर प्रेम मोटवाणी जी, उपस्थित देवियो तथा सज्जनो!

सब से पहले मैं प्रोफेसर मोटवाणी जी को जापानी सरकार से the order of the Rising Sun से सम्मानित किए जाने के लिए हार्दिक बधाई देता हूँ।

और उस के साथ साथ आपकी विराट, अनोखी व अभूतपूर्व पुस्तक के लोकार्पण के लिए भी अभिनंदन करता हूँ जिस उद्देश्य के कारण आज की सभा का आयोजन हुआ है।

मैं प्रोफेसर मोटवाणी जी से 80 के दशक से उनके छात्र जीवन से परिचित हूँ। जब जब मैं दिल्ली आता था उनके घर आकर जरूर उनसे मिलता था। मेरे अल्मा मेटेर ओसाका यूनिवर्सिटी में विद्यार्थी के रूप में पढ़ते थे तब अक्सर उनसे भेंट हुआ करती थी। वे छात्र जीवन में ही बहुत मेधावी छात्र के रूप में जाने जाते थे। मेरे हिंदी के गुरु जी प्रोफ़ेसर नोरिहिको उचिदा जी जो नेहरू विश्वविद्यालय में जापानी पढाते थे अक्सर उनकी प्रशंसा करते थे और ओसाका विश्वविद्यालय के मेरे पुराने सहकर्मी प्राध्यापक भी जो उनको पढ़ाते थे वे सब एक स्वर में उनकी विद्वता और कर्मठता की गवाही देते थे। अभी भी पूरे भारत में सब से अधिक जापानी भाषा में पारंगत विद्वान का नामं पूछा जाए तो निश्चित रूप से उनका नाम लिया जाता है। केवल जापानी भाषा और साहित्य में निपुण नहीं, अपितु अर्थशास्त्र पर भी उनका अधिकार है। इसका प्रमाण है कि उन्होंने सन् 2007 में जापान की अर्थव्यवस्था पर एक पुस्तक लिखी। लेकिन इस बार की महा रचना को देखकर मैं दंग रह गया।

वैसे अर्थशास्त्र मेरा विषय नहीं है, इसलिए मेरे सीमित ज्ञान के अनुसार मेरी राय के अनुसार जापानी पद्धति की मनेजमेंट की सफलता की तो केवल दो मिसालें हैं–सुजुकी और होंडा की। जब जापान की अर्थ व्यवस्था 1970–80 के दशकों में अपनी चरम अवस्था में और विश्व के शीर्षस्थान पर थी तो आजीवन नौकरी,

वरिष्ठता के अनुसार वेतन का बढ़ोतरी होना 'बोटम टोप्प' के आधार पर सौदे का फैसला आदि को दुनिया भर में मूल्यांकन मिलता था,लेकिन वर्तमन में जब जापान की अर्थ व्यवस्था की बब्ल फट चुकी है और जापानी कंपनियों की प्रतिस्पर्धा-शक्ति काफी क्षीण हो गई है, अब इन विशेषताओं पर कोई ख़ास ध्यान नहीं दिया जा रहा होगा—मैं ऐसा मानता था। किन्तु प्रोफेसर मोटवाणी जी का कहना है कि जापानी पद्धति की मनेजमेंट का विदेशों में ग्रहण कर लिया जाने लगा था। 1990 के भारत में अर्थव्यवस्था के उदारीकरण के बाद में। मोटवाणी जी ने उसे स्वीकारात्मक दृष्टि से भारत समेत अन्य देशों के लिए भी अभी भी अनुकरणीय माना है यह मेरे लिए कम आश्चर्य की बात नहीं थी।

हाँ, यह ज़रूर है कि भारत और जापान की संस्कृतियों और विचारधाराओं में पार्थक्य होने के कारण 'सब श्रमिकों की भागदारी' समग्र रूप से बढ़िया किस्म का नियंत्रण PROCESS को महत्त्व देना आदि जापानी कंपनियों की विशेषताएँ Make India के लिए लाभदायक हो सकती है। मुझे यह जानकर प्रसन्नता हुई कि जापानी पद्धति के मनेजमेंट को भारत समेत कई देशों में मान्यता मिली है। लेकिन मुझे ऐसा लगता है कि भारत की कम्पनियों में भी ऐसे कई गुण होंगे जो जापानी कम्पनियों में नहीं है। मेरी व्यक्तिगत राय यह है की जापान और भारत दोनों देशों की कम्पनियाँ एक दूसरे की पूरक हैं। प्रधानमंत्री नरेंद्र मोदी जी हमेशा कहते है कि भारत का सॉफ्ट और जापाक का हार्ड आपस में सहयोग करें तो दुनिया में सब कुछ कर सकते हैं। मुझे विश्वास है कि Make in India की नीति को अधिक बल और सफलता मिलेगी।

अंत में मैं फिर से प्रोफ़ेसर मोटवाणी जी के अथक प्रयास और परिश्रम की प्रशंसा करता हूँ। इस मूल्यवान पुस्तक का अधिक से अधिक पाठक लाभ उठाएँ। धन्यवाद। जय हिंदी! जय जापान!

***24 फरवरी, 2021 को भारत में जापानी दूतावास में प्रो. प्रेम मोटवाणी जी की Becoming World Class: Lessons form 'Made in Japan' पुस्तक के लोकार्पण के अवसर पर भाषण।***

# 64वें विश्व हिंदी दिवस के अवसर पर भाषण

64वें विश्व हिंदी दिवस के अवसर पर मुझे हंसराज महाविद्यालय से आमंत्रण मिला है, यह मेरे लिए अत्यंत गौरव की बात है। मैं डाक्टर रमा जी का बहुत आभारी हूँ। असल में जब से सन् 1975 में नागपुर में प्रथम विश्व हिंदी सम्मेलन तत्कालीन प्रधानमंत्री इंदिरा गांधी जी की अध्यक्षता में आयोजित हुआ था और यह घोषणा पारित की गई थी कि हिंदी को राष्ट्रसंघ की प्राधिकृत भाषा बनाया जाए तब से हिंदी की स्थिति में क्या परिवर्तन आया या क्या नहीं आया -इसपर विचार करने के लिए सम्मेलन का विषय 'नई दुनिया, नया भारत, नई हिंदी' अत्यंत समयोचित और सराहनीय है।

मेरे विचार में हिंदी की स्थिति में कई परिवर्तन आए हैं। हिंदी का प्रयोग बड़े पैमाने पर बढ़ने लगा और हिंदी का विस्तार हो रहा है। आँकड़े के अनुसार विश्व में हिंदी भाषियों की संख्या अंग्रेज़ी भाषियों से आगे निकलकर (अंग्रेज़ी को पछाड़कर) दूसरे स्थान पर हो गई है। विश्वविद्यालय में हिंदी भाषा के शैक्षिक स्तर की उन्नति हो गई।

मैं यहाँ अपने ओसाका विश्वविद्यालय के उदाहरण दे रहा हूँ। बहुत उत्कृष्ट कोटि के हिंदी-जापानी द्विभाषी शब्दकोश के निर्माण ने छात्रों की पढाई को बहुत सहज कर दिया है। ओसाका विश्वविद्यालय में तो केवल आधुनिक हिंदी ही नहीं, बल्कि मध्यकालीन साहित्य की भी कक्षा है। ब्रज भाषा की कविता को पढ़ते हुए विद्यार्थियों की कक्षा की दृष्टि और प्राध्यापिका नागासाकि जी की भेंट वार्ता को पिछले साल जून 27 को दूरदर्शन ने विश्व भर में दर्शाया था जिसके स्टाफ जी 20 शिखर सम्मेलन के अवसर पर प्रधानमंत्री नरेंद्र मोदी जी के साथ ओसाका आए थे, छात्रों के लिए अब भारत की यात्रा के लिए आना भी बहुत मुश्किल नहीं है, और ओसाका विश्वविद्यालय के विद्यार्थियों के लिए दिल्ली विश्वविद्यालय और जवाहर लाल नेहरू विश्वविद्यालय में या केंद्रीय हिंदी संस्थान आदि में आकर हिंदी सीखने का अवसर भी दिया जाता है।

इंटरनेट विशेष रूप से यूट्यूब के माध्यम से सहज ही हिंदी सीखने का अवसर मिलता है, बल्कि कुछ लोग यूट्यूब के माध्यम से अपने को प्रचार करने वाले नवयुवकों का आविर्भाव हुआ है, इनमें सबसे प्रसिद्ध हैं श्रीमती मायो हितोमि जो ओसाका विश्वविद्यालय की स्नातिका हैं। वे यूट्यूब के माध्यम से हिंदी में जापानी भाषा और संस्कृति का परिचय देती हैं। इनका चैनल लाखों लोग देखते हैं। इनको देखकर जापानी लड़की के बारे में स्टीरियोटाइप यानी रूढ़ धारणा बदलनी पड़ेगी। यद्यपि अभी भी ज्यादातर जापानी लड़कियाँ शर्मीली होती हैं, लोगों के सामने इतना खुलकर नहीं बोलतीं, लेकिन मायो को इतनी भावाभिव्यंजक और हँसमुख होकर सहजता से सुंदर हिंदी बोलती हुई देखकर आश्चर्य होता है! मेरे छात्र जीवन में हिंदी सीखना कष्टदायक था, लेकिन मायो सान ने खुशी खुशी हिंदी सीखी है और उसका अधिक से अधिक प्रयोग कर रही हैं। इस प्रकार का प्रभाव आजकल के ज़माने में बीसियों किताबें लिखने से कहीं ज्यादा पड़ेगा। दुर्भाग्य से वे मेरी छात्रा नहीं थीं, उनके प्रवेश करने के पहले मैं ओसाका विश्वविद्यालय से अवकाश ग्रहण कर चुका था। अगर वे दस साल पहले प्रवेश करतीं तो वे निश्चित रूप से हिंदी नाटक की हीरोइन बनकर भारत में ही नहीं, और कई देशों में भी मंचन के लिए नाट्य दल के अन्य छात्र कलाकारों के साथ यात्रा करतीं। प्रधानमंत्री जी के सर्वत्र हिंदी में बोलने का भी छात्रों पर अच्छा असर पड़ता है जिससे उनके मन में हिंदी सीखने के लिए उत्साह तथा प्रेरणा उत्पन्न हो जाती है। सन् 2014 में वे प्रधानमंत्री बनने के बाद विकसित देशों में सब से पहले जापान आए थे। उसके पहले मैंने उनको चिट्ठी लिखकर अनुरोध किया था कि सर, आप जापान में तो हिंदी में ही बोलें। उन्होंने यही किया था और उनका विदेशों में भी हिंदी बोलने का सिलसिला संयुक्त राष्ट्र और अमरीका तक चला। और उन्होंने तत्कालीन राष्ट्रपति ओबामा के साथ भी हिंदी में बोलकर उनका मन जीत लिया था। उसका सुफल तो सन् 2015 के गणतंत्र दिवस के राष्ट्रीय अतिथि के रूप में ओबामा के उपस्थित होने के रूप में मिला था। इसे मैं कहता हूँ मोदी जी की राजनयिक जीत। पिछले साल ओसाका में आयोजित भारत, अमरीका व जापान की त्रिदेशीय शिखर वार्ता में मोदी जी ने हिंदी में बढ़िया बात कहकर ट्रम्प और आबे दोनों नेताओं को खुश कर दिया था कि जापान का /ज/, अमरीका का /अ/ और इंडिया का /इ/ मिलाकर JAI होगा।

गत पाँच साल से मोदी जी और स्वर्गीय सुषमा स्वराज जी की शुद्ध, सुसंस्कृत, व सशक्त हिंदी सुनते आए हैं, लेकिन मैं उनका नाम न लेकर बोलना चाहता हूँ कि

सुषमा जी के अनुयायी विदेशमंत्री जी में हिंदी प्रेम उतना नहीं दिख रहा है। मैं विदेश मंत्री जी को व्यक्तिगत आक्षेप नहीं कर रहा हूँ, उनका सम्मान करता हूँ। मैं उनसे सन् 1998 में तोक्यो में मिल चुका हूँ जब वे भारतीय दूतावास में डी सी एम के पद पर थे। ओसाका विश्वविद्यालय के हिंदी नाट्य दल के छात्रों ने तोक्यो में प्रथम बार हिंदी नाटक का मंचन किया था तब वे तत्कालीन राजदूत महोदय महामहिम सिद्धार्थ सिंह जी के साथ हमारा नाटक देखने आए थे। अगले दिन उन्होंने अपने निवास स्थान में सभी छात्र कलाकारों को दोपहर के भोजन में आमंत्रित किया था, तब हम लोग हिंदी में ही बोले थे!

आप लोगों ने हिंदी फिल्म 'हिंदी मीडियम' देखी होगी। वह बहुत मज़ेदार और मनोरंजक फिल्म थी। लेकिन वह हिंदी प्रेमियों को ठेस पहुँचाने वाली कहानी थी, क्योंकि उसमें इस हकीकत को खुले दिखाया गया है कि हिंदी माध्यम के सरकारी स्कूल में पढ़ने वाले दूसरी श्रेणी के नागरिक हैं। लेकिन आप ज़रा यह सोचें कि देश के प्रधानमंत्री जी जब सप्रेम व सगर्व हिंदी बोलते हैं तो फिर भला कैसे कह सकते हैं कि हिंदी माध्यम वाले सरकारी स्कूल में पढ़ने वाले बच्चे दूसरी श्रेणी के नागरिक हैं। यह बहुत ही चिंता की बात है कि हिंदी प्रदेश के कुछ राज्यों में अभिवाहकों की माँग से प्रारम्भिक पाठशालाओं में शिक्षा का माध्यम अंग्रेज़ी कर दिया गया है। यह इस बात का उदाहरण है कि लोकतंत्र में भी अति लोकतंत्र बुरी चीज़ है। आप यह गलत न सोचें कि अंग्रेज़ी के माध्यम से शिक्षा का स्तर ऊँचा होगा। देखिए कि जापान में अब तक 28 व्यक्तियों को नोबेल पुरस्कार मिल चुका है, लेकिन सभी जापानी भाषा के माध्यम से पढ़े हुए विद्वान हैं उनमें से तीन को छोड़कर शेष सभी वैज्ञानिक हैं। हाँ, थीसिस अवश्य अंग्रेज़ी में लिखते हैं। एक बहुत दिलचस्प बात सुनाऊँ कि नोबेल पुरस्कार के वितरण के बाद स्टॉकहोल्म के राजमहल में प्रत्येक विजेता के अपना अपना भाषण देने की परम्परा है। कहने की आवश्यकता नहीं है कि सभी अंग्रेज़ी में बोलते हैं। लेकिन सन् 2008 में भौतिकशास्त्र में नोबेल पुरस्कार प्राप्त प्रोफेसर मासुकावा तोशीहिदे ने यह कहकर जापानी में भाषण दिया था कि मुझे अंग्रेज़ी नहीं आती। भला क्या आप कल्पना कर सकते हैं कि भविष्य में किसी भारतीय को नोबेल पुरस्कार मिले और वे स्टाकहॉम के राजमहल में हिंदी में भाषण दें!

खैर, मेरा कहना यह था कि प्रारम्भिक पाठशाला की शिक्षा का माध्यम मातृभाषा होना चाहिए। मातृभाषा की नींव मस्तिष्क में मजबूत होने से पहले विदेशी भाषा को थोपना बच्चों के लिए व्यर्थ का बोझ डालना है, ऐसा बहुत मनोवैज्ञानिक मानते हैं।

हिंदी के प्रचार में सबसे बड़ा घातक कारण अंग्रेजियत है। अंगेजी का महत्त्व सर्वविदित और निर्विवाद है। सब को सीखनी चाहिए, लेकिन मातृभाषा के बलिदान पर नहीं। आखिर हिंदी वालों को स्वयं हिंदी में क्यों हीन भावना है?

मुझे विश्वास है कि हिंदी दुनिया के विकसित देशों की विकसित भाषाओं की तुलना में भी अभिव्यक्ति की क्षमता में कोई कमी नहीं है। हिंदी बहुत सक्षम भाषा है, लेकिन एक दिन हिंदी जब वास्तव में संयुक्त राष्ट्रसंघ की प्राधिकृत भाषा बने तब भी प्रधानमंत्री जी का भाषण कोई दूसरे मंत्रीजी या सरकार के उच्च पदाधिकारी ईयरफोन लगाकर उसे सुन रहे हों- ऐसी दुर्दशा कभी भी न हो। कुल मिलाकर भारत की भाषा-नीति के सम्बंध में मैं डाक्टर वेद प्रताप वैदिक जी का समर्थक हूँ। जय हिंद! जय हिंदी!

***10 जनवरी 2020 को विज्ञान भवन, नई दिल्ली में***

# न्याय व्यवस्था में भारतीय भाषाओं की उपयोगिता

हिंदी आदि आधुनिक भारतीय भाषाओं के शिक्षण की उपयोगिता केवल साहित्य का रसास्वादन, कलाओं को सीखने का साधन, भारतीय नागरिकों से संभाषण और भारत-पर्यटन तक ही सीमित नहीं है, अपितु न्याय व्यवस्था अर्थात, अदालत, पुलिस और इमीग्रेशन आदि में दुभाषिए या अनुवाद का काम करना भी होता है, यद्यपि इसकी आवश्यकता बहुत व्यापक रूप से तो नहीं जानी जाती है और इसमें केवल भाषा का ज्ञान ही पर्याप्त नहीं होता बल्कि कानून का भी ज्ञान और प्रशिक्षण चाहिए। जापान के न्यायालय कानून के अनुच्छेद 74 में यह लिखा है कि "न्यायालय की माध्यम भाषा जापानी होगी।" और दंड प्रक्रिया संहिता (फौजदारी कानून) के अनुच्छेद 175 में यह लिखा है कि "यदि जापानी भाषा न जानने वाले व्यक्ति से बयान दिलवाना है तो दुभाषिए से अनुवाद करवाना होगा।" अंतरराष्ट्रीय मानव अधिकार के नियम बी. के अनुच्छेद 14-3 एफ़ में यह आश्वासन दिया जाता है कि न्यायालय में प्रयुक्त भाषा को समझ या बोल न सकने की हालत में मुफ़्त में दुभाषिए की मदद ले सकते हैं। इस प्रकार से दुभाषिए के माध्यम से अपनी भाषा में न्याय लेने का अधिकार अंतरराष्ट्रीय कानून से भाषा अधिकार के रूप में माना जाता है जो अन्यतम मानव अधिकार है। इसलिए जापान में भी लगभग यही अधिकार प्रदान किया जाता है। लेकिन इस प्रकार की महत्त्वपूर्ण भूमिका निभानेवाले दुभाषिए की योग्यता के बारे में स्पष्ट मापदंड नहीं है।

जापान में सत्तर के दशक तक बहुत कम विदेशी रहते थे, इसलिए न्यायालय इस बात को लेकर गंभीरता से नहीं सोचता था। दुभाषियों का चयन विश्वविद्यालयों के प्राध्यापकों या अनुभवी दुभाषियों में से किया जाता था और न्यायाधीशों द्वारा साक्षात्कार किए जाने के बाद उनके नाम तोक्यो समेत पूरे जापान में 47 निचले न्यायालयों में पंजीकृत किए जाते हैं। पुलिस की तफ्तीश के लिए भी दुभाषियों का पंजीकरण प्रत्येक जिले के पुलिस मुख्यालय (तोक्यो में महानगर पुलिस विभाग)

करता है। सरकारी अभियोजक कार्यालय पुलिस की तफ्तीश की रिपोर्ट के आधार पर हिरासत में बंद संदिग्ध व्यक्ति को अभियोग चलाने या न चलाने का फैसला करता है, परन्तु गंभीर अपराध के मामले में सरकारी अभियोजक कार्यालय स्वयं संदिग्ध व्यक्ति को गिरफ्तार कर सकता है और तफ्तीश भी कर लेता है, इसलिए उस कार्यालय में भी अपने दुभाषियों के पंजीकरण की लिस्ट होती है। बार एसोसिएशन (वकीलों का संगठन) में भी ऐसे लोगों की लिस्ट होती है जो हिरासत में बंद संदिग्ध व्यक्ति के साथ पुलिस थाने में वकील की मुलाक़ात करते समय दुभाषिए का काम कर सकें।

सत्तर के दशक से जापान में बहुत विदेशी आकर रहने लगे थे और सन् 2020 जून की जनगणना के अनुसार कुल मिलाकर जापान में रहनेवाले विदेशियों की संख्या 28 लाख 85 हज़ार नौ सौ चार थी। यह पूरे जापान की जनसंख्या के लगभग 2.4 प्रतिशत है अर्थात प्रत्येक सौ व्यक्तियों में से 2.4 व्यक्ति विदेशी हैं। यह आंकड़ा अन्य विकसित देशों की तुलना में बहुत कम तो है, पर जापान मूलत: अमरीका और ऑस्ट्रेलिया जैसे प्रवासियों का देश नहीं था— इस बात को ध्यान में रखा जाए तो इस बढ़ोत्तरी को बहुत उल्लेख्नीय परिवर्तन कहना चाहिए। राष्ट्रीयता के आधार पर दस बड़े देशों की संख्या और अनुपात इस प्रकार हैं।

| | | | |
|---|---|---|---|
| (1) | चीनी | 786,830 | (27.3%) |
| (2) | कोरियाई | 435,459 | (15.1%) |
| (3) | विएतनामी | 420,415 | (14.6%) |
| (4) | फिलिपीनो | 282,023 | (9.8%) |
| (5) | ब्राजील | 211,178 | (7.3%) |
| (6) | नेपाली | 95,367 | (3.3%) |
| (7) | इन्डोनेशियन | 66,084 | (2.3%) |
| (8) | ताइवान | 59,934 | (2.1%) |
| (9) | अमरीकी | 57,214 | (2.0%) |
| (10) | थाई | 53,344 | (1.8%) |

भारतीयों की कुल संख्या 35,419 थी जोकि इस सूची में बारहवें स्थान पर है (सन् 2018 दिसंबर में)।

वैश्वीकरण के साथ अपराधियों की संख्या का बढ़ना भी अपरिहार्य है। अपराधियों की संख्या को राष्ट्रीयता के आधार पर दस बड़े देशों के नाम के साथ यों दिखाया जाता है

(राष्ट्रीय पुलिस एजेंसी की रिपोर्ट सन् 2016 मार्च से) Ten largest countries in terms of crimes।

| | | | |
|---|---|---|---|
| (1) | चीन | 4,615 | (32.3%) |
| (2) | विएतनाम | 3,315 | (23.2%) |
| (3) | ब्राजील | 1,410 | (9.9%) |
| (4) | फिलिपिन | 866 | (6.1%) |
| (5) | कोरिया | 864 | (6.1%) |
| (6) | थाइलैंड | 311 | (2.2%) |
| (7) | पेरू | 286 | (2.0%) |
| (8) | कोलम्बिया | 282 | (2.0%) |
| (9) | अमरीका | 245 | (1.7%) |
| (10) | नाइजीरिया | 208 | (1.5%) |
| (11) | अन्य देश | 1,865 | (13.1%) |

दक्षिण एशिया के सभी देश 'अन्य देश' में शामिल हैं।

(1) से लेकर (11) तक की समस्त भाषाओं को मिलाकर कुल 35 विदेशी भाषाओं का इस्तेमाल किया गया है- ऐसा बताया गया है, पर पता नहीं है कि नाइजीरिया के लोगों की जाँच पड़ताल कौनसी भाषा के माध्यम से की गई या चीनी भाषा में केवल मैंडेरिन थी या Cantonese भी शामिल है।

अपराधियों की संख्या की दृष्टि से पाँच मुख्य देश और जनसंख्या की दृष्टि से मुख्य पाँच देश लगभग समानुपातिक हैं। जनसंख्या के अनुपात में कह सकते हैं कि नेपालियों और ताईवान के लोगों का अपराध अपेक्षाकृत कम है और पेरू, कोलम्बिया व नाइजीरिया के लोगों का अपराध अपेक्षाकृत ज्यादा है। सीमित सामग्रियों के कारण अन्य देशों के बारे में कहना कठिन है।।

अब फौजदारी मुकदमे में प्रयुक्त विदेशी भाषाओं के नाम दस तक दिखाए जाते हैं। Ten main foreign languages used in the criminal case)।

(न्याय मंत्रालय की रिपोर्ट सन् 2012 से)

| | | |
|---|---|---|
| (1) | चीनी | 30.3 % |
| (2) | विएतनामी | 23.6% |
| (3) | फिलिपीनो (तगलॉग) | 8.1% |

| | | |
|---|---|---|
| (4) | पुर्तगाली | 7.1% |
| (5) | अंग्रेज़ी | 6.3% |
| (6) | थाई | 4.7% |
| (7) | स्पेनी | 4.3% |
| (8) | कोरियाई | 3.8% |
| (9) | इन्दोनेशियन | 1.7% |
| (10) | फारसी | 1.4% |
| (11) | अन्य भाषाएँ | 8.6% |

(अन्य भाषाओं में अरबी, सिंहल, तुर्की, नेपाली, हिंदी, उर्दू, बंगला फ्रांसीसी, म्यांमार (बर्मी), मंगोलियन और रूसी आदि हैं) इन भाषाओं में किस भाषा का प्रयोग कितनी बार मुकदमे में हुआ है—इस का कोई आंकड़ा नहीं मिलता, पर मौटे तौर पर इसका अंदाजा अदालत की निम्नलिखित सामग्री से लगाया जा सकता है।

अभियोग-पत्र जैसे महत्त्वपूर्ण कागजात का केवल मौखिक रूप से (interpret करना) नहीं, बल्कि लिखित रूप से अनुवाद (translation) भी करना होता है, इसका प्रति पन्ने का पारिश्रमिक तीन कोटियों के अनुसार भुगतान किया जाता है।

**(क)2,000 येन**

अंग्रेज़ी, चीनी, कोरियाई, स्पेनी, फारसी, थाई, तगलॉग और उर्दू

**(ख) 3,000 येन**

बंगला, विएतनामी, बर्मी, सिंहल, पुर्तगाली, रूसी, इंडोनेशिया, जर्मन, फ्रांसीसी, नेपाली, इटली और कम्बोडियन

**(ग) 4,000 येन**

अन्य सभी भाषाएँ- उर्दू, बंगला, सिंहल और नेपाली को छोड़कर हिंदी समेत शेष सभी दक्षिण एशिया की भाषाएँ इस कोटि में आती हैं। यह भाषा-वैज्ञानिकों का फैसला नहीं है, बल्कि न्यायाधीशों ने बनाया है। वर्गीकरण के मापदंड को समझना मुश्किल लगता है, लेकिन बहुत सरल है। जिस भाषा की जितनी मांगें ज्यादा हो उतनी कम दाम है–यह बाज़ार का सिद्धांत है। इसके अनुसार मुकदमे में उर्दू का महत्त्व या माँग बहुत ज्यादा है, हिंदी का महत्त्व कम और बंगला की माँग बीच में है। इससे एक संकेत मिलता है कि भारतीयों का अपराध अपेक्षाकृत कम है।

अमरीका और ऑस्ट्रेलिया जैसे प्रवासियों के देशों में अदालत में काम करनेवाले दुभाषियों की नियुक्ति राष्ट्रीय स्तर की खुली परीक्षा लेकर प्रमाणित योग्यता के आधार पर होती है। ऑस्ट्रेलिया की NAATI (National Accreditation Authority for Translators and Interpreters) व्यवस्था से हमें बहुत कुछ सीख सकते हैं जिसमें हिंदी, बंगला, उर्दू, दरी, नेपाली, पंजाबी, सिंहल, तमिल समेत लगभग साठ भाषाओं में दुभाषिए या अनुवादक में चार स्तर की योग्यता का प्रमाण-पत्र दिया जाता है, यथा-

Level 1. Paraprofessional Interpreter
Level 2. Paraprofessional Translator
Level 3. Professional Interpreter
Level 4. Professional Translator

निम्नलिखित नौ भाषाओं में विशेष प्रशिक्षण देकर ऊँचे स्तर का प्रमाण-पत्र दिया जाता है जिसे Level 5.(Advanced Translator) कहा जाता है। नौ महत्त्वपूर्ण भाषाएँ इस प्रकार हैं–अरबी, चीनी, फ्रांसीसी, जर्मन, यूनानी, इतावली, जापानी, स्पेनी तथा रूसी।

दुभाषिया (Interpreter) और अनुवादक (Translator) का अंतर साधारणतया यों समझा जाता है कि पहला मौखिक और समय-सीमित है तथा दूसरा लिखित और समय से बंधे नहीं हैं। पर लगता है कि NAATI में अनुवादक का दुभाषिए से स्थान ऊँचा और मूल्यवान समझा जाता है। मेरी व्यक्तिगत राय में दुभाषिए का काम अनुवादक के काम से कठिन है।

अनुवाद हो या दुभाषिए का काम हो, सब से अहम किन्तु मुश्किल बात भूलरहित और त्रुटिहीन अनुवाद करना है। 1977 से मौजूद NAATI के बावजूद ऑस्ट्रेलिया के मुकदमें ने एक जापानी अभियुक्त को मिथ्या मुकदमा चलाकर उनका जीवन बरबाद किया था ऊटपटांग व मनगढ़ंत अनुवाद के कारण! इस घटना को मेलबोर्न कांड कहा जाता है।

यह बहुत पेचीदा मामला था। सन् 1992 जून में नारिता हवाई अड्डे से सात जापानी पर्यटकों का एक दल कुआलालमपुर (मलेशिया) पहुँचा। सात यात्रियों का परिचय यों देता हूँ। (तत्कालीन नियमानुसार)

क (पुरुष) इस यात्रा की योजना बनानेवाला। भूतपूर्व माफिया। पूर्व में अनेक अपराधों में सज़ा भुगत चुका था।

ख (पुरुष) क का बड़ा भाई

ग (पुरुष) क का दूसरा बड़ा भाई

घ (पुरुष) क का दोस्त

च (स्त्री) ग की दोस्त। गिरफ्तार व हिरासत में रखी गई एकमात्र स्त्री

छ (स्त्री) क की दोस्त। बिना गिरफ्तार किए गए जापान वापस गई।

ज (स्त्री) छ की सहेली। बिना गिरफ्तार किए गए जापान वापस गई।

कुआलालमपुर में इन लोगों ने चारी नामक विदेशी से मिलकर एक जापानी भोजनालय में साथ में भोजन किया था लेकिन भोजन करते समय उन लोगों के सूटकेस गाड़ी में से चोरी हो गए। वहाँ रात को होटल में ठहरे, अगले दिन चारी से खबर मिली कि सूटकेस मिल गए हैं, लेकिन सूटकेस टूट चुके थे और चारी तब तक दूसरे विकल्प (सूटकेस) का इंतजाम कर चुका था। तब च को शक हुआ था कि सूटकेस पहले से भारी था। इसके बाद उन लोगों ने कुअलालुम्पुर से मेलबोर्न की ओर प्रस्थान किया था। जब मेलबोर्न हवाई अड्डे पहुँचे तो वहाँ के इमिग्रेशन को क संदेहास्पद व्यक्ति लगा और उन लोगों के सूटकेस को X Ray से परीक्षण किया गया तो ख, ग, घ और च के सूटकेस में से हेरोइन निकला।

छ और ज को छोड़कर शेष पाँच पर्यटकों को गिरफ्तार कर लिया गया और गैरकानूनी ड्रगज़ रखने के इलज़ाम में मुकदमा चलाया गया। पाँचो ने अपना अपराध स्वीकार नहीं किया। च दावे के साथ कहती रहती थी कि मुझे हेरोइन के बारे में कुछ भी नहीं मालूम, पर मेलबोर्न की अदालत ने क को बीस साल के कारावास और ख, ग, घ, च को पंद्रह साल के कारावास की सज़ा सुनाई। सन् 1998 में इस मामले को संयुक्त राष्ट्र संघ द्वारा तय हुए "आजादी के अधिकार के नियम" का उल्लंघन कहकर बयालीस वकीलों के दल ने नियम मानव अधिकार सभा में व्यक्तिगत सूचना दी थी। पांचों में से ख, ग, घ और ज सन् 2002 में अस्थायी रिहाई पाकर जापान वापस आए और क भी सन् 2006 में अस्थायी रिहाई से जापान वापस आया। बाद में पता चला कि तफ्तीश के दौरान ट्रेवल एजेंट के गाइड से जो जापानी भाषा को बहुत कम जानता था दुभाषिए का काम करवाया गया था। मुकदमे की सारी टेप को सुन-सुनकर जापान के एक निजी विश्वविद्यालय की अंग्रेज़ी की महिला अध्यापक ने इस मुक़दमे के गलत अनुवाद का विश्लेषण करके ओसाका विश्वविद्यालय को डाक्टरेट के शोध प्रबंध के रूप में प्रस्तुत किया था। यह मेलबोर्न कांड यही सीख

देता है कि पुलिस और अदालत में सटीक अनुवाद करना मानव अधिकार के पालन के लिए कितना महत्त्वपूर्ण है।

जापान में भी ग़लत अनुवाद से मुकदमे के फैसले के प्रभावित होने की सूचना यत्र तत्र सुनने में आती हैं, यद्यपि मेलबोर्न कांड जैसी गंभीर समस्या उत्पन्न नहीं हुई। एक अभियुक्त ने दुभाषिए के ग़लत अनुवाद के कारण बहुत अलाभकर फैसला होने का आरोप लगाकर अदालत में शिकायत दर्ज की थी। अदालत ने उसे स्वीकार करके दुबारा मुकदमा चलाया था। एक दुभाषिए ने मैंडरिन और Cantonese के फर्क को बिना जाने अनुवाद किया था। पुलिस और अदालत में अनुवाद करने की सब से मुश्किल बात यह है कि दुभाषिए या अनुवादक को कानून संबंधी सैकड़ों पारिभाषिक शब्दों को सीखना पड़ता है। इस उद्देश्य के लिए सन् 1992 में ओसाका बार असोसिएशन ने 'Human Rights Handbook for Foreigners in Japan in 18 Languages' का सम्पादन किया था जिसमें जापानी, अंग्रेज़ी, कोरियाई, चीनी, विएतनामी, फिलिपीनो, इंडोनेशियन, मलेशियन, थाई, बंगला, नेपाली, हिंदी, सिंहल, उर्दू, फारसी, अरबी, स्पेनी और पुर्तगाली भाषाएँ थीं। प्रस्तुत लेखक ने हिंदी और बंगला भागों के सम्पादन में योगदान दिया था। सर्वोच्च न्यायालय भी सन् 2000 के बाद कई प्रमुख भाषाओं में अदालत में अनुवाद का हैंडबुक का सम्पादन करता रहा और सन् 2013 में तोक्यो के एक प्रकाशक ने '15 भाषाओं में Saiban-in Saiban' (अव्यावसायिक न्यायाधीशों द्वारा चलाया जानेवाला मुकदमा)—शब्दावली और व्याख्या विषयक पुस्तकों को तीन खंडों में प्रकाशित किया था जिसमें हिंदी का भाग प्रस्तुत लेखक ने लिखा था। इस प्रकार की पुस्तकें अवश्य बहुत उपयोगी हैं, लेकिन इसमें कई त्रुटियाँ हैं। भारत के कानून व्यवस्था से परिचित न होने के कारण हमें यह नहीं मालूम है कि इस प्रकार के हिंदी या बंगला शब्द भारत में प्रयुक्त होते हैं या नहीं। उसके ऊपर, अक्सर दक्षिण एशिया से आए हुए अभियुक्त अधिक पढ़े लिखे नहीं होते। उन लोगों को यह बनावटी शब्द समझाना मुश्किल होगा। फिर भी अदालत सभी दुभाषियों से यह अपेक्षा करती है कि वे तटस्थ होकर दुभाषिए का काम करें, अभियुक्तों की भाषा ऊटपटांग हो तो अनूदित जापानी भाषा भी ऊटपटांग होनी चाहिए। ऊटपटांग भाषा का अनुवाद तर्कसंगत जापानी में हो तो यह ईमानदार अनुवाद नहीं है। अभियुक्तों से सहानुभूति नहीं रखनी चाहिए। यह सब समझ में आता है।

लेकिन क्या दुभाषिए का काम केवल क की भाषा को ख की भाषा के साथ जोड़ना होता है? क्या अभियुक्तों के देश के सांस्कृतिक परिवेश के अनुसार भावानुवाद

करना भी मना है? इस प्रकार की समस्याओं को लेकर अक्सर अदालतों, पुलिस के मुख्यालयों व बार एसोसिएशन की ओर से सेमीनार का आयोजन होता रहता है जिनमें दुभाषिए अपने अपने अनुभवों और विचारों का आदान-प्रदान कर सकते हैं। इस प्रकार दुभाषियों के सामने कई चुनौतियाँ होती हैं। लेकिन मेहनत करके प्राप्त हुई हिंदी आदि दक्षिण एशियाई भाषाओं के ज्ञान का उपयोग कानून व्यवस्थाओं में करना बहुत मूल्यवान और पुण्य की बात है। दक्षिण एशिया की भाषाओं में दुभाषियों की कमी है और इसलिए ज़रूरत बहुत अधिक है। इससे पेट तो नहीं भरता, पर यह सम्मानीय काम है। युवाओं से अपेक्षा है कि वे इस दिशा में उद्यत हों। लेकिन जापान में यदि युवाओं की संख्या कम होती जा रही है, उसके साथ-साथ न्याय व्यवस्था में अनुवाद करने के इच्छुक युवाओं की संख्या भी घट रही है। यह वास्तव में न्याय-व्यवस्था के भविष्य के लिए भी संकट है।

अंत में कृत्रिम बुद्धि द्वारा निर्मित अनुवाद-यंत्र की न्याय-व्यवस्था में अनुवाद के कार्य में कितनी उपयोगिता हो सकती है? इसका उत्तर सहज नहीं दिया जा सकता है लेकिन इतने द्रुत विकास को देखते हुए इतना तो मानना पड़ता है कि निकट भविष्य में अवश्य अदालत में भी अनुवाद-यंत्र का इस्तेमाल किया जाएगा। लेकिन इसकी अनेक सीमाएँ हैं। बहुत हल्का अपराध हो और अभियुक्त अपना अपराध सौ प्रतिशत मानता हो तो सज़ा भी मशीनी अनुवाद की सहायता से देना संभव हो सकती है। लेकिन अभियुक्त सूक्ष्म झूठ बोलता है तो मशीन गड़बड़ा जाएगी। तर्कसंगत बातों का सही अनुवाद ही मशीन कर सकती है। लेकिन अभियुक्त ऊटपटाँग भाषा बोलने लगे तो मशीन का अनुवाद ठीक नहीं हो पाएगा। मशीन के अनुवाद से मानवाधिकारों के हनन होने की भी आशंका बढ़ जाएगी। गलत फैसले होने की भी आशंका बढ़ सकती है।

*मई 2021*

## पुस्तक-समीक्षाएँ

# विकास स्वरूप के उपन्यास : यथार्थ की कल्पना और कल्पना का यथार्थ

**कौन बनेगा अरबपति : सपनों की तिजारत का सच**

'Q&A' विकास स्वरूप जी की प्रथम रचना है जिसके आधार पर 'Slumdog Millionaire' फ़िल्म बनी थी। यह सर्वविदित है कि इस फ़िल्म को ऑस्कर तथा गोल्डन ग्लोब पुरस्कारों से सम्मानित किया गया था।

इस उपन्यास का अनुवाद 36 भाषाओं में प्रकाशित हो चुका है। कहने की आवश्यकता नहीं कि इस समीक्षक ने जापानी अनुवाद (जिसका शीर्षक है 'बोकुतो इचिरुपी नो कामिसामा' यानी मैं और एक रुपए का देवता, 2009) पढ़ा था और इसी के आधार पर यह समीक्षा लिख रहा हूँ, उसके बाद मूल अंग्रेज़ी उपन्यास Q&A (2005) और हिंदी अनुवाद (कौन बनेगा अरबपति 2009) दोनों पर भी दृष्टिपात ज़रूर किया है। फ़िल्म 'Slumdog Millionaire' भी देखी थी, पर इस समीक्षा का उस फ़िल्म से कोई संबंध नहीं है।

इस उपन्यास का प्रत्येक अध्याय टीवी के क्विज़ शो के एक-एक प्रश्न के आधार पर विभाजित है जिसमें लम्बी-लम्बी कहानियाँ बताई जाती हैं कि राम मोहम्मद थॉमस नामक स्लम में पला ग़रीब अनपढ़ लड़का कैसे उन प्रश्नों का सही जवाब दे पाया। 'राम मोहम्मद थॉमस' विचित्र नाम लगता है, किन्तु लेखक ने सोच-समझकर या 'हिन्दू-मुस्लिम-ईसाई' का समन्वय करने वाला नाम दिया है। यह सन् 1997 में बनी फ़िल्म 'अमर अकबर एन्थनी' की याद दिलाता है, लेकिन ये तीनों अलग-अलग आदमियों के नाम हैं। 'राम मोहम्मद थॉमस' एक व्यक्ति का नाम है। इसमें सिख का नाम क्यों नहीं है– इसका कारण भी लेखक ने बड़ी कुशलता से बताया है कि इस अनाथ के संरक्षक चार पिताओं में इस लड़के के नामकरण के समय संयोग से सिख ग़ायब था, नहीं तो उसका नाम 'राम मोहम्मद सिंह थॉमस' होता। लड़का कभी हिन्दू, कभी मुसलमान और कभी ईसाई बनकर इस नाम का पूरा फ़ायदा उठाता है।

इस उपन्यास का सबसे आकर्षक बिंदु यह है कि यही थॉमस अपने संकट भरे जीवन से जूझते हुए विजय (अर्थात् अरब रुपए) प्राप्त करता है। उसकी जान भी कई बार ख़तरे में पड़ जाती है, लेकिन वह बड़ी हिम्मत और सूझ-बूझ से उसका सामना करता है और बच जाता है। यह सूझ-बूझ स्कूलों की शिक्षा से प्राप्त होनेवाली चीज़ नहीं बल्कि जन्मसिद्ध प्रतिभा है। इस प्रतिभा का कैसे चामत्कारिक प्रयोग करके संकट टल जाता है– हम पढ़ते हुए रोमांचित हो जाते हैं कि थॉमस के अपराध करते हुए भी तालियाँ बजाने को मजबूर हो जाते हैं। थॉमस के जीवन में अनेक विपत्तियाँ आती हैं, लेकिन दयनीय और वीभत्स स्थिति में कहीं न कहीं विनोद या हास्य की भावना छिपी है– इस उपन्यास का यह भी बड़ा आकर्षण और शक्ति है। हम पाठकों को थॉमस से जीवन में कठिनाइयों का सामना करने की हिम्मत मिलती है और व्यावहारिक बुद्धि भी सीखने को मिलती है। विजय पाने के बाद थॉमस का यह अंतिम कथन "जिसके इरादे बुलंद हों, तक़दीर उसी की बुलंद होती है। खुदी को कर बुलंद इतना कि हर तक़दीर से पहले ख़ुदा बन्दे से खुद पूछे बता तेरी रज़ा क्या है।" बहुत शिक्षाप्रद है।

लेखक के बहुव्यापी ज्ञान तथा जीवन में विभिन्न अनुभवों ने कहानी को और भी दिलचस्प व रोचक बनाने में बड़ा काम किया है। लेखक को मध्ययुगीन हिंदी साहित्य, अंग्रेज़ी साहित्य, बॉलीवुड की दुनिया से लेकर शराबों के नाम, बंदूकों के नाम, माफ़िया, वेश्यावृत्ति, प्रसाधन सामग्री और रैबीज तक का चोखा ज्ञान है।

इस घटनाबहुल उपन्यास में ऐसी बहुत दिलचस्प कहानियाँ हैं जो पाठकों को जिज्ञासु बनाती हैं। कुछ मुझे जो रुचिकर लगीं वे इस प्रकार हैं।

नई दिल्ली स्थित ऑस्ट्रेलियाई दूतावास के सैनिक अताशे के घर नौकर बना थॉमस वहाँ रहते-रहते "ऑस्ट्रेलियाई अंग्रेज़ी का लहजा" सीख लेता है। ऑस्ट्रेलियाई अंग्रेज़ी की एक विशेषता (एइ) उच्चारण का (अइ) होना है, जैसे (टुडे) का (टुडाई)। गुप्तचर विभाग के अधिकारी का फ़ोन आने पर थॉमस ऑस्ट्रेलियाई अंग्रेज़ी की नक़ल करते हुए जवाब देता है, इसी से उस सैनिक अताशे को गिरफ्तार किया जाता है जो यहाँ गुप्तचर का काम करता था। लेखक की कल्पना शक्ति अद्भुत है, लेकिन इस तरह की घटना बिल्कुल असंभव तो नहीं लगती। लेखक स्वयं कूटनीतिज्ञ हैं, उनको ख़ुफ़िया लोगों की दुनिया की झाँकी मिलती होगी। भारतीयों में भाषा सीखने की अद्भुत क्षमता है। बहुभाषी देश होने के कारण बचपन से मातृभाषा से इतर भाषाओं को सुनते रहते हैं जिससे उनका अनेक भाषाओं का ज्ञान बढ़ता रहता है। अनपढ़ आदमी भी दूसरों की भाषा सुन-सुनकर बहुत जल्दी सीख लेता है। आम तौर पर बहुभाषिकता का शिक्षा से गहरा संबंध है, पर भारतीय समाज में केवल संपर्क से

बहुभाषी बन सकते हैं। इस समीक्षक ने स्वयं ऐसे कई बहुभाषी भारतीयों को देखा है जो कभी विधिवत् भाषा-शिक्षण ग्रहण न करने पर भी कई भाषाएँ धारा-प्रवाह बोल सकते हैं। आश्चर्य की बात नहीं थी कि थॉमस की प्रतिभाओं में भाषा सीखने की प्रतिभा भी थी या लेखक स्वयं भाषा सीखने में माहिर हों।

ताजमहल में एक जापानी पर्यटक से मुलाकात होना भी दिलचस्प कहानियों में से एक है। लेखक को अच्छी तरह से जापानियों की पहचान का पता है। वह चश्मा लगाता है और डिजिटल वीडियो कैमरे से लेकर मिनी सीडी प्लेयर तक तमाम चीज़ें अपने गले में लटकाए हुए है। लेकिन इस जापानी के बख्शीश देने से थॉमस आगरे में टूरिस्ट गाईड बनने का निश्चय करता है और मुग़ल साम्राज्य के इतिहास को विस्तार से सीख लेता है और आगे का क्विज़ जीत लेता है। इस दृष्टि से कह सकते हैं कि इस जापानी की भी अहम् भूमिका है। वैसे इस उपन्यास में कोई बेकार पात्र और पात्रा नहीं है। नायक हो या खलनायक हो, कालान्तर में सबका थॉमस के जीवन पर किसी न किसी रूप में प्रभाव पड़ता है जो अप्रत्यक्ष रूप से क्विज़–शो से भी संबंध रखता है।

एक और दिलचस्प कहानी मुझे यह लगी कि तेरहवें (आख़िरी) सवाल के सही जवाब का हिंट देते हुए (उसके शब्द के अनुसार "जवाब तो नहीं दे सकता पर सही जवाब की तरफ़ इशारा तो कर सकता है।") प्रेम कुमार (शो का संचालक) थॉमस से कहता है कि "मुझे चार दोस्त अपने-अपने पास बुलाना चाहते हैं (A) Allahabad (B) Baroda (C) Cochin (D) Delhi लेकिन मैं एक के पास ही जा सकता हूँ So I have decided to go to Allahabad to wash all my sins by taking a dip in the Sangam. OK?" इसे पढ़कर थॉमस तो क्या सभी पाठकों को पता चलता है कि अगले सवाल का सही जवाब A होगा। इलाहाबाद लेखक का जन्मस्थान है और ऐसा भाग्य बनानेवाला शहर है जिस पर गर्व स्वाभाविक है। निश्चित रूप से इस वर्णन से लेखक की इलाहाबाद के प्रति आसक्ति या लगाव का आभास मिलता है। लेकिन दिलचस्पी की बात है कि हिंदी अनुवाद में इलाहाबाद का नाम नहीं है फलतः संगम का नाम भी नहीं है, क्योंकि अंग्रेज़ी में Allahabad हिंदी में इलाहाबाद बन जाता है। सवाल अंग्रेज़ी की वर्णमाला ए, बी, सी, डी में पूछा जाता है। इलाहाबाद की शीर्ष लिपि /इ/ है और कोचि की /के/ हो जाती है। सो अनुवादक (ऋषि माथुर) को इलाहाबाद के बदले में अमरकंटक और कोचि के बदले में सीतापुर में परिवर्तित करना पड़ा होगा–ऐसा मैं मानता हूँ। इसलिए ऊपर अंग्रेज़ी का वाक्य भी हिंदी में इस

तरह अनूदित हुआ है–"मैंने अमरकंटक वाले के पास जाने का फ़ैसला कर लिया है। कुछ समझे?" अनुवादक की परेशानी का अनुमान लगाते हुए भी उसके कौशल की प्रशंसा किए बिना नहीं रह सकता कि उन्होंने इलाहाबाद के बदले में एक और तीर्थ स्थान का नाम देकर कहानी को अस्वाभाविक नहीं लगने दिया। 'सीतापुर' के बारे में तो कुछ नहीं कहा जा सकता। संभवत: 'सीता' के पवित्र नाम के कारण हो या दरी की ख्याति की वजह से हो।

"धारावी (स्लम) के लोगों के लिए तो साहित्य ऐसी दूर की कौड़ी है जैसे पुलिस के लिए ईमानदारी।" आश्चर्यजनक वर्णन है। यह फिक्शन आवश्यक है, फ़िर भी पुलिस को एक सरकार के नौकरशाह की कलम से इतना कलंकित करना शायद कम देशों में ही संभव होगा। जापान में विश्वविद्यालय के प्रोफेसरों को तो खुलेआम अपने देश में दोष या कलंक को लिखने की पूरी आज़ादी है, पर कूटनीतिज्ञ तो इतना नहीं लिख सकेगा। चीन, पाकिस्तान और उत्तर कोरिया में तो इसका सवाल ही पैदा नहीं होता। भारत की बहुत स्वस्थ लोकतांत्रिक प्रणाली से, जिसमें हर प्रकार के विचारों को प्रकट करने की पूरी स्वतंत्रता सुरक्षित है, मैं बहुत प्रभावित हुआ हूँ। भ्रष्टाचार, हिंसा, समलैंगिकता, ग़रीबी,शिशु-शोषण, कालाधंधा आदि देश के नकारात्मक पहलू हो सकते हैं, पर भारतीय समाज में यही सबसे बड़ा स्वीकारात्मक पक्ष है और गुण है कि स्लम में पला एक अनपढ़ ग़रीब बच्चा भी कड़ी मेहनत से और सूझ-बूझ का इस्तेमाल करके किस्मत बना सकता है। सफ़लता का दरवाज़ा सब के लिए बराबर खुला रहता है। लेखक का उद्देश्य भारत के कलंक को दर्शाना कतई नहीं, बल्कि भारत की महिमा और गरिमा को प्रस्तुत करना है। समीक्षक को फ़िल्म 'Slumdog Millionaire' से यह उपन्यास कहीं अधिक रोचक तथा सशक्त लगता है।

## सिक्स सस्पैक्ट्स : घटनाओं का तिलिस्मी मायाजाल

यह विकास स्वरूप जी का दूसरा उपन्यास है। यह जासूसी उपन्यास है और उनकी प्रथम रचना Q&A जितना ही दिलचस्प है। इस लम्बे उपन्यास का आरंभ इस तरह के आश्चर्यचकित करनेवाले वाक्य से होता है–"मनुष्य की मृत्यु समान नहीं है। हत्या में भी वर्णाश्रम है।" उत्तर प्रदेश के गृहमंत्री के बदनाम पुत्र के हत्याकांड को लेकर छह संदिग्धों को गिरफ्तार किया जाता है। सरकार का भूतपूर्व उच्च पदाधिकारी जो अवकाश ग्रहण करने के बाद दोहरे व्यक्तित्व से ग्रस्त हो जाता है और कभी-कभी महात्मा गांधी जैसा आचरण करने लगता है। एक अभिनेत्री जो

अपनी बहन का बदला एक राजनीतिज्ञ से लेना चाहती थी जिसने उसकी बहन के साथ बलात्कार किया था।

अंडमान द्वीप के आदिवासी ओंगी का एक नौजवान व्यक्ति जो अपनी जाति की रक्षा के प्रतीक वाले रत्न की चोरी होने पर उसकी तलाश के लिए भारत उपमहाद्वीप में आता है और जिसे जगह-जगह पर आपत्तियों का सामना करना पड़ता है।

निम्न जाति का ग़रीब लड़का जो स्वयं चुराए हुए मोबाइल फ़ोन का प्रयोग करके अथाह धन का मालिक बनने से तरह-तरह के भाग्य और दुर्भाग्य का स्वामी बन जाता है। उत्तर प्रदेश का गृहमंत्री जो मुख्यमंत्री बनने का इच्छुक था लेकिन अपने बदनाम व्यवसायी लड़के के कारण अपनी इस महत्वाकांक्षा से वंचित रह जाता है।

एक अमरीकी नागरिक जिसका नाम विश्वप्रसिद्ध गूगल के निर्माता ररी पेज का नामराशि है और एक भारतीय फ़िल्मी अभिनेत्री से शादी करने के इरादे से भारत आता है, जिसका परिचय उसे पत्राचार से हुआ था। इन छह पात्रों के इर्दगिर्द इतनी सारी जटिल और उलझी हुई घटनाएँ घटित होती हैं और इतने ढेर सारे पात्रों का आविर्भाव होता है कि संदिग्धों तथा हत्या-कांड को जोड़ने के स्पर्श-बिंदु को पकड़ पाने में बड़ी कठिनाई होती है और सही हत्यारे का अनुमान लगाना बहुत कठिन हो जाता है। अंतिम क्षण तक सही अपराधी का पता नहीं चलता। अनुमान लगाया था तो वह ग़लत निकला, अंततः एकदम अनपेक्षित रूप से सही अपराधी का पता चलता है–इस दृष्टि से इस उपन्यास को प्रथम कोटि की मनोरंजक रचना कहा जा सकता है। अप्रत्याशित घटनाओं के बाहुल्य के साथ लेखक पाठकों को संपूर्ण भारत का भ्रमण करा देता है– जैसे दिल्ली, मुम्बई, कोलकाता, चेन्नई, वाराणसी, इलाहाबाद, लखनऊ, आजमगढ़, जैसलमेर, कश्मीर की घाटी और अंडमान द्वीप इत्यादि। इसलिए भारत से परिचित पाठकों के लिए बेहद दिलचस्पी का मसाला पेश करता है। सिर्फ़ भारत में ही नहीं, इस्लामाबाद, टेक्सास, सिडनी, अम्स्टेरडम आदि विदेशी शहरों तक भी हमें ले चलता है।

अपनी प्रथम रचना Q&A में जिस प्रकार लेखक ने बहुमुखी और बहुआयामी बहुज्ञता को प्रदर्शित किया था उसी प्रकार इस उपन्यास में भी अपने विपुल ज्ञानकोश का परिचय दिया है। विशेषकर लेखक में बॉलीवुड की फ़िल्मों तथा फ़िल्मी संसार के बारे में गहरा ज्ञान है और सर्वत्र फ़िल्मों का वर्णन आता है। सिर्फ़ फ़िल्मों के नाम और गीत नहीं, बल्कि खास सीन का भी वर्णन देखने को मिलता है, जैसे प्रसिद्ध फ़िल्म 'शोले' का एक सीन जिसमें डाकू सरदार गब्बर सिंह जब इंस्पेक्टर ठाकुर

से बदला लेने के लिए उसकी दोनों बाँहों को काटते समय कहता है–"ठाकुर, मुझे यह हाथ दे दे।" उस सीन का स्मरण करते हुए एक लफंगा कहता है–"मैं तेरे हाथ माँगता, लेकिन अपनी दस उँगलियाँ मुझे दे दे।" यह बहुत निष्ठुर दृश्य है, लेकिन शोले के उसी सीन को याद करते हुए ठहाका मारे बिना नहीं रह सकते। ऐसे और बहुत वर्णन हैं जिनमें बड़ी हँसी आती है। उदाहरण के लिए एक जगह लेखक वर्णन करता है "धनी परिवार की लड़की और ग़रीब परिवार के लड़के के बीच में प्यार हिंदी फ़िल्म में आम बात है।" इस उपन्यास को पढ़ते हुए कई बार ऐसा लगता है जैसे हम वाकई हिंदी फिल्म देख रहे हों, या यों कह सकते हैं कि हम इस उपन्यास में हिंदी फ़िल्मों को पढ़ रहे होते हैं।

लेकिन 375 पृष्ठ वाली इस मोटी किताब को अंग्रेज़ी में पढ़ना इस समीक्षक के लिए आसान काम नहीं था–क्योंकि उसमें अमरीका के कई स्लेंग और ऐसे कुछ कठिन अंग्रेज़ी शब्द भी आते हैं जो मध्यम साईज़ के अंग्रेज़ी-जापानी शब्दकोश में नहीं हैं। लेकिन उसके बावजूद बहुत आनंद और दिलचस्पी के साथ पढ़ सका। इसकी वजह यह है कथानक तो मेरे परिचित भारत के बारे में है और बिलकुल असंभावित न प्रतीत होनेवाली एक के बाद एक घटनाएँ घटित होती हैं। इस उपन्यास में कहीं-कहीं केवल हिंदी ही नहीं, बल्कि बंगला, तमिल, उड़िया, राजस्थानी और ओंगी भाषाओं के शब्द और वाक्य 'वक्र अक्षर' में लिखित हैं, लेकिन उनकी कोई टिप्पणी अंग्रेज़ी में नहीं दी गई है। मुझे लगता है कि लेखक ने भारतीय पाठकों को ध्यान में रखते हुए लिखा है। फलतः अंग्रेज़ी में पारंगत पाठकों के लिए यदि भारतीय भाषाओं का ज्ञान लेशमात्र भी न हो तो इस उपन्यास का पूरा आनंद उठाना कठिन प्रतीत होता है। जानेमन, टीका, दीया, प्रसाद, रोटी, कोफ़ता, दर्शन, ईश्वर, लक्ष्मणरेखा, कुरता, बढ़िया, छिनाल, सत्याग्रही, सरदार जी, आत्मा, अखाड़ा, सात्विक, चुन्नी, धर्म, मेहरबानी, ख़ुदा हाफ़िज़, आदाब, तहज़ीब आदि शब्द हिंदी या उर्दू जाननेवाले पाठकों को जल्दी समझ में आते हैं। "you eat my salt" तो निश्चित रूप से 'तू मेरा नमक खाता है' का सीधा अनुवाद है। पर अंग्रेज़ी भाषी लोग इस अर्थ को समझेंगे या नहीं–मुझे संदेह है। दूसरी ओर, माँ-बहन की गाली हिंदी में वर्जित है, देवनागरी या किसी लिपि में नहीं लिखी जाती। ऐसे वर्णन में लेखक ने उल्टे, अंग्रेज़ी में लिखकर अपने को बचाने की कुशलता प्रस्तुत की है। जिस किसी भी अभारतीय भाषा में अनुवाद होगा उसमें पाठकों की सुविधा के लिए बहुत विस्तार से टीका देने

की ज़रूरत है। सन् 2010 में प्रकाशित जापानी अनुवाद इस दृष्टि से बहुत श्रेष्ठ है। सुना है कि जापानी भाषा समेत 27 भाषाओं में इसका अनुवाद हुआ है, पर पता नहीं क्यों अभी तक हिंदी में इसका अनुवाद प्रकाशित नहीं हुआ है।

लेखक ने Q&A में भी ऐसी बहुत सी दिलचस्प कल्पनाओं से पाठकों का मन मोह लिया था जिसमें स्लम में पला एक अनपढ़ लड़का दिल्ली स्थित ऑस्ट्रेलियाई राजदूतावास के मिलिटरी अताशे के घर में नौकर के रूप में काम करते समय सुन-सुनकर ऑस्ट्रेलियाई लहजे की अंग्रेज़ी सीख लेता है और ख़ुफ़िया विभाग से उस मिलिटरी अताशे की अनुपस्थिति में फ़ोन आने पर उसी ऑस्ट्रेलियाई अंग्रेज़ी के अंदाज़ से जवाब देता है। इसी कारण मिलिटरी अताशे को ख़ुफ़िया कर्म के इल्ज़ाम में गिरफ्तार किया जाता है। इस तरह लेखक की भाषा के प्रति गहरी संवेदनशीलता या चेतना ध्यान देने लायक है।

इस उपन्यास की एक और विशेषता यह है कि इसमें राजनीतिक नेताओं के भ्रष्टाचार और सत्ता-संघर्ष का खुला वर्णन है। अवश्य यह फिक्शन मात्र है, पर इतने सजीव ढंग से वर्णन किया गया है कि ये सब एकदम असंभव तो नहीं लगते।

ट्रेन में यात्रा करते समय शयन यान में मेरे हमसफर बने एक सिन्धी सज्जन को समय काटने के लिए मैंने यह किताब पढ़ने के लिए दी थी तो कुछ पृष्ठों को पलट के पढ़ने के बाद उन्होंने मुझसे यह कहा था कि "It is not a fiction! It is a fact।" ये घटनाएँ लेखक ने कमोबेश कहीं-न-कहीं सुनी देखी घटनाओं के आधार पर ज़रूर लिखी होंगी। इतना ही नहीं, प्रथम रचना की तरह लेखक ऐसा वर्णन भी खुलेआम कर देते हैं जो भारत के लिए कुछ शर्मनाक बात मालूम देता है। मैं भारत के स्वस्थ लोकतंत्र की प्रशंसा किए बिना नहीं रह सकता। अभिव्यक्ति की इतनी स्वतंत्रता और पाठकों की इतनी उदारता शायद एक विकसित लोकतांत्रिक देश अमरीका में भी मुश्किल से उपलब्ध हो। उनके प्रथम उपन्यास में मैं इस वाक्य को पढ़कर आश्चर्य में पड़ गया था कि "स्लम के निवासियों और अंग्रेज़ी साहित्य के बीच का फ़ासला इतना है कि जितना पुलिस और ईमानदारी के बीच।" इस उपन्यास में लेखक एक अमरीकी यात्री के मुख से यह कहलवाता है कि "मुझे भारत की ग़रीबी से इतना धक्का लगा है जैसे हथौड़े से मार खाई हो।" इस कथन ने भी मुझे आश्चर्य में डाल दिया है कि "टेलिफ़ोन पर दूसरों की बातचीत चोरी से सुनने के लिए भारत स्वर्ग है।" असल में इस उपन्यास के अधिक अपराधों का प्रमाण राजनीतिज्ञों की टेलिफ़ोन पर की गई व्यक्तिगत बातचीत को चोरी से सुनकर रिकॉर्ड करने से मिलता है।

चाहे फिक्शन सही, फिर भी एक कूटनीतिज्ञ अर्थात् सरकारी कर्मचारी के लिए इतना सब कुछ लिखने की स्वतंत्रता संरक्षित है। भारत के पड़ोसी देशों में तो इसकी कल्पना भी नहीं की जा सकती।

हिंदी भाषा से संबंधित एक संदर्भ की ओर भी मेरा ध्यान आकृष्ट हुआ है—मुख्यमंत्री के गृहमंत्री को मीडिया की ओर से मिलनेवाली आलोचना की चेतावनी देने पर गृहमंत्री जवाब देता है कि "मैंने शिक्षा मंत्री को अंग्रेज़ी-शिक्षण बंद करके बच्चों को सिर्फ़ हिंदी पढ़ाने का आदेश दिया है।" इसका मतलब यह है कि पत्रकारिता के माध्यम से सरकार की निंदा करनेवाले तो सिर्फ़ अंग्रेज़ी पढ़े-लिखे लोग हैं। केवल हिंदी जाननेवालों पर शासन करना राजनीतिज्ञों के लिए बहुत आसान है। अवश्य यह सत्य नहीं है। हिंदी भाषी आम जनता भी सरकार की बहुत निंदा करती है और चुनाव में बहुसंख्यक होने के कारण सरकार को बदलने की क्षमता भी रखती हैं—यही तो लोकतंत्र का सिद्धांत है। लेकिन फिर भी, उक्त कथन इसलिए दिलचस्प है कि वह राजनीतिक संभ्रांत वर्ग के लोगों की मनोवृत्ति को इंगित करता है कि शासक वर्ग हिंदी को किस दृष्टि से देखता है। और तो और, मोबाइल की चोरी करने से एकदम धनी बना लड़का धनी परिवार की लड़की से बहुत महँगे डिस्को में मिलने पर पहले तो अंग्रेज़ी में बोलने लगता है, क्योंकि उसे पता है कि धनी लोग अंग्रेज़ी बोलते हैं। लेकिन अंग्रेज़ी ठीक न बोल सकने के कारण थोड़ी देर के बाद वह डरे-डरे झेंपकर "मुझे हिंदी बोलने में ज़्यादा आसानी है।"—कहकर हिंदी में बोलने लगता है। स्वयं भारतीयों को हिंदी बोलने में इतनी हीनग्रंथि का अनुभव हो तो हिंदी पढ़नेवाले विदेशी छात्र निरुत्साहित होंगे। हाँ, उक्त संदर्भ में गृहमंत्री की बात के उत्तर में मुख्यमंत्री ने यह भी कहा है कि "हाँ, उर्दू भी (पढ़ाओ)। मुसलमानों का वोट भी मत भूलना।" लेखक की आदिवासी ओंगी जाति के नौजवान 'एकेटि' के प्रति गहरी सहानुभूति परिलक्षित होती है। काले रंग और छोटे कद के कारण पुलिस उसे झारखण्ड का आतंकवादी समझकर गोली से मार देती है। उस बेचारे की 'चम्पी' नामक प्रेमिका थी जिसके साथ शादी करके अंडमान द्वीप में वह शांतिपूर्वक जीवन बिताना चाहता था। चम्पी की भी अपनी दुखद जीवन कहानी है। सन् 1984 में भोपाल में घटित गैस विस्फोट की शिकार बनकर दयनीय जीवन जीने के लिए विवश है। मुश्किल से प्राप्त उसका क्षणिक सुख भी इस तरह छीन लिया जाता है। विकास स्वरूप जी के उपन्यास की एक विशेषता यह है कि दु:ख में भी कहीं-न-कहीं विनोद है, पर चम्पी

के जीवन का वर्णन पढ़ते हुए आँसू रोके बिना नहीं रह सकते। एकेटि की मृत्यु से ओंगी जाति की एक जनसंख्या कम हो जाती है, पता नहीं कि इस जाति का विनाश कब हो जाए। ज़ाहिर है कि लेखक ऐसी स्थिति को कतई नहीं चाहते।

सुना है कि इस उपन्यास का भी फिल्मांकन हो रहा है। एक ओर प्रतीक्षा रहेगी तो दूसरी ओर आशंका भी है, क्योंकि इतनी जटिल घटनाओं को पढ़ने और उसका पूर्ण आनंद लेने के बाद केवल दो-तीन घंटे की फ़िल्म में कितने कथानक आ सकते हैं, अधिकांश घटनाएँ एकदम फेंक दी जाएँ और कहानी बिलकुल दूसरे प्रकार की हो। असल में फ़िल्म कितनी अच्छी भी बने, मूल रचना को पढ़ने का आनंद फ़िल्म देखने से नहीं मिलता। फ़िल्म को बिलकुल दूसरे दृष्टिकोण से देखना चाहिए। यह कहना अतिशयोक्ति न होगी कि मूल उपन्यास के कथानक को भूल जाना बेहतर है।

लेखक ने इतना लम्बा उपन्यास दक्षिण अफ्रीका के प्रवास के समय ड्यूटी समाप्त होने के बाद या सप्ताह के अंत का उपयोग करके लिखा था। उनकी लेखन-शक्ति अद्‌भुत है।

*द्वितीय अन्तरराष्ट्रीय हिंदी सम्मेलन, सम्मेलन - स्मारिका , सम्पादक डॉ. सुरेश ॠतुपर्ण, तोक्यो यूनिवर्सिटी ऑफ फॉरिन स्टडीज़, 2012 से साभार*

# श्री रमेश पोखरियाल 'निशंक' कृत 'संघर्ष जारी है'

'निशंक' जी की 'संघर्ष जारी है' काव्य-कृति पढ़कर मुझे पहली अनुभूति यह हुई कि उनकी भाषा संस्कृतनिष्ठ होने के बावजूद सरल है। कुछेक शब्दों को छोड़कर मुझे लगभग सभी शब्दार्थ समझ में आए हैं। और उनका अभिप्राय भी लगभग समझ में आया है। इनका पाठ करने से लयात्मकता का आनंद भी मिलता है। इसलिए इनकी ये कविताएँ हिंदी के विदेशी विद्यार्थियों के लिए भी अपेक्षाकृत 'बोधगम्य' कहा जा सकता है।

मुझे इनकी कविताओं की जो विशेषताएँ लगीं वे इस प्रकार हैं –

1. प्राकृतिक दृश्य का सुंदर वर्णन
2. जीवन की कठोरता या यथार्थ का कुशल वर्णन
3. जीवन के प्रति आशावादी दृष्टिकोण
4. दुख या संकट पर विजय पाने का दृढ़ संकल्प

## प्राकृतिक दृश्य का सुंदर वर्णन

यत्र तत्र 'निशंक' जी की इन कविताओं में प्रकृति के सौंदर्य का वर्णन मिलता है :

> ढल रही रात
> असीम विस्तार लिए,
> महासागर की लहरों-सा
> लहराने लगा है। (धरती का श्रृंगार)
> हिमालय के ये शैल-शिखर,
> हिम-मंडित उत्तुंग शिखर,
> जीवन को उच्च बनाने की,
> देते हैं नित्य प्रेरणा सहज। (प्रेरणा) आदि

मेरे ख्याल में इनको यह प्रेरणा अपने जन्म स्थान व पलित प्रदेश उत्तराखंड की प्रकृति से मिली होगी। इस प्रेरणा को सुंदर कवितामय भाषा में व्यक्त करने की उनमें अद्‌भुत क्षमता है।

### जीवन की कठोरता या यथार्थ का कुशल वर्णन

जीवन की पीड़ा या वेदना का कुशल वर्णन भी कई पंक्तियों में दृष्टिगोचर है, जैसे-

वह अकथ कथा
जो छटपटा रही कहने को,
मन के अंदर का लावा।
जो फूट रहा है कहने को। (मैं अकेला ही सही)
मैंने दर-दर ठोकर खाई,
जबसे था सीखा चलना,
पाए ज़ख़्म पग-पग पर मैंने,
मरहम स्वयं सीखा मलना। (क्या भूलूँ,क्या याद करूँ) आदि

### जीवन के प्रति आशावादी दृष्टिकोण

लेकिन वे निराशावादी नहीं हैं, बल्कि आशावादी हैं। दुख या दर्द को सहन करने के बाद अवश्य उज्ज्वल भविष्य के आगमन में विश्वास करते हैं।

जैसे-

मेरे भारत को अब कोई सपने में भी नहीं छले।
आसेतु हिमालय तक उसमें,
नए सृजन के दीप जलें। (सृजन के दीप जलें)
तुम्हारी यह संघर्ष-गाथा
व्यर्थ नहीं जाएगी
नि:संदेह वह
तुम्हारे खून के प्रसून बन
अमरत्व पाएगी। (नींव का निर्माण) आदि

### दुख या संकट पर विजय पाने का दृढ़ संकल्प

उपर्युक्त 'आशावादी' से संबंधित होगा कि दुख या संकट पर विजय पाने का दृढ़ संकल्प का भी वर्णन मिलता है। जैसे-

हमने तो संकल्प लिया है
दिन पर रात न चढ़ने देंगे,
और कलुष की काली छाया
अब न स्वयं पर पड़ने देंगे। (संकल्प लिया है हमने)
परिणाम अनपेक्षित रहने पर
मेरा हृदय कायर न हुआ,
क्योंकि मैंने यथाशक्ति
विजय-हेतु यत्न किया
इसीलिए
मैं हारते हुए भी जीता हूँ
और जीतता रहूँगा। (मैं हारा नहीं हूँ)

अभी मेरा ध्यान इस पुस्तक की भूमिका में डा. सुधारानी पांडेय जी के लिखित इस कथन कथान की ओर गया है कि 'निशंक' कवि पहले हैं, राजनेता बाद में। कवि और राजनेता एक ही व्यक्ति में साथ-साथ क्यों हैं? कवि तो यथार्थ से दूर स्वप्न-लोक में जीने वाले हैं, वे जहाँ सूरज नहीं पहुँचता वहाँ पहुँच सकते हैं, पर नेता जी नहीं पहुँच सकते। नेता जी तो यथार्थ जीवन में यथार्थ समस्याओं से नित्य जूझते हैं। कवि और राजनेता बिल्कुल विरोधाभास जैसे लगते हैं।

परन्तु और ध्यान देने पर इनके अलावा तीन राजनेताओं के नाम याद आते हैं। भूतपूर्व प्रधानमंत्री स्वर्गीय अटल बिहारी वाजपेयी जी, पश्चिम बंगाल के भूतपूर्व राज्यपाल डाक्टर केशरीनाथ त्रिपाठी जी और श्री कुमार विश्वास जी। पहले दो नेता जी तो बीजेपी के हैं। 'निशंक' जी को मिलाएँ तो तीनों बीजेपी के हैं। कांग्रेस में कोई कवि हैं? खैर, यह तो संयोग की बात होगी। राजनैतिक दल और कवित्व में कोई संबंध नहीं होगा। यह व्यक्तिगत रुचि और प्रतिभा की बात होगी। जापान के राजनेताओं में कोई कवि हैं? कविता का रसास्वदन तो कुछ सांसद ज़रूर करते होंगे। वैसे सभी शिक्षितों की पहचान है कविता का आनंद लेना। पर कविता बनाना तो हर कोई नहीं कर सकता। आखिर मुझे इस समय कविता लिखनेवाले किसी जापानी राजनेता या सांसद का नाम नहीं आता।

वैसे, यथार्थ और स्वप्न लोक यानी आदर्श-दोनों में कोई संबंध नहीं दीखता, पर लगता है, कुछ संवेदनशील व्यक्तियों के लिए संबंध हो सकता है—जैसे 'निशंक' जी

के लिए। ऐसे लोगों को यथार्थ जीवन में यथार्थ समस्याओं 'sein' (है) के समाधान के लिए 'sollen' (होना चाहिए) की तलाश करते-करते मन में कविता आती है और आदर्श 'sollen' (होना चाहिए) की बातें सोचते-सोचते यथार्थ (है) दुनिया का ध्यान मन में आता है। प्रेमचंद के 'आदर्शोन्मुख यथार्थवाद' शब्द का स्मरण आता है।

जो भी हो, 'निशंक' जी की निम्नलिखित दो कविताओं में ऐतिहासिक घटनाओं (तथ्य) का वर्णन मिलता है -इसे उनके राजनेता होने की पहचान मान सकते हैं-

मुख से आवाज़ न निकलती थी,
झकझोरने पर तो आँखों से
एक अश्रुधार ही फूटी थी।
दिल में बस आशंकाओं का
ज्वार उमड़-घुमड़ता था,
और सोचकर अनहोनी
मन उदास-सा दिखता था।
उसका ही कंधार आज फिर
आँखों पर पट्टी बाँधे,
सहनशीलता की सीमा को
बड़ी क्रूरता से लाँघे।
खंडित करता बुद्ध प्रतिमा
गंधारी का देश अरे! (कंधार की आँखों पर पट्टी)

इस कविता में तालिबान के अत्याचार पर गहरा क्षोभ है।

हम अभी
भूल भी न पाए थे
खून-भरी नदियाँ और
उन यातनाओं को,
आज़ादी दिलाने वाले उन वीरों के बलिदानों को,
हँसते-हँसते
चूमते फाँसी के फंदों को,
आज़ादी के बंदों को गए
अभी कुछ ही दिन बीते थे

कि फिर से
झेलना पड़ रहा है हमें,
अपनी ही ज़मीन पर
अपने ही
तानाशाह के अत्याचारों को
हैवानियों को,
दुहराते हैं जो
काले इतिहास की कहानियों को। (स्वतंत्रता के बाद)

कहने की आवश्यकता नहीं है कि इसमें भारत-पाक के विभाजन के समय पंजाब में हुए अभूतपूर्व साम्प्रदायिक दंगों और हिंसाओं का वर्णन है। यह पंजाबी कवयित्री अमृता प्रीतम की हृदय-स्पर्शी कविता 'अज्ज अक्खां वारिस शाह नूँ' की याद दिलाती है।

***डॉ. रमा, निशंक का रचना संसार: देश के पार,***
***हंस प्रकाशन, नई दिल्ली, 2020 से साभार***

# अक्कासिए दिल पर एक नज़र

श्री केशरी नाथ त्रिपाठी जी की शख्सियत और कामयाबी से मैं बहुत मोतास्सिर रहा प्रतिभाशाली व्यक्तित्व तथा पंडित जी के सुलभ तथा गंभीर स्वभाव से सदैव प्रभावित रहा हूँ। उनसे मेरा प्रथम परिचय सन् 1999 में लंदन में आयोजित विश्व हिंदी सम्मेलन के अवसर पर हुआ था। दूसरी मुलाकात का मौका मार्च सन् 2000 में लखनऊ में उस वक्त मिला था जब मेरे जापानी विद्यार्थियों के हिंदी नाटक दल ने रवीन्द्रालय में राजेंद्र शर्मा द्वारा रचित हास्य नाटक *'कायाकल्प'* को प्रस्तुत करने के लिए लखनऊ आए थे।

इस बार काठमाण्डू से शुरू करके पटना, वाराणसी, इलाहाबाद–इन नगरों में सफल मंचन करने के बाद अन्तिम मंचन इसी राजधानी के खचाखच भरे हाल में किया था। (एक हज़ार के लगभग दर्शक भरे थे) जिसके मुख्य अतिथि के रूप में केशरी नाथ जी विद्यमान थे। वे उस समय उत्तर प्रदेश की विधान सभा के अध्यक्ष थे और नाटक का आयोजन डॉ. यासमीन सुलताना नकवी जी ने किया था। इस मंचन का सारा इतंजाम और हिदायत डॉ. यासमीन सुलताना नकवी ने किया था इसके पहले उन्होंने इलाहाबाद में इसी तरह का सारा बदोबस्त किया था। इसके पहले हमें कहीं ऐसा इन्तजाम नहीं मिला वह दिन हमारे लिए यादगार बन गया। इतना ही नहीं यहाँ से लखनऊ तक की ट्रेन यात्रा में जापानी छात्र उनके हमसफर थे। उनके बनाए सुस्वाद 'पाथेय' का मजा सभी ने ट्रेन के अंदर लिया था। हमारा सफर बहुत कामयाब रहा। भूतपूर्व महापौर डाक्टर दाऊ जी गुप्त ने भी पूरा सहयोग दिया था।

हमारी मुलाकात त्रिपाठी जी से कहीं न कहीं इस तरह से हो ही जाती थी। एक दिन में लखनऊ के उनके कार्यालय में बैठा था। वहाँ के राजनैतिक नेता गण और साहित्य प्रेमियों समेत मैं भी महफिल में शामिल हुआ था। बीच में उनका चपरासी कोई सरकारी दस्तावेज़ लाल कपड़े में जब लेकर आया तो वे उन कागजातों पर दस्तखत करने लगे। मैंने झाँककर देखा तो सारे कागजात हिंदी में लिखे थे। मेरे पूछने

पर उन्होंने बताया था–"अब उत्तर प्रदेश में सारा काम हिंदी में होता है।" मैंने सोचा था कि सरकारी दस्तावेज अभी भी अंग्रेज़ी में लिखते होंगे।

सितम्बर 2006 में भी उनसे मेरी मुलाक़ात इलाहाबाद में हुई थी जब अखिल भारतीय भाषा साहित्य सम्मेलन का वार्षिक अधिवेशन हुआ था जिसमें मुझे भारत भाषा भूषण पुरस्कार से नवाजा गया था। उस समय भी वे मेहमान खुसूसी थे। केंद्रीय हिंदी संस्थान, आगरा के भूतपूर्व निदेशक डॉ. नित्यानंद तिवारी जी भी उपस्थित थे।

केशरी नाथ जी राजनीति के अधिवक्ता के अलावा नामी वकील भी हैं। व्यस्तता के बावजूद वे समय निकालकर कवितायें भी लिखते रहते हैं। आम लोगों के लिए इन कामों से कोई फुर्सत नहीं मिलती। चौबीस घंटे इन्हीं कामों में लगे रहना पड़ता है। दुनियादारी या व्यावहारिकता के साथ इस प्रकार की रसिकता का सह अस्तित्व हमारे यहाँ बहुत कम लोगों में देखने को मिलता है—यानी जापान में वकील सिर्फ वकालत करता है, राजनीतिक नेता केवल 'नेतागिरी' में लगे रहते हैं। कविता तो कवि बनाते हैं। 'आयुपंख', 'उन्मुक्त' और 'केशरीनाथ के दोहे काव्य संकलन' लिखने के बाद भी केशरी नाथ जी स्वयं को कवि नहीं मानते। यह उनकी विनम्रता है। वे पूरे कवि हृदय के है। आश्चर्य की बात नहीं है कि यासमीन जी हिंदी की अपनी कक्षा में केशरी नाथ जी की चुनी हुई कविताएँ जापानी विद्यार्थियों को पढ़ाती हैं। यासमीन जी ने मुझे मनोनुकृति और उसका तर्जमा *'अक्कासिए-दिल'* पढ़ने का अवसर दिया। मैंने एक बार हिंदी में पढ़ा दूसरी बार उर्दू में।

सियहफाग रातों में दिलकश लोरी कौन सुनाए
कौन सुनाए धरती के गीत-ग़ज़ल
माँ का भी जब पास न हो पुरसुकून आँचल

इन लाइनों ने दिल को छू लिया। मुझे भी आज अपनी माँ बहुत याद आई। दोबारा हिंदुस्तान में फिर सजेंगे हिनाई हाथ किसके आज यह कहें किस के सहारे।

यासमीन जी ने एक नए अंदाज का रंग भरा है तो वकजहती की जबरदस्त आरजू है। उसी तरह उन्होंने जिन्दगी में "जिन्दगी है साँसों की बहुत बड़ी नदी" की उपमा मुझे बहुत अच्छी लगी उसकी वजह यह है कि जापान का बहुत मशहूर लोकप्रिय गीत 'कावा नो नागारे नो योओनि' (नदी के बहावों-सी) से बहुत कुछ मिलती है। उस लोकप्रिय जापानी गीत का हिंदी अनुवाद इस प्रकार है–

जाने क्यों जाने क्यों आ रही अब तक पतले और लंबे इस रास्ते
मुड़कर जो देखा यह दीखा बहुत दूर

जन्मभूमि को मैं देखूँ
उबड़खाबड़ रास्ता या आढ़ी-तिरछी यह राह
नक्शा तक नहीं
यह गीत भी तो इक ही ज़िन्दगी
आऽऽऽ नदी के तो बहावों-सी हो धीरे-धीरे।

इस गीत में नदी को गंगा का नाम दे तो बिलकुल भारतीय जीवन दर्शन बनेगा। हम सुरमा नहीं है में तंज का तर्ज बहुत अच्छा है—"क्योंकि हम उनकी शतरंज के मोहरे हैं जो सियासत के दादा बाबा हैं। "वतन की मुहब्बत परवान चढ़ती है सुभाष, भगत, आजाद, लाहिडी, बिस्मिल, राजगुरू, बंकिम की", "कसम शहीदों के लहू के बूंदों की", "दुनिया के हर गोशे में परचमें हिंद तिरंगा हम लहराएँगे" अभी हाल के 'इंडिया टुडे' में किए गए 60 महानतम भारतीय व्यक्तियों पर सर्वे के लेख (23 अप्रैल, 2008) की याद दिलाती है जिसमें प्रथम स्थान सरदार भगत सिंह को 37 प्रतिशत की वोट से और सुभाषचंद्र बोस को द्वितीय स्थान मिला 27 प्रतिशत की वोट से यह थोड़ा-सा आश्चर्यचकित करने वाला यह नतीजा था लेकिन ऐसा लगता है कि केशरी नाथ जी ने इस परिणाम की भविष्यवाणी पहले ही कर दी थी।

मैं त्रिपाठी जी के स्वास्थ्य और शताऊ होने की शुभकामना करता हूँ तथा अपनी छोटी बहन डाक्टर यासमीन सुल्ताना जी को आशीर्वाद के साथ कहना चाहता हूँ।

यासमीन, तुम्हारी कलम में हो बहुत खूब रवानी
जैसे बिलगरज बहता है हर वक्त नदी का पानी
और फूलों - फलों जम के लिखो सारे जहाँ की कहानी

अनुवाद अपने आप में एक मुश्किल काम है। किसी नए विषय पर लिखना शायद आसान है क्योंकि हम जैसा चाहते उस तरह अपना रास्ता बदलकर चल पड़ते हैं लेकिन अनुवाद में किसी बने-बनाए विषय पर बंधकर चलना पड़ता है। मैंने बड़ी गहराई से उर्दू-हिंदी का तरजुमा करते वक्त महसूस किया है कि कहीं-कहीं बहुत मुश्किल का सामना करना पड़ जाता है। हर मुल्क की अपनी अलग तहजीब होती है जो यहाँ के अदब/ साहित्य में अपने आप आ जाती है जिसका होना दूसरे मुल्क में जरूरी नहीं है। गीतगुच्छ में ऐसी मुश्किलें बार-बार आई जो भारत में नहीं पूरी। "अक्कासिए दिल" की पाण्डुलिपि पढ़कर मुझे बेहद खुशी हुई कि मेरी पूर्व सहकर्मी डॉ. नकवी ने एक बड़ा काम किया। उर्दू न जानने वालों के लिए उर्दू को

देवनागरी लिपि में नए शब्द-अर्थ के साथ लिखा जिसे पढ़कर इस शीरीं जबान का मजा सब ले सकते है।

आज फिर में फख्र के साथ कह सकता हूँ कि डॉ. यासमीन का चुनाव हमने बहुत सही किया था। यासमीन जी से अदीबों और शायरों को बड़ी उम्मीदें हैं ये हमेशा अदब की खिदमत करती रहेंगी। इन्हीं दुआओं के साथ दिन बदल सकते हैं।

***'साकुरा की बयार अंक 9' अक्टूबर-दिसंबर 2013 से साभार***

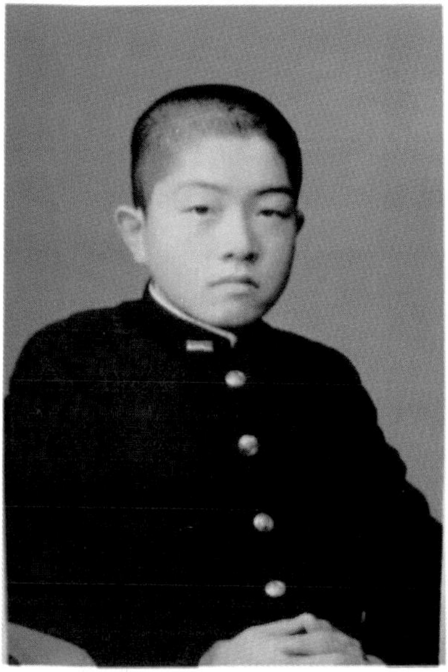

*बाल्यावस्था में तोमिओ मिज़ोकामि*

*युवावस्था में तोमिओ मिज़ोकामि*

शान्तिनिकेतन में युवा तोमिओ मिज़ोकामि

लेखक पत्नी के साथ भारत यात्रा के समय

## आत्मीय जनों की नजर में मिज़ोकामि जी

# मेरे जापानी संगीत शिक्षक

शुभा मुद्गल

संगीत के क्षेत्र में गुणीजनों, गुरुजनों की लंबी सूची है जिनसे मुझे मार्गदर्शन का वरदान मिला। पंडित रामाश्रय झा 'रामरंग', पंडित विनय चंद्र मौद्गल्य, पंडित वसंत ठकार, पंडित जीतेन्द्र अभिषेकी, पंडित कुमार गंधर्व व विदुषी नेमैना देवी जी जैसे दिग्गज कलाकार, रचनाकार, गुरुओं से रागदारी संगीत की शिक्षा ग्रहण करने का अवसर मुझे मिला, यह मैं गर्व से इस कारण कह सकती हूँ, क्योंकि माँ पिता जी आजीवन इन सभी गुरुजनों के द्वारे माथा टेकने को मुझे प्रोत्साहित करते रहे, और गुरु भी उदारता से मेरी झोली भरते रहे।

पारंपरिक गुरु शिष्य पद्धति में इन सभी महानुभवों से मैने सीखा, किन्तु गुरु-तुल्य ऐसे सज्जन भी मिले, जिनसे अनौपचारिक रूप में न सही, पर जीवन से संबंधित बहुत कुछ सीखा-समझा। हिंदी, बंगला, पंजाबी आदि भारतीय भाषाओं के प्रतिष्ठित जापानी मूल के विद्वान, प्रोफ़ेसर तोमिओ मिज़ोकामि जी ऐसे ही एक गुरुतुल्य सज्जन रहे हैं मेरे जीवन में। हमारे परिवार से इनका लंबा संबंध रहा है, उस समय से जब वे हिंदी के छात्र थे और कुछ समय हमारे परिवार के साथ इलाहाबाद (आज के प्रयागराज) में हमारे घर पर रहे। भारतीय परिवार के संग रहने के पीछे उनका उद्देश्य संभवत: बोल-चाल की हिंदी, भारतीय रीति-रिवाज, चलन-कहन को बेहतर समझना रहा हो, लेकिन वे हम सब के साथ जापानी संस्कृति, कला आदि की जानकारी उदारता से बाँटते रहे।

मैं उस समय छोटी बच्ची ही थी, यही कोई सात-आठ वर्ष की। संगीत-नृत्य आदि में मेरी रुचि देखते हुए उन्होंने मुझे और मेरी अनुजा रागिनी को जापानी बाल-गीत सिखाने की ठान ली। कुछ ही दिनों में हम दोनों ने गुरु मिज़ोकामि जी से तीन चार

जापानी बाल गीत सीख लिए और बड़े आनंद से हम परिवार के सदस्यों के बीच उनकी फर्राटेदार प्रस्तुति करते। मिज़ोकामि जी ने हम दोनों बहनों के गाये और उन्हीं के सिखाए गीत ध्वनिमुद्रित भी कर लिए और जापान लौटने पर जापानी मित्रों को जब गीत सुनाये, तो लोगों को विश्वास न हुआ कि भारतीय़ बच्चों का जापानी भाषा का उच्चारण इतना शुद्ध हो सकता है। अब इसमें दो राय नहीं हो सकती कि इसका श्रेय तो गुरु मिज़ोकामि जी को ही जाना चाहिए। यही नहीं आज भी, चार-पाँच दशकों के बीत जाने के उपरान्त, मुझे सब नहीं तो कम से कम दो गीत तो कंठस्थ हैं जैसे कल ही सीखे हों! पुन: गुरु की ही महिमा का बखान करना पड़ेगा।

हमारे परिवार में मिज़ोकामि जी जब तक रहे, उनका आग्रह रहा कि हम सब उनसे केवल हिंदी में ही वार्तालाप करें। उनकी इच्छा थी कि उन्हें हिंदी में नि:संकोच बोलने का अभ्यास हो जाए, लहजे आदि में सुधार हो। जो भी हो, सत्य तो यह है कि हम घर पर शुद्ध हिंदी की जगह बोल-चाल की हिन्दुस्तानी भाषा का प्रयोग करते थे। मिज़ोकामि जी के साथ रहने से हमारी हिंदी अवश्य सुधर गई, ये मैं दावे के साथ कह सकती हूँ! मुझे भली भाँति याद है कि एक दिन मिज़ोकामि जी ने बड़े ही प्रसन्नचित्त हो हम सब को सूचना दी कि उन्हें "कन्या-रत्न की प्राप्ति हुई है।" कुछ क्षण तो हम सब भौंचक्के से रह गए, फिर पिता जी ने जब उन्हें बिटिया के जन्म पर बधाई तो हम गँवारों को कुछ समझ में आया और हम भी बधाई देने लगे।

मिज़ोकामि जी का मेरे माँ-पिता जी से जापान लौटने के बाद भी कई वर्षों तक नियमित पत्राचार, सम्पर्क आदि बना रहा, किन्तु हम दो बहनें अपने अपने घर, काज आदि में व्यस्त हो गईं और कुछ समय तक मिज़ोकामि जी से सम्पर्क छूट गया। वे भारत आते तो सम्पर्क करने का प्रयास अवश्य करते, लेकिन उनसे साक्षात भेंट लम्बे अंतराल के बाद हुई, वो भी माँ और पिता जी के देहावसान के उपरान्त। जब मैने पिता जी और माँ के न रहने की सूचना उन्हें दी, तो उन्होंने बड़ी ही उदारता के साथ ईमेल द्वारा माँ व पिता जी के हस्तलिखित पत्र आदि मुझे स्कैन कर भेज दिए। पिता जी ही नहीं, दादा जी स्वर्गीय डाक्टर प्रकाश चंद्र गुप्त के हस्तलिखित पत्र की प्रति भी मुझे भेज दी। भारत से भेजे गए प्रत्येक लिफाफे अथवा उस समय प्रचलित एरोग्राम पर मिज़ोकामि जी ने स्वयं प्राप्ति की तिथि भी नोट कर रखी थी। उनकी संभाल सहेज कर रखी इस आर्काइव से मुझे ये सारे स्मृति चिह्न प्राप्त हुए, इसके लिए मैं सदैव उनकी आभारी रहूँगी। व्यवस्थित रूप से सभी सामग्री को संगृहीत करने की उनकी पद्धति से भी सीखने को मिला।

मिज़ोकामि जी की निरन्तर अभ्यास व साधना में तल्लीन रहने की प्रबल इच्छा भी मेरे लिए अत्यन्त प्रेरणादायक रही है। निरंतर ज्ञान अर्जित करने में जुटे रहने वाले हमारे परमादरणीय मिज़ोकामि जी को मेरा आदरपूर्ण प्रणाम। परमात्मा से प्रार्थना करती हूँ कि वे स्वस्थ रहें, सकुशल रहें और हम सब को आशीष देते रहें।

***शुभा मुद्गल जी सुप्रसिद्ध शास्त्रीय गायिका हैं।***

# सतत जिज्ञासु और परिश्रमी भारत-प्रेमी मित्र

वेद प्रताप वैदिक

मेरा प्रोफेसर मिज़ोकामि जी से पहला परिचय मेरे पुराने जापानी मित्र प्रोफेसर शो कुवाजिमा के माध्यम से हुआ था जब मैं दिल्ली में नवभारत टाइम्स के सहायक संपादक के रूप में काम कर रहा था। संभवत: सन् 1975 या 1976 की बात थी। मिज़ोकामि जी ओसाका विश्वविद्यालय से दो साल के लिए दिल्ली विश्वविद्यालय में एम. ए. करने के लिए आए थे। विश्वविद्यालय के पास गुजरांवाला टाउन में सपरिवार रहते थे। भौगोलिक दूरी के बावजूद कभी-कभी मुझसे मिलने आते थे। हिंदी उनका विषय था, पर उनकी रुचि भारतीय इतिहास और राजनीति में भी थी। इसलिए मेरे साथ इन विषयों पर चर्चा करने आते थे। मैं उनके अलावा हिंदी के अनेक विदेशी विद्वानों को जानता हूँ, किंतु मिज़ोकामि जी जैसे जिज्ञासु और परिश्रमी व्यक्ति को कम देखा है।

सन् 1999 में लंदन में छठे विश्व हिंदी सम्मेलन में उपस्थित होने के पहले वे मुझसे मिलने आए थे और यूरोप में प्रथम बार आयोजित इसी सम्मेलन में शामिल होने का उत्साह प्रकट किया था। बाद में पता चला कि वहाँ उन्होंने अपने ओसाका विश्वविद्यालय के हिंदी नाट्यदल के छात्रों द्वारा हिंदी में नाटकों का सफल मंचन करके दुनिया भर से आए हिंदी के विद्वानों को बहुत प्रभावित किया था। उन्होंने सन् 1997 से 2007 तक हर साल भारत समेत 6 देशों में कुल मिलाकर 79 बार मंचन करके चमत्कार किया था।

जब जब दिल्ली में मंचन होता था तो वे हमेशा मुझे आमंत्रण पत्र भेजते थे। लेकिन खेद है कि मुझे व्यस्तता के कारण देखने जाने का मौक़ा नहीं मिलता था। लेकिन फ़रवरी 24, सन् 2007 को, जब मिज़ोकामि जी ओसाका विश्वविद्यालय से अवकाश ग्रहण करने वाले थे, राष्ट्रीय नाट्य विद्यालय के अभिमंच पर आयोजित

दो नाटकों को देखने का मौक़ा मिला। "हिरोशिमा की कहानी" तोक्यो विदेशी भाषा विश्वविद्यालय की उर्दू नाटक सभा के द्वारा मंचित उर्दू नाटक था और "एक यमदूत की कहानी" ओसाका के उनके अपने विद्यार्थियों द्वारा मंचित हिंदी नाटक था जिसमें मिज़ोकामि जी ने स्वयं एक यमदूत के मुखिया की भूमिका निभाई थी। दोनों बहुत अच्छे और मर्मस्पर्शी मंचन थे। जापानी छात्रों के अभिनय ने मुझे बहुत प्रभावित किया।

सन् 2007 में ओसाका विश्वविद्यालय से अवकाश ग्रहण करने के बाद भी मिज़ोकामि जी लगभग हर वर्ष किसी न किसी सम्मेलन में आमंत्रित होकर भारत यात्रा के लिए आते थे। और पावर पॉइंट के माध्यम से अपना ज्ञान श्रोताओं से साझा करते थे। मिज़ोकामि जी कहा करते थे कि जब प्रोफ़ेसर था तो हिंदी नाट्यदल के अपने छात्रों के नाटक का मंचन किया करता था, अब भाषण देना प्रमुख काम है।

नाटक का मंचन सामूहिक कार्य है, पर भाषण देना व्यक्तिगत प्रस्तुति है। लेकिन दोनों में समानता है, अर्थात् हिंदी के माध्यम से हिंदी भाषी भारतीय दर्शकों या श्रोताओं के सामने प्रस्तुत करना। दोनों मुश्किल काम हैं, पर दोनों बहुत आनंददायक काम हैं। सन् 2017 जापान-भारत सांस्कृतिक विनिमय का साल था जिस प्रकार 2007 में हुआ था। हर दस साल में एक साल दोनों देशों में आपसी सांस्कृतिक कार्यक्रम का आयोजन होता है। दोनों देशों में सैकड़ों कार्यक्रमों की प्रस्तुतियाँ होती हैं। इसमें विदेश मंत्रालय से मान्यता प्राप्त करनी होती है।

सन् 2017 में मिज़ोकामि जी के द्वारा प्रस्तावित "जापान-भारत संबंध—इतिहास तथा परिप्रेक्ष्य" विषय को मान्यता मिली। और उसी साल के अक्तूबर से दिसंबर तक गुवाहाटी से लेकर अहमादाबाद, पुणे से लेकर चंडीगढ़ तक कुल मिलाकर 13 शहरों में 24 स्थानों पर भाषण देकर लगभग 8 हज़ार किलोमीटर की लंबी यात्रा तय करके दिल्ली आए थे। उन्होंने गुवाहाटी, शान्तिनिकेतन और कोलकाता में बंगला में, चंडीगढ़ में पंजाबी में, पुणे के एक कॉलेज में जापानी भाषा में और शेष सभी सथानों पर हिंदी में भाषण दिया था। एक ही भाषण को चार भाषाओं में दिया! अद्‌भुत प्रतिभा के स्वामी हैं। इस भाषण यात्रा का अंतिम भाषण नई दिल्ली में स्थित इंडिया इंटरनैशनल सेंटर में आयोजित था। यह स्थान बहुत प्रतिष्ठित माना जाता है और जापान से जुड़ा इसलिए है कि जब सन् 1960 में जापान के भूतपर्व सम्राट अकिहितो तथा सम्राज्ञी मिचिको राजकुमार और राजकुमारी के रूप में भारत पधारे थे, तब उन्होंने यहाँ नींव का पत्थर रखा था। संयोग से मुझे मिज़ोकामि जी के इस भाषण समारोह का अध्यक्ष बनाया गया था।

लगभग 100 श्रोताओं से हॉल खचाखच भरा हुआ था। वर्तमान और भूतपूर्व राजनयिक भी थे, जापान से जुड़े कुछ अध्यापक भी थे और हिंदी समझनेवाले मिज़ोकामि जी के जापानी मित्र भी थे। सभी मिज़ोकामि जी के शुभ चिंतक थे।

उन्होंने पूरे डेढ़ घंटे में बोधिसेन (सन् 752 में प्रथम जापान गए भारतीय भिक्खु) से लेकर नरेंद्र मोदी तक 15 भारतीय प्रतिनिधियों और राजकुमार शोतोको (बौद्ध धर्म के अनुयायी शासक) से लेकर शिंज़ो आबे तक 13 जापानी प्रतिनिधियों का जिक्र करके उनकी ऐतिहासिक भूमिका पर प्रकाश डाला था। यद्यपि सभी श्रोता तो पढ़े लिखे थे, फिर भी अनेक घटनाएँ उनके लिए एकदम नई थीं -जैसे पंडित जवाहरलाल नेहरू द्वारा सन् 1949 में जापानी बच्चों को भेंट की गई एक हथिनी जिसका नाम उनकी बेटी के नाम पर इंदिरा रखा गया था, उन दिनों जापान-भारत की दोस्ती का प्रतीक बनी थी।

मिज़ोकामि जी ने जब नेता जी सुभाष चंद्र बोस के उत्साही व जोशिले भाषण को फिल्म "Bose-Forgotten Hero" के एक दृश्य से दिखाया-सुनाया था तो सभी श्रोता देश-प्रेम से भर गए और भावुक हो गए। ठीक इसी समय मिज़ोकामि जी ने "अब इतिहास की जीती जागती गवाह को आपके सामने पेश करूँगा" कहकर पुरानी स्वतंत्रता सेनानी का परिचय कराया तो लोग चमत्कृत हो गए। उनका नाम भारती आशा चौधरी था। वे जापान में जन्मीं और पढ़ी थीं, उनकी आयु उस समय 90 साल थी। बिलकुल स्वस्थ लगीं। सुनने की शक्ति कुछ कमज़ोर लगी सो उनके बेटे संजय जी साथ बैठे थे।

आशा जी जापान में उच्चारण साम्य के कारण आसाको के नाम से प्रसिद्ध हैं। उनके पिता जी INA की कोबे शाखा के अध्यक्ष आनंद मोहन सहाय थे, माता जी भी नेता जी की निकट की बंगाली महिला थीं।

आशा जी ने बैंकोक में सैनिक प्रशिक्षण लिया था और युवाकाल में ही 'रानी झांसी' रेजिमेंट में शामिल हो गई थीं।

मिज़ोकामि जी से प्रश्नोत्तर के रूप में उन्होंने नेता जी की स्मृतियों को आत्मीयता से सुनाकर श्रोताओं की आँखें नम कर दीं। असल में मिज़ोकामि जी मामूली प्रोफेसर नहीं, बल्कि जादूगर है! इसके अलावा उन्होंने जापान के आर्थिक विकास के रहस्य के बारे में भी बताया और बुलेट ट्रेन की आवश्यकता पर ज़ोर दिया। इसमें मेरा उनसे मतभेद है। मैं भारत में बुलेट ट्रेन लाने के पक्ष में इसलिए नहीं हूँ क्योंकि इससे ज्यादा जरूरी अनेक काम करने को हैं। लेकिन मिज़ोकामि जी ने जापान के अनुभव

के आधार पर भारत में भी इसकी परम आवश्यकता पर तर्क के साथ जोर दिया। जापान को भी इस महान कार्य के लिए अंतरराष्ट्रीय मुद्रा कोश से धन उधार लेना पड़ा था जिसे उसने जल्दी ही लौटा दिया था।

उनका कहना था कि बुलेट ट्रेन के कारण जापान की आर्थिक तरक्की हो गई। उससे लोगों को नौकरी के अवसर अधिक मिलने लगे। जापान में बुलेट ट्रेन के आने से लगभग 60 साल हो चुके हैं, अरबों यात्री इससे यात्रा कर चुके हैं, पर अभी तक कोई दुर्घटना नहीं हुई, न किसी की जान गई। यह विश्व में रेलवे के इतिहास में करिश्मा माना जाता है। अत: सुरक्षा की दृष्टि से भी यह बहुत ज़रूरी है। सन् 2012 में मिज़ोकामि जी की कोबे में नरेन्द्र मोदी जी से हुई पहली मुलाकात की बात बहुत दिलचस्प थी। मोदी जी की रस लेने की प्रवृत्ति और वाकचातुर्य का उदाहारण कहकर श्रोताओं को बहुत हंसाया। उन्होंने सन् 2016 में जापान के विदेश मंत्रालय की ओर से भारत में हुई जनगणना के रिपोर्ट के आँकड़े को दिखाते हुए सिद्ध किया कि वर्तमान समय में भारत के लिए सब से अधिक विश्वसनीय देश जापान है (48%)। जिसमें दूसरा नंबर रूस (23%), तीसरा अमेरीका (14%) और चौथा नंबर फ्रांस को मिला (4%)। उसी तरह सब से महत्त्वपूर्ण देश कौन-सा है? के उत्तर में जापान को सब से अधिक वोट (87%) मिला है। दूसरा अमेरीका को (70%) तीसरा रूस को (67%) और चौथा फ्राँस को (38%) वोट मिला है। आख़िर में उन्होंने इसी आधार पर मोदी और आबे की मित्रता के कारण भी "दोनों देशों की दोस्ती और भी मज़बूत होगी" कहकर *जय हिंद, जय जापान, जय हिंदी* का नारा लगाया। पूरे हॉल में मिज़ोकामि जी के प्रति तालियों की बरसात हो रही थी। (दुख की बात है कि आबे जी इस लोक में नहीं हैं। उनको हार्दिक श्रद्धांजलि!)

वे *जय हिंदी* कहना नहीं भूले। वे हिंदी (तथा भारतीय भाषाओं) के अगाध प्रेमी हैं और अंग्रेजियत (अंग्रेज़ी नहीं) के सख़्त विरोधी हैं। वे मेरे सामायिक विषय पर अख़बार में लिखे लेखों को प्राय: पढ़ते हैं।

कभी-कभी उस पर अपनी टिप्पणी लिखकर मुझे भेजते हैं। और हमेशा मुझे लिखते हैं कि आप की मुहावरेदार हिंदी से मैं बहुत कुछ सीखता हूँ। आप मेरे मुफ़्त के गुरु जी हैं। स्वयं हिंदी पर अच्छा खासा अधिकार होते हुए भी वे हमेशा विनम्र हैं। "विद्या ददाति विनयं" यह सूक्ति मिज़ोकामि जी जैसे व्यक्ति के लिए होती है।

असल में वे ऐसी अनोखी अभिव्यक्ति से अकाट्य तर्क पेश करते हैं जो हम भारतीय भी नहीं लिख सकते। वे भारत-प्रेमी होने के कारण भारत की निंदा कभी

नहीं करते। उनको चीन व रूस जैसे एकतंत्र देश की विस्तारवादी और दमनकारी नीति बिलकुल पसंद नहीं है। मिज़ोकामि जी लोकतंत्र में विश्वास करते हैं, इसलिए चाहते हैं कि संसार में सब से बड़े लोकतंत्र देश होने का दावा करनेवाला भारत अन्य लोकतांत्रिक देशों के साथ कंधा मिलाकर चले। वे नहीं चाहते कि राम की जय और रावण की भी जय! उनको दृढ़ विश्वास है कि यदि दुनिया में कोई नेता पूतिन को मनवाकर युक्रेन का युद्ध बंद करवा सकता है तो वह नरेंद्र मोदी जी ही हो सकते हैं।

भारत के दिली दोस्त मिज़ोकामि जी को हार्दिक शुभकामनाएँ और दीर्घायु हों।

***स्वर्गीय वेद प्रताप वैदिक जी प्रसिद्ध पत्रकार***
***और विदेशी मामलों के जानकार थे।***

# गुरु की सलाह

यूइचिरो मिकि

मिज़ोकामि जी ओसाका विदेशी भाषा विश्वविद्यालय के हम पूर्व छात्र-छात्राओं के पूज्यवर गुरु हैं। मैंने 1977 से 1983 तक उक्त विश्वविद्यालय के हिंदी के बीए कोर्स में उनसे हिंदी सीखी और वैकल्पिक विषय के लिए बंगला सीखने के लिए भी उनकी कक्षाओं में उपस्थित हो रहा। हिंदी बीए चार साल का कोर्स था। पर हम लोगों के लिए चार साल में पढ़ाई पूरी करनी आम बात नहीं थी। उन दिनों लापरवाह, अलमस्त और मंद गति से पढ़नेवाले बहुत कुछ छात्र अपनी अपनी इच्छा से या परीक्षा फल निकलने के बाद विवश होकर पाँच छह साल लगाकर डिप्लोमा लेते थे। मैं भी उनमें से एक था। मिज़ोकामि जी पद्म श्री पुरस्कार से सम्मानित बहुत बड़े विद्वान हैं। मैं उनके कृतित्व के संबंध में कुछ बताने का हक़दार नहीं हूँ, इसलिए यहाँ छह साल तक गुरु की शिक्षा और स्नेह पाए एक अयोग्य शिष्य की हैसियत से उनके रंगीन व्यक्तित्व के एकाध पहलू पर एक रद्दी लेख प्रस्तुत करना चाहता हूँ।

मिज़ोकामि जी के व्यक्तित्व की एक विशेषता उनकी बहुमुखी प्रतिभा है। यह अनोखी बात है कि वे अपने मुख्य विषय हिंदी और भाषा विज्ञान के क्षेत्र में प्रकांड विद्वान होने के साथ-साथ संगीत और रंगमंच के प्रति भी मन में प्रगाढ़ आत्मीयता रखते हैं। बात शायद 1981 की थी। हमारे मिनोओ कैंपस में कविराज रवीन्द्रनाथ ठाकुर के जन्म की एक सौ बीसवीं वर्षगाँठ मनाने का एक समारोह सम्पन्न हुआ। मिज़ोकामि जी उसके आयोजक थे। समारोह का एक प्रोग्राम था बंगला भाषा की कक्षा में पढ़नेवाली छात्र-छात्राओं द्वारा कई रवीन्द्र संगीत का वृंदगान। मिज़ोकामि जी अपने छात्र जीवन में ग्ली क्लब (पुरुषों का गायकवृंद) के सदस्य होने के नाते खुद अच्छे गायक हैं और वे समारोह के लगभग दो सप्ताह पहले से हमारे बंगला के उच्चारण ठीक करने और गाने का अभ्यास कराने में मशगूल रहे। पर हम लोग,

खासकर मैं बेसुरा गानेवाला था। रवींद्र संगीत की मधुर लय और तान पर अधिकार प्राप्त करना अत्यंत कठिन था। एक दिन हम लोग गाने का अभ्यास करने उनके कमरे गए तो उनके हाथ में म्यूजिकल स्कोर की कई हस्तलिखित कॉपियाँ थीं। उन्होंने कॉपियाँ देते हुए कहा, "देखो, यह रवींद्र संगीत का म्यूजिकल स्कोर है। मैंने टेप रिकार्डर पर गाना सुनते हुए एक एक धुन को रेखा स्वरलिपि पर उतार दिया। तुम लोग इसे देखते हुए सिर्फ कालेज में ही नहीं घर में भी गाने का अभ्यास कर सकोगे। बड़ी सुविधा होगी।" उन दिनों रवींद्र संगीत का कोई म्यूजिकल स्कोर नहीं मिलता था, इसलिए उन्होंने खुद उसे तैयार करने का कष्ट उठाया था। यह सोचकर कि हमारी सुविधा के लिए उन्होंने कितना समय लगाया होगा, मैंने झिझकते हुए कहा, "सर, सॉरी, मैं स्वरलिपि नहीं पढ़ सकता।" उनके मुँह से एक छोटी-सी चीख निकली, "ऐं! तुम नहीं पढ़ सकते। हाई स्कूल की प्रवेशिक परीक्षा में तुम्हें कुछ ध्वनि सुनते हुए उन्हें रेखा स्वरलिपि में लिख जाना चाहिए। तुमने उस प्रश्न का उत्तर कैसे दे दिया?" मैंने फिर सकुचाते हुए धीमी आवाज़ में कहा, "जी, अटकलपच्चू से...." मेरा उत्तर सुनकर वे अवाक् रह गए। शायद उन्हें विश्वास न आया होगा कि अपनी कक्षा में पढ़ने वाला लड़का इतना निकम्मा और असभ्य हो सकता कि उसे स्वरलिपि पढ़ने का भी ज्ञान नहीं है। पर हमारा सांस्कृतिक स्तर उतना ऊँचा नहीं है जितना मिज़ोकामि जी अपने हिसाब से समझते हैं। मैं दावे के साथ कहना चाहता हूँ कि अपने मोटे अनुमान के अनुसार उनके क्लास में उपस्थित सभी छात्र-छात्राओं में से ज़्यादा-से-ज़्यादा आधे हिस्से को ही संगीत का पक्का ज्ञान था। दूसरे दिन उन्होंने रवीन्द्र संगीत के टेप को डबिंग करके हम सब को बाँट दिया। उनके इस उपकार से और ग्ली क्लब के सदस्यों के नेतृत्व में हम लोग किसी तरह समारोह में अपना पार्ट अदा कर पाए।

वर्षों बाद 1994 में उन्होंने स्वर्गीय डॉ. गिरीश बख़्शी के सहयोग से 'लोकप्रिय जापानी गीत (हिंदी में)' शीर्षक एक पुस्तक छपवाई और मुझे भी उसकी एक प्रति देने की कृपा की। उसमें जापानी गीत के हिंदी अनुवाद के साथ अंतरराष्ट्रीय और भारतीय दोनों प्रकार के स्वरलिपि छपे थे। उनका स्वरलिपि छपवाना मेरे लिए भैंस के आगे बीन बजाने के बराबर है। पर उस पुस्तक में संकलित लगभग सभी गीतों से मैं पहले से अच्छी तरह परिचित था, इसलिए सिर्फ गीत के हिंदी अनुवाद को देखकर ही गुनगुनाने से ख़ूब मज़ा आता रहा।

मिज़ोकामि जी की व्यक्तित्व की एक और आकर्षक विशेषता है उनकी व्यवहारकुशलता। वे हिंदी के शिक्षण में और संगीत या मंचन जैसे पाठ्येतर

क्रियाकलाप में भी विद्यार्थियों को सदा व्यावहारिक और उपयोगी सलाहें देते थे। साधारणतया स्कूल के अध्यापक अपने छात्रों को सैद्धांतिक और अध्यात्मवादी उपदेश देना ज़्यादा पसंद करते हैं। पर इस तरह के उपदेश उतने प्रभावकारी नहीं हैं जितने अध्यापक लोग उम्मीद करते हैं। न जाने मैंने भी अपने पैंतीस वर्षों के अध्यापक-जीवन में बच्चों को कितनी बार बेकार लेक्चर झाड़ते हुए बोर कर दिया होगा। मिज़ोकामि जी के आचरण और व्यवहार में शिक्षकों के ऐसे व्यावसायिक रोग के लक्षण बहुत कम दिखाई देते थे।

शायद बात 1982 के नवंबर-दिसंबर की थी। अगस्त में मैंने ओसाका जनपद के सरकारी हाई स्कूल का टीचर बनने के लिए परीक्षा दे दी थी। एकाध महीने पहले परीक्षाफल निकला था और सौभाग्यवश मैं उत्तीर्ण हो गया था। चार साल की बी.ए. की पढ़ाई को छह साल में पूरा करके अब अगले अप्रैल से नए जीवन में क़दम रखना निश्चित था। एक दिन मैं क्लास ख़त्म होने के बाद वापसी के लिए कालेज के स्टैन्ड से बस पर चढ़ा तो संयोग से मिज़ोकामि जी से मिला। हम लोग खाली सीट में साथ साथ बैठ गए। बस चलने लगी तो वे कहने लगे। "तुम अगले साल अप्रैल से हाई स्कूल में जापानी भाषा पढ़ाओगे। जानते हो कि आजकल ओसाका के सरकारी हाई स्कूलों में तीन प्रकार के अध्यापक हैं। पहले प्रकार के अध्यापक शिक्षण कार्य में अपने तन-मन को समर्पित करते हैं। वे दिन रात एक करके अपने स्कूल के हर तरह के कामों में जुटे रहते हैं। दूसरे प्रकार के अध्यापक शिक्षक संघ की कार्यकलाप में लिप्त हैं और तीसरे प्रकार के अध्यापक ऐसे हैं कि वे मेहनती हैं, छात्रों को ठीक से पढ़ाते हैं, तिसपर कितना व्यस्त होते हुए भी समय निकालकर अपनी पढ़ाई आगे बढ़ाते रहते हैं। तुम्हें इस तीसरे प्रकार का टीचर बनना चाहिए।" मैंने कहा, "सर, मेरे ख्याल में शायद एक और प्रकार के टीचर हैं। वे लोग सुस्त हैं और कोई काम मन लगाकर नहीं करते।" मैं ख़ुद स्वभाव से लापरवाह और कुछ कुछ आलसी हूँ। पल भर की ख़ामोशी के बाद उन्होंने फिर मुँह खोला, "हाँ, हो सकता है कि कुछ अध्यापक ऐसे हैं। पर तुम अपनी पढ़ाई न छोड़ना।" बस से उतरने से पहले उन्होंने एक और सलाह दी। "तुम अध्यापकी की परीक्षा में तो पास हो गए। पर कालेज में तुम्हारा मुख्य विषय जापानी भाषा नहीं है। अधिकांश अध्यापक अच्छी तरह जापानी भाषा और साहित्य का अध्ययन करने के बाद हाई स्कूल में जापानी भाषा पढ़ाते हैं। इस क्षेत्र में तुम्हारा ज्ञान पर्याप्त नहीं है। तुम्हें इस

कमी को पूरा करने के लिए जापानी भाषा और साहित्य का अध्ययन अब से और भी मन लगाकर करना चाहिए।”

उस दिन मेरे भविष्य के लिए मिज़ोकामि जी के दिए दोनों उपदेश बहुत ही सरल, ठोस, व्यावहारिक और उपयोगी थे। इसलिए मैंने सहज ही उन्हें मान लिया। उनके दोनों उपदेश लंबे अर्से तक मेरे दिल के एक कोने में बैठे रहे। मैं उन्हें आजीवन नहीं भूल जाऊँगा। हाँ, यह और बात है कि मैं अपने अध्यापक जीवन में उनके सदुपदेश का अनुसरण कहाँ तक कर पाया। कभी-कभी सोचता हूँ कि अपना व्यक्तित्व उनकी तरह व्यवहारकुशलता और व्यवहारबुद्धि से सम्पन्न होता तो मैं थोड़ा और अच्छा टीचर बन गया होता। अब मैं भी सेवानिवृत्त हो गया हूँ। अवकाशग्रहण करने के बाद सुखी जीवन बिताने का कौन-सा गुर होगा, इसके बारे में मैं अपने गुरु की सलाह लेना चाहता हूँ।

***यूइचिरो मिकि जी जापानी से हिंदी और हिंदी से जापानी भाषा के प्रसिद्ध और सम्मानित अनुवादक हैं।***

# मेरे गुरु जी और सहकर्मी

हिरोको नागासाकी

जब मैं ओसाका विदेशी विश्वविद्यालय में हिंदी पढने लगी तब मेरे गुरु आदरणीय तोमिओ मिज़ोकामि जी ने मुझे हिंदी का क ख ग घ पढ़ाया था। उस समय हिंदी विभाग में उनके अलावा श्री कात्सुरो कोगा जी, श्री आकिरा ताकाहाशि जी, श्री लक्ष्मीधर मालवीय जी और श्री शो कूवाजीमा जी हिंदी पढ़ाते थे। यह कहा जाता था कि हिंदी विभाग नरक है क्योंकि अध्यापक बहुत सख्त हैं। छात्र मेहनत से पढ़ते थे पर अध्यापक नि:संकोच छात्रों को फेल करा देते थे। इस कारण से छात्रों की हिंदी का स्तर बहुत ऊँचा था। अध्यापकों और छात्रों का हिंदी के प्रति लगन इतनी थी कि वह समय ओसाका में हिंदी शिक्षा का सब से शानदार काल कहा जा सकता है।

मिज़ोकामि जी भाषा-शिक्षण को रोचक ढंग से पढ़ाने पर जोर देते थे। वे कक्षा में हिंदी पढ़ाने के लिए हिंदी गाने, रामायण धारावाहिक और हिंदी नाटकों का भी इस्तेमाल काफी करते थे। उनकी एक बात विशेष उल्लेखनीय है कि वे हिंदी पढ़ने वाले विद्यार्थियों को भारतीय समुदाय से जोड़ने की बहुत कोशिश करते थे। उन जैसे कोबे के भारतीय लोगों के बीच हिंदी पढ़ने वाले विद्यार्थियों को बातचीत के लिए ले जाते थे। और वहाँ से कुछ लोगों को भी विद्यार्थियों से मिलने और बातचीत करने के लिए लाते थे।

कक्षा के भीतर और बाहर भी हिंदी के प्रयोग के लिए विद्यार्थियों को प्रोत्साहित करते थे। भारत से ओसाका विश्वविद्यालय आने वाले अध्यापकों के साथ मिलकर उन्होंने कई पुस्तकों का संपादन किया। इन किताबों की मदद से विद्यार्थी बहुत आसानी से हिंदी सीख जाते हैं। उन्होंने एक सौ एक जापानी लोकप्रिय गीतों का हिंदी में अनुवाद डॉ. गिरीश बख्शी जी के साथ मिलकर किया। और इसी प्रकार हिंदी फिल्मों के लोकप्रिय गीतों का जापानी में अनुवाद किया। इससे विद्यार्थी गाकर हिंदी

जल्दी बोलने लगते हैं। मुझे अभी भी याद है कि जब मैं भारत में हिंदी में पीएच.डी. कर रही थी तब मिज़ोकामि जी हिंदी नाटक को दिखाने के लिए विद्यार्थियों को लेकर भारत के कई शहर घूमे थे। बहुत बड़े मंच पर छात्रों के साथ मिज़ोकामि जी ने भी एक पात्र निभाकर हिंदी नाटक खेला था कि भारतीय श्रोता प्रभावित हुए।

यह भी उल्लेखनीय है कि मिज़ोकामि जी सिर्फ हिंदी नहीं कई भारतीय भाषाओं के महा अध्यापक हैं। जब वे पंजाबी और बंगाली में बोलने लगें तो भारतीय लोग भी उसे सुनकर भौचक हो जाते हैं। पर यह होता कि बड़े अध्यापक छात्रों के लिए यमराज जैसे शिक्षक हैं। जब मैंने उनकी बंगाली की क्लास ली। तब मेरे अलावा कोई छात्र नहीं था। उन्होंने मुझे शरतचन्द्र चट्टोपाध्याय के एक उपन्यास की पुस्तक देकर कहा था "यह पढें"। मैं बंगाली का अक्षर भी नहीं जानती थी और उनसे कहा कि "मुझे कम से कम व्याकरण पढ़ाइए।" "हिंदी जैसी है, पढ़ते पढते आ जाएगी।" मेरे मन में पछतावा हुआ कि क्यों मैंने यह क्लास लिया। मिज़ोकामि जी खुशी से पढ़ाते रहे, दूसरी ओर मेरे जैसे कमज़ोर छात्र के लिए साल भर वह क्लास "बंगाली नरक" था।

जब मैं ओसाका विदेशी विश्वविद्यालय की अध्यापिका बनी, तब से आदरणीय गुरु जी मेरे सहकर्मी बने। मुझे इस बात का गर्व है कि मैं उनकी शिष्या हूँ और साथ-साथ मैंने सन् 2007 तक उनके सेवानिवृत्ति होने तक हिंदी शिक्षण का भी काम उनके साथ दो साल किया है। सेवानिवृत्ति के बाद वे और सक्रिय बने हैं और उनकी वह ऊर्जा और बढ़ती रही है। हिंदी से जुड़े अधिकतर कार्यक्रमों में हिस्सेदारी करते हैं। उनकी इसी सक्रियता और हिंदी के प्रति निष्ठा के लिए भारत सरकार ने उन्हें सन् 2018 में पद्मश्री सम्मान से सम्मानित किया। वे ओसाका विश्वविद्यालय में होने वाले लगभग सभी कार्यक्रमों में भाग लेते हैं और मेरी मदद भी करते हैं। अभी जुलाई में हुए ओसाका विश्वविद्यालय में 14 वें ICEMLNI (International conference on Early Modern Literatures of North India) के कार्यक्रम में उन्होंने एक सत्र की अध्यक्षता की। इसी तरह से काफी व्यस्त रहते हुए भी वे मेरे हर आयोजन में आते हैं।

वे भारतीय संस्कृति का जापानी लोगों में और जापान में रहने वाले भारतीय लोगों में प्रचार-प्रसार करते रहते हैं। साथ ही जापानी समाज, जापान में हिंदी का इतिहास, वर्तमान से जुड़ी जानकारी को हिंदी भाषी लोगों तक पहुँचाने का काम कर रहे हैं। भारत में या तो हिंदी, या पंजाबी या बंगाली में अपने अध्ययन का भाषण

करते रहते हैं। कोरोना के बाद on-line पर भी वे भाषण देते रहते हैं, जिन में कुछ YouTube पर उनमें मिल सकते हैं। इस तरह भारत में भी उन्हें जानने वाले लोगों की संख्या बहुत बड़ी है। इससे ओसाका विश्वविद्यालय का भी नाम और सम्मान भारत में बढ़ता है। भारत ही नहीं इस समय पूरी दुनिया में हिंदी से जुड़े सभी लोग मिज़ोकामि जी को जानते हैं। वे जापान में हिंदी के उल्लेखनीय विद्वान हैं। उनका हिंदी-प्रेम हमारे विभाग में हिंदी सीखने के लिए आने वाले विद्यार्थियों को भी अच्छे-से हिंदी सीखने का हौसला देता है।

मुझे बहुत खुशी हो रही है कि उनके समस्त हिंदी लेखन की एक किताब आने वाली है। इस किताब से भारत का हिंदी समाज ही नहीं जापान में हिंदी सीखने-सिखाने वाले सभी लोग लाभान्वित होंगे। मैं उनके लंबे और सक्रिय जीवन की कामना करती हूँ।

***प्रो. हिरोको नागासाकी जी ओसाका विश्वविद्यालय में हिंदी विभाग की अध्यक्ष और मध्यकाल की विद्वान हैं।***

# प्रो. तोमिओ मिज़ोकामि जी के सम्मान में कुछ शब्द

विकास स्वरूप

अगस्त 2009 में जब मैं भारत के प्रधान कोंसल के रूप में ओसाका-कोबे पहुँचा तो मैं पहली बार प्रोफेसर तोमिओ मिज़ोकामि से मिला। मैं उस प्रवाह से चकित था जिसके साथ उन्होंने मेरी मातृभाषा हिंदी में मुझसे बात की। मुझे यह जानकर और भी आश्चर्य हुआ कि उन्होंने मेरे अल्मा मेटर, इलाहाबाद विश्वविद्यालय में अध्ययन किया था।

उस पहली मुलाकात ने एक गहरे बंधन का निर्माण किया जो आज भी कायम है। प्रो. मिज़ोकामि मेरे और मेरे परिवार के लिए जापान के मित्र, दार्शनिक और मार्गदर्शक बन गए। उनके मजबूत समर्थन के कारण भारतीय कोंसलावास हिंदी को बढ़ावा देने के लिए हिंदी नाटकों के मंचन से लेकर निबंध लेखन प्रतियोगिताओं से लेकर हिंदी गीतों को समर्पित शाम तक कई कार्यक्रमों का आयोजन करने में सक्षम था।

जब हमने कंसाई क्षेत्र में भारत का सबसे बड़ा सांस्कृतिक प्रदर्शन भारत मेला शुरू किया था, तब प्रो. मिज़ोकामि ने भी बहुत सहायता की थी, जो अब कोबे के मेरिकेन पार्क में सैकड़ों हज़ार लोगों को आकर्षित करने वाला एक वार्षिक कार्यक्रम बन गया है। प्रो मिज़ोकामि न केवल हिंदी में बल्कि कई अन्य भारतीय भाषाओं में भी पारंगत हैं। उन्होंने हिंदी नाटक का मंचन भी किया और न केवल भारत सरकार द्वारा पद्मश्री से सम्मानित किया गया बल्कि बांग्लादेश सरकार द्वारा भी मुक्तियुद्ध मैत्री सम्मान से सम्मानित किया गया!

प्रो. मिज़ोकामि वास्तव में एक संस्था हैं, वह एक प्रेरणादायक व्यक्तित्व और जापान में भारतीय संस्कृति के सबसे अच्छे राजदूत हैं। अब जबकि भारतीय कोंसलावास उनके हिंदी निबंधों की एक पुस्तक प्रकाशित कर रहा है, मैं उनके अच्छे स्वास्थ्य और सुख के लिए प्रार्थना करता हूँ और उनके हिंदी और भारत-जापान संबंधों के लिए कई और वर्षों की निस्वार्थ सेवा की कामना करता हूँ।

***विकास स्वरूप जी प्रसिद्ध लेखक और पूर्व राजनयिक हैं।***

# विश्व हिंदी के भगीरथ : तोमिओ मिज़ोकामि

भक्तराम शर्मा

जापानी, हिंदी, बंगला एवं पंजाबी भाषा के विद्वान प्रोफेसर तोमिओ मिज़ोकामि का जन्म 12 मई, 1941 को जापान में हुआ। वे हिंदी, जापानी, अंग्रेज़ी आदि भाषाओं में कई पुस्तकों के रचयिता हैं। उन्होंने अनेक पाठ्यपुस्तकों का निर्माण भी करवाया है। सबसे बड़ी बात यह है कि विदेशी हिंदी विद्वानों में मूल हिंदी में लिखने वाले वे प्रथम कहानीकार हैं। साथ ही संरचनात्मक तथा सामाजिक भाषाविज्ञान में इनकी विशेष रुचि है अत: इनका शोधकार्य मुख्यत: इसी क्षेत्र से संबंधित होता है। इधर इन्होंने रामानंद सागर के टी. वी. सीरियल 'रामायण' का अपने विश्वविद्यालय के तत्त्वावधान में हिंदी रूपान्तरण प्रकाशित करवाकर हिंदी प्रेमी जनता का दिल मोह लिया है।

इन्होंने बी. ए. (इंडोलोजी) ओसाका विदेशी भाषा विश्वविद्यालय, ओसाका, जापान से उत्तीर्ण की। एम. ए. (संयुक्त हिंदी) परीक्षा दिल्ली विश्वविद्यालय से पास की। यहाँ वे अपने समय के लोकप्रिय छात्र रहे हैं। भारत में इलाहाबाद एवं शांतिनिकेतन में भी इन्होंने कुछ समय शिक्षा प्राप्त की। आधुनिक भारतीय भाषा विभाग, दिल्ली विश्वविद्यालय में 'पंजाब के नगरीय क्षेत्र में भाषायी सम्पर्क के पक्ष' (जालन्धर शहर के प्रवासियों का अध्ययन) विषय पर पीएच.डी. की। पंजाबी भाषा में भाषावैज्ञानिक विषय पर यह शोध प्रबन्ध एक मानक ग्रन्थ माना जाता है। विदेशी होते हुए भी तोमिओ मिज़ोकामि ने क्षेत्रीय अध्ययन का विषय लेकर पूरी ईमानदारी से सर्वेक्षण करके इस शोध प्रबन्ध को लिखा है। अत: इसके निष्कर्ष नितांत मौलिक हैं।

सन् 1968 में इन्हें शोध-सहायक, भारत-पाकिस्तान भाषा विभाग, विदेशी भाषा विश्वविद्यालय, ओसाका जापान में नियुक्त किया गया। सन् 1972 में इन्हें प्राध्यापक बना दिया गया। सन् 1977 से इसी संस्थान में आप सहायक प्रोफेसर के पद पर

कार्य कर रहे हैं। यहाँ हिंदी, बंगाली और पंजाबी तीनों भाषाओं का अध्ययन-अध्यापन इनके निर्देशन में हो रहा है।

ओसाका विदेशी भाषा विश्वविद्यालय में प्रो. एइजो सावा उर्दू के अलावा हिंदी भी पढ़ाते थे वे उर्दू की कक्षा में 'मैदान-ए-अमल' तथा हिंदी की कक्षा में 'कर्मभूमि' पढ़ाते थे उन्होंने सन् 1948 में 'हिंदी प्रवेशिका' नामक पुस्तक लिखकर प्रकाशित करवाई थी। यह जापान में देवनागरी में लिखी गई प्रथम हिंदी पुस्तक के रूप में प्रसिद्ध है। इसके अतिरिक्त भी उन्होंने कई पुस्तकें लिखी थीं। उनमें से सबसे मोटी और प्रसिद्ध थी 'इन्दोबुन्तेन' जिसमें सम्पूर्ण हिंदी व्याकरण का परिचय विस्तार से दिया गया है। हिंदी के प्रति विशेष प्रेम होने पर भी प्रो. सावा का अधिकार उर्दू पर अधिक था। अतः इस विश्वविद्यालय में भी हिंदी-उर्दू उप-विभाग विभाजन के बाद ही हिंदी के विशेषज्ञ बनने लगे।

तोमिओ के एक गुरु थे प्रो. कात्सुरो कागो। प्रो. कात्सुरो कागो ने पिलानी, आगरा तथा नई दिल्ली में हिंदी का अध्ययन किया था। हिंदी गद्य का इतिहास, लोक साहित्य और भाषाविज्ञान पर उनका गहरा अध्ययन था।

डॉ. नोरिहिको उचिदा, जो कभी दिल्ली विश्वविद्यालय तथा जवाहरलाल नेहरू विश्वविद्यालय में जापानी भाषा के अध्यापक रह चुके हैं, सन् 1960 से सन् 1963 तक इसी ओसाका विदेशी भाषा विश्वविद्यालय में हिंदी तथा बंगला के अध्यापक रहे। दिल्ली से प्रकाशित 'हिंदी फोनोलोजी' उनकी अन्यतम पुस्तक है। तोमिओ मिज़ोकामि इन दोनों अध्यापकों का छात्र रहा।

तोमिओ मिज़ोकामि का संबंध केवल हिंदी से न होकर बंगला तथा पंजाबी भाषा के साथ भी है। भाषाविज्ञान में उनकी विशेष रुचि है। अतः उनका मुख्य शोध कार्य हिंदी, बंगला, पंजाबी तथा जापानी भाषा और साहित्य के भाषावैज्ञानिक अध्ययन से जुड़ा रहता है।

तोमिओ मिज़ोकामि एक अच्छे अनुवादक हैं। उन्होंने विभिन्न भाषाओं में से कई श्रेष्ठ रचनाओं के अनुवाद किए हैं, जिनमें सर्वाधिक बंगला भाषा के हैं। वे जापानी, हिंदी, बंगला तथा पंजाबी भाषा में से किसी एक भाषा से दूसरी भाषा में अनुवाद करने में पूर्ण सक्षम हैं।

अपने विद्यार्थियों की सुविधा के लिए इन्होंने निम्नलिखित पाठ्यपुस्तकें तैयार करवाकर प्रकाशित करवायीं-हिंदी (एशिया और अफ्रीका की व्याकरण मूलक नियमावली नं. 13 ए), पंजाबी (एशिया और अफ्रीका की व्याकरण मूलक नियमावली नं.13 ई), प्रारम्भिक पंजाबी, पंजाबी पाठशाला, पंजाबी वार्तालाप।

इनके अतिरिक्त इन्होंने एक 'हिंदी कैसेट की वाचन-पुस्तिका' जापानी व्याख्या एवं टिप्पणी सहित भी प्रकाशित की है, जो जापानी-हिंदी विद्यार्थियों के लिए पर्याप्त उपयोगी है।

छात्रों में हिंदी के प्रति रुचि उत्पन्न करने के लिए नए-नए ढंग अपनाए जाते हैं। मनोवैज्ञानिकों का मत है कि किसी भी ज्ञान को अर्जित करने के लिए चलचित्र बड़ा प्रभावशाली साधन होता है। तोमिओ मिज़ोकामि ने ओसाका विदेशी भाषा विश्वविद्यालय की दूसरी कक्षा के विद्यार्थियों को हिंदी फिल्मों के वीडियो दिखाकर बड़ी सफलता प्राप्त की है।

इस संबंध में उनका कथन है—"फिल्म दिखाने के पहले छात्रों को फिल्म की स्क्रिप्ट (संवाद-पुस्तिका) दी जाती है, जिसे वे घर से पढ़कर आते हैं। कई बार एक ही दृश्य दिखाकर छात्रों से अभिनेता या अभिनेत्री के संवादों का अनुकरण कराया जाता है। मौखिक अभ्यास के लिए यह बहुत अच्छा साधन है। फिल्म से लाभ केवल भाषा शिक्षण का नहीं, अपितु इस बात का भी है कि विद्यार्थी भारतीय जीवन को अपनी आंखों से देखकर भारतीय संस्कृति से प्रत्यक्ष रूप में परिचित हो सकते हैं।"

समय-समय पर विभिन्न पत्रिकाओं में प्रो. तोमिओ मिज़ोकामि के लेख भी प्रकाशित होते रहते हैं प्रकाशित लेखों के कुछ शीर्षक हैं–

आधुनिक हिंदी की संयुक्त क्रियाएँ (जापानी में), दिल्ली विश्वविद्यालय के छात्रों की हिंदी– एक सर्वेक्षण (अंग्रेज़ी में), हिंदी क्रियाओं में भूतकाल-(जापानी में), पंजाबी में द्विभाषिता-लायलपुर शहर के क्षेत्रीय कार्यों पर आधारित (अंग्रेज़ी में), हिंदी तथा बंगला में प्रश्नवाचक वाक्य (जापानी में), फतहबाद की भाषायी रूपरेखा (अंग्रेज़ी में), जालंधर शहर में प्रवासियों के बीच भाषायी व सामाजिक परिवर्तन (अंग्रेज़ी में), पंजाबी के नगरीय क्षेत्र में भाषायी सम्पर्क के पक्ष (जालंधर शहर के प्रवासियों का अध्ययन) (अंग्रेज़ी में), जापान में हिंदी के प्रकार (अंग्रेज़ी में), बहुभाषायी समाज में सांस्कृतिक अनेकत्व (जापानी में), जापान में आधुनिक दक्षिण एशिया अध्ययन (अंग्रेज़ी में)।

प्रो. तोमिओ मिज़ोकामि बड़े सक्रिय रहते हैं। अपने देश में विभिन्न संगोष्ठियों में भाग लेने के अतिरिक्त उन्होंने कई अन्तरराष्ट्रीय सम्मेलनों में भी भाग लिया है।

नई दिल्ली में आयोजित तृतीय विश्व हिंदी सम्मेलन तथा तृतीय विश्व पंजाबी सम्मेलन में इन्होंने अपने देश का प्रतिनिधित्व किया। इन शुभ अवसरों पर दूरदर्शन पर इनको हिंदी तथा पंजाबी में साधिकार बोलते हुए देखकर भारतीय दर्शक आश्चर्यचकित हुए थे।

जापान में हिंदी पढ़ने के इच्छुक छात्रों के सामने उनके विविध उद्देश्य होते हैं। तोमिओ मिज़ोकामि ने ओसाका विदेशी भाषा विश्वविद्यालय के छात्रों के सर्वेक्षण के आधार पर निम्नलिखित विवरण प्रस्तुत किया है- "भारतीय दर्शन सीखने, भारतीय इतिहास पढ़ने, योगासनों का अभ्यास करने अथवा भारत भ्रमण की इच्छा से इस विभाग में वे प्रवेश लेते हैं। हिंदी में विशेष रुचि लेकर प्रवेश लेने वाले विद्यार्थी बहुत कम होते हैं। इससे संकेत मिलता है कि विद्यार्थियों की रुचि भाषा की अपेक्षा संस्कृति की ओर अधिक है। वस्तुतः भाषा और संस्कृति तो मानवीय सृष्टि के दो अभिन्न पक्ष हैं। विशेषकर ओसाका विदेशी भाषा विश्वविद्यालय का उद्देश्य विदेशी भाषाओं के माध्यम से विदेशी संस्कृति को सीखना-सिखाना है। अतः विदेशी भाषा शिक्षण का महत्त्व किसी रूप में कम नहीं है।"

हिंदी सीखने वाले जापानी छात्रों के समक्ष क्या-क्या समस्याएँ आती हैं, उनसे अवगत कराते हुए तोमिओ मिज़ोकामि लिखते हैं—"साधारणतः जापानी विद्यार्थी 18-19 वर्ष की आयु में हिंदी सीखना शुरू करते हैं, तब तक वे विदेशी भाषा के रूप में केवल अंग्रेज़ी पढ़ते हैं अतः नवीन भाषा के रूप में हिंदी पर अधिकार प्राप्त करने के लिए उन्हें बहुत मेहनत ( या कभी-कभी 'तपस्या') करनी पड़ती है। यद्यपि हिंदी मूलतः वाक्य रचना की दृष्टि से और उच्चारण की दृष्टि से भी जापानियों के लिए बहुत कठिन नहीं है, बल्कि अधिक उपयुक्त होगा यह कहना कि अंग्रेज़ी की तुलना में बहुत आसान है। पर आम विद्यार्थी अपने हाई स्कूल के अध्ययन-काल में मेहनत करने की अपनी क्षमता खो बैठते हैं। जब चार वर्ष के बाद स्नातक होकर वे समाज में प्रवेश करेंगे, तो वहाँ उन्हें और भी परिश्रम करना पड़ेगा, इसीलिए विश्वविद्यालय के चार साल उनके लिए 'विश्राम का समय' है। सप्ताह में पाँच पीरियड (नब्बे मिनट x 5) की कक्षा को बोधगम्य करने के लिए प्रत्येक छात्र से प्रतिदिन दो घंटे घर में पढ़ने की आशा की जाती है, पर हिंदी की पढ़ाई के लिए आम छात्रों के लिए प्रतिदिन दो घंटे पढ़ना कठिन है, यद्यपि असंभव नहीं है।"

विद्यार्थियों की इन समस्याओं को देखते हुए भी निराशा की कोई बात नहीं है। पूरे जापान के विश्वविद्यालयों के छात्रों के स्तर पर दृष्टिपात करते हुए यहाँ के विद्यार्थियों का बौद्धिक स्तर पर्याप्त ऊँचा है।

प्रो. मिज़ोकामि के मतानुसार—"अध्यापकों की ओर से सही मार्गदर्शन हो, तो दृढ़ संकल्प वाले छात्र बहुत कुछ सीख सकते हैं। हमेशा निराशावादी दृष्टिकोण को अपनाना भी ठीक नहीं होता, क्योंकि कुछ ऐसे मेधावी विद्यार्थी इस विश्वविद्यालय से

निकलने लगे हैं, जो भारत जाकर हिंदी की पढ़ाई में भारतीय छात्रों के साथ बराबरी कर सकते हैं, यद्यपि ऐसे विद्यार्थियों की संख्या अभी बहुत कम है।"

प्रो. तोमिओ के अनुसार निम्नलिखित प्राइवेट विश्वविद्यालयों में भी हिंदी का शिक्षण ऐच्छिक विषय के रूप में चलता है— "ताइशो विश्वविद्यालय, ओतानि विश्वविद्यालय, ओतेमोन गाकुइन विश्वविद्यालय तथा कान्साई विदेशी भाषा विश्वविद्यालय। कान्साई विदेशी भाषा विश्वविद्यालय में हिंदी पुस्तकों का अच्छा संग्रह है। इस विश्वविद्यालय में हिंदी पठन-पाठन का कार्य भार संभालने वाले डॉ. रमेश माथुर हैं। इस प्रकार जापान में कुल मिलाकर लगभग दस विश्वविद्यालयों में हिंदी पढ़ने-पढ़ाने की सुविधा उपलब्ध है और अनुमान किया जा सकता है कि हिंदी पढ़ने वाले छात्रों की संख्या 150 से ज्यादा होगी।"

प्राइवेट तौर पर भी हिंदी-शिक्षण की व्यवस्था है—"विश्वविद्यालय के अलावा भी निजी संस्थान में या निजी तौर पर हिंदी की सेवा करने वाले व्यक्ति भी हैं जिनमें 'ज्वालामुखी' पत्रिका के संपादक श्री योशिआकि सुज़ुकि भी हैं। 'सर्वोदय' के अनुयायी श्री हिरोकि नागा एशिया अफ्रीका भाषा विद्यालय (तोक्यो स्थित एक निजी संस्थान) में हिंदी पढ़ाते हैं। उनके सहयोगी डॉ. नरेश मंत्री हैं। श्री हिदेआकि इशिदा एक उच्चतर माध्यमिक विद्यालय में अंग्रेज़ी का अध्यापन करते हुए हिंदी के शोध कार्य में रत हैं। इस प्रकार जापान में हिंदी पढ़ने वाले विद्यार्थियों की तथा हिंदी पर शोध कार्य करने वाले विद्वानों की संख्या तेजी से बढ़ रही है और बढ़ती जाएगी।"

'ज्वालामुखी' के अतिरिक्त जापान में दो अन्य पत्रिकाएँ प्रकाशित होती हैं जो हिंदी शिक्षा की ओर प्रेरित करती हैं और लेखकों की रचनाएँ भी प्रकाशित करती हैं।" एक तोक्यो विदेशी भाषा विश्वविद्यालय से प्रकाशित 'इंदोबुंगाकु' (भारतीय साहित्य) है, जिसमें हिंदी, उर्दू, बंगला, तमिल, मराठी आदि की कुछ साहित्यिक रचनाओं के जापानी अनुवाद उपलब्ध हैं। आजकल सुश्री तामाकि मात्सुओका हिंदी फिल्मों की समीक्षाएँ लिखकर इस पत्रिका के महत्त्व को बढ़ा रही हैं। दूसरी पत्रिका ओसाका विदेशी भाषा विश्वविद्यालय से प्रकाशित 'इन्दोमिन्जोकु केन्वयू' (भारतीय मानव जाति विषयक अध्ययन) है, जिसमें केवल साहित्य ही नहीं, भारतीय संस्कृति से संबंधित विभिन्न क्षेत्रों से संबंधित लेख भी मिलते हैं। ये दोनों पत्रिकाएँ जापानी भाषा में ही प्रकाशित होती हैं।"

तोमिओ मिज़ोकामि ने मूल हिंदी में कहानियाँ लिखी हैं। उनकी सर्वप्रथम प्रकाशित कहानी का शीर्षक 'चौराहे के बीच' है।

प्रस्तुत कहानी में लेखक ने भारतीय और जापानी संस्कृति के मिश्रण से उत्पन्न समस्याओं को उजागर करने का प्रयास किया है। बालक वीरेन्द्र की माता जापानी है

तथा पिता भारतीय। ऐसी मिश्रित संस्कृति में पालित-पोषित बालक वीरेन्द्र की मनोदशा का मनोवैज्ञानिक चित्रण करने की लेखक ने कोशिश की है। अन्तर्राष्ट्रीय स्कूल में शिक्षा दिलवाने के बावजूद वीरेन्द्र के व्यक्तित्व का समग्र विकास नहीं हो पाता अत: लेखक अन्त में वीरेन्द्र के मुख से सम्यक्त: ही कहलवाता है- "परन्तु मेरे जीवन की सबसे बड़ी विडम्बना यह है कि मैं तन से भारतीय हूँ पर मन से कहीं का नहीं। इसलिए आज मैं चौराहे के बीच खड़ा हूँ खड़ा रहूँगा– जाने कब तक...।"

कहानी का यह अंत बड़ा ही सारगर्भित एवं प्रतिध्वनिक है।

उनकी दूसरी प्रकाशित कहानी 'रिक्शा वाला' अपेक्षाकृत मनोरंजक है इसमें लेखक ने कीर्ति के माध्यम से एक भारतीय रिक्शा वाले के चरित्र को जीवंत कर दिया है। कहानी पढ़ने के बाद हमें ऐसा लगता है जैसे हम कीर्ति रिक्शे वाले को भली भाँति जानते हैं।

लेखक ने शुरू में कीर्ति को कई व्यक्तियों के यहाँ नौकरी करते हुए दिखाया है, जिससे भारतीय समाज के उज्ज्वल और काले पक्ष का चित्रण मिलता है। कीर्ति की ईमानदारी, सहनशीलता एवं शिष्टता प्रत्येक पाठक पर एक अलग छाप छोड़ती है। अन्य रिक्शे वालों की बेईमानी, असहनशीलता एवं अशिष्टता उसे बहुत अखरती है। सवारियों के रूखे स्वभाव से भी कीर्ति को बड़ा कष्ट होता है। 'आप' सम्बोधन की अपेक्षा 'तुम' सम्बोधन की आत्मीयता से भी कीर्ति भली भाँति परिचित है।

लेखक ने कीर्ति के माध्यम से छोटे-बड़े आदमी की कसौटी जन्मजात न मानकर कर्मजनित सिद्ध की है। अत: कहानी भारतीय समाज के कई सामाजिक पहलुओं को छूती है। अंत में एक जापानी पर्यटक रिक्शा खरीदकर अपने देश ले जाने का प्रस्ताव कीर्ति से करता है, जो उसे आश्चर्य में डाल देता है। कहानी का यह अंत बड़ा ही अप्रत्याशित एवं मौलिक है।

तोमिओ मिज़ोकामि की एक अन्य कहानी 'वापसी' प्रकाशित हुई है, जिसमें जापान में एक भारतीय अभियुक्त की मनोव्यथा का सम्यक् चित्रण हुआ है। कहानी की शुरुआत में जहाज यात्रा का लेखक ने सजीव वर्णन किया है। कहानी पढ़ते हुए ऐसा लगता है कि हम भी उसी जहाज में सफर कर रहे हैं। एक अच्छी कहानी में यह गुण होना चाहिए।

कहानी में संघर्ष तब शुरू होता है जब कमलनाथ गैस कटर के बारे में पूरी जानकारी न रखते हुए भी उसका उपयोग कर बैठता है। परिणामत: आग लग जाने से कई व्यक्तियों की मृत्यु हो जाती है। फलस्वरूप कमलनाथ को तीन वर्ष जेल

की सजा होती है अग्निकांड का भी लेखक ने बड़ा ही सूक्ष्म और यथार्थ चित्रण किया है।

जापानी लोग देश में आए हुए विदेशियों के प्रति काफी भावुक तथा दयालु होते हैं, यह भी लेखक जताना चाहता है। क्योंकि क्षमायाचना करने पर जापानी न्यायालय तथा अभियुक्त का जापानी वकील दोनों कमलनाथ की सजा कम करवाने में मदद करते हैं।

प्रस्तुत कहानी में पात्रों का चरित्र चित्रण सहज एवं स्वाभाविक हुआ है। लगनशील तथा परिश्रमी व्यक्ति जापान में सदा उन्नति करता है, यह बताना भी कहानीकार का उद्‌देश्य लगता है।

नायक कमलनाथ की मनोव्यथा का चित्रण करते हुए लेखक लिखता है—"यात्रियों और जहाज-कर्मचारियों की चहल-पहल के बीच गुमसुम खड़ा कमलनाथ अपने आपको बिल्कुल अकेला अनुभव कर रहा था। भीड़ में भी अकेला। वह घर जा रहा था, पर क्या यह जाना पहले-सा ही था?"

उपर्युक्त पंक्तियाँ कहानी के शीर्षक 'वापसी' की सार्थकता सिद्ध करती हैं।

लेखक ने कहानी में छोटे-छोटे वाक्यों का प्रयोग कर कहानी को सहज एवं बोधगम्य बनाने की भरसक चेष्टा की है। कहानी हृदयस्पर्शी एवं शिक्षाप्रद है।

अभिप्राय यह है कि कहानी कला की दृष्टि से अनेक न्यूनताएँ होते हुए भी एक विदेशी द्वारा मूल हिंदी में लिखित इन कहानियों का अपना अलग महत्त्व है। इन कहानियों में जापान भारत की संस्कृति एवं समाज का जैसा चित्रण किया गया है, वह एक सराहनीय एवं अभिनंदनीय प्रयास है। समीक्षकों को भी सहृदयता से इनको देखना चाहिए। यदि प्रोत्साहन मिलता रहा और तोमिओ मिज़ोकामि कहानियाँ लिखते रहे तो भविष्य में उनसे काफी संभावनाएँ हैं।

बहुभाषाविद् तोमिओ मिज़ोकामि भारतविद्याविद् भी हैं। उनकी कई पाठ्य पुस्तकें विद्यार्थियों के लिए परम उपयोगी सिद्ध हुई हैं। भाषाविज्ञान में इनकी विशेष रुचि है अत: उनका शोधकार्य भाषावैज्ञानिक क्षेत्र से ही प्राय: जुड़ा रहता है। वे अपने विश्वविद्यालय के लोकप्रिय प्रोफेसरों में गिने जाते हैं। लेखक के रूप में भी उन्होंने अपने को प्रतिष्ठित कर लिया है। उनके लेख देश-विदेश की पत्र-पत्रिकाओं में प्रकाशित होते रहते हैं। हिंदी कहानीकार के रूप में वे अपने को प्रतिष्ठित करने की कोशिश में लगे हुए हैं। उन्हें इस बात की घनी पीड़ा है कि वे जितने परिश्रम से भारतीय भाषाओं के क्षेत्र में कार्य कर रहे हैं, भारत में उनकी जापानी भाषा में वैसा कार्य शून्य के बराबर हो रहा है।

*स्वर्गीय भक्तराम शर्मा जी*
*दिल्ली विश्वविद्यालय केपीजीडीएवी कॉलेज (प्रात:) में हिंदी प्राध्यापक थे।*

# मेरे मित्र

जनार्दन द्विवेदी

आज जब मैं पीछे मुड़कर देखता हूँ तो महसूस होता है कि एक बहुत लंबा अरसा बीत गया जबसे भाई तोमिओ मिज़ोकामि से मेरा परिचय-संबंध है। सत्तावन वर्ष हो गए। जब उन्नीस सौ पैंसठ में तोमिओ जी हिंदी का अध्ययन करने के लिए इलाहाबाद विश्वविद्यालय आए थे उस समय मैं एम.ए. के उत्तरार्ध में था। उस समय एक जापानी विद्यार्थी को हिंदी पढ़ते देखकर उससे बात करने की उत्सुकता हुई। मैं विद्यार्थी काल से ही सामाजिक, साहित्यिक और अन्य संस्थागत् गतिविधियों में स्वयं पर्याप्त सक्रिय था इसलिए एक नये विद्यार्थी को रोककर बात करने में मुझे कोई संकोच नहीं हुआ और इस तरह हमारा सामान्य परिचय हुआ। यह कुछ महीनों का परिचय था। बात को ज़्यादा न बढ़ाते हुए संक्षेप में कह दूं कि उसी सत्र में प्रथम श्रेणी में एम.ए. उत्तीर्ण करने के बाद मैंने डी.फिल्. में प्रवेश लिया। इलाहाबाद विश्वविद्यालय में तब पीएच.डी. को डी.फिल्. कहते थे, परन्तु संयोग से मुझे अगले सत्र में सितंबर के महीने में शिक्षा में सुधार के लिए हो रहे आंदोलन को संगठित करने के उद्देश्य से दिल्ली आना पड़ा और बाद में मैंने यहीं रुक जाने का निर्णय किया। बीच की अंतर्कथा छोड़ देता हूँ। कुछ समय बाद मेरी दिल्ली विश्वविद्यालय के एक महाविद्यालय में नियुक्ति हो गयी और मैं यहीं रह गया।

कुछ वर्ष बाद अकस्मात् उन्नीस सौ चौहत्तर में तोमिओ जी से दिल्ली विश्वविद्यालय परिसर में फिर भेंट हो गयी। उन्होंने उच्चतर शिक्षा के लिए विश्वविद्यालय में प्रवेश लिया था। स्वभावत: हम दोनों बहुत प्रसन्न हुए और तमाम तरह की बातें होने लगीं। हम लोग प्राय: मिलते थे। वे बीच में परिवार भी ले आए। विश्वविद्यालय के पास की ही एक आवासीय कालोनी में रहते थे। उनके

घर भी जाना हुआ, जापानी खाना खाया। वे भी मेरे पास आते थे और इस तरह कब समय बीत गया पता ही नहीं चला। वे जापान वापस चले गए और ओसाका विश्वविद्यालय में अध्यापन करने लगे। अब इसके बाद हमारा संपर्क कभी नहीं टूटा। दूरभाष और पत्रों के माध्यम से संवाद चलता रहा, जब वे भारत आते तो कोई विशेष बाधा न होने पर हम लोगों की नियमित भेंट होती रही। आज भी यह संबंध यथावत् है और ये कुछ शब्द उसी के प्रमाण हैं। तब से अब तक उन्होंने भाषा और साहित्य में बहुत योगदान दिया है, खूब प्रतिष्ठा अर्जित की है। जापान में भी और भारत में भी। उनके अनेक मित्र और प्रशंसक हैं। साहित्य की विविध विधाओं में उनकी विशेषज्ञता है।

फिर भी इस सबके बीच मेरे मन में उनकी छवि एक चिरयुवा, उच्छल मन के उत्साही जापानी मित्र की अधिक है। उनका विनोदी स्वभाव, कुछ-कुछ शरारत से भरा हुआ, गंभीर किंतु मनोविनोदपूर्ण प्रकृति और कौतुकपूर्ण हास-परिहास खूब याद आता है। बात को अधिक लंबा न करके मैं उदाहरण स्वरूप एक-दो बातें बताना चाहता हूँ। भारत में रहते हुए उन्होंने कुछ अन्य भारतीय भाषाएँ भी सीखीं और मुझे सबसे मनोरंजक प्रसंग वह लगता था जब वे पंजाबी गालियाँ बोलने का अभ्यास किया करते थे। शायद वह उन्हें सबसे अधिक वजनदार लगती थी। मैं इस चर्चा को बढ़ाने में थोड़ा असहज हो जाता था क्योंकि मुंह से गाली निकालना मेरे अपने लिए अकल्पनीय है। फिर भी उनकी बातों में यह सोचकर रूचि लेता था कि आख़िरकार एक जापानी विद्यार्थी जब कोई भाषा सीखता है तो वह उसकी संपूर्ण प्रकृति से परिचित होना चाहता है। जैसे आप जब कोश बनाएँगे तो उस भाषा की गालियों को उससे बाहर नहीं कर सकते। यदि वे कभी इस सबका स्मरण करते होंगे तो मेरी तरह उन्हें भी हंसी आती होगी।

इसी तरह जब वे यहाँ से जाने लगे तो उनके मन में विचार आया कि भारत से कोई अनोखी चीज़ ले जानी चाहिए। आपको यह जानकर अच्छा लगेगा कि जब वे यहाँ से गए तो पुरानी दिल्ली में चलने वाली तीन पहियों वाली सवारी, एक साइकिल रिक्शा पैक कराकर ले गए। वे जापान में सप्ताहांत में अपनी पत्नी और दो बच्चों को बैठाकर घुमाते थे और छुट्टी मनाते थे। उन्हें इस तरह रिक्शा चलाते हुए देखकर जापानियों को ख़ूब कौतूहल होता था। उन्होंने मुझे पत्र में यह सब लिखा था और उनके रिक्शा चलाते हुए फोटो आज भी मेरे पास हैं। सचमुच यहाँ से ले जाने के लिए इससे अधिक अनोखी चीज़ की कल्पना शायद उस समय कोई दूसरा नहीं कर सकता था।

ये हैं मेरे मित्र तोमिओ मिज़ोकामि!

वे आज भी सक्रिय हैं, ज्ञान के क्षेत्र में अपना महत्त्वपूर्ण योगदान दे रहे हैं, उनकी स्मृति यथावत् है। मेरी कामना है कि वे स्वस्थ एवं दीर्घायु हों और ऐसे ही बने रहें।

***डॉ. जनार्दन द्विवेदी जी कांग्रेस के पूर्व महासचिव थे।***

# एक अप्रतिम व्यक्तित्व

सुरेन्द्र गंभीर

डॉ. तोमिओ मिज़ोकामि आज के हिंदी जगत में एक बड़ा नाम है। जन्म से जापानी होते हुए भी उनका व्यक्तित्व हिंदी के लिए पूर्णतया समर्पित रहा है। उनके बारे में मैं अपनी बात उनकी एक छोटी-सी टिप्पणी से शुरू करता हूँ। कुछ वर्ष पहले भारत के एक राजनेता जापान गए थे। मेरा विश्वास है कि वे जापान की सरकार के निमंत्रण पर ही वहाँ गए होंगे। वहाँ किसी समुचित अवसर पर उनका भाषण हुआ। भाषण अंग्रेज़ी में हुआ। इस पर मिज़ोकामि जी की जो टिप्पणी थी वह जिस जिसने भी पढ़ी या सुनी होगी उसके लिए वह चिरस्मरणीय हो गई। यह मुझे याद नहीं कि उनकी यह टिप्पणी मेंने कहीं पढ़ी या सुनी या फिर उनसे कहीं भेंट के समय वह किसी संवाद का अंश थी। उनका कहना था कि भारत के प्रधानमंत्री जापान में आकर अंग्रेज़ी में क्यों बोले। उनको हिंदी में बोलना चाहिए था। यदि वे हिंदी में नहीं बोल सकते थे तो पंजाबी में बोल लेते। आप पाठक शायद यह पूछें कि पंजाबी में बोलते तो दुभाषिया रखना पड़ता। इस बात को हम न भूलें कि जापान में अंग्रेज़ी में बोलने पर भी दुभाषिया रखना होता है। फिर क्या फ़र्क पड़ता। भारतीय नेता या विद्वान जब अपनी भाषा में बोलता है तो श्रोताओं की भारतीय भाषाओं के प्रति जिज्ञासा बढ़ती है। संतोष का विषय है कि प्रधानमंत्री नरेन्द्र मोदी जी सदा सर्वत्र हिंदी में बोलते हैं। इससे निश्चित ही भारत की उदीयमानता को बल मिलता है। ख़ैर, मैं यह कहना नहीं भूलना चाहता कि मैं मिज़ोकामि जी की भारतीय भाषाओं के प्रति गहरी संवेदनशीलता से बहुत प्रभावित हूँ।

मिज़ोकामि जी अत्यंत मधुभाषी सज्जन विद्वान हैं। उनका केवल हिंदी से ही नहीं भारत से बड़ा लगाव है। कभी-कभी लगता है कि किसी भारतीय आत्मा का पुनर्जन्म भारत से कुछ दूर जापान में जाकर हुआ होगा। मिज़ोकामि जी बहुभाषाविद् हैं।

हिंदी के अतिरिक्त पंजाबी, बंगाली में उनका ज्ञान और उनकी प्रवीणता प्रशस्य हैं। इन भाषाओं को उन्होंने शिक्षकों से तो सीखा ही परंतु , भारतीय परिवारों के साथ रह कर अनौपचारिक बातचीत के माध्यम से वयस्कों से और बच्चों से भी सीखा। भारतीय भाषाओं का उनका ज्ञान हम सबके लिए अत्यंत प्रेरणादायक है। छात्र के रूप में और शिक्षक के रूप में उनके जीवन की कथा बड़ी रोचक है। भारत, भारत के लोगों के साथ और भारत की भाषाओं के साथ उनका तादात्म्य धीरे धीरे कैसे विकसित हुआ इसकी कहानी उन्होंने विस्तार से अपने लेखों में बयान की है। मिज़ोकामि जी का हिंदी भाषा पर अधिकार अप्रतिम है। पढ़ते हुए ऐसा लगता ही नहीं कि कोई विदेशी विद्वान हिंदी में लिख रहा है। उनके भारत के साथ संबंधों को पढ़ते हुए उनकी हिंदी की विस्तृत शब्दावली और वर्णन करने की अद्‌भुत कला एक चमत्कारी उपन्यासकार का अनुभव कराती है। जीवन की विभिन्न परिस्थितियों में वे दैनंदिन व्यवाहर से संबंधित घटनाओं का बड़ी बारीकी और बख़ूबी वर्णन करते हैं।

मिज़ोकामि जी ने जापान में हिंदी शिक्षण के क्षेत्र में जो योगदान दिया उसको विस्तार से जानना बड़ा महत्त्वपूर्ण है। जापान में ओसाका विश्वविद्यालय में हिंदी के वरिष्ठ प्राचार्य के रूप में जो कार्य उन्होंने किया है वह हिंदी शिक्षण के क्षेत्र में एक अनुकरणीय विधा है। उन्होंने अपने विद्यार्थियों को हिंदी नाटकों के लिए विधिवत् तैयार किया। उनके अध्यापनकार्य के दौरान इस विधा का कैसे विस्तार हुआ और उसको अंतरराष्ट्रीय ख्याति कैसे मिली इसकी कहानी भी पढ़ते ही बनती है। नाटकों की विधा हिंदी शिक्षण की सबसे सशक्त विधा है। इस विधा के माध्यम से विद्यार्थी न केवल हिंदी के शब्द-ज्ञान और वाक्य-विन्यास से परिचित होते हैं अपितु संदर्भ के अनुसार उचित पर्यायों का वाक्यों में प्रयोग. शब्दों पर बलाघात और वाक्यों का आरोह-अवरोह कितना महत्त्वपूर्ण होता है इसके बारे में भी वे सीखते हैं। बलाघात और आरोह-अवरोह के कारण वाक्यों व शब्दों का अर्थ कैसे बदलता है इससे वे अवगत होते हैं। एक उदाहरण लेते हैं– एक सरल-सा शब्द है– अच्छा। हम किसी संदर्भ में इस शब्द का उच्चारण कैसे करते हैं उससे उस शब्द का अर्थ बदल जाता है। अच्छा शब्द का उच्चारण यदि आरोह (प्रश्नवाचक) के साथ किया जाए तो उसका अर्थ किसी संवाद में होगा–प्रश्नवाची सचमुच। इसी प्रकार अच्छा शब्द के विभिन्न अर्थ हो सकते हैं लेकिन उसका पता संदर्भगत संवाद में ही मिलेगा। भाषा की बारीकियाँ हिंदी शिक्षण में केवल नाटकों की विधा के माध्यम से ही संभव हो पाती हैं इसी विधा का आलंबन कर मिज़ोकामि जी ने अपने विद्यार्थियों को मंच

के लिए तैयार किया और उनके नाटकों की प्रस्तुतियाँ जापान में तो हुई हीं लेकिन जापान के बाहर भारत, यू.के., सिंगापुर, थाईलैंड, नेपाल और मारीशस में भी हुईं। भारत में अनेक स्थानों पर उनके छात्रों ने नाटकों का मंचन किया और भारत के दूरदर्शन पर भी उनके नाटकों को दिखाया गया। इस प्रकार के मंचनों के लिए आवश्यक शिक्षण-सामग्री का भी मिज़ोकामि जी ने निर्माण किया। हिंदी शिक्षण में मिज़ोकामि जी का यह बहुत बड़ा योगदान है।

मुझे इस बात पर बहुत गर्व है कि मिज़ोकामि जी के योगदान को न केवल जापान में पहचान मिली बल्कि भारत में भी अनेकानेक स्तरों पर उन्हें सम्मानित किया गया। मिज़ोकामि जी को भारत ने बहुत कुछ दिया और मिज़ोकामि जी ने भी अपने अध्यवसाय से भारतीय विद्या के प्रचार प्रसार को बहुत कुछ दिया है और दे रहे हैं। वे अपने योगदान के कारण भारत के राष्ट्रपति द्वारा पद्मश्री जैसे उच्चस्तरीय सम्मान से अलंकृत हुए। उसके अतिरिक्त अनेक अन्यान्य सम्मानों और पुरस्कारों से विभूषित हमारे मिज़ोकामि जी की दीर्घायु और सक्रिय जीवनशैली के लिए मेरी प्रार्थना और शुभकामनाएँ हैं। मुझे विश्वास है कि उनके माध्यम से भारत में भारतीय भाषाओं को भारत के औपचारिक प्रयोग-क्षेत्रों में आगे बढ़ने के लिए प्रेरणा मिलेगी और भारत-जापान के चिरकाल से चले आ रहे राजनयिक और सांस्कृतिक संबंध और सशक्त होंगे।

*सुरेन्द्र गंभीर जी पेनसिलवेनिया विश्वविद्यालय,*
*अमरीका के भूतपूर्व प्रोफेसर हैं।*

# एक अद्वितीय व्यक्तित्व

सुरेश ऋतुपर्ण

आज के वैश्विक हिंदी प्रचार-प्रसार के क्षेत्र में प्रो. तोमिओ मिज़ोकामि के नाम को किसी परिचय की आवश्यकता नहीं है। वे एक बहुआयामी व्यक्तित्व के स्वामी हैं। जापान के प्रसिद्ध शहर ओसाका में स्थित ओसाका यूनीवर्सिटी ऑफ फ़ॉरेन स्टडीज के हिंदी विभाग में अपना अध्ययन पूरा करने के बाद, और अध्ययन करने के लिए आप इलाहाबाद चले गए और हिंदी भाषा की बारीकियों से परिचित हुए। बाद में आपने दिल्ली विश्वविद्यालय में एम.ए. की पढ़ाई की और यहीं से पंजाबी भाषा में डिप्लोमा और फिर भाषा विज्ञान में पीएच.डी. की उपाधि प्राप्त की।

वस्तुत प्रो. मिज़ोकामि से मेरी पहली भेंट सन् 1993 में मारीशस में आयोजित चतुर्थ विश्व हिंदी सम्मेलन के अवसर पर हुई थी। वहाँ के राष्ट्रपति श्री उत्तीम के राजकीय आवास के स्वागत समारोह में मैंने उनके कुछ चित्र भी उतारे थे। इसी तरह सन् 1999 में लंदन में आयोजित छठे विश्व हिंदी सम्मेलन में उनसे भेंट हुई और नेहरू सेन्टर में खेले गए उनके नाटक 'कायाकल्प' में उनके अभिनय की प्रवीणता के दर्शन भी हुए। लेकिन मेरी एक और भेंट इससे पहले दिल्ली के किरोड़ीमल कॉलेज के सभागार में भी हुई थी। यह एक विलक्षण अवसर था। वे अपने छात्र-छात्राओं की नाटक मण्डली के साथ भारत आए थे और उनकी भारत में पहली नाट्य प्रस्तुति का अवसर था। नाटक था 'प्यार कैसे होता है' तथा 'परदा उठने से पहले'। सारा सभागार मंत्रमुग्ध होकर यह नाटक देख रहा था। सभी पात्र जापानी विद्यार्थी थे। उनकी अभिनय क्षमता और भाषा की शुद्ध प्रस्तुति ने सभी का मन मोह लिया था। पूरा हाल तालियों से गूँज रहा था। तब मैंने नहीं सोचा था कि उनकी यह नाट्य-यात्रा अगले दस-ग्यारह सालों में 100 से अधिक प्रस्तुतियों को पार कर जायेगी। भारत से बाहर जापानी विश्वविद्यालय के छात्र-छात्राओं से प्रति वर्ष एक नया नाटक तैयार

कराकर भारत के कई शहरों तथा कुछ अन्य देशों में उनकी प्रस्तुति करा लेना एक दुष्कर कार्य था लेकिन प्रो. मिज़ोकामि की लगन और कठिन अभ्यास के चलते यह सब सम्भव होता गया। उनकी नाट्य प्रस्तुति में मॉरीशस यात्रा भी एक अत्यन्त महत्त्वपूर्ण यात्रा थी।

इसका संयोग भी अनायास ही बना था। उन दिनों मॉरीशस के एक प्रसिद्ध हिंदी प्रेमी राजनेता राज नारायण गति भारत यात्रा पर आए हुए थे। दिल्ली में अन्तरराष्ट्रीय सहयोग परिषद के एक कार्यक्रम में उनसे मेरी भेंट हुई। मैं उन दिनों जापान की तोक्यो यूनीवर्सिटी ऑफ फ़ॉरेन स्टडीज, तोक्यो में कार्यरत था। जापान में हिंदी की साहित्यिक गतिविधियों की चर्चा के दौरान मैंने मिज़ोकामि जी की नाटक प्रस्तुति की बातें उन्हें बताई तो वे अत्यन्त उत्साहित हुए और उसी दिन उन्होंने मुझसे यह आश्वासन लिया कि मैं किसी तरह उनका परिचय उनसे कराऊँ तथा वे उनकी नाटक मण्डली को मॉरीशस बुलाऐंगे। संयोग बनते गए और वे मॉरीशस गए तथा मॉरीशस के नाट्य प्रेमियों ने उनकी प्रस्तुतियों का भरपूर आनंद लिया। वहाँ उन्होंने 'सास जी, सावधान' नाटक प्रस्तुत किया था।

सन् 1996 में त्रिनीडाड में आयोजित पंचम विश्व हिंदी सम्मेलन में भाग लेने के लिए भी मैंने उन्हें आमंत्रण दिया था लेकिन अप्रैल महीने में होने के कारण वे नहीं जा सके थे। क्योंकि उन्हें 1 अप्रैल, 1996 को ओसाका विदेशी भाषा विश्वविद्यालय में आने वाले भारतीय अध्यापक को हवाई अड्डे लेने जाना था और विभागाध्यक्ष होने के कारण ये कार्य वे स्वयं ही करना चाहते थे। मैंने कहा भी वे यह दायित्व अपने किसी विश्वासपात्र को सौंप दें लेकिन वे इसके लिए राजी नहीं हुए। यह उनकी कर्तव्य-परायणता का उदाहरण भी था।

वे जब भी भारत आते तो उनसे भेंट अवश्य ही होती थी। वे भारत के विश्वविद्यालयों तथा हिंदी विभागों की राजनीति को भी भलीभांति समझते थे। इसलिए एक बार एक हिंदी अध्यापिका को जब उन्होंने ओसाका आने के लिए चुना तो उस अध्यापिका के सहयोगियों ने बड़े रोड़े अटकाए लेकिन वे अपनी वचनबद्धता से पीछे नहीं हटे। तब मैं हिन्दू कॉलेज के आवासीय क्षेत्र में रहता था। वे मेरे मेहमान बने और नव नियुक्त प्राध्यापिका को वहाँ बुलाया और आवश्यक निर्देश देकर ही जापान लौटे।

सन् 2002 में अचानक और अनायास ही तोक्यो यूनीवर्सिटी ऑफ फ़ॉरेन स्टडीज ने मुझे अतिथि आचार्य के रूप में बुला भेजा। और मैं जापान जा पहुँचा। अपने जापान प्रवास के दौरान अनेक बार उनसे भेंट होती रहती थी और हम लोग हंसी मजाक के साथ ही साथ अनेक विषयों पर गहन चर्चा भी करते रहते थे।

सन् 2002 में मेरे छात्र-छात्राओं ने 'अंगुलिमाल' नाटक का मंचन तोक्यो यूनीवर्सिटी ऑफ फ़ॉरेन स्टडीज में किया था और वे ओसाका से अपना नाटक 'दिल की दुकान' लेकर आए थे। हमारे हिंदी नाटक को सराहना मिली लेकिन मिज़ोकामि की नाट्य प्रस्तुति बहुत ही अच्छी थी। जापान के विश्वविद्यालयों अर्थात् तोक्यो एवं ओसाका विदेशी भाषा विश्वविद्यालयों की एक परमपरा यह रही है कि वहाँ विदेशी भाषाओं को पढ़ने वाले छात्रों को प्रतिवर्ष एक नाटक अपनी लक्ष्य भाषा में करना होता है। यह भाषा शिक्षण का एक अनिवार्य हिस्सा है।

तोक्यो यूनीवर्सिटी ऑफ फ़ॉरेन स्टडीज में इसकी परम्परा बहुत पुरानी है। अपने शोध में मैंने पाया था कि सन् 1921 में वहाँ 'बुद्ध' नामक नाटक खेला गया था। बाद में ओसाका विदेशी भाषा विश्वविद्यालय में भी यह परम्परा शुरू हो गयी लेकिन उसमें गतिरोध आते गए थे। जब तोमिओ मिज़ोकामि हिंदी के विभागाध्यक्ष बने तो उन्हें तत्कालीन भारतीय अतिथि आचार्य डॉ. गिरीश बक्शी जी के साथ मिला। इस टूटी हुई परम्परा को पुनर्जीवित किया और 100 से भी अधिक प्रस्तुतियों का प्रतिमान स्थापित कर दिया।

उनकी लगन और अध्यवसाय की जितनी भी प्रशंसा की जाए कम हैं। उनके मन में जब कोई बात आ जाती है तो वे प्राण-पण से उसे पूरा करने में जुट जाते है। जब उन्होंने पहली-पहली बार वीडियो के माध्यम से रामानंद सागर का 'रामायण' सीरियल देखा तो उसे अपनी हिंदी कक्षाओं में पाठ्यक्रम का हिस्सा ही बना दिया। तब उनको लगा कि देखने के साथ ही साथ यदि इसकी पाठ्य-पुस्तक भी मौजूद हो तो पढ़ने-सुनने और देखने की प्रक्रिया एक साथ सम्भव हो सकती है। फलत: आपने डॉ. गिरीश बक्शी के साथ मिलकर, दिन रात वीडियो चला-चलाकर, पूरे 'स्क्रिप्ट' के दो भागों में, पुस्तक रूप में ही छाप डाला। 'रामायण' का यह पूरा नाट्य-स्क्रिप्ट उसके निर्माता रामानंद सागर के पास भी नहीं था। वे इसकी मदद से अपने छात्रों को कई सालों तक 'रामायण' सीरियल का विडियो दिखाकर तथा टैक्स्ट पढ़कर, पढ़ाते रहे।

इसी तरह उन्होंने भारतीय हिंदी फिल्मों, यानी बालीवुड की फिल्मों के चुने हुए 300 गीतों की एक पुस्तिका प्रकाशित कराई जिसमें सभी गीत, हिंदी देवनागरी लिपि में, उर्दू लिपि में तथा जापानी भाषा में प्रकाशित किए। इस पुस्तक के लिए भारत के पूर्व प्रधानमंत्री श्री अटल बिहारी वाजपेयी जी ने भी दो शब्द लिख कर दिये थे।

ऐसे अनेक विलक्षण कार्य प्रो. मिज़ोकामि ने किए हैं और निरन्तर करते जा रहे है। मैंने तोक्यो यूनीवर्सिटी ऑफ फ़ॉरेन स्टडीज में रहते हुए सन् 2006, 2008 तथा 2012 में तीन-तीन अन्तरराष्ट्रीय हिंदी सम्मेलनों का आयोजन किया था। मेरे लिए यह सुखद संयोग रहा कि इन तीनों ही सम्मेलनों में मिज़ोकामि जी ने बढ़-चढ़कर हिस्सा लिया और अपनी अकादमिक योग्यता से सभी अंतरराष्ट्रीय प्रतिभागियों को चमत्कृत ही कर डाला।

उनके उत्कृष्ट हिंदी प्रेम की जितनी भी प्रशंसा की जाए कम है। तोक्यो में आयोजित तीनों हिंदी सम्मेलनों की सफलता से वे इतने उत्साहित थे कि जब भी मिलते एक ही बात कहते—ऋतुपर्ण जी, अगला विश्व हिंदी सम्मेलन अब जापान में होना चाहिए। इसके लिए हम दोनों ने प्रयास भी किए। बंगाल के राज्यपाल रहे श्री केसरीनाथ त्रिपाठी जी के माध्यम से एक पत्र तत्कालीन विदेश मंत्री श्रीमती सुषमा स्वराज तक पहुँचाया भी लेकिन सफलता नहीं मिल सकी। उनकी यह इच्छा अभी तक अधूरी है। पिछले दिनों हम दोनों के बीच पुन: इस बारे में गहन चर्चा हुई है। प्रयास जारी है। आशा की जा सकती है कि कभी न कभी यह आकांक्षा भी पूरी होगी।

मिज़ोकामि जी के उत्कट हिंदी प्रेम से हमारे दो प्रधानमंत्री-अर्थात श्री अटल बिहारी वाजपेयी जी एवं श्री नरेन्द मोदी जी भी प्रभावित रहे हैं। अपनी जापान यात्रा के दौरान अटल जी ने उनके छात्रों द्वारा अभिनीत नाटक भी देखा था तथा इसकी भूरि-भूरि प्रशंसा भी की। जब प्रधानमंत्री मोदी जी अपनी पहली जापान यात्रा पर जा रहे थे तो मिज़ोकामि जी ने मुझसे कहा कि ऋतुपर्णजी, मोदी जी यदि यहाँ हिंदी में भाषण दें तो जापान के लिए यह एक बड़ी बात होगी और हमारे हिंदी प्रेमी छात्रों के मनों में भी हिंदी के प्रति आदर और गर्व की वृद्धि होगी। मैंने भी तत्काल उन्हें संदेश दिया कि वे इस बारे में एक पत्र मोदी जी को लिखें तो सम्भव है कि उनकी यह आकांक्षा भी पूरी हो जाए। उन्होंने ऐसा ही किया। परिणामत: मोदी जी ने अपनी पहली ही आधिकारिक जापान यात्रा में हिंदी में भाषण देकर जापानी जनता का मन मोह लिया। इसी के साथ एक मजेदार बात भी हुई। जब मोदी जी एक स्वागत समारोह में बोल रहे थे तो वहाँ मिज़ोकामि जी भी उपस्थित थे। मोदी जी ने उन्हें लक्षित करके कहा कि श्री मिज़ोकामि जी के कारण ही मैं यहाँ हिंदी में बोलने का निर्णय कर सका। उनका यह हिंदी प्रेम ही है जिसके कारण भारत के अनेक महत्त्वपूर्ण सम्मानों से उन्हें सम्मानित किया जा चुका है। इसमें अभी कुछ ही वर्ष पूर्व दिया गया 'पद्मश्री' सम्मान तो अत्यन्त ही महत्त्वपूर्ण है।

पिछले कुछ वर्षों में आपने भारत के अनेक स्थानों पर भारत-जापान सम्बंधों पर अत्यन्त महत्त्वपूर्ण भाषण दिए हैं। इनके भाषणों की एक और बड़ी विशेषता यह है कि वे अपने लेपटॉप पर तैयार किया गया पावर पॉइंट प्रजेन्टेशन भी देते हैं जिसके कारण इनके भाषण अत्यन्त महत्त्वपूर्ण हो जाते हैं। इनमें उनका गहन अध्ययनशील व्यक्तित्व भी पूर्णतः उभर कर सामने आता है।

मेरा सौभाग्य रहा है कि लगभग 30 वर्ष से भी अधिक का यह परिचय एवं सम्पर्क निरन्तर बढ़ता ही गया है तथा अनेक प्रकार की सार्थक चर्चाओं से मैंने भी उनसे अनेक बांतों को सीखा है। मैं उनके उत्तरोत्तर विकास, उत्तम स्वास्थ और दीघार्यु होने की कामना करता हूँ।

***डॉ. सुरेश ऋतुपर्ण जी बिड़ला फाउंडेशन के निदेशक और प्रसिद्ध लेखक हैं।***

# इक्यासी वर्षीय युवा

हरजेन्द्र चौधरी

प्रोफ़ेसर तोमिओ मिज़ोकामि जी के संग-साथ के अपने प्रारंभिक पलों को याद करता हूँ तो प्रायः वह मुझे ओसाका के इतामी अंतरराष्ट्रीय हवाई अड्डे के निकास-द्वार पर प्रोफ़ेसर आकिरा ताकाहाशि के संग खड़े दिखाई देते हैं। (इससे पहले भारत में दो-एक बार हुई भेंट की स्मृति बहुत धुंधली पड़ गई है। ऐसा याद आ रहा है कि जिन सज्जन ने दिल्ली में मुझे श्री योशिआकि सुज़ुकि जी द्वारा संपादित जापान की हिंदी-पत्रिका 'ज्वालामुखी' की प्रति दी थी, वह शायद मिज़ोकामि जी ही थे। खैर!) वे दोनों मुझे 'रिसीव' करने इतामी एयरपोर्ट पधारे थे। आकिरा ताकाहाशि जी के साथ तोमिओ मिज़ोकामि जी। दुबली-पतली काया में मौजूद एक खूब जोशीला, चुस्त और जिज्ञासु व्यक्तित्व। मिज़ोकामि जी के बेहद सक्रिय और लगभग भारतीयों की तरह बातूनी होने का पता मुझे उनका सहकर्मी बनने के बाद चला। 1994 से 1996 के दौरान मैं ओसाका यूनिवर्सिटी ऑफ फ़ॉरेन स्टडीज़ में अतिथि प्राध्यापक रहा। उनके अलावा हिंदी के वरिष्ठतम प्राध्यापक प्रोफ़ेसर कात्सुरो कोगा तथा युवा प्रोफ़ेसर आकिरा ताकाहाशि के साथ काम करने का अवसर मिला। वर्षों पहले मैंने दिल्ली विश्वविद्यालय में जापानी भाषा के सर्टिफ़िकेट कोर्स के तहत कुछ महीने जो-कुछ सीखा था, लगभग सारा भूल चुका था। मेरी स्थिति 'काला अक्षर भैंस बराबर' वाली ही थी। बहुत बार भाषा की समस्या से रूबरू होना पड़ता था। जहाँ तक मुझे याद है, प्रोफ़ेसर कोगा तथा प्रोफ़ेसर ताकाहाशि शैक्षिक व व्यक्तिगत कामों में मेरी मदद किया करते थे और प्रशासनिक काम निपटाने का दायित्व बहुधा प्रोफ़ेसर मिज़ोकामि निभाते थे।

मेरी कक्षाएँ सप्ताह में चार दिन होती थीं। एक दिन 'सेल्फ़-स्टडी' के लिए नियत था। उस दिन मैं प्रायः घर पर रहकर पढ़ता-लिखता था। कभी-कभी विश्वविद्यालय

के पुस्तकालय चला जाता था। जहाँ तक मुझे याद है, मिज़ोकामि जी अपने 'सेल्फ़-स्टडी' के दिन भी प्राय: विश्वविद्यालय आया करते थे। प्रोफ़ेसर कोगा अनेक वर्षों से जापानी-हिंदी व हिंदी-जापानी शब्दकोश तैयार करने में जुटे थे। बहुत बार शब्दों की अर्थ-छायाओं तथा उनमें निहित सांस्कृतिक अवधारणाओं के संबंध में बहुत सूक्ष्मता से जानना चाहते। कभी-कभी मैं उलझन में पड़ जाता। मिज़ोकामि जी भी बहुत बार हिंदी वाक्य-विन्यास के वैविध्य पर 'क्यों' वाले सवाल पूछते थे। हिंदी-भाषी होने के नाते मैं यह तो बता देता कि कौन-सा वाक्य ठीक है और कौन-सा अटपटा या अशुद्ध, पर बहुत बार 'क्यों' का उत्तर मेरे पास नहीं होता था। अनेक चुनौतियाँ मुझे निरंतर सक्रिय रखती थीं। इस तरह की शैक्षिक-भाषायी चुनौतियों के कारण मुझे अपनी मातृभाषा को विश्लेषलात्मक दृष्टि से देखने की आदत पड़ने लगी और यह एहसास होने लगा कि स्रोत-वैविध्य तथा लिंग-वचन की व्यवस्था को देखते हुए विदेशी अध्येताओं के लिए हिंदी एक कठिन भाषा है। साथ ही यह भी लगने लगा कि अपने मज़े के लिए केवल साहित्य पढ़ना पर्याप्त नहीं है। अपनी भाषा के बारे में भी बहुत-कुछ जानने-सीखने की ज़रूरत है। इस एहसास के कारण भारत लौटने के बाद मैंने केन्द्रीय हिंदी संस्थान के दिल्ली केन्द्र से अनुप्रयुक्त हिंदी भाषाविज्ञान (एक-वर्षीय स्नातकोत्तर डिप्लोमा) की पढ़ाई पूरी की।

भारतीय मानकों के मुताबिक कर्मठ तो मैं भी बहुत था, पर मिज़ोकामि जी व अन्य जापानी प्राध्यापकों की शुद्ध जापानी क़िस्म की कर्मठता का साक्षी बनना मेरे स्वभाव को प्रभावित करने लगा था। भारत में रहते हुए पढ़ाई-लिखाई का जितना काम हो पाता था, उसकी तुलना में यहाँ मैं ज़्यादा कर पा रहा था। स्वाध्याय के लिए पर्याप्त समय और सुविधाओं की उपलब्धता तथा जापानी कार्य-संस्कृति मेरे जापानी अकेलेपन का 'एंटीडॉट' बनती जा रही थी।

नवंबर माह में विश्वविद्यालय का वार्षिक सांस्कृतिक समारोह आयोजित होता था। भारत से प्रस्थान करने से पहले ही जापान में हिंदी-नाटक मंचित करने की इच्छा थी। बी ए से ही 'नाटकबाज़ी' का शौक़ था। अभिनय में पुरस्कार भी मिले थे। दिल्ली विश्वविद्यालय में पढ़ाई करते हुए मैं 'विनाम' (विश्वविद्यालय नाट्य मंच) का सक्रिय सदस्य था। सौरभ शुक्ला, दिनेश शाकुल, पोर्शिया मुखर्जी, उमाशंकर वत्स 'पथिक' आदि मित्रों के साथ अनिल बर्वे के मराठी नाटक 'थैंक यू मिस्टर ग्लाड' को अनेक बार (हिंदी में) मंचित किया जाना मेरी स्मृति में आज भी छवि-रूप में अंकित है। कॉलेज ऑफ़ वोकेशनल स्टडीज़ में पढ़ाना शुरू करने के बाद मैं हर साल एक नाटक निर्देशित किया करता था। आपात-स्थिति में या आवश्यकतानुसार

विद्यार्थियों के साथ (मसलन, चेखव के 'गिरगिट' में) अभिनय भी करना पड़ा था। परंतु ओसाका विश्वविद्यालय में नाट्य-मंचन का उद्देश्य (और अनुभव भी) एकदम भिन्न था। अब नाट्य-मंचन केवल मेरे लिए व्यक्तिगत रुचि या मनोरंजन का विषय नहीं रह गया था। जापानी विद्यार्थियों के लिए हिंदी नाट्य-मंचन एक तरह से भारतीय संस्कृति और भाषा के प्रशिक्षण के माध्यम के रूप में अपनाया जाना था। जापान पहुँचने के बाद वहाँ उपलब्ध सुविधाएँ देखकर इस माध्यम का सदुपयोग करने का विचार ठोस संकल्प में परिवर्तित हो गया था।

1994 का ग्रीष्मावकाश जापान में बिताकर मेरा परिवार दिल्ली लौट गया। उसके कुछ दिनों बाद जुलाई में एक दिन प्रोफ़ेसर आकिरा ताकाहाशि तथा कुछ विद्यार्थी मेरे आवास पर एकत्र हुए। तय हुआ कि कालिदास के विश्व-प्रसिद्ध नाटक 'अभिज्ञान शाकुंतलम' का हिंदी में मंचन करेंगे। राजा लक्ष्मण सिंह के हिंदी-अनुवाद के आधार पर मैंने कुछ दुरूह, चामत्कारिक व मिथकीय प्रसंगों को हटाकर उस नाटक का नया, अपेक्षाकृत सरल स्क्रिप्ट तैयार किया। अगस्त-सितंबर की छुट्टियों में मैं निरंतर पूर्वाभ्यास के लिए विश्वविद्यालय जाता रहा। जापान की नई पीढ़ी की कर्मठता और लगन देखने लायक थी। उन दिनों जापान में बेरोज़गारी का संकट नहीं था। हमारे अधिकतर विद्यार्थियों को स्नातक होने से पहले ही किसी कंपनी की ओर से नौकरी का कम से कम एक प्रस्ताव ज़रूर मिल जाता था। रोज़गार पाने की चिंता नहीं थी। अपनी पढ़ाई के साथ-साथ अन्य गतिविधियों में संलग्न रहना आसान था। 'शकुंतला' नाटक के लिए विद्यार्थियों का पूरा दल तैयार हो गया था। अभिनय में ही नहीं, मेक-अप, मंच-सज्जा, ध्वनि और प्रकाश आदि की व्यवस्था में रुचि रखने वाले विद्यार्थियों की भी अच्छी-खासी संख्या थी। लगभग चार महीने की हमारी साझी मेहनत खूब रंग लाई। नाटक के मंचन के बाद अनेक भारतीय व जापानी दर्शकों की उत्साहजनक प्रतिक्रियाओं और टिप्पणियों से हमें हिंदी-नाट्य-मंचन की परंपरा को ठोस रूप देने की प्रेरणा मिली। इस नाटक की सफलता से हर्षित मिज़ोकामि जी और विद्यार्थियों की इच्छा हुई कि इसे भारतीय समुदाय के लिए कोबे शहर में मंचित किया जाए। पर पश्चिमी जापान में आई प्राकृतिक आपदा ने इस योजना को ध्वस्त कर दिया।

1995 की सत्रह जनवरी को सुबह-सुबह, लगभग पौने छह बजे आए कुख्यात हांशिन-अवाजि महाभूकंप ने पश्चिमी जापान को झिंझोड़ डाला। कोबे शहर में भीषण तबाही हुई। ओसाका में भी काफ़ी नुकसान हुआ। उस भूकंप के कारण लगभग 6,500 लोगों की जान चली गई थी। मेरा मन काफ़ी दिनों तक उखड़ा-उखड़ा रहा।

स्वैच्छिक सेवा के दौरान कोबे में देखे गए विनाश के दृश्य आज तक भी बहुत धुंधले नहीं पड़े हैं। यह अलग बात है कि मेरे स्मृति-पटल पर हांशिन-अवाजि महाभूकंप और मार्च 2011 की त्सुनामी के टेलीविज़न पर देखे गए दृश्य अजीब ढंग से गड्ड-मड्ड हो जाते हैं। सन् 2010 से 2012 के दौरान भी मैं जापान में पढ़ा रहा था और संयोग की बात थी कि फ़रवरी-मार्च में ओसाका विश्वविद्यालय का सत्रांत अवकाश होने के कारण दिल्ली आया हुआ था। 2010 में ओसाका विश्वविद्यालय व कोबे शहर में हमने 'मुझे आंटी मत कहियो' नाटक प्रस्तुत किया था। दिल्ली में अवकाश बिताने के दौरान अन्य शैक्षिक कामों में संलग्न होने के अलावा मैं अगले वर्ष के लिए ओसाका के नाट्य-दल के लिए नाटक लिखने की योजना बना रहा था। 11 मार्च 2011 को अचानक जापान का फुकुशिमा क्षेत्र भयानक प्राकृतिक आपदा का शिकार हो गया। त्सुनामी के दृश्यों को टेलीविज़न पर देखना किसी अविश्वसनीय और दीर्घ दुःस्वप्न जैसा था। मेरे मानस-पटल पर उस त्सुनामी के दृश्यों और जनवरी 1995 में आए हांशिन-अवाजि महाभूकंप की स्मृति का घालमेल होने लगा था। मार्च के अंतिम सप्ताह में ओसाका लौटने के बाद ही मन में नाटक की रूपरेखा बन पाई और अगले दो-तीन महीने बाद 'भारतीय सपनों का रियलिटी शो' नामक नाटक कागज़ पर उतारा। यह नाटक भी ओसाका विश्वविद्यालय तथा कोबे नगर में मंचित किया गया था।

एक बार पुनः जापान की हिंदी-नाट्य-परंपरा की जड़ों की ओर चलें। नवंबर 1995 में आयोजित होने वाले सांस्कृतिक समारोह के दौरान मंचित करने के लिए मैंने मई-जून 1995 में दो अंकों वाला एक नाटक लिखा था— 'साचिको की शादी'। बाद में जब पता चला कि अभिनय में रुचि रखने वाली अनेक छात्राएँ नाटक में भूमिका न मिलने के कारण बहुत निराश हैं तो मैंने तीसरा अंक भी लिखा और सबको नाटक में जगह दी। अभिनेताओं-अभिनेत्रियों की संख्या और जेंडर के मद्देनज़र लिखे गए अतिरिक्त अंक के प्रसंग में तथा सन् 2010-2012 के दौरान मेरे द्वारा लिखित-निर्देशित व ओसाका विश्वविद्यालय तथा कोबे शहर में मंचित किए गए नाटकों के बारे में मिज़ोकामि जी ने गज़ब की टिप्पणी की है, "चौधरी जी में कमाल की क्षमता है कि वे पात्रों की संख्या और पात्र व पात्राओं के अनुपात के अनुसार कहानी को लिखते हैं। पैर के साइज़ के अनुसार जूता चुना जाता है, पर जूते के अनुसार पैर चुनना कितना मुश्किल काम है!" (देखें—नौवें विश्व हिंदी सम्मेलन के अवसर पर विदेश मंत्रालय द्वारा प्रकाशित, रवींद्र कालिया, हरजेन्द्र चौधरी व राकेश पाण्डेय द्वारा संपादित स्मारिका 'भाषा की अस्मिता और हिंदी का वैश्विक संदर्भ'

(2012) में मिज़ोकामि जी का लेख 'जापान की हिंदी नाट्य-मंचन की परंपरा' पृष्ठ 178 से 184) 'साचिको की शादी' एक हास्य-नाटक था। उसमें जापान और भारत के समाज, सोच व संस्कृति की तुलना के अनेक सहज प्रसंग थे। दहेज में 'मारुति सुज़ुकी' कार माँगे जाने पर टिप्पणियाँ थीं, बाराती थे, बधाई देने आए हिजड़े थे, निमंत्रण न दिए जाने से नाराज़ होकर बिजली भगाने वाले विद्युत-कर्मचारी भी थे। एक पंजाबी-भाषी पात्र हर बात पर बोलता था, "तुसी मालक हो जी।" कई तरह के सांस्कृतिक झटकों से भरे उस नाटक के मंचन के समय दर्शक बीच-बीच में पेट पकड़-पकड़कर हंसते रहे थे।

विश्वविद्यालय समारोह संपन्न होने के कुछ दिनों बाद मिज़ोकामि जी ने सुझाव दिया कि 'साचिको की शादी' को कोबे शहर में मंचित किया जाना चाहिए। इससे कोबे के भारतीय समुदाय को महाभूकंप से हुई भौतिक और मानसिक हानि से उबरने में मदद मिलेगी। हालांकि महाभूकंप दस महीने पहले आया था, लेकिन कोबे की ज़मीन पर और कोबे-वासियों के दिल-दिमाग में उसके घाव-प्रभाव मौजूद थे। मुझे यह प्रस्ताव अच्छा लगा और नाट्य-दल में शामिल विद्यार्थियों की रज़ामंदी पाकर मैंने हामी भर दी। स्वयं मिज़ोकामि जी भी विद्यार्थियों से इस बारे में बात कर चुके थे। सबकी अंतिम रज़ामंदी के बाद योजना बनी और मंचन की तिथि तय हुई, दो दिसंबर 1995, मेरा जन्मदिवस।

सौभाग्य कहें कि दुर्भाग्य एक-दो दिसंबर की रात को मेरी तबीयत अचानक ख़राब हो गई। कुछ घंटों के लिए अस्पताल जाना पड़ा। नाट्य-मंचन अनिश्चय के हवाले हो गया। मिज़ोकामि जी मेरे घर आए। मैंने कहा कि मैं न भी जा सकूँ, तो भी मंचन तो होना ही चाहिए। नाटक के प्रारंभ में जो बोलना था, वह मैंने लिखकर इस निवेदन के साथ मिज़ोकामि जी को दे दिया कि मेरी बात आप दर्शकों तक पहुँचा दें और मेरी अनुपस्थिति के लिए मेरी ओर से क्षमा-याचना करें। उन्होंने मेरा निवेदन स्वीकार कर लिया।

'साचिको की शादी' नाटक का वह मंचन सफल-सुखद रहा। बाद में मिज़ोकामि जी ने उसकी वीडियो रिकॉर्डिंग दिखाई, जिसे देखने के बाद उर्दू के तत्कालीन प्रोफ़ेसर तबस्सुम कश्मीरी ने टिप्पणी की, "चौधरी साहब, इस वीडियो को देखकर कहीं भी ये पता नहीं चलता कि इस नाटक के राइटर-डायरेक्टर आप हैं। पूरी महफ़िल सरदार मिज़ोकामि ने लूट ली।" रेडियो जापान की हिंदी-सेवा द्वारा इस नाटक के कुछ हिस्सों को प्रसारित किया गया। कुछ दिनों बाद लेखक-निर्देशक की हैसियत से मेरे साक्षात्कार के प्रसारण की भी व्यवस्था की गई। इस प्रचार-प्रसार से नाट्य-दल

के सभी सदस्य बहुत प्रसन्न-प्रेरित हुए। 'साचिको की शादी' जापान में वह पहला नाटक था, जिसने विश्वविद्यालय की सीमाएँ लांघी थी। इस कारण इसके मंचन को मिज़ोकामि जी समेत अनेक जापानी व भारतीय मित्र 'ऐतिहासिक घटना' मानते हैं। इस घटना के बाद जापान में हिंदी नाट्य-मंचन ने एक ठोस परंपरा का रूप ले लिया। ओसाका यूनिवर्सिटी ऑफ फ़ॉरेन स्टडीज़ का विलय ओसाका विश्वविद्यालय में होने के बावजूद यह परंपरा चलती रही है। आशा है कि कोविड-19 नामक विश्वमारी द्वारा सामान्य गतिविधियों में आई बाधाओं के निराकरण के बाद यह परंपरा पुनर्प्रवाहित होने लगेगी।

1996 में अपनी टीचिंग असाइनमेंट पूरी करके मैं सपरिवार भारत लौट आया। ऐसा याद आ रहा है कि उस समय मिज़ोकामि जी अस्पताल में भर्ती थे। हमारे प्रस्थान से कुछ समय पहले अचानक हमें विदा देने के लिए उनका कंसाई इंटरनेशनल एयरपोर्ट आना मुझे भिगो गया था। मेरे दिल्ली लौटने के बाद उनसे पत्र-व्यवहार चलता रहा। एक पत्र में मिज़ोकामि जी ने निवेदन किया कि ओसाका यूनिवर्सिटी ऑफ फ़ॉरेन स्टडीज़ के हिंदी-नाट्य-दल के लिए एक नया नाटक लिखकर भेजें। दिल्ली की व्यस्तताओं की वजह से या 'मूड' न बनने के कारण मैं ऐसा नहीं कर सका। पर मिज़ोकामि जी ने अपना संकल्प और उत्साह बनाए रखा। उन्होंने 1996-97 से अपनी सेवा-निवृत्ति (2007) तक सक्रिय रहकर 'जापानियों द्वारा हिंदी-नाट्य-मंचन' को अंतरराष्ट्रीय ख्याति दिलाई। ज्ञातव्य है कि 1997 से 2007 तक की दीर्घ अवधि में एक भी वर्ष ऐसा नहीं है, जब ओसाका यूनिवर्सिटी ऑफ फ़ॉरेन स्टडीज़ का हिंदी-नाट्य-दल जापान के बाहर के किसी देश में मंचन करने न गया हो।

ओसाका के नाट्य-दल द्वारा हिंदी नाटक किए जाने का सिलसिला समयांतर के साथ विस्तार पाता गया। वह केवल जापान या भारत तक सीमित नहीं रहा। मिज़ोकामि जी की जोश-भरी दिलचस्पी के कारण उसने इन दो देशों की ही नहीं, एशिया महाद्वीप की भी सीमाएँ लांघी। विश्वविद्यालय से अपनी सेवा-निवृत्ति तक मिज़ोकामि जी पूरी लगन से इस अभियान में जुटे रहे। 1997 से मार्च 2007 के बीच ओसाका के हिंदी-नाट्य-दल द्वारा उनके नेतृत्व में भारत सहित विभिन्न देशों में दर्ज़नाधिक नाटकों के 79 मंचन होना अपने-आप में एक ऐसी उपलब्धि है, जिसपर हर हिंदी-प्रेमी को गर्व का अनुभव होता है। इस संख्या में जापान के विभिन्न शहरों में की गईं प्रस्तुतियों को भी शामिल करें तो पाएँगे कि ओसाका के नाट्य-दल को इस सांस्कृतिक खेल में शतक (सेंचुरी) मारने का श्रेय जाता है। जापानेतर देशों की सूची में अफ्रीका महाद्वीप का द्वीप-देश मॉरीशस, पश्चिमी यूरोप का यूनाइटेड किंगडम

तथा एशिया के (भारत के अलावा) नेपाल, सिंगापुर तथा थाईलैंड शामिल हैं। यानी जापान और भारत को मिलाकर कुल सात देशों में ओसाका के हिंदी-नाट्य-दल ने अपनी प्रस्तुतियाँ दी हैं। मिज़ोकामि जी ने हर प्रस्तुति के स्थान और दर्शक-संख्या के ब्यौरे सुरक्षित रखे हुए हैं। इन नाट्य-प्रस्तुतियों में दर्शकों की संख्या न्यूनतम 24 (उन्नीस सितंबर, 1999 को ग्लासगो, यूनाइटेड किंगडम) से लेकर अधिकतम 2,000 (तीन जनवरी, 2002 को कुशीनगर, भारत) तक रही है।

छठे विश्व हिंदी सम्मेलन में भागीदारी करने के लिए मैं लंदन गया। सितंबर1999 के दूसरे सप्ताह का एक दिन मेरे लिए अचरज और उल्लास लेकर आया, जब अचानक वहाँ मिज़ोकामि जी से भेंट हुई। उन्होंने बताया कि ओसाका के नाट्य-दल को विश्व हिंदी सम्मेलन के अवसर पर अपनी प्रस्तुति के लिए आधिकारिक रूप से आमंत्रित किया गया है। सुनकर मुझे बहुत खुशी हुई। मिज़ोकामि जी के आग्रह पर मैंने भी पूर्वाभ्यास में हिस्सेदारी की। तेरह सितंबर की शाम को लंदन के नेहरू सेंटर में मंचन हुआ। अगला मंचन सोलह सितंबर को भारतीय विद्या भवन में हुआ। दोनों स्थानों पर खूब तालियाँ बजी, नाट्य-दल ने खूब प्रशंसा बटोरी। विश्व हिंदी सम्मेलन संपन्न होने के बाद जापान के हिंदी-नाट्य-दल को मैनचेस्टर, ग्लासगो और बर्मिंघम आदि शहरों में अपनी प्रस्तुतियाँ देनी थीं। मिज़ोकामि जी और ओसाका के विद्यार्थी-दल का आग्रह था कि मैं भी इस सांस्कृतिक यात्रा में उनका साथ दूं, पर मेरा अगला पड़ाव ताशकंद था। उज़्बेकिस्तान में अपने कार्यक्रम की पूर्व-निर्धारित तिथियों को बदलना ठीक नहीं था। फिर ताशकंद से दिल्ली लौटकर मुझे अपना निर्माणाधीन मकान संभालने जैसे कुछ ठेठ व्यावहारिक काम भी पूरे करने थे। जो भी हो, मिज़ोकामि जी और उनकी टीम का आग्रह मुझे अच्छा भी लगा और उनके प्रति कृतज्ञता का एहसास भी हुआ कि ओसाका यूनिवर्सिटी ऑफ फ़ॉरेन स्टडीज़ के अपने सहकर्मियों और विद्यार्थियों के प्रेरक सहयोग से जापान में जिस हिंदी-नाट्य-परंपरा का श्रीगणेश किया गया था, वह मिज़ोकामि जी के सौजन्य से पूरे ज़ोर-शोर से आगे बढ़ रही है।

मिज़ोकामि जी के व्यक्तित्व के अनेक आयाम हैं। वह जिन अनेक भाषाओं के जानकार हैं, उन भाषाओं से संबद्ध संस्कृति के कुछ तत्त्व सहज ही उनके स्वभाव में शामिल हो गए लगते हैं। ओसाका यूनिवर्सिटी ऑफ फ़ॉरेन स्टडीज़ के उर्दू के तत्कालीन अतिथि प्राध्यापक प्रोफ़ेसर तबस्सुम कश्मीरी मिज़ोकामि जी को 'सरदार मिज़ोकामि' कहा करते थे। इसके दो या शायद तीन कारण थे। मिज़ोकामि जी को पंजाबी भाषा आती है। ('जपजी साहिब' का जापानी में अनुवाद कर चुके हैं। दिल्ली

विश्वविद्यालय से पीएच.डी. भी। साहित्य अकादेमी पुरस्कार से सम्मानित पंजाबी के मशहूर लेखक व प्रोफ़ेसर हरभजन सिंह तथा प्रसिद्ध भाषावैज्ञानिक प्रोफ़ेसर रवींद्रनाथ श्रीवास्तव उनके सुपरवाइज़र तथा डॉक्टर आत्मजीत सिंह उनके शोध-निदेशक थे।) तबस्सुम जी लाहौर के, यानी पंजाबी-भाषी होने के नाते मिज़ोकामि जी से कभी-कभी अपनी भाषा में बात करने का सुखद अवसर पा लेते थे। उन्हें 'सरदार मिज़ोकामि' कहने का तीसरा कारण यह था कि तबस्सुम जी को मिज़ोकामि जी के स्वभाव में 'पंजाबियत' दिखाई देती थी।

जापान-वासी प्रोफ़ेसर संदीप टैगोर (महाकवि टैगोर के कुटुंबी) ओसाका यूनिवर्सिटी ऑफ फ़ॉरेन स्टडीज़ के विद्यार्थियों को सप्ताह में एक बार, शायद बुधवार को, बंगला भाषा व रोबींद्र संगीत सिखाने के लिए आया करते थे। जिस दिन वह आते, उस दिन प्राय: दोपहर का भोजन साथ-साथ करने का संयोग बनता था। मिज़ोकामि जी प्रोफ़ेसर टैगोर से धारा-प्रवाह बंगला भाषा में बात करते हुए 'बंगाली मोशाय' बन जाते थे। मिज़ोकामि जी के 'भाषायी प्रताप' के सौजन्य से भोजन के स्वाद के साथ-साथ हम हिंदी-उर्दू, पंजाबी और बंगला भाषा का भी आस्वाद लेते थे। बीच-बीच में ठहाके भी लगते रहते थे। मैंने प्राय: पाया है कि खुश रहना तथा खुशी बांटना मिज़ोकामि जी के स्वभाव की एक सकारात्मक विशेषता है।

पंजाबी भाषा के प्रसंग में याद आया कि जुलाई-अगस्त 1994 में मिज़ोकामि जी कैलिफ़ोर्निया विश्वविद्यालय, बर्कले के ग्रीष्म कार्यक्रम में पंजाबी पढ़ाने के लिए अमेरिका गए थे। उन दिनों ओसाका में काफ़ी गरमी थी। मिज़ोकामि जी का पत्र आया। संक्षेप में भारतीय समुदाय (मूलत: सिख प्रवासियों) की नई पीढ़ी को पंजाबी पढ़ाने के अपने अनुभव साझा करते हुए उन्होंने लिखा कि कैलिफ़ोर्निया में मौसम बहुत सुखद है। भारत के नवंबर जैसा समझो। अपनी मातृ-भाषा जापानी में पालित-पोषित, भारत और हिंदी के विकट प्रेमी, पंजाबी भाषा से संबद्ध शोध करके पीएच.डी. की डिग्री पाने वाले और यथावश्यकता धाराप्रवाह बंगला बोलने वाले व्यक्ति द्वारा अंग्रेज़ी-भाषी अमेरिका में पंजाबी पढ़ाने के 'दु:साहस' की यह शायद दुनिया की एकमात्र घटना रही होगी।

मिज़ोकामि जी की बहुमुखी-चहुँमुखी संबद्धता और चौकन्नी सक्रियता ने उन्हें काफ़ी प्रसिद्धि दिलाई है। सत्ता-स्रोतों के उनके सहज बोध और सायास पहुँच की परिणति विविध संपर्कों, सफलताओं और भारत के 'जॉर्ज ग्रियर्सन सम्मान' (2002), 'पद्मश्री सम्मान' (2018) तथा बंगला देश के 'मुक्तियुद्ध-मैत्री सम्मान' (2013) सहित अनेक अंतरराष्ट्रीय पुरस्कारों-सम्मानों के रूप में सामने आई है। नाट्यकर्मी

हों या साहित्यकार, फ़िल्मी दुनिया के लोग हों या गायक-संगीतज्ञ, राजनयिक हों या राजनेता, मीडियाकर्मी हों या सामाजिक कार्यकर्ता, सुलझे हुए प्राध्यापक हों या नादान विद्यार्थी, चाय वाले हों या रिक्शा वाले; किसीसे भी संपर्क और बातचीत करने में उन्हें संकोच नहीं होता। 'इंडिया टुडे' (साहित्यिक वार्षिकी 2019) में पृष्ठ 106 से 112 पर प्रकाशित अपने लेख 'हिंदी सीखने के वे दिन' में उन्होंने बताया है कि इलाहाबाद विश्वविद्यालय में अध्ययन के लिए भारत सरकार द्वारा दी गई द्वि-वर्षीय छात्रवृत्ति को एक और साल (शांतिनिकेतन में बंगला भाषा की पढ़ाई के उद्देश्य से) बढ़वाने के लिए बिना अपॉएंटमेंट लिए वह भारत के तत्कालीन शिक्षा मंत्री डॉक्टर त्रिभुवन सेन के दिल्ली-स्थित आवास पर पहुँच गए थे। टूटी-फूटी बंगाली बोलकर उन्होंने डॉक्टर सेन के बंगला-प्रेम को 'छूने' का 'हथकंडा' अपनाकर अपना स्वार्थ सिद्द कर लिया था। सन् 1967 का वह घटनाक्रम उनके 'दुःसाहस' और 'कन्विंसिंग क्षमता' का एकमात्र प्रमाण नहीं है।

1994 की एक घटना याद आ रही है। तब मुझे जापान आए एकाध महीना ही गुज़रा था। ओसाका यूनिवर्सिटी ऑफ फ़ॉरेन स्टडीज़ तक जाने वाली बस लेने के लिए मुझे ओनोहारा हिगाशि के अपने आवास से कुछ दूर तक पैदल चलना पड़ता था। एक दिन मेरे पास हॉर्न बजाती हुई एक गाड़ी रुकी तो मेरी चाल मंद हो गई। ड्राइव करती जापानी महिला ने मुझे पुकारा और गाड़ी में बैठने को कहा। वह विश्वविद्यालय के किस विभाग में कार्यरत थीं, अब मुझे याद नहीं है। शायद पार्ट टाइम नौकरी में थीं। उन्होंने मुझे नए-नए आए विदेशी प्रोफ़ेसरों के स्वागत व परिचय-समारोह में देखा था। मैं उनकी कार में सवार हो गया। अमेरिकन एक्सेंट वाली अंग्रेज़ी में उन्होंने 'बुद्ध और गांधी के देश से आए नए प्रोफ़ेसर' के रूप में मेरा स्वागत किया तो मैं आह्लादित हो उठा। मिज़ोकामि जी के सतर्क व आग्रहशील व्यक्तित्व की तथा उनकी 'कन्विसिंग पावर' की प्रशंसा करते हुए बात-बातों में उन्होंने बताया कि मिज़ोकामि जी ने 'इंडियन एपिक रामायणा' पर छपी अपनी पुस्तक उस सेल्सगर्ल को बेच दी, जो अपनी चीज़ें बेचने के लिए उनके पास आई थी।

मिज़ोकामि जी के शैक्षिक व सांस्कृतिक कार्यों में (डॉक्टर गिरीश बख्शी जी के सहयोग से तैयार की गई) 'रामायण धारावाहिक' की स्क्रिप्ट भी शामिल है और जापानी अनुवाद-पुस्तिका सहित हिंदी फ़िल्मों के गानों की सी डी भी। उन्होंने 'जपजी साहिब' का जापानी में अनुवाद किया है। भिन्न-भिन्न कार्यक्षेत्रों की हस्तियों और मित्रों से मिलना-जुलना उनके स्वभाव का अभिन्न अंग है। भारत उन्हें पसंद है। एक समय था, जब वह सेवा-निवृत्ति के बाद भारत में 'बसने' की योजना की बात किया

करते थे। तब भारत सस्ता था। अब स्थिति बदल चुकी है। आज यहाँ बहुत-सी चीज़ें तो जापान जितनी ही महंगी हैं। ठाठ-बाट से निरंतर भारत में रहने का मिज़ोकामि जी का सपना वैश्विक आर्थिक परिवर्तनों के कारण पूरा नहीं हो पाया। पर आंशिक रूप से ही सही, उस सपने को पूरा करने के लिए उनका भारत-यात्रा का कार्यक्रम बनता रहा है। वह अपनी 'इटिनिरेरी' के ब्यौरे भारतीय मित्रों को भेजते हैं। अनेक मित्रों से मिलने का कार्यक्रम बनाते हैं। कितने-कितने दिन कहाँ-कहाँ ठहरेंगे, भाषणों व मुलाकातों का संभावित समय यह-यह होगा, वगैरा-वगैरा की विस्तृत अग्रिम सूचना देते हैं। यथासंभव अपने अधिकतर मित्रों से मिलते हैं। इतना ही नहीं, जापान लौटने के बाद भारत में की गई अपनी गतिविधियों की अख़बारी और एलेक्ट्रोनिक रिपोर्ट भी भेजते हैं। अपने तमाम दुख-सुख बांटने की प्रक्रिया में मिज़ोकामि जी कभी-कभी अपने साथ हुई एकाध लोमहर्षक (त्रासदायी या उल्लासजनक) घटना की सूचना भी देते हैं। मसलन, उन्होंने 2007 में जे एन यू के गेस्ट हाउस में एक कुतिया द्वारा काटे जाने से हुई अपनी घबराहट के विषय में बताया था तो किसी अन्य वर्ष उन्होंने भारत-यात्रा के दौरान चटपटे मसालेदार भारतीय भोजन से पेट ख़राब होने की निजी परेशानी साझा की थी। अपनी बंगलादेश-यात्रा के बाद चार अप्रैल, 2013 को मुझे भेजे गए एक ई-पत्र में उनका छलकता, लबालब उल्लास देखें, "मैं परसों ही अपनी दस दिन की बंगलादेश यात्रा से वापस आया था। एक शब्द में कहा जाए तो मेरा बंगलादेश प्रवास कमाल था! अविस्मरणीय! अद्‌भुत! अद्वितीय, अतुलनीय, अविश्वसनीय! मुझे बंगलादेश सरकार से प्रधानमंत्री शेख हसीना के हाथों से "Friends of Liberation War Honour" से नवाजा गया है। मेरे अलावा 68 विदेशी अतिथियों को यही पुरस्कार मिला है उनमें से अधिकांश लोग बहुत मशहूर व्यक्ति थे जैसे क्यूबा के भूतपूर्व राष्ट्रपति कास्ट्रो तथा यूके के भूतपूर्व स्वर्गीय प्रधानमंत्री लॉर्ड विल्सॉन, बंगलादेश युद्ध के हीरो स्वर्गीय जेनेरल अरोड़ा आदि आदि। स्वर्गीय लोगों की जगह उनके रिश्तेदार उपस्थित थे। आश्चर्य हुआ कि इन बड़े-बड़े आदमियों में से मुझे ही धन्यवाद-भाषण देने के लिए कहा गया है। मैंने निडर होकर बहुत प्रभावशाली बंगला में भाषण दिया है। पूरा हॉल 800 श्रोताओं की तालियों की गड़गड़ाहट से गूँज उठा है। मेरा भाषण टी वी में पूरे देश में टेलेकास्ट हुआ है। इतना ही नहीं, शाम को प्रधानमंत्री की ओर से आयोजित रात्रि-भोज में मुझे प्रधानमंत्री जी के पास में बैठने के लिए जगह दी गई। और मैंने अपनी बंगला की किताब भेंट की है। यह सब मेरे लिए सपना जैसा था। हाँ, मुझे सन् 2002 में राष्ट्रपति भवन में तब के राष्ट्रपति

डॉक्टर अब्दुल कलाम जी के कमल हाथों से जॉर्ज ग्रियर्सन पुरस्कार मिला था। यह भी मेरे जीवन में चिरस्मरणीय घटना है, पर तब भी इतनी मेहमानदारी नहीं मिली थी जितनी बंगलादेश में अब मिली है।" इस तरह के उद्‌गार साक्षी हैं कि मिज़ोकामि जी अपने उल्लास को बेहिचक व्यक्त करते हैं। अपनी खुशियों को पूरे खुलेपन के साथ मित्रों से साझा करते हैं। पिछली बार मिज़ोकामि जी से मेरा साक्षात्कार जनवरी 2020 में हंसराज कॉलेज द्वारा विज्ञान भवन, नई दिल्ली में आयोजित अंतरराष्ट्रीय हिंदी सम्मेलन के दौरान हुआ था। तब से ई-मेल से ही मेल-मुलाकात का संजोग संभव हो पा रहा है। (दुर्भाग्य से पिछले ढाई वर्षों से कोरोना विश्वमारी ने नियमित यात्राओं को बाधित किया हुआ है।)

मिज़ोकामि जी बहुत मिलनसार तो हैं ही, बहुत खुले दिल के भी हैं। अपने मित्रों के सामने अपनी इच्छाएँ भी पूरे ज़ोर-शोर से जताते हैं और अपनी समस्याएँ, तकलीफ़ें भी नि:संकोच होकर साझा करते हैं। विशेष रूप से अपनी स्वास्थ्य संबंधी दिक्कतों का खुलासा करने में भी कतई संकोच नहीं करते। इच्छाएँ जताना उनके स्वभाव को कुछ-कुछ भारतीय बनाता है, जबकि स्वास्थ्य या रुग्णता संबंधी बातें न छुपाना उनके शुद्ध जापानी स्वभाव का अंग है। स्वभाव के आधार पर उन्हें 'अर्ध-जापानी-अर्ध-भारतीय' या 'जापानी-भारतीय' और 'भारतीय-जापानी' कहा जा सकता है। कुछ वर्ष पहले दिल्ली के हरियाणा भवन में आयोजित मिज़ोकामि जी के एक विशेष कार्यक्रम में अचानक मुझे मंच संभालने के लिए कहा गया। मिज़ोकामि जी की गतिविधियों का परिचय देते हुए अनायास मेरे मुंह से यही निकला था कि इस सभागार में मौजूद लोगों में से सर्वाधिक जोशीले और जवान व्यक्ति मिज़ोकामि जी ही हैं। हरियाणा भवन की वह घटना कुछ वर्ष पहले की है, पर मैं आज भी उन्हें 'इक्यासी साल के एक पुरलुत्फ़, जोशीले नौजवान' के रूप में देखता हूँ। कामना है कि उनका यह 'जोश-ए-जवानी' और प्रेरक उल्लास इसी तरह बना रहे। आमीन! तथास्तु! तथास्तु!!

(22 अगस्त, 2022, नई दिल्ली)

*डॉ. हरजेंद्र चौधरी जी*
*दिल्ली विश्वविद्यालय के कॉलेज ऑफ*
*वोकेशनल स्टडीज के सेवानिवृत्त प्राध्यापक और प्रसिद्ध कवि-कहानीकार हैं।*

# कहीं यह दुस्साहस न हो जाए

संध्या सिंह

10 जनवरी 2020, दिल्ली में विज्ञान भवन का एक हॉल, विषय "हिंदी का वैश्विक परिदृश्य"। मंच पर कुछ परिचित विद्वान और बगल में वरिष्ठ जापानी प्रोफ़ेसर जिनके बारे में बहुत सुना था। मन में घबराहट होना जायज था लेकिन अभी कुछ पूछने या बताने की कोशिश कर ही रही थी कि उससे पहले ही स्वर सुनाई पड़ता है, "नमस्ते संध्या सिंह जी आप सिंगापुर से हैं, अरे बहुत अच्छी बात है। मैं भी एक बार सिंगापुर गया और लिटल इंडिया भी घूमा। हमने वहाँ नाटक भी किया था।" यह पता चलते कि बगल वाली महिला सिंगापुर से आई हैं तो तुरंत एक बालमन सी सहजता से अपनी सिंगापुर यात्रा की बात करना, यह सिर्फ मिज़ोकामि जी द्वारा ही संभव है। और उस परिचय के बाद सिंगापुर और भाषा पर हमारी काफी लंबी बातचीत हुई। लगा ही नहीं कि मैं मिज़ोकामि जी से प्रत्यक्ष रूप से पहली बार मिल रही हूँ।

कहने को तो सिर्फ ढाई-तीन साल से ही मैं मिज़ोकामि जी को व्यक्तिगत रूप से जानती हूँ। उसके पहले अवश्य ही उनके बारे में पढ़ा था, जाना-समझा था लेकिन इन तीन ढाई-तीन वर्षों में भले ही आमने-सामने सिर्फ एक बार मिलना हुआ हो लेकिन ऑनलाइन माध्यम से कई बार उनसे बातचीत हुई। उनसे हिंदी शिक्षण से लेकर नाटकों के प्रयोग पर लंबी वार्ताएँ हुईं। मैं कई स्वयं सेवी मंचों से जुड़ी हुई हूँ और उन मंचों के माध्यम से कई बार कार्यक्रम संयोजित करने के सिलसिले में मुझे मिज़ोकामि जी से ना सिर्फ बात करने बल्कि उनकी रुचि और उनके द्वारा कार्य को सीखने की जो ललक है उसके बारे में गहराई से जानने का मौक़ा मिला।

हमेशा सीखने और किसी भी कार्य को अपना सौ प्रतिशत देने का गुण मिज़ोकामि जी में है। मिज़ोकामि जी इतने वरिष्ठ और अनुभवी हैं कि अगर वे चाहें तो किसी भी विषय पर बिना किसी तैयारी के घंटों बोल सकते हैं। अपनी वाणी से, अपने

कौशल से, लोगों को बाँधे रख सकते हैं लेकिन ये उनका कौशल है और शायद यही उनको इस मुक़ाम पर पहुँचाने का गुण है कि छोटी से छोटी सभा के लिए भी वे पूरी तरह से तैयारी करते हैं। कई बार उनके साथ पावर प्वाइंट या अन्य सामग्रियों पर उनकी बातचीत के लिए उनको अभ्यास करते देखा है। आज हम अपने आप को कई बार ज़्यादा ही सक्षम समझ लेते हैं और बिना तैयारी के भी लगता है कि हम तो इस विषय को यूँ ही निपटा लेंगे लेकिन जब उनको देखती हूँ तो लगता है उनके लिए छोटी-छोटी बातें भी कितनी महत्त्वपूर्ण हैं। शायद यही कारण है कि आज वे उस स्थान पर हैं जहाँ पहुँचने में बहुत लोगों को कितना समय लगेगा इसका अंदाजा नहीं लगाया जा सकता।

सिंगापुर संगम हिंदी संस्था की अध्यक्ष होने के नाते 2021 में हिंदी सप्ताह के दौरान कई आयोजन मैंने करवाए जो ज़ाहिर है ऑनलाइन माध्यम से हुए क्योंकि कोविड की परिस्थितियाँ सुधरी नहीं थीं। माध्यमिक वर्ग के छात्रों के लिए दो प्रतियोगिताएँ थीं निबंध व भाषण प्रतियोगिता और वाद-विवाद प्रतियोगिता। इसके लिए मुझे मुख्य निर्णायक की आवश्यकता थी जो ऐसा व्यक्ति हो कि विदेश में हिंदी सीख रहे छात्रों की कठिनाइयों को समझते हुए उस रूप में उनका मूल्यांकन करे। विदेश में रहते हुए हिंदी भाषा सीखना, अंग्रेज़ी से इतर या उस देश की भाषा से इतर भाषा सीखना चुनौतीपूर्ण कार्य है और इसके लिए कई संसाधनों के साथ ही माहौल की आवश्यकता होती है जो कई बार विदेशों में मिलना मुश्किल है। मैंने मिज़ोकामि जी से संपर्क किया और सहर्ष इसके लिए तैयार हो गए लेकिन उन्होंने कहा कि पता नहीं आपके यहाँ के छात्रों की हिंदी कैसी है और उन विद्यार्थियों का मैं सही मूल्यांकन कर पाऊँगा या नहीं।

प्रतियोगिता के दिन विद्यार्थियों से पहले उनका जुड़ना और 'रुब्रिक' आदि को कई बार पहले भी पढ़कर जो भी टिप्पणियाँ उनकी थी या जो शंकाएँ मन में थीं, वे स्पष्ट कर चुके थे। उस दिन इंटरनेट की बाधा न पहुँचे क्योंकि कई बार उनके अध्ययन-कक्ष में इंटरनेट की बाधा पहुँचती है तो रसोईघर में बैठकर उन्होंने उस दिन कार्यक्रम सुनना ठीक समझा। कहा कि जब मैं किसी सभा में बोलता हूँ अगर एक दो बात रह भी जाए तो कोई बात नहीं है क्योंकि लोग मुझे कई बार सुन चुके हैं या शायद उन्हें इतना फर्क नहीं पड़े। लेकिन जब मैं मूल्यांकन कर रहा हूँ तो अगर इंटरनेट की बाधा के कारण एक बात भी छूट जाती है तो मैं संभवत: मूल्यांकन उस तरीके से नहीं कर सकूँगा जिस तरह से मुझे करना चाहिए इसलिए कोई बात नहीं

आज मैं रसोई घर में ही बैठकर इस सभा में भाग लूँगा। मिज़ोकामि जी की दृढ़ संकल्प शक्ति, उनका अपने कार्य के प्रति दायित्वबोध और निष्ठा-लगन आदि ही हैं जो उन्हें इस रूप में प्रस्तुत करते हैं।

सिंगापुर में पले-बढ़े भारतीय मूल के विद्यार्थियों से मिलते ही उन्होंने कहा कि आज आपका निर्णायक बनना मेरे लिए दुस्साहस है क्योंकि हिंदी मेरे लिए विदेशी भाषा है और उम्मीद करता हूँ आप सबका सही मूल्यांकन कर सकूँ। प्रतियोगिता के दौरान उनकी त्वरित टिप्पणी में अभिभूत होने का भाव रहा और विदेशों में बसी युवा पीढ़ी के हिंदी के स्तर को देखकर, सुनकर वे हर्षित और अभिभूत थे। चारित्रिक विकास में वाद-विवाद जैसी प्रतियोगिताएँ किस प्रकार कारगर सिद्ध हो सकती हैं। उनका ये कहना कि आप अपने प्रतिपक्ष को किस प्रकार आहत न करते हुए अपनी बात रख रहे थे यह कुछ नेताओं को भी सीखना चाहिए। पद्मश्री से सम्मानित, भाषा शिक्षण पर गहन शोध, शिक्षण की विभिन्न प्रविधियों के लिए इतनी सामग्री का निर्माण करने वाले मिज़ोकामि जी 15-16 साल के विद्यार्थियों से इस प्रकार बात कर रहे थे जैसे वे उनसे ही कुछ सीखना चाहते हैं। इस कार्यक्रम को जब अभिभावकों ने देखा तो उनके मन में भी मिज़ोकामि जी के प्रति एक विशेष भाव उभरा और उन्होंने जिस प्रकार के संदेश देकर अपनी प्रतिक्रियाएँ मुझे भेजीं, वह दिखाता है कि मिज़ोकामि जी का सरल, सहज स्वभाव और हमेशा सीखने की प्रवृत्ति उन दो तीन घंटों के सत्र में उन्होंने विद्यार्थियों में भी गढ़ दी थीं।

मिज़ोकामि जी के जीवन को मैं और जानना चाहती थी और इसी सिलसिले में सिंगापुर संगम हिंदी नामक यूट्यूब चैनल जिसे मैं संचालित करती हूँ, के लिए उनसे बातचीत करने का समय लिया। उस बातचीत के दौरान मुझे उनकी हिंदी सीखने की प्रेरणा, किस प्रकार भारतीय महिला का उन्होंने पीछा किया सिर्फ ये जानने के लिए की ये साड़ी पहनी हुई महिला आखिर कौन है, इतनी सुन्दर है, कौन सी भाषा बोलती है आदि बातें तो उनके प्रारंभिक जीवन की पता चलीं ही, साथ ही उनके द्वारा किए गए कार्य जैसे अनुवाद का कार्य, नाटकों के संबंध में जो कार्य है आदि उन के बारे में भी विस्तार से जानने का मुझे अवसर मिला। मैं उनके द्वारा सन्दर्भ सहित एक ख़ास अंदाज़ में कही बात "नरेंद्र मोदी—अरे रेगिस्तान में भी कभी-कभी बारिश हो जाती है।" हमेशा लोगों को सुनाती हूँ। मिज़ोकामि जी से लगभग हर दो-तीन हफ़्ते में किसी ना किसी मंच के बहाने बातचीत करने का अवसर मुझे मिल जाता है और हमेशा उनसे बातचीत करना एक नई प्रेरणा, एक नई ऊर्जा मुझ में भरता है क्योंकि

आज तक मैंने उन्हें कभी किसी चीज़ की शिकायत करते हुए नहीं देखा, ना ही कभी थकान या नकारात्मकता उनसे मुझे मिली है और संभवत यही कारण है कि भाषा शिक्षण के क्षेत्र में उन्होंने इतनी उपलब्धि अर्जित की है। अपनी इसी सकारात्मकता और हर कार्य के प्रति जुनूनी भाव उन्हें लोगों से अधिक जोड़ता है।

***डॉ. संध्या सिंह जी सिंगापुर विश्वविद्यालय में हिंदी की प्राध्यापिका हैं।***

# साहसी इंसानियत के शिक्षक

हिदेआकि इशिदा

लगभग एक महीना पहले ओसाका विश्वविद्यालय के डॉ. वेदप्रकाश सिंह जी का मेल आया कि मिज़ोकामि सर के संपूर्ण हिंदी लेखन की एक किताब प्रकाशित की जा रही है। इसमें उनके परिचित लोगों के उन पर लेख भी छापे जाएँगे, इसलिए मैं भी एक लेख लिखूँ। मैंने फ़ौरन स्वीकार किया यह सोचकर कि उनके ऊपर अपनी कुछ यादें लिखूँगा। एक दूसरा काम चल रहा था इसलिए लेख लिखने में विलंब हो रहा था तभी सर का मेल आया कि धन्यवाद दे रहे हैं कि मैंने किताब की भूमिका लिखना स्वीकार किया है। अरे, यह भूमिका वाली बात कहाँ से आ गई? मैंने पहली बार सुनी है और मुझे बड़ा धक्का लगा। क्योंकि आम तौर पर भूमिका तो बड़े लोगों का काम समझी जाती है और मैं हूँ सर का एक ना-पास शिष्य। यह आदमी सर की संस्मरणीय पुस्तक की भूमिका लिखने लायक बिलकुल नहीं है। मैं सचमुच बहुत घबरा गया, लेकिन तब तक शायद देर हो चुकी थी। मैंने अपना मन शांत किया और खुद को समझा दिया कि अब मुझे लिखना ही पड़ेगा। मैंने सर से मिले उनके कुछ लेख पढ़ना शुरू किया।

मिज़ोकामि सर का नाम सुनते ही मन में जो बिंब उभरता है वह बहुभाषा भाषी का है। सर को, जहाँ तक मेरी जानकारी है, हिंदी, उर्दू, बंगाली और पंजाबी ये चार भाषाएँ पूरी तरह आती हैं। इतर भाषाओं के बारे में, "पर्याप्त रूप से आती है" "थोड़ा बहुत आती है" "काम चलाऊ आती है" "टूटी-फूटी आती है" वगैरह सब मिलाएँ तो लगता है सर को भारत की सारी मुख्य भाषाएँ आती होंगी। एक बार मैंने सर को संस्कृत से संबंधित किसी अंतरराष्ट्रीय सम्मेलन में बिना पेपर देखे संस्कृत में भाषण देते विडिओ में देखा था तो सचमुच, सर की शब्दावली में कहा जाए तो, रोंगटे खड़े हो गए थे।

सर को इतनी भाषाएँ क्यों और कैसे आती हैं? मुझ जैसा मामूली आदमी सोचता है कि यह सर की जन्मजात प्रतिभा है जिसको भगवान ने बख्शा था। लेकिन मामूली आदमी यह नहीं जानता कि कोई जब अपने सपने या ख्वाहिश को यथार्थ में साकार करके दिखाता है तभी उसको प्रतिभावान कहलाता है। सपने को साकार करने में असीम कोशिशें लाज़िमी होती हैं यह सर के लेखों को पढ़कर हमें पता चलता है। विद्यार्थी के दिनों से लेकर आज तक विशेष रूप से भाषा को सीखने में जो उत्साह, जोश, एकाग्रता सर में दिखाई देता है वह अद्‌भुत है।

सर के लेखों को पढ़ते हुए एक दूसरी महत्त्वपूर्ण बात ध्यान में आई कि सपने को साकार करने में कहीं किसी मौके पर, सर की शब्दावली में, "दुस्साहस" की ज़रूरत पड़ती है। सब से बड़े "दुस्साहस" का ब्योरा इस तरह है; जब सर को इलाहाबाद में पढ़ते हुए दो साल हो गए और छात्रवृत्ति समाप्त होने वाली थी। सर की इच्छा थी कि शांतिनिकेतन जाकर अपनी पढ़ाई यानी बंगला की पढ़ाई जारी रखें। इसके लिए छात्रवृत्ति भी मिलती रहने की ज़रूरत थी। अनियमित छात्र की छात्रवृत्ति की अवधि को बढ़ाना भारतीय सांस्कृतिक संबंध परिषद के नियम के विरुद्ध था। तब क्या किया जाए? शिक्षा मंत्रालय के किसी अधिकारी को आवेदन पत्र लिखने से तो बात बनेगी ही नहीं। तरह तरह की बातें सोचने के बाद सर को एक तरकीब सूझी कि शिक्षा मंत्री के घर जाकर सीधे मंत्री जी से मिलकर अनुरोध किया जाए। जैसा सोचना वैसा अमल में लाना सर का नीति-वाक्य है। सचमुच में, बिना पूर्व अनुमति के, नई दिल्ली के शिक्षा मंत्री के घर गए और मंत्री महोदय से मिले। सौभाग्य की बात तत्कालीन मंत्री जी एक बंगाली थे। सर का निवेदन मंज़ूर हो गया। यह सारी इतिश्री पढ़कर सर के "दुस्साहस" पर किसको आश्चर्य नहीं होगा। शायद "दुस्साहस" भी सर की प्रतिभा का एक अंश है।

सर की दूसरी विशेषता है दिल का सीधा सादा होना। सीधे मन से दुनिया की बातों की ओर देखते हैं। सुखकर बात देखकर सर का मन आनंद से भर उठता है और अनुचित बात देखकर सर का मन गुस्से से भर जाता है। सामाजिक समस्याओं को लेकर सर ने समाचारपत्रों और पत्रिकाओं में बहुत से पत्र लिखे और छप गए। (बंदे ने अभी तक सिर्फ़ एक पत्र लिखा है, भारत में।) जो बात सर को रुचिकर लगती है गहरे तक उतरकर उसका मज़ा ले लेते हैं। जापान में चेतक एक्स्प्रेस लाकर चलाना उसका एक मिसाल है।

दुनिया भर की सर की ख्याति हिंदी नाटक को लेकर है। छात्रों की नाटक मण्डली ले जाकर सिर्फ़ भारत में ही नहीं दूसरे देशों में भी हिंदी नाटक का मंचन

करके दिखाने का ब्योरा हम सर के लेख में पढ़ सकते हैं। खुद शिक्षक होने के नाते मुझे इसमें महत्त्वपूर्ण यह लगता है कि सर ने यह सब अपने शिक्षण कार्य का एक अंग समझकर किया था। कितने भाग्यवान थे वे छात्र जिन्हें मिज़ोकामि जी जैसे सर मिले। वैसे अध्यापक का काम है छात्रों को ज्ञान देना, लेकिन सिर्फ़ ज्ञान का दान करना हो तो आजकल आदमी से ज़्यादा कंप्यूटर अच्छा काम कर सकता है। सूचना प्रौद्योगिकी के इस ज़माने में अब भी सीमित ज्ञान का इंसान शिक्षक होता है तो इसका मतलब यह होना चाहिए कि इंसान शिक्षक से ही छात्रों को इंसानीयत की शिक्षा मिल सकती है। नाटक मंडली के काम में सर के साथ दुनिया भर में घूमते हुए छात्रों को इंसानियत का ज़िंदा नमूना मिज़ोकामि सर के रूप में मिला होगा। मिज़ोकामि सर ने अपने पूरे तन-मन से यह दिखाया है कि शिक्षक क्या होता है और इंसान क्या होता है।

हम कामना करते हैं कि सर को लंबी आयु मिले और सर की क्रियाशीलता चलती रहे और भारत-जापान की मैत्री को और विकसित करने में हमेशा आगे चलकर हमारा मार्गदर्शन करते रहें।

***डॉ. हिदेआकि इशिदा जी प्रसिद्ध अनुवादक और दाईतो बुंका विश्वविद्यालय, जापान में हिंदी के प्रोफेसर एमेरिटस हैं।***

# हिंदी के पार्थसारथी

गीता शर्मा

ज्ञात हुआ कि जापान के ओसाका में भारत का कोंसलावास प्रोफेसर मिज़ोकामि जी के 'रचना-समग्र और व्यक्तित्व' के ऊपर एक ग्रंथ का प्रकाशन करने जा रहा है। मैंने सोचा कि कुछ संस्मरण मुझे भी लिखने चाहिए। यही सोचकर मैं अपनी यादों की गठरी को खोल कर उसकी एक-एक गाँठ खोल कर लिखने की योजना बनाने लगी और सोचने लगी कि गठरी से निकलने वाली यादों को कहाँ से शुरू करूँ? सोचते-सोचते इस निष्कर्ष पर पहुँची कि मिज़ोकामि जी से प्रथम भेंट से ही इस सिलसिले का सिरा ढूँढ़कर गठरी में बँधी हुई उन सभी यादों को प्रस्तुत करूं जिन से मैं प्रभावित हुई और आज भी प्रभावित हूँ और कदम कदम पर भारत और जापान की परिस्थितियों की तुलना करते हुए यादों को संजोती रही हूँ।

दिसंबर 1995 के अंत में कुछ दिनों के लिए मैं मॉस्को से भारत आई हुई थी। अपने एक पारिवारिक मित्र से मिलने उनके घर गई हुई थी। उन्होंने बताया कि जापान से प्रोफ़ेसर मिज़ोकामि जी आए हुए हैं। हिंदी के विद्वान हैं। तुम्हें उनसे मिलना चाहिए। यहाँ से थोड़ी दूर ही दिल्ली विश्वविद्यालय के प्रोफेसर के यहाँ रुके हुए हैं। मैंने अपनी स्वीकृति दे दी। उन्होंने प्रोफेसर मिज़ोकामि से फोन पर बात की और दूसरे दिन सुबह नौ बजे का समय निर्धारित किया क्योंकि इतनी सुबह अपने गृह नगर मेरठ से आना असंभव था इसलिए मैं इस परिवार के साथ रुक गई और दूसरे दिन निश्चित समय पर पहुँचने के लिए समय से पूर्व घर से निकली लेकिन रिक्शे वाले को घर ढूंढने में समय लगा और मैं लगभग 5 या 10 मिनट देर से पहुँची। मिज़ोकामि जी से नमस्कार करते हुए देर से आने की क्षमा मांगी तो उन्होंने हंसते हुए कहा, "कोई बात नहीं यह हिंदुस्तानियों की आदत है।" यह वाक्य उस समय केवल मेरे लिए ही था इसलिए शर्मिंदा होना मेरी मजबूरी थी मैं अभी खड़ी ही थी कि उनका दूसरा वाक्य था, " क्या

आप ओसाका आना चाहेंगी?" स्वाभाविक था कि मेरा उत्तर 'हां' ही होगा। उत्तर सुनकर उन्होंने कहा कि "जापान आने पर लोग आपसे बहुत ही ईर्ष्या करेंगे क्योंकि अभी आप मॉस्को में हैं और फिर जापान जाएँगी।" तब तक मुझे व्यावहारिक और व्यावसायिक ईर्ष्या का कोई अनुभव नहीं था और मित्र मंडली के साथ आराम से जिंदगी बीत रही थी। जिस समय प्रोफेसर मिज़ोकामि जी यह बात कर रहे थे उसी समय दिल्ली विश्वविद्यालय के प्रोफेसर ने कहा, "आप मुझे भी बुलाइए"। "नहीं, आपसे मैंने पहले पूछा था और आपने मना कर दिया था। अब आपको नहीं बुला सकता।" मिज़ोकामि जी का यह उत्तर सुनकर मुझे आश्चर्य हुआ कि इनके घर में रुके हुए हैं और बिना लाग लपेट के एकदम साफ शब्दों में मना कर दिया। ऐसा कोई भारतीय नहीं करता है। इससे मुझे स्पष्ट लगा कि व्यक्ति दिल के साफ हैं। हो सकता है कि जापानी व्यक्ति ऐसे ही होते होंगे। चाय पीकर मैंने विदा ली। यहीं से मैं भारतीय और जापानी व्यवहार की तुलना करती रही कि कोई भी भारतीय विद्वान अपने मेजबान को दो टूक शब्दों में मना नहीं कर सकता। मैं कह सकती हूँ कि मिज़ोकामि जी की इस स्पष्टवादिता से मैं प्रभावित हुई।

इसके बाद 1997 में मैं एक सेमिनार में उनसे इटली में मिली। वहाँ कोई बात नहीं हुई केवल दुआ सलाम हुई। इटली से मॉस्को वापस आने पर डाक से मोटी पुस्तक प्राप्त हुई। खोलकर देखा तो टीवी सीरियल रामायण की कथा को प्रोफेसर मिज़ोकामि जी ने पुस्तक आकार रूप में प्रकाशित करवाया हुआ था। किसी भी धारावाहिक को देखते-सुनते हुए लिखना एक आश्चर्यजनक और श्रमसाध्य कार्य है। इस पुस्तक को जब भी खोलकर देखती और पढ़ती हूँ तो याद आता है कि विद्यार्थी जीवन में जब रेडियो से सुनकर फिल्मी गाने लिखती थी तो उर्दू के कितने ही शब्द समझ में नहीं आते थे और पंक्तियाँ लिखते समय छूट जाती थी। टेप रिकॉर्डर से थोड़ी सुविधा मिल गई थी। किसी विदेशी का विदेशी भाषा में इस तरह कार्य करना और समझना बहुत ही कठिन कार्य है। इस पुस्तक के बाद प्रोफेसर मिज़ोकामि जी की एक पुस्तक और प्राप्त हुई जो जापानी गीतों का हिंदी अनुवाद था। जिन्हें गायन सीडी के रूप में भी तैयार किया गया था। इन दोनों कार्यों में उनके कार्य करने और शिक्षण करने की शैली के साथ-साथ उनके व्यक्तित्व की झलक से भी परिचय प्राप्त हुआ।

धारावाहिक रामायण का हिंदी में लिप्यंतरण करते समय आपने धारावाहिक में प्रयुकत उन उर्दू शब्दों की सूची भी तैयार की जिनका प्रयोग विभिन्न पात्रों के द्वारा किया गया था। एक आम भारतीय यह मानता है कि रामायण और महाभारत

धारावाहिकों में प्रयुक्त हिंदी का एक शुद्ध रूप है। इस दृष्टिकोण का प्रयोग मैंने भी किया। कोविद काल में टीवी के विभिन्न चैनलों पर धार्मिक और पौराणिक धारावाहिकों जैसे महाभारत, रामायण, श्री कृष्ण आदि का पुनः प्रसारण किया जा रहा था। मिज़ोकामि जी से प्राप्त दृष्टि के आधार पर मैंने इन धारावाहिकों को मात्र सुना और पाया कि समस्त धारावाहिकों के लगभग सभी पात्रों के संवादों में उर्दू शब्दों का प्रयोग किया जा रहा है और इतना ही नहीं उच्चारणगत अशुद्धियों की भी भरमार थी। जापान के लोकप्रिय प्रधानमंत्री स्वर्गीय शिंजो आबे जब पहली बार प्रधानमंत्री बने तो आपने जापान सरकार से निवेदन किया कि भारत में प्रधानमंत्री के नाम का सही उच्चारण 'अबे' के स्थान पर 'आबे' करने के लिए कहा जाए क्योंकि हिंदी में 'अबे' सम्मान जनक शब्द नहीं है। इसका प्रभाव यह हुआ कि भारत की मीडिया ने 'आबे' और 'अबे' दोनों शब्दों का प्रयोग जारी रखा। भाषिक दृष्टि का भारत में अभाव ही है जबकि विश्व के अधिकांश देशों में उच्चारण के प्रति अत्यधिक सजगता है। अशुद्ध उच्चारण पर वे लोग बेझिझक टोक देते हैं और उच्चारण शुद्ध कर के भी सिखाते हैं।

मॉस्को में 3 साल का कार्यकाल पूरा करने पर भारत वापस लौट आई। विदेश से आने का पुरस्कार मिलना ही था और मेरा स्थानांतरण पूर्वोत्तर भारत में कर दिया गया। इस अवधि में मुझे संकेत मिल गया था कि सितंबर 2001 से आरंभ होने वाले शैक्षिक सत्र में दो वर्ष के लिए मेरा चयन ओसाका विश्वविद्यालय के लिए होगा। निश्चित रूप से यह सूचना किसी भी व्यक्ति के लिए गौरव बढ़ाने वाली ही होगी। मेरे चयन की सूचना जैसे ही मेरे संस्थान को मिली वैसे ही हंगामा शुरू हो गया कि यह कैसे हो सकता है कि अभी मॉस्को से आई हैं और इतनी जल्दी ओसाका भी चली जाएँ। ओसाका विश्वविद्यालय पर संस्थान ने इतना दबाव बनाया कि दोबारा आवेदन पत्र मांगे गए। उसके बाद मेरा चयन निर्धारित किया गया। विश्वविद्यालय के तर्क थे कि चयन का अधिकार हमारा है तथा समय पर अध्यापक न होने पर हमारे विद्यार्थियों का भविष्य प्रभावित होगा। छह मास की उठापटक के बाद सितंबर 2002 में शुरू होने वाले शैक्षिक सत्र में आखिर मैंने जापान के लिए उड़ान पकड़ ही ली। यहाँ मुझे पहली भेंट में उनके द्वारा की गई भविष्यवाणी के सच होने का अनुभव साक्षात दिखाई दिया। इस पूरी घटना के उल्लेख करने का मेरा उद्देश्य है कि इस पूरी प्रक्रिया के बीच छोटी-छोटी बातों में मिज़ोकामि जी के व्यक्तित्व की झलक दिखाई दे रही थी जो उनके स्पष्टवादिता,तार्किकता,सिद्धांतवादिता और विद्यार्थियों के भविष्य के प्रति सजगता का साक्षात रूप थी।

सितंबर 2002 में आप अपने विद्यार्थियों के साथ हिंदी नाटकों के मंचन भारत के कई शहरों में करने के बाद मुंबई में अंतिम मंचन करके वापस जापान जा रहे थे। निर्धारित कार्यक्रम अनुसार मेरी मुलाकात दिल्ली में जहाज के अंदर हुई। उन्होंने बताया कि ओसाका पहुँचने पर आप मेरे साथ मेरे घर जाएँगीं और दूसरे दिन सुबह हम विश्वविद्यालय पहुँचेंगे। तदनुसार घर पहुँचकर जैसे ही खाना खत्म हुआ वैसे ही वे अपना लैपटाप खोल कर काम करने लगे। भारत में लगातार एक शहर से दूसरे शहर में भागदौड़, मंचन की व्यवस्था करना, न जाने कितने तनावों को झेलते हुए, इतनी लंबी यात्रा करने के बाद एक मिनट के लिए भी आराम न करके तुरंत ही काम करने में जुट जाना यह काम केवल मिज़ोकामि जी ही कर सकते हैं। भारत में तो अभी तक मैंने ऐसे किसी व्यक्ति को देखा नहीं था। हाँ, अब एक व्यक्ति देश के सामने है जो विश्व स्तर पर अपने अथक परिश्रम के कारण एक आश्चर्य है।

सितंबर 2002 से मार्च 2005 तक कुल ढाई वर्ष ओसाका विश्वविद्यालय में मैंने मिज़ोकामि जी के साथ कार्य किया। विभाग में दो अन्य अध्यापक और थे प्रोफेसर ताकाहाशि और डॉ. नागासाकी। विभाग का वातावरण भारत की सरकारी शैक्षिक संस्थाओं से पूरी तरह से भिन्न था। कक्षा में आते जाते ही एक दूसरे से दुआ सलाम होती थी। किसी काम से किसी भी प्रोफेसर से मिलने के लिए जाना होता तो उनको किताबों के बीच छिपी हुई किताब की तरह देखना पड़ता था।

धीरे-धीरे जिंदगी व्यवस्थित हो गई। विभाग का पूरा वातावरण हिंदीमय था। प्रथम वर्ष को छोड़कर अन्य तीन वर्षों के विद्यार्थियों की हिंदी ठीक थी जिससे बातचीत करने में कोई परेशानी नहीं थी। हाँ बीच-बीच में मिज़ोकामि जी इतना निर्देश देते थे कि जापानी विद्यार्थी बहुत शर्मीले होते हैं आप इनकी बोलचाल की हिंदी पर विशेष ध्यान दीजिए। लेकिन, मेरा अनुभव था कि वे ही विद्यार्थी बोलने में थोड़ा झिझकते थे जो नाटक दल में नहीं होते थे। अन्यथा, जापानी बच्चों का हिंदी ज्ञान प्रशंसनीय ही कहा जा सकता है। इसका पूरा श्रेय विभाग के समस्त अध्यापकों को जाता है। विश्वविद्यालय के छात्रों में हिंदी को लोकप्रिय बनाने और दैनिक जीवन में बोलचाल की हिंदी सीखने- सिखाने के लिए नाटक-मंचन, हिंदी फिल्मी गीत, स्वयं के द्वारा लिप्यंतरित टीवी धारावाहिक रामायण को भाषा प्रयोगशाला में दिखाते हुए और जापानी भाषा में उनके साहित्यिक, धार्मिक सांस्कृतिक और दार्शनिक पक्षों की व्याख्या करते हुए सजीव और रोचक तरीके से न केवल हिंदी भाषा से बल्कि भारतीय परिवेश से भी परिचित कराते थे। नि:संदेह किसी भी विदेशी भाषा को सीखने-सिखाने की

यह सर्वोत्तम विधि है। भाषा प्रयोगशाला के साथ-साथ पुस्तकालय में भी हिंदी की नई-पुराने पत्र-पत्रिकाएँ, उपन्यास, संदर्भ- ग्रंथ आदि का शानदार संग्रह था। एक लंबे समय के बाद कब की बंद हुईं हिंदी की पत्रिकाएँ- साप्ताहिक हिंदुस्तान, धर्मयुग, दिनमान, बालभारती आदि को देखकर कम आश्चर्य नहीं हुआ।

नाट्य मंचन के लिए जापानी और हिंदी दोनों ही भाषाओं के नाटकों का चयन किया जाता था। आईना, सारस प्रेम, एक यमदूत की कहानी और क्षुधा रहित युग इन चार जापानी नाटकों का हिंदी में अनुवाद करके भारत के विभिन्न शहरों में और विदेशों में सफलतापूर्वक मंचन किया गया। ये आश्चर्यजनक प्रस्तुतीकरण होते थे। आश्चर्य का कारण है—जापानी नाटकों का हिंदी में अनुवाद, जापानी विद्यार्थियों द्वारा, किसी तीसरे देश में किए जाना। हिंदी के लिए यह बहुत बड़ा गौरव है। जापानी नाटकों का हिंदी अनुवाद करते समय मेरे लिए भी नया अनुभव होता था क्योंकि जापानी भाषा में जहां 'माफ करना', 'धन्यवाद' जैसी अभिव्यक्तियाँ होती थीं वे हिंदी संवादों में सटीक नहीं बैठती थीं। इसलिए एक-एक शब्द और वाक्य पर तर्क-वितर्क करने के बाद हिंदी में जो संवाद सटीक होता था उसका अर्थ वह नहीं होता था जो मूल जापानी भाषा में होता था। संतुष्ट होने के बाद मिज़ोकामि जी का कहना, "गीता जी यही तो हिंदी का सौंदर्य है कि कितने सरल और सरस तरीके से बात कह दी जाती है जो जापानी भाषा में नहीं है।" उनकी प्रशंसा से मैं भी संतुष्ट होती थी कि मैंने जो अनुवाद किया है वह सटीक है।

यहाँ यह भी बताना चाहती हूँ कि मैंने इक्का-दुक्का ही व्यक्ति देखे हैं जो अपनी प्रशंसा और अप्रसन्नता को तुरंत ही बच्चे की तरह व्यक्त करते हैं। इन दोनों विशेषताओं के मिश्रण का मैंने दो बार व्यक्तिगत स्तर पर सामना किया है। विश्वविद्यालय में प्रतिवर्ष एक सप्ताह तक प्रत्येक भाषा के सांस्कृतिक-साहित्यिक कार्यक्रम आयोजित किए जाते हैं। स्वाभाविक है कि हिंदी विभाग से हिंदी नाटक का मंचन किया जाता रहा है। इन कार्यक्रमों में भाग लेने के लिए विश्वविद्यालय की कुछ औपचारिकताएँ पूरी करनी होती हैं लेकिन उस वर्ष भारत आने के कारण वे विश्वविद्यालय की औपचारिकता पूरी नहीं कर सके। परिणामत: हिंदी नाटक का मंचन उस वर्ष कॉलेज के वार्षिक कार्यक्रम में नहीं हो सका। एक दिन उन्होंने बताया कि—"गीता जी हमारे नाटक की तैयारी बहुत अच्छी थी लेकिन मेरी चूक की वजह से इस वर्ष हमारे विद्यार्थी नाटक नहीं खेल सके।" मैंने भारतीय प्रवृत्ति के अनुसार सहज रूप से कहा, "आपने कोशिश नहीं की" "कोशिश! कोशिश क्या होती है?

जो नियम है वह नियम है। गलती मेरी ही थी।" मैं यह सुनकर सकपका गई क्योंकि पहली बार मैंने उन्हें क्रोध में देखा था। भारत में तो यह वाक्य व्यवस्था का एक अंग है और अधिकांश व्यक्ति नियमों की अवहेलना करके ही कोशिश करके अपने काम को पूरा करते हैं। इसी प्रकार एक दूसरी घटना हुई जिसमें उनके सामने मुझे बहुत शर्मिंदगी उठानी पड़ी थी। शैक्षिक सत्र समाप्त होने की निश्चित तिथि के बाद परीक्षाएँ होती थीं। अक्सर दूसरी भाषाओं के प्रोफेसर शिक्षण अवधि में ही परीक्षा ले लेते थे और समय पूर्व ही कार्य मुक्त हो जाते थे। मुझे जब उन प्रोफेसरों ने देर से आने पर टोका तो मैंने भी उनका रास्ता अपनाया और पकड़ी गई। जब मिज़ोकामि जी ने इसका कारण पूछा और मैंने उत्तर दिया कि इस बार मैंने भी अन्य विभागों की तरह ही शिक्षण अवधि के अंतिम दिन परीक्षा ले ली है लेकिन इससे पहले मैंने ऐसा नहीं किया है तो उन्होंने दुख और क्रोध को मिलाते हुए कहा, "आपको ऐसा नहीं करना चाहिए था। जब आप पहले निर्धारित कक्षाओं के बाद ही परीक्षा लेती थीं जो कि सही था तो इस बार भी आपको वैसा ही करना चाहिए था।" इन दोनों प्रकरणों में कोई लाग लपेट नहीं। भावों के साथ ऐसी स्पष्ट अभिव्यक्ति जो भारत में निश्चित रूप से ढूँढ़ने पर नहीं मिलेगी। ठीक अर्जुन की मछली की आँख की तरह। जो नियम है, जो सही है वही करना है।

कोई भी कार्य कैसे किया जाता है और समस्या समाधान करके कैसे आगे बढ़ा जाए यह मैंने मिज़ोकामि जी ही से सीखा है। हिंदी के कुछ प्रसिद्ध फिल्मी गीतों का हिंदी से जापानी में अनुवाद कार्य मेरे भारत वापस आने तक लगभग पूरा हो चुका था और इस कार्य का प्रकाशन होना था। इस पुस्तक के लिए उन्होंने स्वर्गीय श्री अटल बिहारी वाजपेई जी से एक पत्र लिखने की प्रार्थना की थी, जिसे उन्होंने स्वीकार कर लिया था। वाजपेयी जी के कार्यालय से पत्र लेकर उसे मिज़ोकामि जी तक पहुँचाने का कार्य मुझे पूरा करना था। यह पत्र मुझे दो बार मिला लेकिन दोनों ही बार कोई न कोई अशुद्धि रह जाती थी। आपका तर्क था कि यह ठीक नहीं है कि प्रधानमंत्री के पत्र में अशुद्धि हो आप इन्हें ठीक करवा कर फिर भेजिए। तीसरी बार पत्र दिया गया। इस बार उसमें कोई अशुद्धि तो नहीं है लेकिन एक तथ्यात्मक चूक हो गई थी। वह चूक थी कि, "मैं वाजपेई जी को चार साल से जानता हूँ तीन साल से नहीं, जैसा कि इस पत्र में लिखा गया है। "एक ही पत्र को चौथी बार ठीक करवाना मुझे थोड़ा कठिन कार्य लग रहा था इसलिए मैंने डरते हुए कहा— "डॉ. साहब इससे कुछ फर्क नहीं पड़ता यह इतनी बड़ी बात नहीं है कि आप तीन साल से जानते हैं या चार साल से।" मेरी मन:स्थिति शायद वे समझ गए थे। "अच्छा

ठीक है" कह कर उन्होंने फोन काट दिया। रात को उनका मेल मिला। लिखा था— "गीता जी आप परेशान न हों। इसी पत्र में एक जगह 'प्रचार' शब्द लिखा है। इस शब्द में से मैंने 'प्र' को काटकर 'चार' पेस्ट कर दिया है। इससे मेरा काम हो गया है।" उनके इस कार्य की प्रवृत्ति से मैं दंग रह गई। लगा जैसे कोई कलाकार किसी मूर्ति को सजीवता प्रदान कर रहा हो जिसमें कोई कमी न निकाल सके। यानी स्पष्ट संदेश दिया कि कर्म करना है तो पूर्ण कर्म करना है आधा अधूरा नहीं।

अंतिम घटना जिससे मुझे एक बार फिर शर्मिंदा होना पड़ा था। 2014 में आप अपना शोध पत्र प्रस्तुत करने के लिए भारत आए हुए थे और दिल्ली में कई शैक्षिक संस्थाओं में आपने अपना शोध पत्र प्रस्तुत किया। उस समय मैं दिल्ली में केंद्रीय हिंदी संस्थान में क्षेत्रीय निदेशक के पद पर पदस्थ थी। मैंने भी उन्हें शोध पत्र संस्थान में प्रस्तुत करने के लिए आमंत्रित किया था। इस प्रस्तुतीकरण के लिए एक प्रोजेक्टर की आवश्यकता थी जिसकी व्यवस्था नहीं हो सकी। शोधपत्र बहुत प्रभावशाली था लेकिन प्रोजेक्टर न होने से पूर्ण प्रभावशाली नहीं बन सका। प्रस्तुतीकरण समाप्त होने पर औपचारिक भाषण में अपने भाषण को समाप्त करते हुए उन्होंने मंच से कहा, "यदि गीता जी चाहतीं तो प्रोजेक्टर का प्रयोग हो सकता था।" संकेत था कि मैंने अपना कर्म पूरी निष्ठा से नहीं किया।

किसी भी व्यक्ति के व्यक्तित्व को व्यक्ति से बड़ा बनाने के लिए स्पष्टता, कर्मठता, निष्पक्षता, अनुशासन प्रियता जैसे गुणों की आवश्कता होती है। अपने व्यक्तिगत अनुभवों के आधार पर दिए गए कुछ उदाहरणों में ये सभी बातें मिज़ोकामि जी में देखी जा सकती हैं। पार्थसारथी की धरती तो भारत है लेकिन जापान में हिंदी के लिए पार्थसारथी के संदेश-कर्म के सिद्धांत को मैंने मिज़ोकामि जी के अंदर पाया है। जापान में हिंदी को निरंतर गौरवमय स्थान मिलता रहे इसके लिए मैं उनके अच्छे स्वास्थ्य और दीर्घायु की कामना करती हूँ।

***डॉ. गीता शर्मा जी केन्द्रीय हिंदी संस्थान, दिल्ली की भूतपूर्व क्षेत्रीय निदेशक हैं।***

# एक भ्रमणकारी भारतीय आत्मा

रामप्रकाश द्विवेदी

प्रोफ़ेसर तोमिओ मिज़ोकामि हिंदी भाषा के प्रखर विद्वान, भारत प्रेमी व्यक्तित्व और मेरे अत्यंत आत्मीय हैं। यह आत्मीयता उनसे निरंतर संवाद का परिणाम है। भारत-जापान संबंधों के रूपायन में उनकी अद्वितीय भूमिका है। भाषा-साहित्य; राष्ट्रीय संबंधों और दोनों देशों के सांस्कृतिक-सेतु के निर्माण में वे लोकदूत बनकर उभरते हैं। मिज़ोकामि जी स्वयं एक कुशल लेखक एवं भाषाविद हैं जो हिंदीतर अनेक भारतीय भाषाओं का प्रवाहपूर्ण प्रयोग करने में सक्षम हैं। भाषा का ऐसा प्रयोग संस्कृति में डूबे बिना संभव नहीं हो पाता है। उन्होंने एक लंबा अंतराल भारत में विद्यार्थी के तौर पर भी व्यतीत किया है। वे भारतीय संस्कृति के अंतरवर्ती धाराओं में रचे-बसे रहे हैं।

जापान में रहते हुए, जब मैं अपने मित्र प्रो. चैतन्य प्रकाश जी के निमंत्रण पर सपरिवार ओसाका पहुँचा तो वे स्टेशन पर मेरे स्वागत के लिए उपस्थित थे। बाद में वे जब भी तोक्यो आते हम लंबी साहित्यिक चर्चा करते। वैसे मेरे गुरु प्रो. सुरेश ऋतुपर्ण अक्सर, खासतौर पर रसरंजनोपरांत, उनके किस्से सुनाया करते और उन्हें एक 'भारतीय आत्मा' की संज्ञा से अभिहित करते। मुझे आश्चर्य होता कि भारतीय साहित्य, संस्कृति और इतिहास पर मिज़ोकामि जी की पकड़ कितनी गहरी है। उनका सहचर्य मुझे अपने ही देश और नागरिकों के बारे में समृद्ध करता रहा। भारतीय जनआकांक्षा स्वाभाविक रूप से जापान के प्रति सकारात्मक नजरिया रखती है। इसकी पृष्ठभूमि में बौद्ध दर्शनिकों का आवागमन तो रहा ही है; वर्तमान भू-रणनीतिक स्थितियाँ भी हैं। भारत ने अपने आर्थिक विकास के लिए जब-जब जापान की ओर देखा, उसे निराश नहीं होना पड़ा। यानी भारत-जापान संबंधों का परिसर बहुआयामी है जिसमें धर्म-दर्शन, संस्कृति, राजनीति और आर्थिकी सभी सम्मिलित हैं। और इन रिश्तों का सिलसिला लंबा और अटूट है। ऐसे रिश्तों की निर्मिति का आधार तोमिओ

मिज़ोकामि सेंसेइ जैसे व्यक्तियों का सतत चिंतन, श्रमसाधना और नागरिक उद्यमिता का क्रियाशील रहना है। दोनों देशों की सांस्कृतिक हलचलों के वे केंद्र में रहते हैं। भारत के अकादमिक जगत में उनकी अपूर्व प्रतिष्ठा है, जिसके चलते उन्हें भारत की सरकार ने 'पद्मश्री' से विभूषित किया। जापान में वे भारतीय जीवन-दृष्टि के प्रामाणिक व्याख्याकार के रूप में समादृत हैं। वे निरंतर भारत की यात्रा करते रहे हैं और विभिन्न शैक्षिक-सामजिक-सांस्कृतिक मंचों पर अपनी उपस्थिति दर्ज कर अपने व्याख्यान एवं प्रस्तुतियों से भारतीय लोकमानस का संवर्धन किया है।

उनके सान्निध्य से पता चलता है कि वे गंभीरता के साथ-साथ रंजक प्रतिभा से युक्त है। यह रंजकता आत्मीयजनों के बीच खिल कर प्रकट होती है। यह शोधार्थी के तनावमुक्त होने का उद्यम भी हो सकता है। मुझे याद है, एक बार वे भारत-जापान संबंधों पर अपना आलेख तैयार कर रहे थे, जिसमें धर्म, संस्कृति, इतिहास, राजनीति जैसे अनेक विषयों को उठाया जाना था। लेख छोटा ही था, पर उसमें उन्होंने कई दिनों तक निरंतर परिवर्तन किया। हिंदी में वे प्रभावशाली ढंग से लिखते-बोलते हैं। बहुधा जापानी समाज में आलोचना-दृष्टि को वैसी प्रश्नाकुलता एवं शक्तिमत्ता से नहीं सींचा जाता जैसे भारत में। इसलिए लेखन और संवाद प्राय: विनम्रता से भरे होते हैं। संभवत: भारत के संस्पर्श से उनकी संवाद-शैली और लेखनी में एक अतिरिक्त आलोचकीय चमक पैदा हुई है, इसलिए वह हमें भाती है जो प्राय: हिंदी के अन्य जापानी विद्वानों से उन्हें विशिष्ट बनाती है।

उनका एक अविस्मरणीय संस्मरण 'इंडिया टुडे' 2019 की साहित्य वार्षिकी में, 'हिंदी सीखने के वे दिन' नामक शीर्षक से प्रकाशित हुआ जिसे पढ़कर भारत में उनके विद्यार्थी-जीवन की विपुल यात्रा पर प्रकाश पड़ता है। प्रकारांतर से यह जापान में रहते हुए उनके भारतीय आकर्षण का भी दस्तावेज़ है। इस संस्मरण को पढ़कर मुझे ऐसा प्रतीत हुआ मानो उनका व्यक्तित्व भारतीय इतिहास के एक विशेष कालखंड का जीवित प्रमाण हो। वे अंग्रेज़ी पढ़ने अमेरिका भी गए, लेकिन भारत के प्रति ही उनका मोह बना रहा। अनेक भारतीय लेखकों, प्राध्यापकों के साथ वे सीधे संपर्क में रहते हैं और अद्यतन साहित्यिक हलचलों पर पैनी नज़र रखते हैं। यह कर्म भी अपने आप में बड़ी उपलब्धि है।

उनके संस्मरणों से पता चलता है कि उन्होंने हिंदी के उद्‌भट विद्वानों-लक्ष्मीधर मालवीय, नित्यानंद तिवारी, प्रो. इंदिरा गोस्वामी, विजयेन्द्र स्नातक, इंद्रनाथ चौधरी, गिरीश बख्शी आदि अनेक अध्यापकों के सहचर्य में अपनी शिक्षा ग्रहण की। कश्मीर से लेकर केरल तक समूचे भारत की खाक छानी; फिर जापान की धरती पर लौटकर

भारतीय संस्कृति का पोषण किया। जापान का प्रवासी भारतीय समाज उनका बहुत आदर करता है। मुझे याद है एक बार तोक्यो स्थित एक अंतरराष्ट्रीय भारतीय स्कूल में अपना व्याख्यान देने आए थे। व्याख्यान के बाद हमें मिलना था। हम किचिजोजी के एक कैफे में बैठे थे। उन्होंने उक्त स्कूल के संस्थापक-जो प्रवासी भारतीय थे की पूरी जीवन-कथा मुझे सुना दी। संभवत: उनके बारे में अनेक तथ्य वहाँ के संचालकों को भी पता न थी।

नाट्य-आयोजन उनकी अभिरुचि और उद्यम का एक नया आयाम प्रस्तुत करता है। वे अपनी नाट्य मंडलियों के साथ भारत समेत दुनिया के कई हिस्सों में प्रस्तुतियों के लिए प्रसिद्धि अर्जित कर चुके हैं। भारत, नेपाल, यू.के., मॉरीशस, थाईलैंड और सिंगापुर के कई शहरों में उनके द्वारा निर्देशित नाटकों का मंचन हुआ। इसके साथ ही लंदन में आयोजित छठे विश्व हिंदी सम्मेलन में भी उनको नाट्य-प्रस्तुति का अवसर मिला। उन्होंने 13 अंतरराष्ट्रीय नाट्ययात्राओं का आयोजन किया जिसमें जापानी नाटकों के हिंदी अनुवाद तथा हिंदी के नाटकों-दोनों को शामिल किया जाता था। भारत के विभिन्न शहरों में इनका आयोजन हुआ जिससे मिज़ोकामि जी की लोकप्रियता और प्रसिद्धि में अपूर्व बढ़ोत्तरी हुई।

जापान का भारतीय दूतावास (तोक्यो) तथा भारतीय कोंसलावास (ओसाका-कोबे) समय-समय पर उनके व्याख्यानों का आयोजन करते रहते हैं। भारतीय अकादमिक जगत उनके प्रवास की प्रतीक्षा करता है, और जब वे भारत में होते हैं, उनका प्रतिदिन व्यस्त होता है। मुझे याद है कि वे दो-तीन बार हमारे डॉ. भीमराव अंबेडकर महाविद्यालय, दिल्ली विश्वविद्यालय में पधार कर 'भारत-जापान संबंध: संस्कृति, इतिहास एवं आर्थिकी' जैसे विषयों पर अपना व्याख्यान दे चुके हैं। इन व्याख्यानों में उनकी तकनीकी संसाधनों से युक्त प्रस्तुतियाँ श्रोताओं को मुग्ध कर लेती थी। यह सम्मान उन्हें उनकी सतत साधना, कठिन परिश्रम और प्रगाढ़ भारत-निष्ठा के लिए मिला है। भारत एवं उसकी भाषाओं के प्रति ऐसी अनुरक्ति बहुत कम विदेशी विद्वानों में देखी जाती है। भारत का प्रबुद्ध वर्ग बड़ी आत्मीयता से उनके इस अवदान के प्रति कृतज्ञता ज्ञापित करता है और उनके निरंतर ऊर्जावान बने रहने की कामना व्यक्त करता है।

***प्रो. रामप्रकाश द्विवेदी डॉ. भीमराव अंबेडकर कॉलेज, दिल्ली विश्वविद्यालय में हिंदी के प्राध्यापक हैं।***

# भारत और जापान के बीच सांस्कृतिक सेतु

विजय कुमार मल्होत्रा

द्वितीय विश्वयुद्ध के बीच सन् 1941 में जापान के कोबे शहर में जन्मे पूर्व हिंदी प्रोफ़ेसर एवं वर्तमान प्रोफ़ेसर एमेरिट्स, ओसाका विश्वविद्यालय, जापान पद्मश्री डॉ. तोमिओ मिज़ोकामि से मेरा पहला परिचय सन् 1999 में लंदन में आयोजित विश्व हिंदी सम्मेलन में हुआ था। इस सम्मेलन में मिज़ोकामि जी ने अपने छात्रों के नाट्यदल के साथ हिंदी नाटक का मंचन किया था। नाटकों के माध्यम से हिंदी शिक्षण का मेरे लिए यह पहला अनुभव था। स्वदेश लौटकर मैंने मिज़ोकामि जी की प्रेरणा से नाट्योत्सव नाम से भारतीय रेलों में हिंदी में नाट्यमंचन की प्रक्रिया आरंभ की थी।

यह तो सर्वविदित ही है कि देश-विदेश में हिंदी के प्रचार-प्रसार में हिंदी सिनेमा और बॉलीवुड संगीत की महती भूमिका है। यह भी सच है कि हिंदी सिनेमा ने लाखों लोगों को हिंदी सीखने के लिए प्रेरित किया है, लेकिन हिंदी में बोलने का अभ्यास हिंदी नाटकों के मंचन से ही हो सकता है। इसका अनुभव मुझे मिज़ोकामि जी के नाट्यमंचन से ही हुआ। उनके जापानी विद्यार्थी भाव-भंगिमाओं के साथ जिस तरह हिंदी में संवाद बोलते थे, उससे अनायास ही वे हिंदी में बोलना सीख लेते थे। सन् 2003 में मिज़ोकामि जी ओसाका विश्वविद्यालय के जापानी विद्यार्थियों के साथ नई दिल्ली स्थित राष्ट्रीय नाट्य विद्यालय में आयोजित भारत रंग महोत्सव में भाग लेने के लिए भारत आए और इस अवसर पर उन्होंने जापानी लोककथा पर आधारित 'सारस प्रेम' नाटक का हिंदी में मंचन किया। मैंने स्वयं दर्शकों से खचाखच भरे अभिमंच सभागार की दर्शकदीर्घा में बैठकर प्रेक्षक के रूप में इस नाटक को देखा। इस नाटक में जापानी कलाकारों का अभिनय इतना भावपूर्ण था कि सबकी आँखें भर आईं और नाटक समाप्त होने पर भारी करतल ध्वनि से दर्शकों ने कलाकारों का स्वागत किया। अगले दिन केवल हिंदी ही नहीं, अंग्रेज़ी के राष्ट्रीय समाचार पत्रों ने

भी इस नाटक के कलाकारों के साथ-साथ मिज़ोकामि जी के उत्साह की भावभीनी प्रशंसा की। इस प्रस्तुति के बाद मिज़ोकामि जी ने मुझे बताया कि इस नाटक की सफलता का एक कारण यह भी था कि यह नाटक जापानी लोककथा पर आधारित था और जापानी कलाकार इसके मर्म से भली-भाँति परिचित थे।

इसके बाद मुझे सन् 2006 में तोक्यो में आयोजित अंतरराष्ट्रीय हिंदी सम्मेलन में भाग लेने का अवसर मिला। इस सम्मेलन में प्रो. तोमिओ मिज़ोकामि की अध्यक्षता में 'हिंदी शिक्षण में हिंदी सिनेमा और नाटक आदि जनमाध्यमों की भूमिका' पर एक विशेष सत्र का आयोजन किया गया था, जिसमें स्पष्ट किया गया था कि हिंदी सिनेमा ने अनायास ही हिंदी के प्रचार में महत्त्वपूर्ण भूमिका का निर्वाह किया है। इस सत्र में डॉ. चिहिरो कोइसो (तोक्यो) और मिवाको कोईजुका (ओसाको) ने बताया कि जापान में हिंदी शिक्षण के लिए हिंदी फ़िल्म के गीतों का भरपूर उपयोग किया जाता है और उन्होंने स्वयं कई गीत गाकर भी सुनाए। अंत में अपने अध्यक्षीय वक्तव्य में प्रो. मिज़ोकामि ने अनेक रोचक प्रसंगों की चर्चा करते हुए बताया कि सिर्फ़ हिंदी फ़िल्मों का ही नहीं, टी. वी. सीरियल और हिंदी नाटकों का भी हिंदी शिक्षण में व्यापक उपयोग किया जा सकता है। उन्होंने आगे बताया कि पिछले वर्ष उनके नेतृत्व में जापानी छात्रों ने भारत के प्रमुख शहरों में हिंदी नाटकों का सफलतापूर्वक मंचन किया था। उन्होंने दिल्ली विश्वविद्यालय के प्रोफ़ेसर गिरीश बख्शी के सहयोग से रामायण के लोकप्रिय सीरियल को हिंदी पाठ्य सामग्री के रूप में तैयार करने के लिए लिप्यंकित करके प्रकाशित भी करवाया है। इससे यह स्पष्ट हो गया कि हिंदी सिनेमा के गीतों का उपयोग विधिवत् हिंदी शिक्षण की पाठ्यसामग्री के रूप में भी किया जा सकता है। मुझे यह कहने में कोई संकोच नहीं है कि मिज़ोकामि जी जैसे अनेक विदेशी विद्वानों की प्रेरणा से ही मैंने EDUTAINMENT (Education through Entertainment) अर्थात् मनोरंजन के माध्यम से हिंदी शिक्षण की श्रृंखला आरंभ की थी और अब हम डेनमार्क स्थित कॉपनहैगन विश्वविद्यालय के हिंदी प्राध्यापक श्री ऐलमार के सहयोग से EDUTAINMENT के आधार पर विधिवत् हिंदी शिक्षण का पाठ्यक्रम शुरू करने जा रहे हैं।

प्रो. मिज़ोकामि एक ऐसे भाषाविद हैं जिन्हें हिंदी के साथ-साथ संस्कृत, पंजाबी, बंगला और उर्दू भाषाओं का भी ज्ञान है। उन्होंने शांति निकेतन में रहकर बंगला का प्रारंभिक ज्ञान प्राप्त किया और उसके बाद दिल्ली विश्वविद्यालय में हिंदी में एम.ए. करते हुए बंगला भाषा भी सीखी। साथ ही साथ आपने दिल्ली विश्वविद्यालय से पंजाबी भाषा में सर्टिफ़िकेट कोर्स भी किया। कुछ समय तक आपने सन् 1994 में

अमरीका के बर्कले में स्थित कैलिफोर्निया विश्वविद्यालय के ग्रीष्मकालीन गहन पाठ्यक्रम के अंतर्गत पंजाबी भाषा का अध्यापन भी किया। आपने 'जपजी साहिब' का पंजाबी से जापानी भाषा में अनुवाद भी किया है। वस्तुतः भारत की बहुभाषी और बहुसांस्कृतिक विरासत को देखकर ही मिज़ोकामि जी भारतीय विद्याओं (Indology) के प्रति आकर्षित हुए थे और 2018 में साहित्य और शिक्षा के क्षेत्र में उनके योगदान के लिए उन्हें भारत के राष्ट्रपति द्वारा पद्मश्री से सम्मानित किया गया था।

आमतौर पर हिंदीजगत के बीच यही धारणा प्रचलित है कि मिज़ोकामि जी मात्र भाषाविद हैं, लेकिन वर्ष 2017 और 2018 के बीच अंतरराष्ट्रीय राजनीति और अर्थव्यवस्था पर मैंने उनके दो ऐसे भाषण ऐसे सुने, जिससे मेरी धारणा बदल गई और यह स्पष्ट हो गया कि वे भाषाविद होने के साथ-साथ वे इतिहासवेत्ता और अर्थशास्त्री भी हैं। इन भाषणों के विषय थे, 'जापान-भारत संबंध: ऐतिहासिक परिप्रेक्ष्य' और 'जापान की अर्थव्यवस्था' इंडिया इंटरनेशनल सेंटर में आयोजित भाषण में वे इतिहास के जीते जागते गवाह के तौर पर जापान में जन्मी और पली-बड़ी स्वतंत्रता सेनानी श्रीमती आशा चौधरी को भी अपने साथ लेकर आए थे। उनकी मर्मस्पर्शी वाणी को सुनकर श्रोता भाव-विभोर हो गए थे।

पुणे में 2014 में आयोजित अपने एक भाषण में उन्होंने जापानियों द्वारा हिंदी में तैयार की गई एक ऐसी प्रचार -सामग्री का भाषिक विश्लेषण किया था, जिसे द्वितीय विश्वयुद्ध के समय जापानी फ़ौज द्वारा ब्रिटिश भारत पर हवाई हमले के समय वितरित किया गया था। इस सामग्री को आज़ाद हिंद फौज के अधिकारियों की सहायता से तैयार किया गया था। इस संदर्भ में मिज़ोकामि जी को बस इसी बात का अफ़सोस था कि हिंदी का प्रयोग युद्ध के बजाय विश्व शांति के लिए किया जाना चाहिए था।

इन प्रसंगों से स्पष्ट है कि मिज़ोकामि जी एक ऐसे भाषाविद हैं जो सतत विद्यार्थी के तौर पर व्यतिरेकी विश्लेषण के माध्यम से न केवल भाषागत प्रवृत्तियों का गहन अध्ययन करते रहते हैं, बल्कि भाषाओं के बीच उनका तुलनात्मक विश्लेषण भी करते हैं। बस यही कामना है कि भारतीय भाषाओं के महान् जादूगर डॉ. तोमिओ मिज़ोकामि इसी तरह स्वस्थ और सक्रिय रहते हुए भारत और जापान के बीच सांस्कृतिक सेतु बने रहें।

***विजय कुमार मल्होत्रा जी रेल मंत्रालय में भाषा विभाग के भूतपूर्व निदेशक हैं।***

# जापान के भारतीय मनीषी

जवाहर कर्नावट

डॉ. तोमिओ मिज़ोकामि का जन्म भले ही जापान में हुआ हो किंतु उनका संपूर्ण व्यक्तित्व एवं कृतित्व भारतीयता से ओत-प्रोत है। भारत की भाषाओं एवं संस्कृति में वे इतने रच-बस गए हैं कि उन्हें जापान में जन्मा भारतीय व्यक्तित्व कहना अधिक उपयुक्त प्रतीत होता है। इसका साक्षात् अनुभव तब होता है जब वे हिंदी, बांग्ला और पंजाबी भाषाओं में धाराप्रवाह संवाद करते हुए अपने श्रोताओं का दिल जीत लेते हैं।

मिज़ोकामि जी से मेरा परिचय 2014 में मुंबई में हुआ। वे एक महाविद्यालय द्वारा आयोजित परिसंवाद में व्याख्यान देने मुंबई आए थे। उनके हिंदी प्रेम और समर्पण को देखकर अपने संस्थान की पत्रिका के लिए उनका साक्षात्कार लेने का मन हुआ। कार्यक्रम के दौरान ही उनसे यह अनुरोध किया और राज़ी हो गए। इस साक्षात्कार के माध्यम से उनके सरल किंतु गहन-गंभीर व्यक्तित्व से परिचित हो पाया। उनके जीवन के प्रमुख पड़ावों को जानने का अवसर मिला जो अत्यंत रोचक होने के साथ ही प्रेरणास्पद भी है। उसके बाद से उनसे जीवन्त संपर्क बना हुआ है।

उनसे यह जानकर सुखद अनुभूति हुई कि विद्यार्थी जीवन से ही वे भारत से बहुत प्रभावित रहे। जापान के कोबे शहर में जन्मे मिज़ोकामि जी को इस शहर में रहने वाले भारतीयों विशेषकर भारतीय महिलाओं की वेशभूषा ने जबरदस्त आकर्षित किया। इस आकर्षण के अलावा भारत के पहले प्रधानमंत्री पंडित जवाहरलाल नेहरु की तटस्थता नीति एवं महात्मा गांधी के सत्य और अहिंसा के सिद्धांतों से भी वे अत्यंत प्रभावित हुए। स्वामी विवेकानंद और गुरुदेव रवींद्रनाथ टैगोर कोबे शहर की यात्रा करने वाले सुप्रसिद्ध भारतीय थे। इन दोनों महान व्यक्तित्वों से भी मिज़ोकामि जी को भारतीय भाषा और संस्कृति की ओर उन्मुख होने की प्रेरणा मिली और उन्होंने ओसाका विश्वविद्यालय (तब वह ओसाका यूनिवर्सिटी ऑफ फॉरेन स्टडीज

के नाम से एक भाषा विश्वविद्यालय था) में प्रवेश लेकर हिंदी भाषा सीखना प्रारंभ किया, किंतु वहाँ की प्रशिक्षण-व्यवस्था उन्हें संतुष्ट नहीं कर पाई। उनके मन में तो हिंदी भाषा का व्यवस्थित रूप से अध्ययन करने की जबरदस्त ललक थी, इसलिए वे कोबे शहर में रहने वाली भारतीय महिला श्रीमती वीणा सचदेव से सप्ताह में एक दिन हिंदी सीखने के लिए जाने लगे। वहाँ हिंदी बोलने का अभ्यास कराया जाता था, जो उनके लिए बड़ा लाभदायी सिद्ध हुआ। वे भारतीयों के साथ निडर होकर हिंदी बोलने लगे। बी.ए. का कोर्स पूरा करने के बाद वे भारत में हिंदी के उच्च पाठ्यक्रम में प्रवेश लेना चाहते थे। संयोग से उन्हें भारत सरकार के शिक्षा मंत्रालय की जनरल स्कॉलरशिप स्कीम के तहत छात्रवृत्ति स्वीकृत हो गई और वे हिंदी की पढ़ाई के लिए प्रयागराज आ गए। प्रयागराज में रहते हुए ही उन्होंने भारत के विभिन्न शहरों की यात्राएँ कीं। भारत की विशालता और विभिन्नता को प्रत्यक्ष रूप से देखकर वे अभिभूत हो गए। प्रयागराज में पढ़ाई के दौरान एक भारतीय परिवार के साथ रहकर भी भारतीय संस्कृति और भाषा को आत्मसात किया। यहीं वे बांग्ला भाषा के संपर्क में भी आए और इस भाषा से भी उन्हें अगाध प्रेम हो गया। उन्होंने इस भाषा को भी पूरी तरह सीखने का संकल्प किया। इस संकल्प को साधने के लिए वे शिक्षा मंत्रालय की विशेष अनुमति से प्रयागराज से शांतिनिकेतन आ गए और बांग्ला विधिवत सीखना प्रारंभ किया। इसी दौरान उन्हें ओसाका विश्वविद्यालय में असिस्टेंट लेक्चरर का पद खाली होने का समाचार मिला और उन्होंने इस पद के लिए आवेदन कर दिया। उनकी मेधा के कारण उनका चयन ओसाका विश्वविद्यालय में हो गया।

भारत में बिताए 3 वर्षों में वे हिंदी और भारतीय भाषाओं के इतने प्रेमी हो गए थे कि उन्होंने इन भाषाओं के अध्ययन-अध्यापन को ही जीवन का लक्ष्य बना लिया। ओसाका विश्वविद्यालय में रहते हुए उन्होंने हिंदी शिक्षण के क्षेत्र में अपने कौशल से वैश्विक जगत में नए अध्याय की शुरुआत की। भारत से पीएच.डी. करने के दौरान उन्होंने पंजाबी का ज्ञान भी प्राप्त किया।

हिंदी अध्ययन-अध्यापन के अतिरिक्त प्रोफेसर मिज़ोकामि ने हिंदी नाटकों को अंतरराष्ट्रीय स्तर तक ले जाने में भी महत्त्वपूर्ण योगदान किया। वे एकमात्र हिंदी विद्वान हैं जो पूरे विश्व में हिंदी नाट्य मंचन को इतना लोकप्रिय बना सके। उन्होंने 1997 से 2007 के बीच भारत, यूके, मॉरीशस, सिंगापुर, थाईलैंड और नेपाल के अनेक शहरों में 79 बार नाटक मंचित कर एक कीर्तिमान स्थापित किया। इनमें अगर जापान को भी मिला दें तो कुल सौ बार नाटक मंचित किए। उनके नाट्य मंचन की सर्वोपरि विशेषता यह होती थी कि नाटक के सभी कलाकार, प्रस्तुतकर्ता

आदि ओसाका यूनिवर्सिटी ऑफ फॉरेन स्टडीज के जापानी विद्यार्थी ही होते थे। हिंदी प्रशिक्षण में नाट्य संवादों और फिल्मी गीतों के प्रभावी प्रयोग के कारण आपको संपूर्ण विश्व में प्रशंसा और सम्मान प्राप्त हुए।

मिज़ोकामि जी हमेशा कुछ नया करने की ओर अग्रसर रहते हैं। आपने रामानंद सागर के प्रसिद्ध रामायण धारावाहिक के हिंदी गीतों का जापानी में अनुवाद किया और अतिथि प्रोफेसर डॉ. गिरीश बक्शी ने भारतीय विद्यार्थियों की मदद से इसका लिप्यंतरण किया। आपने एक सौ एक प्रसिद्ध जापानी गीतों का हिंदी अनुवाद करके उन्हें उसी धुन में प्रस्तुत कर सीडी भी तैयार कराई। हिंदी फिल्मों के 301 प्रसिद्ध फिल्मी गीतों का संचयनकर उन्हें हिंदी, उर्दू और जापानी में प्रकाशित किया।

मिज़ोकामि जी की इन उपलब्धियों का श्रेय उनकी गहन जिज्ञासु प्रवृत्ति, कार्य के प्रति समर्पण और लगातार नया कर गुजरने की प्रवृत्ति को जाता है। मुझे मुंबई, बड़ौदा और भोपाल में उनके व्याख्यान आयोजित करने और सुनने का मौका अनेक बार मिला। अपने व्याख्यान और प्रस्तुति की तैयारी वे बहुत मनोयोग से करते हैं और ऐतिहासिक तथ्यों को खोज कर इतने प्रभावी रूप से प्रस्तुत करते हैं कि श्रोता मंत्रमुग्ध हो जाते हैं। अपने व्याख्यान और प्रस्तुति में वे अंग्रेज़ी शब्दों का अनावश्यक प्रयोग बिलकुल नहीं करते, जबकि हम देखते हैं कि अनेक भारतीय वक्ता अंग्रेज़ी शब्दों/वाक्यांशों को जबरन अपने वक्तव्य में ले आते हैं।

भोपाल और मुंबई में मुझे अपने निवास पर उनके आतिथ्य का अवसर भी प्राप्त हुआ। इस दौरान मैंने महसूस किया कि वे उनका जीवन बहुत सादगी भरा है। पर वे ज्ञान वृद्धि और प्रस्तुति में अत्याधुनिक तकनीकों का भरपूर उपयोग करते हैं।

जापान के इस हिंदी सेवी को भारत सरकार ने पद्मश्री से अलंकृत कर उनके द्वारा किए गए महत्त्वपूर्ण भाषाई कार्यों को प्रतिष्ठा प्रदान की है। अस्सी वर्ष की उम्र पार कर लेने के बाद भी वे एक उत्साही युवा की तरह हिंदी के प्रचार-प्रसार और प्रयोग के प्रति समर्पित रहते हैं। उनकी यह निष्ठा प्रणम्य है।

***डॉ. जवाहर कर्नावट जी भारत भवन भोपाल के निदेशक हैं।***

# ज्ञान पिपासु विनम्र मित्र

ओम विकास

सन् 1992-95 के दौरान मैं जापान में भारतीय दूतावास में "विज्ञान एवं प्रोद्योगिकी" सलाहकार था। पहले तोक्यो में, और बाद में ओसाका में प्रो. तोमिओ मिज़ोकामि से भेंट हुई, चर्चा हुई। आत्मीयता बढ़ती गई। जापानी छात्रों को विदेशी भाषा हिंदी को नव-नवीन विधाओं से शिक्षण को रोचक, रचनात्मक और सुबोध बनाने की दिशा में इनके नवाचारमय तरीकों से प्रभावित हुआ।

प्रो. तोमिओ मिज़ोकामि विदेशी भाषा और तद्विषयक संस्कृति सीखने, उसमें रहने और नए ढंग से जापानी विद्यार्थियों को अंत:प्रेरित करने में माहिर हैं, दक्ष हैं।

तरुणाई में इन्हें भारतीय नारी परिधानों ने आकर्षित किया। मित्रता के लिए भाषा सीखने की लालसा जगी। जहाँ चाह वहाँ राह। अवसर मिला। इलाहाबाद विश्वविद्यालय से हिंदी सीखी, इसके बाद शांतिनिकेतन में बांग्ला सीखी। भाषा के साथ साथ स्थानीय रहन-सहन, त्योहार, रीति-रिवाज आदि को भी गहराई से समझा। पंजाबी और उर्दू के भाषा विज्ञान पर भी अच्छी पकड़ है।

जापानी छात्रों को हिंदी प्रशिक्षण रोचक, सुबोध बनाने की दृष्टि से नाटक और फिल्मी गीतों के माध्यम से संवाद याद करने, नाटक के पात्र के चरित्र को अभिव्यक्ति देने का अभ्यास कराते थे। भाषा शिक्षण में नाटक विधा बहुत प्रभावशाली है। इन्होने हिंदी के प्रसिद्ध नाटकों का, और जापानी नाटकों के हिंदी रूपान्तरण का मंचन जापानी छात्रों के द्वारा भारत, नेपाल, यूके, मॉरीशस, सिंगापुर और थाईलैंड में कराए। बहुत सराहे गए। जापानी छात्रों में हिंदी भाषा की स्वाभाविक पकड़ और उनमें नवाचारमय बहुभाषिकता का कौशल विकसित कर सकने का श्रेय प्रो. तोमिओ मिज़ोकामि को जाता है।

शिक्षण में नाटक विधा से रचनात्मकता, परस्पर संवाद, और नवोन्मेषी प्रवृत्ति का विकास होता है। भाषा में सहजता, जिज्ञासा और तर्कसंगत समाधान का कौशल विकसित होगा। भारत-जापान संस्कृतियों के सहज सुबोध सेतु निर्माण में ज्ञान पिपासु, विनम्र मित्र प्रो. तोमिओ मिज़ोकामि की अग्रणी भूमिका है। हार्दिक शुभकामनाएँ।

***ओम विकास जी जापान में***
***भारतीय दूतावास में विज्ञान एवं प्रौद्योगिकी सलाहकार थे।***

# मिज़ोकामि जी जैसे विद्वान एक वरदान हैं

ममता कालिया

अद्भुत हैं हमारे जापानी मित्र डॉ. तोमिओ मिज़ोकामि। हिंदी बोलते हैं, धाराप्रवाह। इतनी अच्छी रफ्तार हिंदी भाषियों की नहीं होती जितने मिज़ोकामि जी की है। छोटे कद के, हल्के वजन के, युवा समान दिखते तोमिओ जी गहन विचार के पुंज हैं। जापानी होते हुए उन्होंने हिंदी का इतना ज्ञान कैसे अर्जित किया, यह एक आश्चर्य का विषय है। ओसाका यूनिवर्सिटी में उनसे मुलाकात होने पर मैंने यह सवाल पूछा तो वे बालसुलभ हँसी के साथ बोले, 'कोई भी भाषा सीखने के लिए सबसे पहले वहाँ के फिल्मी गाने सुनने चाहिए।'

कितनी गूढ़ बात कह दी उन्होंने। फिल्मों में, फिल्मी गानों में किसी भी समाज का आईना हमको दिख जाता है। मिज़ोकामि जी की, हिंदी फिल्मी गानों पर एक बहुत दिलचस्प पुस्तक भी प्रकाशित हुई है जिसमें सन् 1951 से सन् 1980 तक की फिल्मों पर चर्चा है। गानों को उन्होंने हिंदी, उर्दू और जापानी में दिया है। ऐसा नहीं कि यह प्रोफेसर केवल फिल्मी बातें करते हैं। इनकी इल्मी बातों की कोई सीमा नहीं है। इन्होंने गुरुनानक के अमर ग्रन्थ 'जपजी साहब' का अनुवाद भी कर दिया है। उनकी सतत हिंदी सेवा के लिए भारत सरकार ने मिज़ोकामि जी को वर्ष 2018 में पद्मश्री सम्मान से सम्मानित किया। वे गुरुग्रन्थ साहब पर बोलते हैं तो बिलकुल विशुद्ध लहजे में कहते हैं, 'सतसिरी अकाल। वाहे गुरु जी की फतेह।'

वे सिख धर्म की तारीफ़ करते हैं क्योंकि वहाँ कट्टरता नहीं है। सिख धर्म मानवीय प्रेम का पाठ पढ़ाता है। मिज़ोकामि जी ने बहुत से आध्यात्मिक ग्रन्थों का अनुवाद किया है। वे पाँच भाषाओं में अनुवाद करने में सक्षम हैं। उन्होंने यह सिद्ध कर दिया कि लगन और अभ्यास से किसी भी भाषा में महारत अर्जित की जा सकती है।

दरअसल मिज़ोकामि जी दोईजी की परम्परा में महत्त्वपूर्ण कार्य कर रहे हैं। वे जापान और भारत के मध्य एक सेतु का निर्माण कर रहे हैं। उनके पास हिंदी, इंग्लिश, पंजाबी और जापानी भाषा की गहन ज्ञान-सम्पदा है। मेरी शुभकामनाएँ उनके साथ हैं। वे शतायु हों।

***ममता कालिया जी हिंदी की वरिष्ठ लेखिका हैं।***

# हिंदी शिक्षा की नई खोज : प्रोफ़ेसर तोमिओ मिज़ोकामि

तोमोको किकुचि

प्रोफ़ेसर तोमिओ मिज़ोकामि सर से मेरी पहली मुलाकात 1999 मार्च में लखनऊ में हुई, जहाँ हिंदी और उर्दू के साहित्यकारों की संगोष्ठी हुई थी। उस दिन भारत में सर से, जापान के इतने बड़े विद्वान से साक्षात मिल कर मैं बहुत प्रसन्न हो गई।

असल में पहले से ही मेरे ससुर मिज़ोकामि सर के बारे में तरह-तरह की बातें मुझे सुनाया करते थे। मेरे ससुर और सर आज से लगभग 50 साल पहले इलाहाबाद विश्वविद्यालय में सहपाठी थे।

भारत और जापान दोनों में मिज़ोकामि सर बहुत मशहूर विद्वान हैं। उन्होंने जापान में हिंदी शिक्षा के क्षेत्र में नई प्रणाली का आविष्कार किया। उन्होनें जापान के लोकप्रिय गीतों को हिंदी में अनुवाद कर प्रकाशित किया। यह पुस्तक न केवल दोनों देशों में काफी चर्चित हो गई, बल्कि जापान में हिंदी पढ़ने वाले जापानी छात्रों एवं भारत में जापानी पढ़ने वाले भारतीय छात्रों के लिए अत्यंत उपयोगी सिद्ध हुई। स्वयं मैंने इस पुस्तक का उपयोग कर कई बार अपने भारतीय दोस्तों के सामने हिंदी में जापानी गाना साझा किया और प्रशंसा भी मिली।

सर का दूसरा महत्त्वपूर्ण योगदान यह है कि उन्होंने हिंदी भाषा शिक्षण में नाटक के मंचन की शैक्षिक प्रणाली की शुरुआत की। अपने जापानी छात्रों के साथ देश विदेश में मंचन का आयोजन किया और अनेक पुरस्कार मिले।

2002 और 2009 में इंडिया हैबिटैट सेंटर में हुए कार्यक्रम में सर से मेरी मुलाकात हुई और अन्य कई कार्यक्रमों में मैं सर की अत्यंत सुंदर और प्रगाढ़ प्रस्तुति की दर्शक रही। सर का भाषण न केवल सारे श्रोताओं को आकर्षित करता है, बल्कि उनकी

विनोदपूर्ण बातें लोगों को बहुत आनंदित कर देती थीं। कृतज्ञ हूँ कि 2015 को मुझे अंबेडकर कॉलेज के संगोष्ठी में सर के साथ एक मंच पर बैठने का सुअवसर मिला।

वे बीच में अस्वस्थ हो गए थे, फिर भी भारत की कई सरकारी संस्थाओं से निमंत्रण मिलकर वे बराबर भारत आते रहे। जब भी मैं सर से मिलती हूँ, उनकी ऊर्जा और सक्रियता से हैरान हो जाती हूँ। उनके जोशपूर्ण भाषण से उनकी अस्वस्थता का रत्ती भर भी एहसास नहीं होता है। शिक्षक एवं विद्वान के रूप में उनके अनेक महान कार्य अत्यंत सराहनीय हैं, वे भारत और जापान की मित्रता का प्रतिनिधित्व करते हुए दोनों देशों के इतिहास में हमेशा के लिए शोभित रहेंगे।

***तोमोको किकुचि जी ने 'महादेवी वर्मा की विश्वदृष्टि' किताब लिखी है।***
***'हिरोशिमा का दर्द' किताब का जापानी से हिंदी में अनुवाद किया है।***

# ज़बानों से मोहब्बत करने वाले उस्ताद

सो यामाने

आज से चालीस साल पहले उर्दू में दाखिला लेते वक़्त हिंदी-उर्दू के सभी उस्तादों के साथ मिज़ोकामि जी सबसे पहली मुलाकात हुई थी। वे हिंदी के साथ-साथ भारत की कई ज़बानें पढ़ाते थे। मैंने ओसाका विश्वविद्यालय में उर्दू पढ़ने के साथ पंजाबी मिज़ोकामि जी से पढ़ी। वे अपनी क्लास में अक्सर कहते कि अगर दिन में चौबीस की जगह सत्ताईस-अट्ठाईस घंटे होते तो मैं भारत और ज़बानें सीख लेता। वे हिंदुस्तान की न जाने कितनी जबानें उस समय जानते थे। हिंदी के अलावा, पंजाबी, उर्दू, बंगाली, सिन्धी, तमिल, तेलुगु आदि अनेक भाषाएँ जानते हैं। साथ ही वे कई विदेशी भाषाएँ भी जानते हैं। वे अंग्रेज़ी के अलावा जर्मन भी जानते हैं। इसका पता मुझे तब लगा जब उन्होंने जर्मन में हिंदी के बारे में लिखे एक लेख का जापानी में तर्जुमा किया।

वे अक्सर अपने विद्यार्थियों को अपने साथ जोड़कर आगे बढ़ने की सीख देते थे। क्लास में हिंदी या अन्य भाषाएँ पढ़ाने के साथ-साथ सभी विद्यार्थियों को कार्यक्रमों में शामिल होने के लिए उत्साहित भी करते थे। बाद में वे हर साल नाटक के सिलसिले में भारत ही नहीं अनेक मुल्कों में ओसाका विश्वविद्यालय के विद्यार्थियों को ले जाते थे।

उन्होंने विद्यार्थियों के लिए टीवी सीरियल रामायण के संवादों को लिखा। इसमें उनके साथी अध्यापक और भारत के विद्यार्थियों ने उनकी मदद की। उन्होंने हिंदी के लोकप्रिय गानों को भी उर्दू और जापानी में लिखकर किताब प्रकाशित की। इन किताबों को पढ़कर आज भी हमारे विद्यार्थी ज़बान सीख रहे हैं। उन्होंने जापानी गीतों का भी हिंदी में तर्जुमा किया।

वे हिंदी और हिंदुस्तान से बहुत मोहब्बत करने वाले उस्ताद हैं। अब इस उम्र में तो मुश्किल है लेकिन पहले वे हर साल हिंदुस्तान जाते थे। उनके काम के लिए हिंदुस्तान की सरकार ने उन्हें सम्मान भी दिया है।

वे ओसाका विश्वविद्यालय के हर कार्यक्रम में लगातार आने वाले प्रोफेसर भी हैं। अपनी व्यस्तता के बावजूद वे हम सबके लिए वक्त निकाल लेते हैं।

***प्रो. सो यामाने ओसाका विश्वविद्यालय में डीन और उर्दू के प्राध्यापक हैं।***

# भारत की खुशबू अर्थात् मिज़ोकामि सर

तोमोका मुशिगा

मिज़ोकामि सर से मेरी पहली मुलाक़ात इलाहाबाद में हुई थी। यह दिसंबर 2017 की बात है। मैं इलाहाबाद विश्वविद्यालय के प्राचीन इतिहास विभाग में रीसर्च कर रही थी। सर तो भारत के विभिन्न शहरों में भाषण देते हुए इलाहाबाद आए थे। उस दिन उनका व्याख्यान सुनने जब मैं विश्वविद्यालय के एक विभाग में पहुँची तो कमरा पूरा भरा हुआ था। जाड़े का समय था पर श्रोताओं के उत्साह से साधारण कमरा नवरात्रि के देवी मंदिर जैसा हो गया था। "जापान-भारत संबंध–इतिहास तथा परिप्रेक्ष्य" विषय पर उन्होंने एक-डेढ़ घंटे का भाषण दिया था। बिना रुकावट के शुद्ध हिंदी में। उनकी तरह हिंदी बोलने वाले तो भारत में भी बहुत कम मिलते होंगे। शायद इसलिए शुरुआत में छात्र और छात्राएँ हैरान हो गए थे। पर तुरंत ही वे लोग उनके सुंदर व्याख्यान का मज़ा लेने लगे। मैंने भी उनके भाषण से बहुत चीजें सीखीं और सही में आनंद लिया।

व्याख्यान के बाद एक अलग कमरे में मिज़ोकामि सर से बातचीत हुई। सर ने मेरी हिंदी को "कमाल" कहा था। मुझे अभी भी याद है। उस समय मैं अपनी जापानी सहेली जो साहित्य में रीसर्च कर रही थी उनकी हिंदी से तुलना करके अपनी हिंदी को बहुत ख़राब समझती थी। सच में उतनी अच्छी तो नहीं थी पर उनसे तारीफ़ पाकर मुझमें आत्मविश्वास पैदा हुआ और फिर मुझे हिंदी और अच्छे से सीखने की ताक़त मिल गई।

तब से मिज़ोकामि सर से मैं सहारा पाती आई हूँ। उनके ईमेल हमेशा मेरे पास आते रहते हैं। जब भी ऑनलाइन में मेरा व्याख्यान होता है तब स्नेही और लाभकर विचार उनसे मिलते हैं। कभी अपना लेख, कभी सेमिनार या फ़िल्म की सूचना भी मुझे भेजते हैं। हमेशा भारत की ख़ुशबू के साथ।

मेरी इच्छा है कि मिज़ोकामि सर से और सीख सकूँ। उनकी लम्बी आयु और अच्छे स्वास्थ्य की कामना करती हूँ।

*डॉ. तोमोका मुशिगा क्योतो विश्वविद्यालय से सम्बद्ध हैं और हिन्दू धर्म पर उनका शोध कार्य है।*

# सहज, जिज्ञासु, जिंदादिल एवं हंसराज कॉलेज के गौरव पद्मश्री तोमिओ मिज़ोकामि जी

डॉ. रमा

किसी भी शैक्षिक संस्था के लिए इससे बड़ी ख़ुशी की बात और क्या हो सकती है कि उसका कोई विद्यार्थी अपने व्यक्तित्व और कृतित्व से उस ऊँचाई को छू ले कि वह पद्मश्री जैसे महत्त्वपूर्ण सम्मान से सम्मानित हो। हंसराज कॉलेज के पूर्व विद्यार्थी तोमिओ मिज़ोकामि को जब वर्ष 2018 में भारत के राष्ट्रपति जी के कर कमलों से पद्मश्री सम्मान प्रदान किया जा रहा था तो उनके साथ ही हंसराज कॉलेज परिवार भी स्वयं को गौरवान्वित महसूस कर रहा था। मिज़ोकामि जी को यह सम्मान साहित्य और शिक्षा के क्षेत्र में उनके विशिष्ट योगदान के लिए प्रदान किया गया था। दरअसल भारत के प्रति उनका प्रेम, भारत-जापान के सांस्कृतिक संबंधों को प्रगाढ़ बनाने में उनका योगदान काफी बड़ा है।

तोमिओ मिज़ोकामि जी की एक बड़ी विशेषता यह है कि वे बहुभाषी हैं और भाषा सीखने, खासकर भारतीय भाषाओं के प्रति उनकी ललक आश्चर्यजनक है। हिंदी के साथ ही पंजाबी, बंगला आदि भारत की कई भाषाओं को जानने वाले मिज़ोकामि जी भारत की संस्कृति और परंपरा से बेहद भावात्मक लगाव रखने वाले व्यक्ति के रूप में सामने आते हैं। भारत के संबंध में अपने अनुभव को साझा करते हुए, रोचक घटनाओं की बारीक परतों को जिस कुशलता के साथ, रस में डुबो-डुबो कर जिस ढंग से वे सुनाते हैं, वह अपने आप में अनूठा है। घंटों उनसे बात करते हुए बीत जाने पर भी उनकी अगली बातचीत का अगला विषय क्या होगा, उसमें किस रोचक पक्ष को वे सामने रखने वाले हैं, यह आकर्षण बना रहता है। मतलब उनसे बात करने के क्रम में आपको बतरस का अद्भुत आनंद प्राप्त होता है।

जब 1974 से 1976 तक अध्ययन अवकाश और जापानी सरकार से छात्रवृत्ति लेकर हिंदी का अध्ययन करने के लिए वे दिल्ली विश्वविद्यालय में जब पढाई के लिए आए तो उस समय के हिंदी विभाग के अध्यक्ष डॉ. विजयेन्द्र स्नातक जी ने हंसराज कॉलेज में उनका दाखिला सुनिश्चित किया। अपने अध्ययन के दौरान डॉ. सत्येंद्र तनेजा, डॉ. भोलानाथ तिवारी, डॉ. ओम प्रकाश, डॉ. तारकनाथ बाली, डॉ. इंद्रनाथ चौधरी, डॉ. गिरीश बख्शी जैसे विद्वान प्राध्यापकों का उन्हें सान्निध्य मिला। उन सब के साथ मिज़ोकामि जी के संबंध, उन संबंधों के प्रति उनका आदर भाव और उसकी जीवन्तता का पता उनके द्वारा इन सबके विषय में सुनाए जा रहे संस्मरणों से सहज ही मालूम पड़ता है।

उनका एक विशेष आयाम रंगकर्म के माध्यम से सांस्कृतिक अवदान का भी रहा है। भारत में और दुनिया के दूसरे देशों में भी भारत के नाटककारों द्वारा लिखे गए अनेक महत्त्वपूर्ण नाटकों का जापानी विद्यार्थियों के साथ जगह-जगह पर किया गया उनका नाट्य मंचन, इसके माध्यम से भाषायी और सांस्कृतिक मोर्चों पर उनके द्वारा दिए गए योगदान स्तुत्य हैं। जापानी विद्यार्थियों की टोली के माध्यम से मंचन के लिए उन्होंने एक दर्जन से अधिक बार भारत के अलग-अलग शहरों और दुनिया के कई देशों की यात्राएँ कीं। वर्ष 1999 में लंदन में आयोजित छठे विश्व हिंदी सम्मेलन में किया गया मंचन इनमें से एक था। नाट्य मंचन के लिए बेहद कठिन परिस्थितियों में भी उन्होंने जिस कुशलता के साथ इन नाट्य प्रस्तुतियों के माध्यम से भारत और जापान के मध्य एक सांस्कृतिक पुल बनाने का कार्य किया है वे दोनों देशों के सांस्कृतिक आदान-प्रदान की दृष्टि से बेहद प्रभावशाली कहे जा सकते हैं।

भाषा से संबंधित एक और महत्त्वपूर्ण काम जो उनके द्वारा किया गया यहाँ मैं उसकी चर्चा करना भी जरूरी समझती हूँ। भारत में लोकप्रिय दूरदर्शन धारावाहिक रामायण का लिप्यन्तरण। इसकी वाचन-पुस्तिका उन्होंने स्वर्गीय डॉ. गिरीश बख्शी जी के सहयोग से पूरी की जो हंसराज कॉलेज के हिंदी विभाग के प्राध्यापक थे और उन दिनों वे जापान के ही ओसाका विश्वविद्यालय में मिज़ोकामि जी के सहकर्मी थे। दो खण्डों में 1074 पृष्ठों की मोटी वाचन-पुस्तिका अपने आप में एक बड़े काम की ओर इशारा करने वाली है। इस वीडियो के माध्यम से केवल अच्छी हिंदी ही नहीं, बल्कि भारतीय संस्कृति के विभिन्न पहलुओं से छात्र परिचित हो सकते हैं। तोमिओ जी के अनुसार यह वास्तव में इतिहास, नृतत्त्व शास्त्र और भारतीय दर्शन की भी अच्छी शैक्षिक सामग्री है।

उनके व्यक्तिगत स्वभाव और मिजाज की यदि मैं बात करूँ तो उनसे मैं जब भी मिली हूँ वे हमेशा एक सरल, सहज, अत्यंत ही जिज्ञासु प्रवृत्ति वाले, भारत भाव में गहरे डूबे हुए ऐसे आकर्षक व्यक्तित्व जान पड़े, जिनकी किस्सागोई, जिन्दादिली से प्रभावित हुए बिना आप रह ही नहीं सकते। 2020 में हंसराज कॉलेज ने नई दिल्ली के विज्ञान भवन में दो दिवसीय अंतरराष्ट्रीय सम्मेलन का आयोजन किया था, उस आयोजन में मिज़ोकामि जी को कॉलेज की ओर से विशेष रूप से आमंत्रित किया गया था। उद्घाटन सत्र में उनके द्वारा दिए गए उद्बोधन के साथ ही अनेक सत्रों में उनकी सक्रिय भागीदारी, वह भी इस उम्र में, हम सबके लिए अत्यंत ही प्रेरणाप्रद थी। इस सम्मेलन में उन्हें विशेष रूप से सम्मानित भी किया गया था।

कार्यक्रम के बाद उनकी एक तस्वीर हंसराज क़ॉलेज के 'एलुमनाई वाल' पर लगाने का प्रस्ताव कॉलेज की ओर से उनके सामने रखा गया। उन्होंने न केवल उसकी सहमति दी बल्कि जापान जाकर जिस उत्सुकता के साथ अपने फोटो भेजे और फिर उसके आकार, उसकी स्थिति आदि को लेकर जिस तरह से निरंतर वे संवाद करते रहे, यह सब उनकी सहजता और सरलता का ही द्योतक था।

कुल मिलाकर तोमिओ मिज़ोकामि जी एक हिंदी प्रेमी, हिंदी सेवी, भारत भाव से भरे, भारत जापान संबंधों के पैरोकार विशिष्ट संस्कृतिकर्मी एवं बहुभाषा विशेषज्ञ के रूप में ख्यातिलब्ध विद्वान हैं। उनकी सरलता और सहजता उन्हें महान मनुष्य के रूप में प्रतिष्ठित करती हैं। तोमिओ जी जैसे विद्यार्थी के कारण ही आज हंसराज कॉलेज का नाम दुनिया के अलग-अलग हिस्सों में बड़े ही आदर और सम्मान के साथ लिया जाता है। हमें भी उनके व्यक्तित्व और कृतित्व पर गर्व है।

***डॉ. रमा दिल्ली विश्वविद्यालय के हंसराज कॉलेज की प्रधानाचार्या हैं।***
***उनकी कई किताबें भी प्रकाशित हैं।***

# हिंदी के योद्धा तोमिओ मिज़ोकामि

श्वेता सिंह

मैं 2022 में जी 7 के लिए प्रधानमंत्री का जापान दौरा कवर करके लौटी ही थी कि एक सहयोगी ने एक मेल फ़ॉर्वर्ड किया। बताया कि जापान के एक प्रोफ़ेसर हैं जो मुझसे संपर्क को इच्छुक हैं। मैंने सहमति जताई तो सोचा नहीं था एक ऐसे व्यक्तित्व से परिचय होगा जिनका प्रभाव हमेशा के लिए मेरे जीवन पर हो जाएगा।

बहुत ही सुंदर हिंदी में जब उन्होंने मुझे ईमेल लिखा तो मन पुलकित हो उठा। तोमिओ मिज़ोकामि जन्म से जापानी हैं लेकिन दुनिया भर में हिंदी भाषा के सबसे मुखर और प्रखर प्रवक्ता हैं। भारत में रहकर लोग हिंदी के महत्व को उस रूप में नहीं समझ पाते जैसा तोमिओ समझते हैं।

हिंदी के लिए दिल में वो प्रेम ही है, जिसने ओसाका से दिल्ली तक की दूरियों को खत्म कर दिया। हर भाषा के समानांतर हिंदी का संसार गढ़ने की चाहत रखते हैं। हर शख्स में इस बीज को बोने की कोशिश कर रहे हैं कि हिंदी हमारा आधार है ।

2023 में मैं जब निजी दौरे के लिए जापान गई तो सुनिश्चित किया की हिंदी के इस सबसे भावुक आंदोलनकारी से ज़रूर मिलूं। ओसाका में तोमिओ मिज़ोकामि से भेंट हुई और बातें बस बहती ही चली गईं। संयुक्त राष्ट्र में हिंदी की स्विकृति की उनकी सोच। जापान में छात्रों को हिंदी सिखाने की ललक। उनकी हर बात निराली लग रही थी। देखने में शांत, स्थिर और गंभीर हैं। लेकिन हिंदी को लेकर आंखों में आलौकिक तेज है। हिंदी के योद्धा तोमिओ मिज़ोकामि को अनेकों शुभकामनाएं।

***श्वेता सिंह प्रसिद्ध पत्रकार हैं।***
***इस समय आजतक समाचार चैनल की मैनेजिंग एडिटर हैं।***

# अतुल तिवारी जी का पत्र

परम आदरणीय मिज़ोकामि जी,

आपका पत्र पढ़ा। तस्वीरें देखीं और वीडियो भी। हतप्रभ रह गया, चमत्कृत हो गया और निश्शब्द! केवल इतना कह सकता हूँ कि "मुझे गर्व है- फ़ख्र है मुझे कि मैं तोमिओ मिज़ोकामि जैसे विद्वान और भाषाविद् को जानता हूँ।"

आप के जैसे बहुभाषी लोग केवल अंतरराष्ट्रीय मंचों पर ही नहीं, भारत जैसे बहुभाषी देश के लिए भी एक बहुत बड़ी मिसाल भी हैं और आवश्यकता भी।

ईश्वर आपकी उम्र दराज़ करे और आपको और भी यश, सम्मान और खुशियाँ दे। यही कामना है।

सादर, ससम्मान आपका

अतुल तिवारी

***अतुल तिवारी जी सुप्रसिद्ध अभिनेता, पटकथा लेखक, निर्देशक हैं।***

# जापान के हिंदी विद्वान तोमिओ मिज़ोकामि से डॉ. जवाहर कर्नावट की बातचीत

## अंग्रेजियत को खत्म करे भारतीय—तोमिओ मिज़ोकामि

जापान की धरती पर हिंदी का अलख जगाने वाले डॉ. तोमिओ मिज़ोकामि ओसाका विश्वविद्यालय के दक्षिण एशिया अध्ययन विभाग में हिंदी के प्राध्यापक रह चुके हैं। आपने 1983 में दिल्ली विश्वविद्यालय के आधुनिक भारतीय भाषा विभाग से पीएच.डी. की उपाधि प्राप्त की। आपने जापानी विद्यार्थियों के साथ हिंदी नाटकों का अनेक देशों में मंचन भी किया। डॉ. मिज़ोकामि को हिंदी के प्रचार-प्रसार के लिए अनेक अंतरराष्ट्रीय सम्मान भी प्राप्त हो चुके हैं। भारत सरकार ने उन्हें 'पद्मश्री' से भी सम्मानित किया।

### 1. जापान में शिक्षा ग्रहण करते हुए आप हिंदी विषय चुनने के लिए प्रेरित कैसे हुए?

मुझे बचपन से ही किसी नई भाषा को सीखने की इच्छा थी। अंग्रेज़ीतर भाषाओं में कोई भी एशियन भाषा सीखने का मन कर रहा था। मेरे अन्दर उठ रहे इस जिज्ञासापूर्ण भाषिक माहौल में हिंदी भाषा को सीखने के पीछे पं. जवाहर लाल नेहरू की तटस्थता नीति एवं महात्मा गांधी के सत्य एवं अहिंसा के सिद्धांत ने मुझे आकर्षित किया। वैसे भी भारत आम लोगों के देश के रूप में जाना जाता है। ग्रेजुएशन के बाद मैंने हिंदी भाषा सीखने का निश्चय किया। मैं बचपन से मानता रहा हूँ कि भारत एक *रहस्यमय* देश यानी लैंड ऑफ़ *वन्डर्स* है। इस रहस्य को जानने के साथ और अधिक गहराई से हिंदी सीखने के लिए ही मैं गांधी के देश भारत आया।

### 2. हिंदी सीखने के आरंभिक दौर में आपको किन परेशानियों का सामना करना पड़ा? उस समय जापान में हिंदी शिक्षण की क्या स्थिति थी?

हिंदी सीखने के आरंभिक दौर में पाठ्य-पुस्तकों के अभाव एवं जापानी माध्यम से अच्छे हिंदी शब्द-कोश के अभाव से भी मैं निरंतर परेशान रहा। शुरुआत में मुझे हिंदी लिखने में बड़ी दिक्कत होती थी। मैं अन्य भारतीय विद्यार्थियों की तुलना में लिखने के मामले में स्वयं को कमजोर मानता था। उस दौर में मुझे अच्छे भारतीय अध्यापक का न मिलना भी परेशान करता रहा। मेरे विद्यार्थी जीवन में जापान में केवल बी.ए. तक ही हिंदी पढ़ाई जाती थी। शिक्षण का स्तर भी बहुत ऊँचा नहीं था अथवा हम कह सकते हैं कि उस समय जापान में हिंदी शिक्षण को लेकर विशेष रुझान कम था। हिंदी शिक्षण में विद्यार्थी प्रवेश तो ले लेते थे परंतु मेहनत से पढ़ाई नहीं करते थे, उनमें गंभीरता का सर्वथा अभाव था। गंभीरता से पढ़ने वाले विद्यार्थी बहुत कम थे। हमारे समय में जापान में ओसाका विदेशी भाषा विश्वविद्यालय (वर्तमान में ओसाका विश्वविद्यालय का विदेशी अध्ययन संकाय) एवं तोक्यो विदेशी अध्ययन विश्वविद्यालयों में हिंदी शिक्षण होता था।

**3. हिंदी में उच्च अध्ययन के लिए भारत आने पर आपने कैसा महसूस किया? यहाँ का अकादमिक वातावरण आपको कैसा लगा?**

मैं दो साल इलाहाबाद में रहने के बाद विश्वभारती गया था। मुझे भारत में रहना अच्छा लग रहा था। विश्व भारती में हिंदी छात्रों की संख्या कम थी किंतु हिंदी भवन के अध्यक्ष डॉ. राम सिंह तोमर थे जिनसे मेरा अच्छा संबंध था। कुल मिलाकर वहाँ हिंदी के लिए अनुकूल एवं पारिवारिक वातावरण था और माहौल बांग्लामय था। हिंदी भवन में हम लोग हिंदी ही बोलते थे लेकिन बांग्ला की तरफ भी मेरा आकर्षण था। हिंदी का सही उच्चारण और बोलचाल में अपेक्षाकृत परिचित विद्वानों से अपने को सहज पाता हूँ लेकिन शोध-कार्य की बात इससे बिल्कुल भिन्न है। उन लोगों के सामने कभी-कभी अपने को छोटा या हीन महसूस करता था। दिल्ली में पीएच.डी करते समय थोड़ी मुश्किल हुई क्योंकि मातृभाषा हिंदी न होने के कारण मुझे काफी मेहनत करनी पड़ी। मुझे अंक भी कम आते थे।

**4. पंजाबी भाषा की ओर आपका रुझान कैसे हुआ?**

दिल्ली प्रवास के दौरान औपचारिक कक्षा में पंजाबी सीखी क्योंकि दिल्ली में मैं जहाँ पर रहता था वह पंजाबी कालोनी थी और 24 घण्टे पंजाबी सुनने को मिलती थी, इसीलिए मुझमें भी पंजाबी सीखने की इच्छा जगी। एक दिलचस्प वाकया है, जब मैं दिल्ली विश्वविद्यालय से पंजाबी में डिप्लोमा कर रहा था तो मेरे साथ वाले पंजाबी

विद्यार्थियों से मुझे ज्यादा नंबर मिले और मैं डिस्टिंक्शन के साथ पास हुआ। इस घटना ने मेरा आत्मविश्वास और बढ़ा दिया।

**5. आपकी साहित्यिक अभिरुचि का आधार हिंदी नाटक है। आपने बहुत से हिंदी नाटकों का लेखन/मंचन किया है। हिंदी नाटकों के मंचन की किन विशेषताओं का आप उल्लेख करना चाहेंगे?**

ऐसा नहीं कह सकते। शुरु में तो उपन्यास और कहानियाँ पढ़ना मेरी अभिरुचि रही। किंतु अपने अध्यापक जीवन के अंतिम 10 साल मैं नाटक मंचन में सक्रिय हुआ। इसे एक विधा के रूप में सीखा। यू.के. मारीशस, सिंगापुर गया। राजेन्द्र शर्मा के हास्य नाटक 'पर्दा उठने से पहले', 'कायाकल्प', 'एक राग-दो स्वर' आदि नाटक बहुत दिलचस्प थे। छात्रों ने भी बडी दिलचस्पी दिखाई। मैने भाषा शिक्षण के लिए नाटक को चुना क्योंकि नाटक बोलचाल की हिंदी सीखने में बहुत सहायक थे।

**6. आपके अनुसार हिंदी को वैश्विक स्तर पर लोकप्रिय भाषा बनाने में क्या-क्या चुनौतियाँ हैं? इन्हें कैसे दूर किया जा सकता है?**

हिंदी के विश्व भाषा बनने में सबसे बडी चुनौती अंग्रेजियत है, अंग्रेजियत मार देती है। भारत में अंग्रेज़ी का मोह दिन प्रति दिन बढ़ता जा रहा है। आज से 50 साल पहले भी अंग्रेजियत थी लेकिन मुझे आशा थी कि नई पीढी हिंदी को बढ़ावा देगी पर ऐसा नहीं हुआ। वह अंग्रेज़ी के मोहपाश से मुक्त नहीं हो पा रही है। ठीक इसके विपरीत, जापान में लोग अपनी मातृभाषा में बात करने में सम्मान महसूस करते हैं। जापान में अंग्रेज़ी का महत्त्व तो है पर जापानी भाषा सर्वोपरि है। हिंदी को विश्वभाषा बनाने के लिए अंग्रेजियत को खत्म करना होगा क्योंकि इसका प्रभुत्व और बढ़ रहा है। संयुक्त राष्ट्र संघ में हिंदी के लिए कई वर्षों से प्रयास हो रहे हैं किंतु भारतीय सरकारी तंत्र की अंग्रेजियत ही इसमें सबसे बड़ी रुकावट है। सरकारी तंत्र के लोग अपनी भाषा में बात करें तो भाषा का विकास सहज ही होगा। दुर्भाग्य की बात है कि यदि भारतीय राजनयिक या राजनीतिक व्यक्ति विदेशों में हिंदी में बात करता है तो इसे न्यूज के रूप में देखा जाता है जबकि हिंदी का प्रयोग सहज रूप में होना चाहिए।

**7. वर्तमान में जापान के छात्रों में हिंदी पढ़ने को लेकर क्या रुझान है? जापान में हिंदी के भविष्य के बारे में आपकी क्या राय है?**

आम छात्रों में कोई विशेष रुझान नहीं है परंतु जो छात्र हिंदी पढ़ना चाहते हैं। उनमें लगातार हिंदी के प्रति लगाव बढ़ रहा है। निश्चय ही पिछले 50 सालों में हिंदी

ने उन्हें आकर्षित किया है। जापान में हिंदी शिक्षण के क्षेत्र में मेधावी विद्यार्थी उभरकर सामने आ रहे हैं। मुझे विश्वास है कि ये सभी विद्यार्थी हिंदी के स्तर को ऊँचा करने में एवं हिंदी का प्रचार करने में अपना योगदान देंगे। हिंदी का प्रचार-प्रसार जापान में दिन प्रति दिन बढ़ रहा है। इसका मुख्य कारण है कि जापानी विद्यार्थी आसानी से भारत आ सकते हैं। हिंदी फिल्मों, इलेक्ट्रॉनिक मीडिया का भी इसमें सहयोग प्राप्त हो रहा है।

**8. क्या जापान में हिंदी शिक्षण के लिए उपयुक्त पाठ्य सामग्री एवं प्राध्यापक उपलब्ध हैं? इस दिशा में और किन प्रयासों की आवश्यकता है?**

जापान में हिंदी अध्ययन–अध्यापन के दो मुख्य केन्द्र हैं। पहला-तोक्यो विदेशी अध्ययन विश्वविद्यालय और दूसरा ओसाका विश्वविद्यालय का विदेशी अध्ययन संकाय। तोक्यो विदेशी अध्ययन विश्वविद्यालय में दो जापानी अध्यापक और एक भारतीय अध्यापक कार्यरत हैं तथा ओसाका विश्वविद्यालय में तीन जापानी अध्यापक और एक भारतीय अध्यापक हिंदी पढ़ाते हैं। इसके अलावा कुछेक निजी विश्वविद्यालयों में भी जापानी प्राध्यापकों द्वारा हिंदी पढ़ाई जाती है। विद्यार्थियों के लिए पाठ्य सामग्री भारत तथा अन्य देशों से मंगवाई जाती है। फिलहाल अध्यापन में किसी प्रकार की कठिनाई नहीं है। तोक्यो और ओसाका विश्वविद्यालयों में पुस्तकालय भी अच्छे है।

**9. विश्व हिंदी सम्मेलनों की क्या प्रासंगिकता/उपादेयता है? आपके अनुसार अब तक आयोजित विश्व हिंदी सम्मेलन कितने सफल रहे हैं?**

विश्व हिंदी सम्मेलन एक प्रकार से हिंदी का त्यौहार बनकर रह गया है। सही मायने में यह शैक्षिक सम्मेलन नहीं है। सम्मेलन में दिखावा ज्यादा है और सिर्फ कोरी घोषणाएँ ही की जाती हैं, दिल से हिंदी के लिए कुछ भी नहीं किया जाता। लेकिन मेरा मानना है कि हिंदी के लिए कुछ न करने से तो इस तरह का आयोजन करना श्रेयस्कर है, क्योंकि सब एक साथ आ जाते हैं। मेरा सुझाव है कि इन सम्मेलनों में हुए चुने हुए लोगों को ही बुलाया जाना चाहिए एवं प्रपत्र पहले जमा कराए जाने चाहिए, तभी जाकर इसे गंभीरता प्राप्त होगी।

**10. प्रधानमंत्री श्री नरेन्द्र मोदी ने जापान यात्रा के दौरान आपके आग्रह पर हिंदी में भाषण दिया, उस समय आपको कैसा महसूस हुआ?**

जब भारतीय प्रधानमंत्री का जापान दौरे का कार्यक्रम बना, मैंने उन्हें ई-मेल के माध्यम से जापान में हिंदी में भाषण करने हेतु आग्रह किया। जब प्रधानमंत्री जापान

आए तो भरी सभा में उन्होंने मुझसे नमस्कार किया और मेरी तरफ इशारा किया कि आपने मुझे हिंदी में बोलने को कहा था। मैं लगभग 3 मिनट खड़ा रहा, मैं हैरान एवं भावविभोर हो रहा था। अपने को गौरवान्वित महसूस कर रहा था। मैंने मोदी जी से मिलकर उन्हें ओसाका आने का निमंत्रण भी दिया।

***जवाहर कर्नावट जी, हिंदी भवन, भोपाल के निदेशक हैं।***